中国财政科学研究院年度智库报告

全球财经风险指数研究

全球风险治理专题报告

刘尚希 邢丽 李成威 等著

中国财经出版传媒集团
中国财政经济出版社
·北 京·

本书研究和撰写组人员名单

组　　长

刘尚希　中国财政科学研究院原院长、研究员
邢　丽　中国财政科学研究院副院长、研究员

执行组长

李成威　中国财政科学研究院全球风险治理研究中心主任、研究员

参　　与

傅志华　中国财政科学研究院研究员
李　欣　中国财政科学研究院全球风险治理研究中心副主任、研究员
朱小玉　中国财政科学研究院全球风险治理研究中心副主任、副研究员
于雯杰　中国财政科学研究院全球风险治理研究中心副主任、副研究员
刘翠微　中国财政科学研究院全球风险治理研究中心副研究员
景婉博　中国财政科学研究院全球风险治理研究中心副研究员
金殿臣　中国财政科学研究院全球风险治理研究中心副研究员
林　琳　中国财政科学研究院全球风险治理研究中心助理研究员
王美桃　财政部投资评审中心副研究员
田雅琼　中国自然资源经济研究院助理研究员

目录

CONTENTS

第一章　全球财经风险指数：框架与分析 …… **1**

一、全球风险改变了什么：一个分析框架 …… 1
二、全球财经风险形势与风险分配格局 …… 13
三、国际组织和相关机构与财经风险相关的指数 …… 15
四、全球性财经风险指数构建 …… 24
五、主要经济体财经风险指数 …… 31
六、小结和现实意义 …… 35

第二章　美国财经风险与指数分析 …… **37**

一、美国财经面临的全球风险与挑战 …… 37
二、美国国内改革与政策调整能力 …… 39
三、美国财政货币政策抗风险能力 …… 42
四、美国的金融稳定评估 …… 44
五、美国经济社会发展状况 …… 45
六、美国财经风险指数分析 …… 47
七、结论与影响分析 …… 52

第三章　英国财经风险与指数分析 …… **54**

一、英国财经面临的全球风险与挑战 …… 54
二、英国国内改革与政策调整能力 …… 58
三、英国财政货币政策抗风险能力 …… 64
四、英国的金融稳定评估 …… 70
五、英国经济社会发展状况 …… 72
六、英国财经风险指数分析 …… 78
七、结论及影响分析 …… 85

第四章　德国财经风险与指数分析 …… 88

一、德国财经面临的全球风险与挑战 …… 88
二、德国国内改革与政策调整能力 …… 91
三、德国财政货币政策抗风险能力 …… 94
四、德国的金融稳定评估 …… 97
五、德国经济社会发展状况 …… 101
六、德国财经风险指数分析 …… 104
七、结论及影响分析 …… 109

第五章　法国财经风险与指数分析 …… 111

一、法国财经面临的全球风险与挑战 …… 111
二、法国国内改革与政策调整能力 …… 113
三、法国财政货币政策抗风险能力 …… 120
四、法国的金融稳定评估 …… 126
五、法国经济社会发展状况 …… 129
六、法国财经风险指数分析 …… 132
七、法国财经风险对中国的影响 …… 138

第六章　俄罗斯财经风险与指数分析 …… 141

一、俄罗斯财经面临的全球风险与挑战 …… 141
二、俄罗斯国内改革与政策调整能力 …… 145
三、俄罗斯财政货币政策抗风险能力 …… 147
四、俄罗斯的金融稳定评估 …… 152
五、俄罗斯经济社会发展状况 …… 155
六、俄罗斯财经风险指数分析 …… 157
七、结论及影响分析 …… 163

第七章　日本财经风险与指数分析 …… 165

一、日本财经面临的全球风险与挑战 …… 165
二、日本国内改革与政策调整能力 …… 166
三、日本财政货币政策抗风险能力 …… 169
四、日本的金融稳定评估 …… 170
五、日本经济社会发展状况 …… 172

六、日本财经风险指数分析 …… 175
七、结论及影响分析 …… 181

第八章 印度财经风险与指数分析 …… 184

一、印度财经面临的全球风险与挑战 …… 184
二、印度国内改革与政策调整能力 …… 186
三、印度财政货币政策抗风险能力 …… 188
四、印度的金融稳定评估 …… 190
五、印度经济社会发展状况 …… 192
六、印度财经风险指数分析 …… 194
七、结论及影响分析 …… 201

第九章 巴西财经风险与指数分析 …… 204

一、巴西财经面临的全球风险与挑战 …… 204
二、巴西国内改革与政策调整能力 …… 205
三、巴西财政货币政策抗风险能力 …… 209
四、巴西的金融稳定评估 …… 211
五、巴西经济社会发展状况 …… 212
六、巴西财经风险指数分析 …… 215
七、结论及影响分析 …… 228

第十章 阿根廷财经风险与指数分析 …… 230

一、阿根廷财经面临的全球风险与挑战 …… 230
二、阿根廷国内改革与政策调整能力 …… 232
三、阿根廷财政货币政策抗风险能力 …… 236
四、阿根廷的金融稳定评估 …… 237
五、阿根廷经济社会发展状况 …… 238
六、阿根廷财经风险指数分析 …… 240
七、结论及影响分析 …… 249

第十一章 乌克兰财经风险与指数分析 …… 251

一、乌克兰财经面临的全球性挑战 …… 251
二、乌克兰国内改革与政策调整能力 …… 254
三、乌克兰财政货币政策抗风险能力 …… 255

四、乌克兰的金融稳定评估 …… 258
五、乌克兰经济社会发展状况 …… 260
六、乌克兰财经风险指数分析 …… 261
七、结论及影响分析 …… 265

第十二章　南非金融稳定风险 …… 267

一、南非财经面临的全球风险与挑战 …… 267
二、南非国内改革与政策调整能力 …… 269
三、南非财政货币政策抗风险能力 …… 274
四、南非的金融稳定评估 …… 276
五、南非经济社会发展状况 …… 284
六、南非财经风险指数分析 …… 288
七、结论及影响分析 …… 296

附录　全球性财经风险指数和国别财经风险指数的数值 …… 298

后记 …… 302

第一章
全球财经风险指数：框架与分析

一、全球风险改变了什么：一个分析框架

在全球不确定性日益放大的背景下，主要经济体面临债务风险持续积累、财政收支缺口扩大、财政可持续性受到挑战等一系列风险。这使得主要经济体的财政政策在提升经济社会发展的可持续性和降低经济社会风险中艰难权衡，稍有不慎可能会导致风险失衡、失控，并通过风险外溢效应加剧风险全球化，给世界各国带来不容忽视的影响。同时，随着全球地缘政治局势愈演愈烈，主要资产价格波动加剧，一些国家的资产估值稳定面临严重挑战。在大国博弈持续演化背景下，经济和金融市场不确定性加剧。世界各国的政府、企业、银行和居民通过资产负债表的关联，风险互相传导，对全球和主要国家财政经济稳定和发展带来重大风险挑战。

如何基于风险全球化的背景看待财政、金融、经济之间的关系，如何从全球风险的角度看待经济增长和财政金融政策的逻辑，是值得深入研究的重大理论和现实问题。美国学者、野村证券旗下首席经济学家辜朝明主张的资产负债表衰退理论①和美国学者兰德尔·雷（L. Randall Wray）等主张的现代货币理论（MMT）②，分别从不同的角度阐释了现代经济风险和危机产生的机理、政府财政在应对风险中的作用等，为我们重新审视政府财政的角色定位和财政政策的运用提供了全新的视野，也为我们重新理解财政与货币之间的关系，以及为何、如何实现财政货币协同提供了新的视角。当

① 辜朝明．大衰退：宏观经济学的圣杯［M］．北京：东方出版社，2016：215．

② 兰德尔·雷．现代货币理论［M］．北京：中信出版社，2017：24．

我们深究资产负债表衰退理论和 MMT 理论时，发现风险分配是其共同的底层逻辑。

在经济金融化的背景下，金融是现代经济的核心，金融风险管理也是现代经济与社会风险管理的核心。如图 1－1 所示，资产估值稳定性与金融风险密切关联。当资产估值不稳，则预示着潜在的金融风险。如果对潜在的金融风险不进行宏观管理，金融风险就会转化为金融危机，对经济发展和社会稳定带来巨大冲击和影响。从一个经济主体的视角看，资产估值的稳定性主要受到内外两方面因素的影响：一是外部风险冲击，主要是大国主导的全球风险分配规则、事件影响和政策效应外溢；二是内部政策的不确定性与契约规则滞后，使得私人风险不断外部化、系统化和公共化，导致公共风险不断上升。因此，从长期来看，稳定资产估值要从内外两方面入手：一是全面深化改革，以改革来构建确定性，尽可能使契约规则与风险匹配，遏制公共风险的生成速度；二是积极参与全球风险分配规则的制定，提高对全球风险分配的话语权，遏制风险全球化带来的冲击。然而，无论是全面深化改革，还是改变全球风险分配规则，都不是一蹴而就的。因此，从短期来看，稳定资产估值体系，还离不开财政货币政策的协同作用，以此来对冲、分配风险，为深化改革和改变全球风险分配格局争取时间。

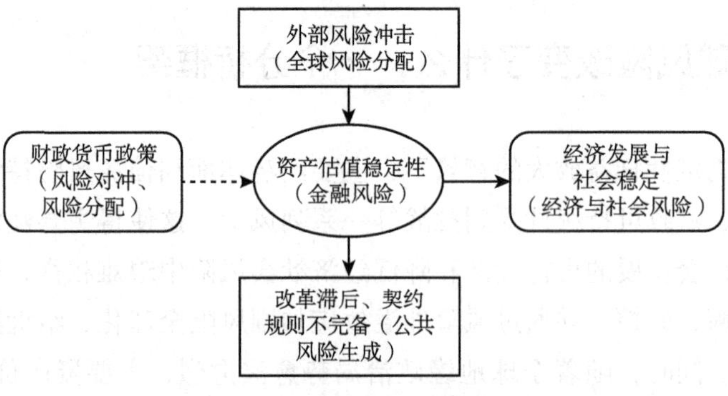

图 1－1　财政、金融、经济与社会及内外部风险关系图

（一）资产负债表的风险关联效应与经济增长的新逻辑

在传统的增长模型中，经济增长是劳动和资本的函数，而在现代经济中，经济增长越来越成为风险的函数，随着风险全球化，主要经济体的经济增长呈台阶式下降。现代学者对于经济增长影响因素的分析大多也是着眼于实体要素。传统经济增长理论的起点是索洛的新古典模型，该模型假设规模报酬不变、资本边际生产率递减、外生决定的技术进步以及资本与劳动力之间的可替代性，强调储蓄或投资比率是短期经济增长的重要决定因素①。内生增长理论将技术进步作为长期经济增长的

① Solow, R. M, 1956, A contribution to the theory of economic growth, The quarterly journal of economics, 70 (1), 65－94.

关键驱动力，认同资本回报率恒定且递增的观点，在罗默[①]和卢卡斯[②]的进一步拓展下，将新知识[③④]、创新[⑤]、公共基础设施[⑥]引入到经济增长的分析框架中。现代经济最为突出的特征是“三化”（数字化、金融化和低碳绿色化）叠加，经济活动中的产品、要素和组织形式等都被“三化”所重新定义，这使得现代经济相较于传统经济来说，其虚拟性和关联性更强，宏观经济脆弱性及其风险内生性也就更显著。

1. 宏观经济的风险特征日益凸显，传统的经济增长理论的解释性不足。观察1997年以来全球实际经济增速，大致可以分为三个时期。一是从1997年亚洲金融危机爆发到2007年；二是2008年全球金融危机爆发到2018年；三是2019年新冠疫情暴发至今。这三个阶段全球各主要经济体的经济平均增速都呈台阶式的下降趋势。根据传统的经济增长理论，经济增长主要取决于劳动、资本和技术创新三个要素。而在上述三个阶段，全球劳动和资本要素没有大的变化，而技术创新呈现加速提升趋势。然而，全球经济增速并没有随着技术创新的提升而提升，反而出现下降趋势，这用传统的经济增长理论很难解释。这说明以确定性的实体要素为基础的传统经济增长理论底层逻辑是有问题的。实际上，经济学家很早就有关于风险与经济增长之间关系的相关研究。奈特早在1921年就意识到风险对企业的影响，这种风险是“不可保风险”。[⑦] 凯恩斯提出的有效需求不足理论，实际上是基于不可计算的不确定性对经济运行产生的影响，边际消费倾向递减、资本边际效率以及流动性偏好在宏观意义上都与宏观不确定性及其风险直接相关，收入、价格主要在微观层面发挥作用。风险使人们增强了对现金储备的需求，从而增强了流动性偏好的动因。一方面，风险使人们需要拥有一定数量的闲置货币来作为用于处理意外开支的预防措施；另一方面，与未来利率变化相关的宏观不确定性驱使人们增加储蓄以寻求额外的投机机会。宏观不确定性和宏观风险的预测影响人们对经济前景的判断，进而影响到当前的利率水平和投资量，这与基于资金（货币）供求关系的实体性分析逻辑是不同的。而投资取决于利率与资本边际效率之间的对比，而后者尤为不确定，取

---

① Romer, P. M., 1986, Increasing returns and long - run growth, Journal of political economy, 94 (5), 1002 - 1037.

② Lucas Jr, R. E., 1988, On the mechanics of economic development, Journal of monetary economics, 22 (1), 3 - 42.

③ Romer, P. M., 1990, Endogenous technological change, Journal of political Economy, 98 (5, Part 2), S71 - S102.

④ Grossman, G. M., & Helpman, E., 1991, Trade, knowledge spillovers, and growth, European economic review, 35 (2 - 3), 517 - 526.

⑤ Aghion, P., & Howitt, P., 1992, A Model of Growth Through Creative Destruction. Econometrica, 60 (2), 323 - 351.

⑥ Barro, R. J., 1990, Government spending in a simple model of endogeneous growth, Journal of political economy, 98 (5, Part 2), S103 - S125.

⑦ 富兰克·H. 奈特. 风险，不确定性和利润 [M]. 中国人民大学出版社，2015，18.

决于未来资产的估值。凯恩斯揭示了货币的非中性及其对经济增长的影响，这和风险是有内在关联的。一旦作为风险分配的工具，货币就是非中性的，这无论是从经济的非同质性来观察，还是从对产出的影响来判断，都是如此。货币本身就是资产（或资本），其贬值或升值对存量估值的影响是宏观性的、趋势性的。公共风险中的货币资产是升值的，这才会导致物价水平的下降，进而导致非货币资产估值的普遍下降，实体投资（购买非货币资产）增长也随之下降。

在确定性的世界中，既定的投入可以获得既定的产出，因此从全社会的角度看，要素投入的变化就会影响经济增长水平，无论是劳动、资本还是技术要素的增加或提升，都会推动经济增长水平的提高。然而，在一个不确定性的高风险社会，传统经济增长理论中假定的确定性的世界是不存在的。从微观角度看，企业的投资决策是基于未来的角度来考虑的，都取决于未来能得到的回报。如果回报是比较确定的，企业就会愿意投资或者扩大投资规模。相反，企业就会放弃投资或缩小投资规模。在宏观不确定的情景中，一旦风险超出了投资者的控制能力，收益与风险匹配的规则被打破——宏观风险（即公共风险）是“纯风险”，不存在获取对应收益的机会，投资就会收缩。在不确定性加速放大的风险社会，宏观风险水平不断上升，企业投资的风险成本会不断放大，导致“预期减弱”，连带影响居民的消费预期转弱，这又进一步恶化“预期”，形成恶性循环。如果在此情况下，制度变革和政策创新跟不上风险变化的速度，不确定性和宏观风险就会进一步放大。伴随着风险全球化的加速，经济增速就会出现台阶式下滑。

2. 避免经济衰退的前提是遏制风险公共化，稳定全社会的资产估值。在金融体系中，尾部风险事件往往会导致资本发生异常流动，单个金融机构与整个金融体系存在明显的共振现象，金融机构资产负债表结构恶化，机构间的风险溢出，加速风险的宏观化、公共化，形成公共危机。为保证自身的安全性和流动性，金融机构会削减信贷或者筹集资金。但在宏观不确定性条件下，金融机构资产负债表收缩，金融市场融资功能弱化，金融机构内在运行机制失灵。①② 作为资金供需双方之间的中介部门，金融部门与经济实体之间由于价格传递、流动性关联等因素形成了密切的联系，这种密切的联系使金融部门与实体经济存在显著的双向相互作用。③④ 风险在金融部门间扩散累积形成系统性风险，对实体经济造成明显的负面冲击。此类来自

---

① 参见 Allen, F., 2012, Trends in financial innovation and their welfare impact: an overview, European Financial Management, 18 (4), 493 -514.

② 参见 Abbassi, P., Iyer, R., Peydró, J. L., & Tous, F. R., 2016, Securities trading by banks and credit supply: Micro - evidence from the crisis, Journal of Financial Economics, 121 (3), 569 -594.

③ 参见 Rodríguez - Moreno, M., & Peña, J. I., 2013, Systemic risk measures: The simpler the better?, Journal of Banking & Finance, 37 (6), 1817 -1831.

④ 参见 Leroy, A., & Pop, A., 2019, Macro - financial linkages: The role of the institutional framework, Journal of International Money and Finance, 92, 75 -97.

金融市场的冲击将会随着系统性风险的累积而逐渐增强，金融系统的顺周期性特征和金融加速器效应放大金融风险对实体经济造成的负面冲击，从而加大经济下行压力。宏观经济的波动风险经金融部门放大后，又会对金融部门产生反馈冲击，加速其系统性风险的累积，造成金融系统性风险与宏观经济波动风险的相互作用，威胁整个经济社会的稳定与发展。[①②] 而在这个相互作用的过程中，资产估值的急剧变化起着关键性作用。经济金融危机，本质是估值危机，估值的螺旋式下行是危机爆发的内在机理。

数字化、金融化和低碳绿色化加速改变了资产估值体系，使原有的资产估值逻辑超越了历史成本、公允价值，转变为基于未来风险的估值逻辑。当遇到风险事件的冲击时，资产价格下跌，不仅仅是因为当期市场的公允价值损失增加，而是企业资产的风险折现率上升。一方面，企业的风险准备扩大，成本上升，当期利润下降；另一方面，企业资产缩水，资产负债率上升，企业价值下降。这种影响会同时发生在实体企业和金融机构身上，并通过二者相互反馈，会改变企业和金融机构的投融资决策，加剧资产市场波动。企业投资、经营活动会主动或被动缩减，进而"合成"为宏观经济下行风险。"特定的外部冲击会从根本上改变企业或个人的行为目标。尤其当一个国家整体资产价格出现下跌时，就会迫使企业将它们最优先的目标从利润最大化转变为负债最小化，以修复受损的资产负债表。而这种行为转变反过来又会导致比一般经济衰退更加严重的后果"。[③] 这就是说，宏观风险会导致微观行为变化，产生临界性的反转。一方面，资产价格下跌导致企业负债率上升，在信息不对称条件下，银行出于对企业偿还能力的担忧将倾向收紧贷款，这将限制企业投资和扩张，抑制经济发展。另一方面，当企业出现资产负债表趋向恶化时，企业的目标将从"利润最大化"变为"负债最小化"，以偿还债务和维持企业经营，即使利率下调到很低水平也难以激发企业举债意愿，便形成了资产负债表式的经济衰退风险。

以默顿等学者为代表，认为微观层面资产负债表扭曲导致金融危机发生，构建了分析管理金融风险的新模型。[④] Allen 等提出基于公共部门、金融部门、企业部门和居民四部门的资产负债表分析框架，研究部门间金融风险传导问题，认为系统性金融风险可以通过资产负债表之间的传导而生成，原因是金融机构之间不是独立的，会相互交叉持股持债，所以金融机构之间的资产负债表直接或间接关联，这样，风

---

① 参见 Claessens, S., Kose, M. A., & Terrones, M. E., 2012, How do business and financial cycles interact?, Journal of International economics, 87 (1), 178-190.

② Elenev, V., Landvoigt, T., & Van Nieuwerburgh, S, 2021, A macroeconomic model with financially constrained producers and intermediaries, Econometrica, 89 (3), 1361-1418.

③ 辜朝明著．大衰退：宏观经济学的圣杯［M］．喻海翔译．东方出版社，2016：118.

④ Merton, R. C., 1974, On the pricing of corporate debt: The risk structure of interest rates, The Journal of finance, 29 (2), 449-470.

险可以借此相互传染，引发银行资产损失和存款挤兑，进而引发金融风险扩散，甚至导致金融危机。① 从宏观经济的角度看，经济主体之间、部门之间的资产负债表是相互关联的，例如企业与企业之间、银行与银行之间以及金融部门、企业部门和居民部门之间的资产负债表都是相互关联的，相互之间形成资产负债表关联网络。这既是利益网络，也是风险网络。企业目标从“利润最大化”变为“负债最小化”，对于单个经济主体来说是合理的选择，而对于宏观经济来说则会产生“合成谬误”，导致经济衰退。

由此可见，要避免经济衰退，关键是要稳定全社会的资产估值。而要做到这一点，其前提是有效防范和化解宏观风险，遏制风险通过宏观资产负债表传导扩散，防范微观风险系统化、宏观化、公共化和全球化。

（二）结构性改革的新逻辑：以公共风险最小化为目标的风险分配

当前任何一个经济体都面临结构性问题，包括经济供求结构、社会结构、区域城乡结构和人口结构等问题，都需要进行结构性改革，只是侧重点有所不同而已。结构性问题的实质是风险分配契约的不完备性，各种比例关系表征的结构失衡仅仅是一种现象。结构性改革的新逻辑就是从其实质入手，以公共风险最小化为目标，动态优化风险分配的契约规则。

1. 人类社会的风险分配是通过契约关系完成的。在经济学和社会学中所讲的分配，通常是指作为事后的收入分配或财富分配。然而，相对于收入分配和财富分配，风险分配更具有一般性，是事前的预期分配，决定个体行为、集体行为的选择。尤其是在大变局背景下，经济社会运行的主导逻辑发生了根本性变化，由利益分配逻辑转变为风险分配逻辑。收入和财富分配是已然的结果，可观测和计量，属于实体现实；而风险分配是未然的情景，不可观测和实证计量，属于虚拟现实。作为虚拟现实，它不是一个确定的结果，而是一种可能的状态，因而是不确定性的。即使起跑线是平等的，但在时间维度上，市场参与者的风险处境会不断变化，彼此之间的风险处境会呈现出越来越大的差异性。这意味着风险分配在发挥作用，不断改变相关主体的风险处境。市场一方面在配置资源，分配收入和财富，另一方面在分配风险，决定行为选择。

风险分配嵌入市场配置资源过程之中，是通过显性或隐性的契约关系来实现的。表面上看，契约因交换而产生，实质上是在交易风险，从而分配风险。在这个意义上，任何契约关系都是风险分配关系。无风险，则无契约。风险分配的契约既有个体契约，也包括公共契约。个体契约是在交易过程中产生的契约，体现的是个体之

① Allen, F., & Gale, D., 2000, Financial contagion, Journal of political economy, 108 (1), 1-33.

间的风险分配关系。个体契约关系既遵循“经济人”假设，即利益内部化假设（每个个体都争取利益最大化）；也遵循“风险人”假设，即风险外部化假设（每个个体都争取风险最小化），将本应自身承担的风险外溢转移。公共契约是社会共同体的契约，代表社会共同体的意志，是通过共同体的力量来防范化解公共风险，实现共同体的可持续发展。风险外部化是行为主体的本能，而个体契约和公共契约的不完备性则为风险外部化提供了条件。在高度不确定的风险社会，特别是随着数字化、金融化等虚拟化趋势内生出来的不确定性加速放大，契约的不完备性也越来越显著，当契约的更新速度跟不上不确定性的放大速度时，风险的外部性就会更为突出和明显。风险外部化对于个体来说是一种本能的行为，但对于整个社会来说，则会形成“合成谬误”，外部化的风险会异化为公共风险，外部化过程是风险的系统化、宏观化、公共化过程，最终形成公共风险，甚至是全球风险，除非遇到了市场之外的力量。

在现实生活中，人们的利益总是追求清晰的界分，而对不确定性的风险，则会采取相反的态度，总是希望“浑水摸鱼”，找各种理由和借口把风险转移出去。这种个体的本能会来自另一种本能——集体生存的本能——的制约，以避免社会共同体的崩溃。在这个意义上，防范化解公共风险，实现公共风险最小化，是个体本能的另一面——集体本能的外化，不断完善个体契约和公共契约，通过契约化的风险分配过程促使风险内部化。

2. 结构性改革重在调整契约关系，重塑风险分配的规则。结构性改革针对结构性问题，而结构性问题反映出来的不仅仅是利益关系的扭曲，更是风险分配的不合理，由此不断衍生出威胁集体生存的公共风险，其根源在于风险分配契约不完备。只有改革契约规则，提高契约的完备性，源于风险分配的结构性问题才能得到缓解，公共风险最小化的努力才会收到成效。

当前全球的结构性问题突出反映在供求结构、区域结构和人口结构等方面。需求与供给错配是结构性问题的重要方面，也是经济危机的直接动因。当供给、供给创新与市场需求和社会需要融为一体的时候，结构变迁才会真正实现。① 然而，在经济演化过程中，供给和供给创新经常与市场需求和社会需要脱节。在社会供给和社会需求相互作用过程中，基于个体契约和公共契约的风险关系总是存在各种“漏洞”，并在不断外溢风险，风险外部化、系统化和公共化的趋势若是不能得到有效遏制，公共风险水平上升，导致社会供需的相互作用从正反馈转向负反馈，经济增长曲线就会下行。从区域结构来看，区域间与政府间的关系问题是大国治理中无法回避的重大问题。一旦出现区域间和政府间的风险分配规则的调整滞后于区域分工、人口空间分布的变化以及经济社会发展的整体性要求，就会衍生公共风险。从人口

① 刘尚希．以整体观推进结构性改革［J］．财政科学，2016（8）．

结构来看，老龄化、少子化改变了代际之间的风险分配，由此也改变了政府与社会之间的风险责任划分。这意味着社会保障制度这类公共契约的不完备性上升，契约规则亟待改革。推进结构性改革，就是要随着经济社会演化的趋势变化，有针对性地调整契约规则，通过风险分配的调整来防范化解供求结构、区域结构和人口结构变化衍生出来的重大风险。优化结构，提高效率，目标是实现经济社会发展的可持续，防范风险公共化、全球化趋势打断发展的进程。

国家治理结构，是观察和推动结构性改革、完善风险契约规则的坐标系。从理论上看，推动结构性改革，核心是如何重构政府与市场、政府与社会、中央与地方之间的风险分配规则。一是在政府与市场关系层面，促进市场风险内部化、遏制市场风险外溢是关键。世界历次经济危机、金融危机，都是市场风险外溢，风险公共化，而后全球化的结果。政府识别市场风险外溢、判断风险公共化的能力，已经成为步入风险社会的首要能力。二是在政府与社会关系层面，提高社会自我组织、自我管理、自我约束的能力，是在政府与社会之间分配风险的基础。若缺失这样一个基础，风险分配将会向政府倾斜，政府承担的风险有可能超出其自身的能力。三是在中央与地方关系层面，如何遵循能力原则，实现“让最能承担风险者承担风险”。不能外溢的区域性公共风险，适合地方区域政府来承担，而凡是具有外溢性特征的风险，适合由中央政府来承担。纵向的风险分配一旦错位，会衍生“合成谬误”，看似清晰的风险责任划分反而在隐性地导致风险扩散蔓延。世界上地方债务风险演变为国家风险的案例并不少见。

可见，推动结构性改革须着眼于风险分配及其契约规则的改革，风险导向缺失的制度烦琐主义是结构性改革的大敌，也是导致治理失效的最大认知盲区。

（三）风险全球化的后果：在全球分配风险

近年来，经济全球化的发展已进入“全球价值链”阶段，各国金融和贸易的相互关联程度在不断加深。在全球化的过程中，任何风险冲击都会产生比以往更大的风险溢出效应，风险随着全球供应链、价值链和资产负债表传导，蔓延到众多经济体，对全球经济增长产生影响。大国给全球带来的风险冲击往往更为显著。金融全球化是经济全球化的升级版，以日益增强的全球性跨境资金融合为核心。[①] 在金融全球化的过程中，各国金融体系日益复杂且相互关联，一国的金融风险通过国际金融市场向其他经济体溢出，引起利率、汇率、贸易、资产估值、物价等经济参数急剧波动，对经济增长造成的影响越来越大。2007 年美国次贷危机之后，学界业界都

① Prasad, E., Rogoff, K., Wei, S. J., & Kose, M. A, 2003, Effects of financial globalization on developing countries: some empirical evidence, In India's and China's recent experience with reform and growth (pp. 201 – 228). London: Palgrave Macmillan UK.

在深度反思金融风险的传染性及其破坏力，金融风险及其外溢性成为研究的热点之一。在美元主导的全球货币体系中，美国基于本国政策目标的货币政策往往对全球金融体系产生巨大的冲击，其外溢效应最为显著。在研究美国非常规货币政策的溢出效应时，Fratzscher 等和 Janus 认为，非常规货币政策通过资产组合渠道、信号渠道、流动性渠道以及信心渠道影响国内和国际金融市场资产价格[①②]，尤其是资产组合渠道[③④]和信号渠道[⑤]，给全球金融市场注入流动性，导致其他国家债券收益率下降，资产价格上升。一旦量化宽松政策退出，大量国际资本就会重新流回美国，导致新兴经济体货币贬值，不但资本市场受到冲击，而且主权债务负担也会加重，甚至使脆弱国家产生债务危机。Ohno & Shimizu 认为美国利率的降低使大量资金涌入中国的房地产市场，推高了中国房价，对中国房地产投资产生负向冲击。[⑥] 中国房地产风险的形成及其不断累积，与美欧长期实施 QE 政策有内在关联。总的来看，金融风险的跨国传导日渐成为风险全球化的主导力量，并对全球经济增长造成冲击。这使金融强国在全球风险分配中居于支配地位，与技术强国、经济强国形成的世界支配地位相得益彰，使弱国处于更加不利的地位。强者更强，弱者更弱，加上日新月异的数字化、智能化带来的数字革命，全球发展的不平衡将会进一步加剧。

1. 通过金融渠道在全球分配风险是加剧全球不平等的新力量。在当今时代，全球的分工合作向深度和广度拓展，国与国之间相互依赖超出任何时候。风险不断全球化，国与国之间互为风险源，在理论上，任意国家的风险都可外溢而系统化、公共化，演化为全球风险。金融风险的全球化已经成为全球风险扩大的主要推动力量，基于贸易、投资等实体经济的各种契约规则，实际上已经无法适应金融风险全球化的新趋势。全球资源配置、财富分配越来越受到金融风险全球化的影响，全球风险分配实质已在隐性地支配全球财富分配。

微观金融风险的外部化导致金融风险的系统化和公共化，并最终形成金融危机。契约的不完备性，导致金融风险通过资产负债表扩散，风险系统化和公共化。全球经济运行过程中的产业链、供应链、价值链、资金链越来越长，每个环节面对的不

---

① Fratzscher, M., Lo Duca, M., & Straub, R, 2018, On the international spillovers of US quantitative easing, The Economic Journal, 128 (608), 330 – 377.

② Janus, J., 2016, The transmission mechanism of unconventional monetary policy, Oeconomia Copernicana, 7 (1), 7 – 21.

③ Paludkiewicz, K., 2021, Unconventional monetary policy, bank lending, and security holdings: the yield – induced portfolio – rebalancing channel, Journal of Financial and Quantitative Analysis, 56 (2), 531 – 568.

④ Beck – Worth, D., & Hendrickson, J. R., 2014, The portfolio balance channel of monetary policy: Evidence from the flow of funds, Published on CiteSeerX website: http://citeseerx.ist.psu.edu/viewdoc/summary.

⑤ Bauer, M., & Rudebusch, G. D., 2014, The signaling channel for Federal Reserve bond purchases, International Journal of Central Banking.

⑥ Ohno, S., & Shimizu, J., 2015, Do exchange rate arrangements and capital controls influence international capital flows and housing prices in Asia?, Journal of Asian Economics, 39, 1 – 18.

确定性都在扩大，任何一个环节的风险都可能快速传递到全球。这使得全球的各种经济关系、金融关系由利益关系转变为风险关系。这导致风控能力较弱的市场主体在复杂的风险关系中承受更大的风险，甚至会被淘汰——风险分配是市场洗牌的原动力。

国际金融危机传导机制，实质上是通过各种金融工具——金融契约传导的。尤其是股权、债权及各种金融衍生品等金融契约，是金融危机传导的高速公路。基于“风险人”假设，即存在着一种本能：不由自主地把本应承担的风险外部化。掌握契约规则解释权的一方更有能力将本应其自身承担的风险外部化，将风险转移给相关方。这是经济不平等的根源所在。在全球治理体系中，金融强国掌握全球风险分配话语权，更有能力将本应由自身承担的风险转移给他国，加剧全球的不平等。金融强国通过操纵全球金融制度，如信用评价、资产估值、风险监管以及数字金融、数字货币等，在分配过程中分配全球财富。尤其是在全球经济和财富处于全球风险分配主导国的估值体系之下，全球风险分配主导国可以通过金融手段，控制全球财富，转嫁风险并分配财富。全球风险分配主导国利用国际分工中的价值链高端优势和金融强国地位，掌握风险分配的主动权，实现本国在生产、贸易、投资中的风险最小化。而南方国家在风险分配中往往处于不利地位，资产、负债的估值受美元政策的影响很大，资产贬值、债务上升，甚至就在全球风险分配主导国的一念之间。全球风险分配主导国近年来快速加息的举动，引发不少南方国家出现债务危机，也使中国产生不小的债权损失，风险处境变差。全球风险分配的契约规则被发达国家掌握，发展中国家在贸易、融资中不得不承担更大的风险。被丛林规则主导的国际社会，看似平等自愿的贸易、融资、并购等商业活动，对发展中国家来说，实质上处在全球风险分配中的弱势地位，这在美元、欧元主导的国际经济金融体系中是无法改变的。这加剧了全球的不平等，财富的创造国与财富的享用国是不对称的，前者并未享用其创造的全部财富，而后者却享用了超过自身创造的财富。

2. 美国依托其金融强国地位主导全球风险分配。美元是美国发行的主权信用货币，也是事实上的世界货币，在国际金融体系中处于核心地位。在牙买加体系下，由于美元不再与黄金挂钩，美元从此成为纯粹的信用货币。这就使得整个世界对美元供给都没有约束，或者说这一制度给美国政府发行过多美元、向全球征收铸币税提供了条件。美债是美国依托国家信用发行的政府债券，也是全球资产定价之锚，可以影响全球其他资产价格。依托美元、美债在全球经济金融体系中的支配地位，美国的财政货币政策会对美元、美债产生直接影响，进而影响发展中国家的债务状况和债务风险，从而让美国将发展中国家纳入美债主导的主权债务风险之中，实施风险的全球分配。在全球经济金融化的背景下，凭借美元核心地位构建起的“美元—美债”循环体系，使美国在全球治理体系中占据主导权，并主导全球风险的再分配。美国可以不受他国和国际机制制衡与约束而自主发行美元和美债的权力，在风险分配中，实现利益的内部化、本国化和风险的外部化、全球化。

近年来，美国债务上限危机多次引发美债收益率波动加大，加剧全球债务风险。对于其他国家，尤其是对于抵御风险能力较弱的发展中国家来说，作为全球无风险利率基准的美债收益率波动加大，可能会加大发展中国家的债务风险。因为美债收益率是全球无风险利率，其上升会引发主权债务利率上升，进而导致发展中国家债务负担增加、资产负债表状况恶化。世界银行发布的《国际债务报告（2023）》显示，利率水平上升，导致发展中国家的债务脆弱性进一步加剧。2019—2022 年有 10 个国家发生了 18 起主权债务违约事件，这一数字超过了以往 20 年的总和，约 60% 的低收入国家面临极高的债务风险或已经陷入债务困境。这间接给我国造成了隐性的债权损失，并使我国作为世界主要债权国在与债务国的谈判中处于不利地位。这意味着美国的风险间接地由我国承担了一部分，这种迂回的风险分配将会越来越多。

（四）财政与金融一体化新趋势：维护资产估值稳定

财政是整个社会的血液，一收一支都与企业、家庭、个人等每一个经济社会细胞，与每一个国家机构、部门单位相关联。而金融是国民经济的血脉，是国家核心竞争力的重要组成部分。在经济金融化、财富金融化的趋势下，财政与金融呈现一体化的新趋势，因为二者都是在推动货币运动，财政政策、货币政策其实都是在让需要货币的人得到货币，推动货币运动，只是方式不同而已。在金融化过程中，货币自身具备了资产的属性，在风险分配中，与其他资产一起成为风险分配的工具。当风险分配居于支配地位时，币值的稳定，仅仅是资产估值稳定的一部分，进入风险社会时代，估值的稳定比币值的稳定变得更重要，因为事关企业、居民和政府各部门的资产负债表，事关社会财富存量的状态——升值还是贬值。防范风险对资产负债表的损害，成为财政金融的共同任务，维护估值的稳定就成为财政金融共同的政策目标。

1. 从整体论来看，财政与金融是一体的。两者宏观上本为一体，但被分为两个专业领域，只是微观基础不同。其一，财政和金融是相互交融的“血液”。财政是整个社会的血液，金融是整个经济的血液。财政是公共风险的最终承担者，是整个社会风险的最后一个买单的。央行是最后一个贷款人，解决流动性问题。所有的社会细胞都与财政紧密联系在一起。央行依托基于征税权建立的国家信用发行货币，为整个经济造血。经济系统“血液”出现风险和问题，央行承担最后贷款人职责。而如果这些风险问题进一步放大，超出了央行最后贷款人的能力，甚至溢出到其他领域，就需要财政作为最后支付人来买单，财政充当整个社会风险最后的兜底者。其二，在现代社会，财政制度是金融和资本市场的基础。从政策实践看，美联储直接购买国债，把铸币税转移给财政使用，是典型的赤字货币化或货币融资方式。从金融的角度来说，需要中央（或联邦）财政提供无风险资产，国债就是无风险的金融工具，也可以成为弥补赤字的工具。例如，美国十年期国债收益率曲线已经成为金融市场的一项重要基础设施。从货币发行、金融市场基础设施这个角度来观察，财政是金融的基础，也是资本市场有效运转的基础。赤字不只是财政收支差额的产物，而且其本身就是为了生产金融工具，为市场，也为社会提供金融财富的载体。随着全社会金融财富占比的不断提高，赤字和国债会越来越成为社会财富管理的需要。从这个意义上讲，财政赤字成为一种常态，或者说是赤字产生的更深层的动因，与其说是财政收支不平衡，倒不如说是金融财富增长的这种需求在拉动。放在经济金融化或财富金融化趋势下来看，赤字和国债越来越具有金融属性。从实体逻辑为主导转向虚拟逻辑为主导，经济运行过程越来越依赖于金融——货币、利率、汇率和估值。

2. 在风险社会，稳定资产估值是协同财政货币政策的新的逻辑起点。金融危机的本质是资产估值危机。在风险社会，资产负债表变得越来越重要，这种重要性还在于它发生了一个重要的变化，就是从过去的一个财务概念，变成了一个金融概念。资产负债表金融化之后，对经济的敏感性大大增强，呈现出非常显著的顺周期的特征。当经济社会发展出现一些风险因素扰动的时候，受到影响的资产负债表就会急剧收缩，同时可能引起连锁反应，导致一串企业甚至行业资产负债表收缩，引发经济下行的压力和风险，同时也影响地方政府、商业银行和居民的资产负债表。地方政府、商业银行、企业、居民的资产负债表是关联的，通过这种关联，风险也会相互传递。在这种情况下，对资产负债表的恶化，特别是头部企业的资产负债表的恶化，怎么样及时处置，及时遏制市场风险公共化，避免经济风险社会化、政治化，是防范化解重大风险的一个关键步骤。

所以，对企业的资产负债表问题，要从宏观的角度，从整体的角度去判断其风险是否会溢出市场变异为系统性风险，甚至是公共风险。从公共风险管理的角度看，就不能简单认为这是市场风险，该倒闭就倒闭。而应该看到，个体风险会溢出市场，放任不管的情况下，其带来的连锁反应会冲击整个行业或整个经济社会。在宏观不确定性环境下，地方政府、商业银行、企业、居民资产负债表一旦受损，其修复的程度及其快慢，会影响经济复苏和就业，随着风险预期上升，经济拔出泥潭的难度就会增大，时间也会延长。因此，针对资产负债表，及时出清风险，是宏观政策的首要问题。

不言而喻，财政货币政策的作用及其协同，就是要通过各种政策工具，快速修复地方政府、商业银行、企业、居民的资产负债表，以稳定资产估值，避免风险蔓延。发达国家财政与金融协同的实践，实质上都转到以稳定资产估值为中心，稳定币值、抑制通胀也是为稳定资产估值服务的。

资产估值的急剧波动是经济金融危机的主要推手。在经济金融化的背景下，各行各业资产负债表的金融属性增强，资产与负债互为镜像，债务链条越来越长，串联的行业、部门、企业越来越多，相互之间的风险传递速度快。一个企业债务违约，可能引发一个区域、行业的恐慌，这样的现实案例并不少见。风险事件一旦产生，资产估值下跌、信用等级下调、信贷收紧等一系列操作就会随之而来，流动性紧张、杠杆率上升、破产倒闭等一系列风险就会蔓延。其中的核心问题就是资产估值。估值波动引发的风险比币值波动引发的风险要大得多、严重得多。

财政货币政策的协同需要制度化、规范化、法制化的机制来保障。过去对财政与货币的关系及财政与央行的关系的认识，大多基于一种确定性的“剧本思维”，在这种思维框架下，就容易形成僵化的界域划分，强调各守一摊，这样就会产生“合成谬误”。从世界典型国家财政与货币政策的决策过程看，并不是在各自政策制定后以“告知”的形式通知另一部门，或是两个部门间需要对方配合时才提出相应的工作协同要求，而是建立了实体化或常态化的平台来连接和协调两部门。在决策过程中，当出现两部门意见分歧时，往往由财长最终裁决并形成一致方案。在操作层面，联储或央行的公开市场操作机构和人员与财政部相关职能部门建立了业务上的日常性沟通，以保证财政和货币政策在执行的层面也能达成高度的协同。可考虑构建独立的国债管理机构，设立国债平准基金，大幅提升国债在央行货币政策管理中的基础性作用。国债平准基金可充当国债市场的“兜底”交易商和做市商角色，做大做强国债市场，为完善货币政策体系和推动利率市场化改革提供坚实的基础，也为全球提供人民币资产，促进人民币国际化。

面对风险全球化，资产估值的稳定事关金融稳定、经济稳定和社会稳定。应对各种难以预料的风险挑战，财政金融、财政货币政策就不可避免地走向一体化，否则，将无法应对风险宏观化、公共化和全球化的趋势。

二、全球财经风险形势与风险分配格局

（一）全球共同面临的财经风险挑战

1. 地缘政治冲突结构化、整体化、长期化趋势明显，地缘政治风险不断上升。当前，由于地缘政治形势紧张、乌克兰危机长期化、巴以冲突持续及难以遏制的扩散性效应，加上全球的贸易战、科技战，全球地缘政治格局正在出现危机态势。

2. 全球经济增长疲软。国际货币基金组织预计，未来几年，全球经济年增幅在3%左右，这低于近二十年来年均3.8%的增长率。同时，全球经济增长不均衡特征也十分明显，发达经济体增长趋于稳定，但增速继续逊于新兴市场和发展中国家，不过发展中国家追赶发达经济体的速度也在减慢。2024年6月11日，世界银行发布《全球经济展望》报告预计，2024年全球经济增速将稳定在2.6%，在2025—2026年

小幅上升至平均2.7%，这远远低于新冠疫情前十年3.1%的平均水平。世界银行预计发展中经济体2024—2025年的平均增长率为4%，略低于2023年。发达经济体2024年增速将稳定在1.5%，在2025年升至1.7%。

3. 美国政治的外溢性风险上升。尽管现在美国依旧占据全球经济霸主地位。但是，美国的政治体系正在陷入混乱，随着特朗普2.0版的开启，这种混乱将加剧美国的政治分裂。2025年及以后，美国不仅是与中国博弈，而且是与全球博弈，更是美国不同利益团体之间的博弈。其最终的结果，就是导致全球经济体系的风险上升。

4. 美国对中国的打压遏制成为全球发展的最大不确定性因素。随着世界百年未有之大变局效应的不断深化，美国现在把中国锁定为最大的战略竞争对手。而美国现在打压中国的方式跟美苏冷战时期又不同，因为中国已经是世界第二大经济体，美国是中国的第二大贸易伙伴，中国连续多年对世界经济增长贡献率超过30%。当前美国采取的内外政策，不仅是进一步加强美国国内工业、制造业，通过政府补贴推动美国高端产业的再工业化、再投资化，实现产业链、价值链、供应链的去中国化，而且是在颠覆二战以来的世界秩序，希望通过彻底改写全球治理规则来重塑美国新霸权，实现美国“再次伟大”。美国的贸易保护主义，全面开征高关税，看似是聚焦国内的“收缩”举动，实质上是想借此更全面提升美国的国际竞争力，包括对政府体系的颠覆式改革，都是美国提升国际竞争力的新思路、新赛道。美国看起来有点“乱”，实际上都是与中国比拼的举措。这对世界发展是一个最大的不确定因素。

（二）全球财经风险的分配格局和外溢

1. 地缘政治冲突风险加深全球经济裂痕。全球地缘政治环境呈现竞争和冲突日益加剧的特点，可能冲击现有的国际经济秩序。不断加剧的地缘政治紧张局势以及由此导致的全球经济碎片化可能会增加金融稳定风险，并对全球经济稳定构成严重威胁。贸易通道受阻、资源供应中断、投资环境恶化等问题接踵而至，使得全球经济体系陷入动荡不安的境地。紧张局势的升级或冲突的发展都有可能扰乱全球市场，并导致市场不确定性增加，加剧市场波动。2024年以来，地缘紧张局势牵动着原油、黄金等全球大宗商品价格的走势，对全球经济稳定复苏形成一定的影响。同时，地缘紧张局势还导致全球供应链受阻和重构。从西方国家扩大原材料和产品的关税和进口限制，到红海危机导致国际主要船舶公司纷纷暂停红海—苏伊士运河航线或绕道非洲好望角，越来越多的地缘政治因素正在使全球供应链趋于复杂化。跨国企业在考虑经济因素之外，需要越来越多地考虑地缘政治风险，这也迫使供应链出现重组。

2. 西方国家“去风险”加剧逆全球化风险。从2018年特朗普对中国发动贸易战，到拜登政府提出的“小院高墙”，再到美西方提出的“去风险”，全球风险治理陷入了行为困境。在过去几十年中，全球价值链的发展变化将世界各国的经济联系在一起，成为支撑全球经济和国际贸易发展的源动力。全球价值链由各环节产生的增加值组成，分属于参与价值链的各个国家。例如，在美欧日对华出口产品中，有相当一部分是在中国进行加工组装后销往中国国内市场或其他国家市场，虽然表现为对华贸易，但仅有一部分增加值是在中国本土创造并归属于中国企业，其余部分则归属于参与这一产品价值链各环节的各国企业，其中美欧日的跨国企业占很大份额。而在美欧日从中国进口的产品中，有相当一部分是由在华外资企业制造，或是采用外资企业提供的原材料和零部件制造，这一部分的增加值也应归属于外资企业。因此，美欧日对华贸易的扩大实际是全球价值链深化的表现，带动了价值链上各环节的增值，并使参与全球价值链的各国企业均获得了收益。然而，特朗普的“美国优先”和美西方“去风险”使得以市场、成本、效率为重的各国产业链布局转向以安全、稳定和政治为重，产业链本土化与区域化的结果反而可能造成全球供应链出现断链风险，也使得美欧日等尤其是美国占据全球价值链顶端从而攫取全球超额利润的基础被破坏。“美国优先”和“去风险”的行为将使全球不确定性上升，最终使得各国面临的风险进一步加大。当制度变革和政策创新无法跟上公共风险，经济增速便会出现台阶式下滑。国际机构将保护主义上升视为世界经济复苏面临的严重风险。国际货币基金组织警告，各方对市场割裂、去全球化和“近岸外包”等的担忧急剧上升，一些国家限制贸易、资本、技术和劳动力流动的措施将威胁全球繁荣、加剧世界动荡，阻碍各国开展多边合作、提供关键公共产品。该机构的一项研究显示，如果任由经济碎片化继续，最终可能会使全球国内生产总值损失7%，大致相当于法国和德国一年国内生产总值的总和。世界银行发布报告指出，地区冲突升级、贸易割裂等构成世界经济下行风险，全球需要合作，采取促进贸易一体化等措施来应对挑战。

3. 美国的政治极化可能引发全球的经济动荡。美国的政治极化，对于全球产生的不确定性的影响是巨大的，这意味着全球规则和世界秩序将会重塑。在重塑过程中，美国为了维持自己的霸权地位，可能会采取突破人们想象的更加冒险的举动。美国是全球最大的经济体，其政治极化和政策的不确定性将影响全球的贸易、投资和金融市场，全球的经济增长和稳定也将受到威胁。

三、国际组织和相关机构与财经风险相关的指数

（一）国际货币基金组织的指数

1. 世界不确定性指数。国际货币基金组织（IMF）统计的世界不确定性指数是衡量全球经济和政策不确定性的季度指数，共覆盖143个国家。计算方法：计算经济学人智库（Economist Intelligence Unit）国别报告中“不确定”（或其变体）一词

的百分比。例如，指数为200对应于占所有单词0.02%的“不确定性”一词，鉴于EIU报告的平均长度约为10 000个单词，这意味着每份报告大约有2个单词，具体如图1－2所示。

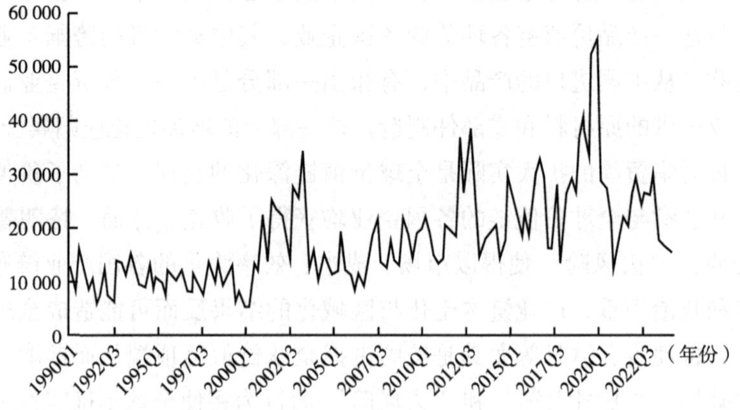

图1－2　世界不确定性指数（WUI）

数据来源：https：//worlduncertaintyindex. com。

2. 全球实际住房价格指数。如图1－3所示，全球住房观察每季度跟踪全球住房市场的发展。它提供了有关房价的当前数据以及用于评估住房市场估值的指标，例如房价与租金和房屋价格与收入比率。

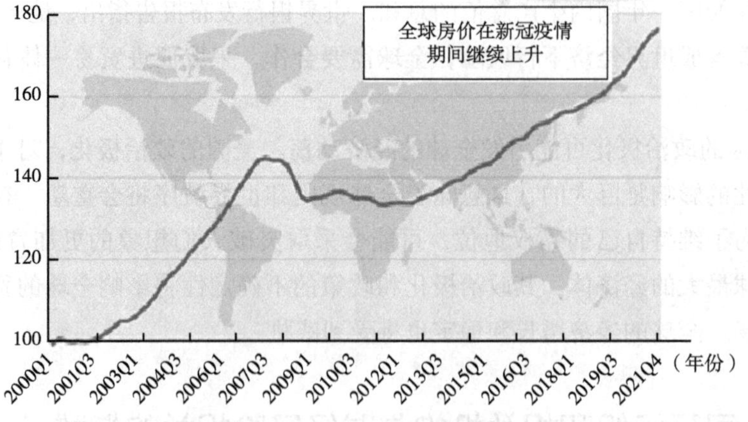

图1－3　全球实际住房价格指数

数据来源：https：//www. imf. org/external/research/housing/index. htm。

3. 大宗商品价格指数。IMF初级商品价格体系包括非燃料商品和石油的市场价格指数，代表全球市场的基准价格，由特定商品的最大进口市场决定。如图1－4所示，数据分为年度、季度和月度。

4. 宏观经济诊断方法框架。宏观经济框架将经济体分成四个部门，包括实体部

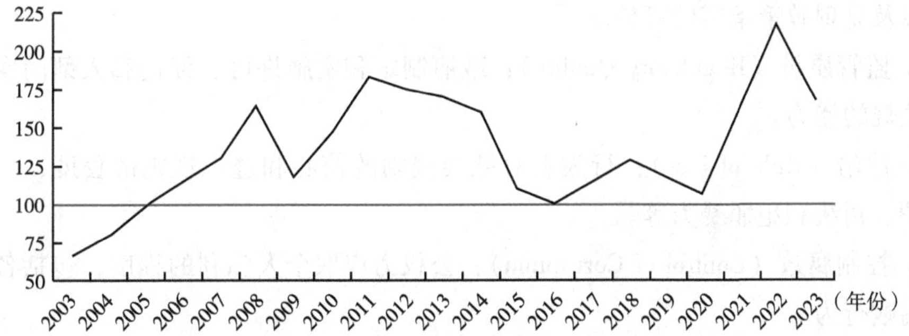

图 1 – 4　IMF 大宗商品价格指数

数据来源：https：//data. imf. org/?sk = 471dddf8 – d8a7 – 499a – 81ba – 5b332c01f8b9。

门、货币和金融部门、财政部门、外部部门。这四个部门通过一定的经济关系和会计关系联系在一起，构成了整个宏观经济体系。经济学家和政策制定者通过宏观经济框架，观察和分析有关冲击如何在不同经济部门之间进行传播。

宏观经济诊断基于“四账户”维度展开。针对上述四个经济部门，IMF 分别从四个账户的视角开展分析。实体经济账户主要分析国民生产总值和其构成，运用生产函数法、支出法等不同方法分析经济增长的驱动因素。财政账户主要分析财政收入、经常性支出和资产性支出，并引入多种口径的财政收支余额概念，多维度分析财政可持续性，反映财政运行可能对经济增长带来的影响。外部账户围绕国际收支平衡表，分析经常项目损益及资本项目现金流可持续性等情况。前三个账户均是流量账户，最后反映在存款性金融机构资产负债表上，即金融账户上。宏观经济是一个动态系统，其中四个账户相互影响。宏观经济诊断的一个重要工作，就是观察一个账户的变动如何影响其他账户，进而对整体宏观经济产生影响。

（二）世界银行全球治理指数（WGI）

WGI 依托跨国治理指标度量国家政府综合治理的质量水平，被认为是诸多治理定量研究中严谨度较高、影响力较大的综合指标体系之一，成为许多国家和国际组织衡量国家治理程度的重要参照。

WGI 是一个研究数据集，流向综合治理指标基于数十个不同数据源获得的数百个独立基础变量，反映了全球数千名调查受访者以及公共、私营和非政府组织部门专家对治理的看法。“全球治理指数”包含六个测量维度：

1. 话语权与问责（Voice and Accountability）：公民在政府选举中的参与程度以及言论自由、结社自由和新闻自由。

2. 政治稳定与非暴力（Political Stability and Absence of Violence）：政治稳定、政治暴力和恐怖主义的程度。

3. 政府效率（Government Effectiveness）：政府公共服务质量、政策制定和实施能力以及兑现政策承诺的可信度。

4. 监管质量（Regulatory Quality）：政府制定和实施许可、促进私人部门发展的政策法规的能力。

5. 法治（Rule of Law）：行为者对社会规则的信心和遵守规则的程度，包括产权保护、司法和犯罪暴力等。

6. 控制腐败（Control of Corruption）：公权力谋取个人私利的程度，包括各种形式的腐败行为。

（三）OECD 相关指数

1. 国家风险分类。参与者的国家风险分类是最低保费率的基本组成部分。该指数的一项关键作用是衡量与不偿还风险相称的信贷风险溢价；这些溢价被称为最低溢价率（MPRs）。它们旨在反映一个国家无法偿还外债的风险。根据参与国体系，国家风险包括：转移和可兑换性风险（即政府实施资本或外汇管制，阻止实体将本币兑换成外币和/或将资金转移给境外债权人的风险），以及不可抗力情况（如战争、征用、革命、内乱、洪水、地震）。公布国家风险分类的目的是使所有国家都能根据该安排的规则提供出口信贷，从而受益于世贸组织《补贴与反补贴措施协定》的避风港条款。该分类涵盖了世界上主要发展中国家。

2. 商业信心指数。商业信心指数（BCI）是一个标准化的信心指标，根据对制造业生产、订单和成品库存发展情况的民意调查，提供未来商业发展的指示。该指标可用于监测产出增长和预测经济活动的转折点。指数高于 100 表明对近期商业表现的信心增强，低于 100 则表明对未来表现持悲观态度。其他部门（建筑业、零售业和服务业）的数据未包括在内，原因是非欧盟经合组织成员国中这些部门的可用数据较少。图 1－5 展示了 2008 年到 2024 年全球商业信心指数。

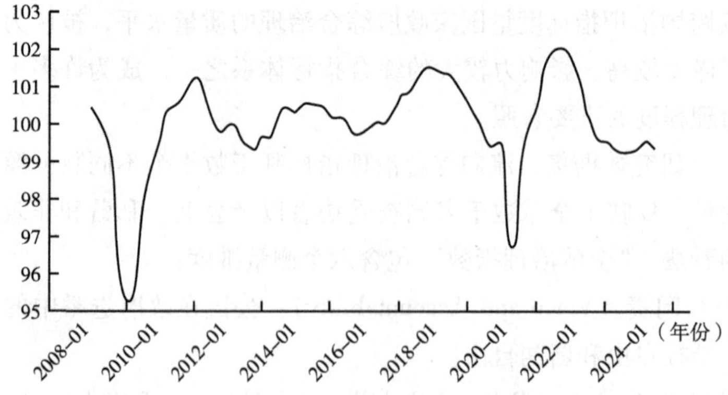

图 1－5　2008 年 1 月至 2024 年 6 月全球商业信心指数

数据来源：https：//www. oecd. org/en/data/indicators/business－confidence－index－bci. html。

3. 消费者信心指数。消费者信心指数（CCI）是一个标准化的信心指标，用于显示家庭消费和储蓄的未来发展情况。该指数基于对家庭预期财务状况、对总体经济形势的看法、失业率和储蓄能力的回答。该指数高于100表示消费者对未来经济形势的信心增强，因此他们在未来12个月内不太愿意储蓄，而更倾向于将钱花在大宗消费上。低于100则表明消费者对未来经济发展持悲观态度，可能导致储蓄增加而消费减少。图1-6展示了2008年到2024年全球消费者信心指数。

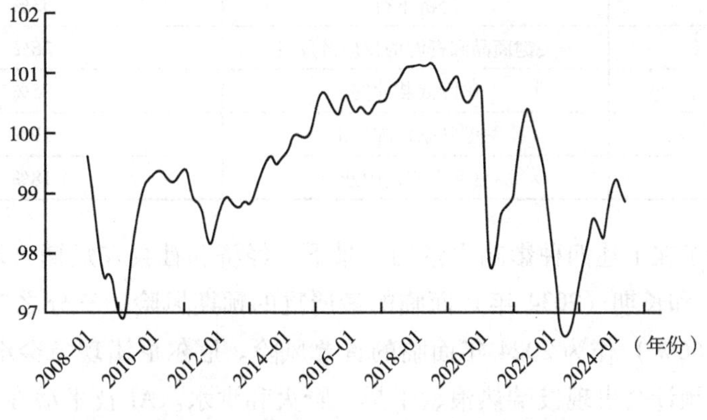

图1-6　2008年1月至2024年6月全球消费者信心指数

数据来源：https：//www. oecd. org/en/data/indicators/consumer-confidence-index-cci. html。

（四）世界经济论坛的全球风险报告

世界经济论坛的《全球风险报告》（Global Risk Report）从五个维度度量全球风险，分别是：经济、环境、地缘政治、社会和科技，在这五个维度之下，每年会对二级指标进行微调。二级指标的选取通常会参考世界经济论坛每年中旬的全球风险感知调查。例如，2024报告基于2023—2024年度全球风险感知调查，对全球1 490多名来自学术界、政界、商界等各个领域的专家学者进行了调查和访谈，结合调查结果选取了34个二级指标。结果显示，未来两年的世界前景主要是负面的，预计在未来十年还会更加恶化。大多数受访者（54%）预计未来两年全球会出现一些不稳定的中等程度的全球灾难风险，另有30%的受访者预计风险等级会非常糟糕。对未来10年的前景预测更加消极，近三分之二的受访者对未来十年的判断是风暴或者动荡。

报告认为，世界正在经历由多重因素主导的长期结构性变革，有四种结构性力量将影响未来十年全球风险的分化和管理，分别是：人工智能的崛起、气候变化、地缘政治权力分配的变化以及人口结构的转型。这些结构性力量是全球性的，无处不在，势头强劲。在此背景下，人类需要对现存和新出现的风险做好准备并加以缓解。表1-1展示了调查统计得出的2024年十大风险点。

表 1－1　　2024 年十大风险点（按照受访者认同度排序）

排序	风险类别	认同者占比
1	极端天气	66%
2	AI 技术潜在风险	53%
3	社会/政治极化	46%
4	生活成本危机	42%
5	网络攻击	39%
6	经济下行	33%
7	关键商品和资源的供应链危机	25%
8	国际武装冲突	25%
9	关键基础设施攻击	19%
10	食品供应链中断	18%

报告分析了在上述四种影响力量的背景下，经济和社会在短期（2024 年）、中期（2026 年）和长期（2034 年）面临的最严重的预期风险。三分之二的受访者选择极端天气（66%）作为 2024 年面临的首要风险。厄尔尼诺现象会继续刷新高温条件的纪录，预计会出现极端热浪、干旱、野火和洪水。AI 技术潜在风险（53%）以及社会/政治的极化现象（46%）分列第二和第三位。表 1－2 展示了全球中长期重要风险点。

表 1－2　　全球中长期重要风险点（按照对人类的威胁严重程度排序）

排序	未来两年	未来十年
1	信息滥用	极端天气
2	极端天气	地球系统重大变化
3	社会极化	生物多样性丧失和生态系统崩溃
4	网络安全	自然资源短缺
5	国际武装冲突	信息滥用
6	经济机会匮乏	AI 技术的负面影响
7	通货膨胀	非自愿移民
8	非自愿移民	网络安全
9	经济下行	社会极化
10	环境污染	环境污染

（五）欧元区系统压力综合指标（CISS）、欧元区主权债务压力综合指标（SovCISS）

欧元区系统压力综合指标（Composite Indicator of Systemic Stress，CISS）（Hollo，Kremer 和 Lo Duca，2012）与欧元区主权债务压力综合指标（Composite Indicator of

Systemic Sovereign Stress，SovCISS）均为欧洲央行判别欧元区金融压力的参考指标，CISS 为日资料，参数包含银行类股股价与估值、各国国债与公司债利差与波动率、欧元汇价波动率等；包含 3 个二级指标和 11 个三级指标，运用 var（在险价值）模型进行风险水平测算，通过确定金融风险水平的阈值以及不同时间点系统性金融风险水平来分析金融风险对经济的影响，具体如图 1－7 所示。

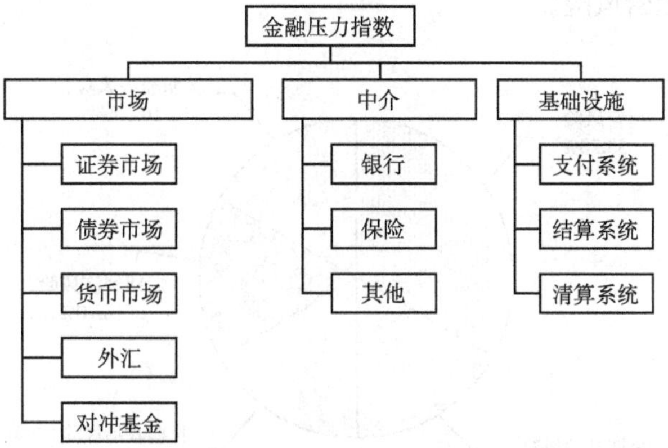

图 1－7　欧元区系统压力综合指标

SovCISS 以 CISS 为基础，从三个维度衡量主权债务压力状况：一是风险利差，以 2 年期和 10 年期合约的政府债券收益率与欧元利率掉期利率之间的绝对差值来衡量。如果没有 2 年期债券（芬兰、希腊和爱尔兰），则使用 3 年期收益率。该指标反映了相关债券的信用和流动性风险定价；二是收益波动率，按两个期限的收益率每日绝对变化计算，衡量了市场的脆弱程度和不确定性；三是买卖价差，2 年期和 10 年期债券的买卖价差以中间价百分比表示，反映了交易成本和市场流动性状况。如图 1－8 所示，选取 11 个欧元区国家的主权债务相关数据，利用 var 模型分析各个国家以及整个欧元区的主权债务压力。所有指标均按周平均值计算，原始利率来自 Datastream，买卖价格来自路透社。

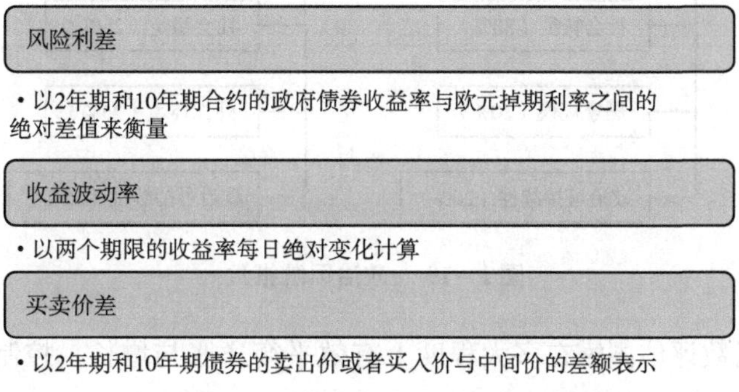

图 1－8　欧元区主权债务压力综合指标

（六）惠誉国家风险指数

惠誉国家风险指数（Fitch Solutions' Country Risk Index，CRI）主要量化外界冲击对国家造成的影响，为企业投资运营提供参考，分值由低到高从 0－100。如图 1－9 所示，包括 5 个一级指标，分别是：长期政治风险、短期政治风险、长期经济风险、短期经济风险、运营风险。

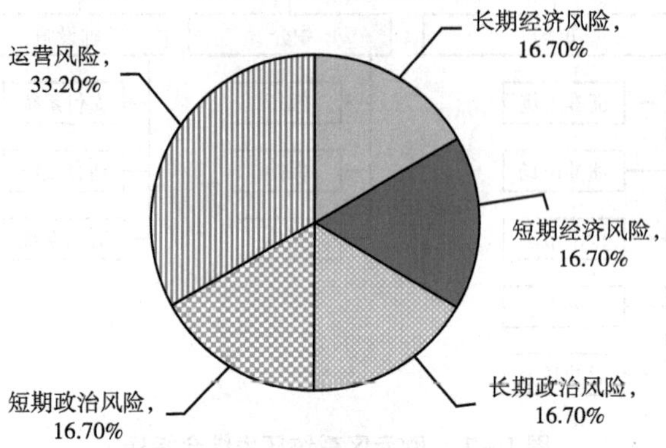

图 1－9　惠誉国家风险指数

政治风险指数评估政府政策急剧变化的风险和更广泛的政治稳定性风险。长期可以理解为十年之久，短期一般指当年和随后一年，即一至两年。长期和短期政治风险指数指标下各有 4 个二级指标，具体如图 1－10 所示。

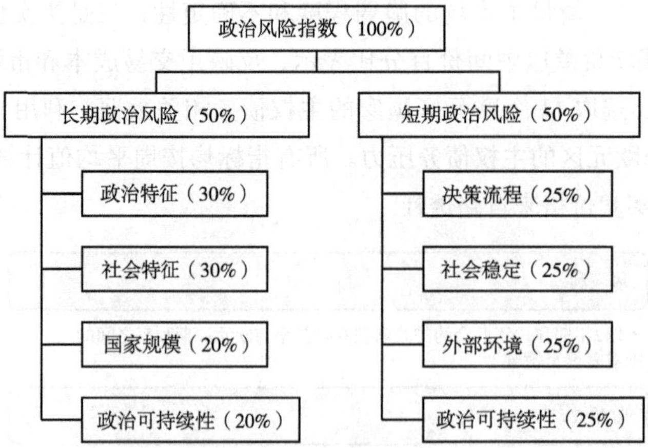

图 1－10　政治风险指数

经济风险指数评估国家在多大程度上有效平衡通胀与增长，控制财政赤字和对外收支平衡，并保持可控的债务比率，具体如图 1－11 所示。

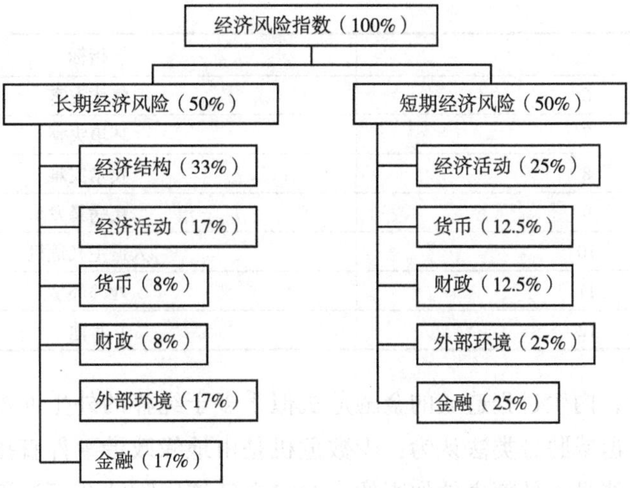

图 1－11　经济风险指数

如表 1－3 所示，运营风险指数定量比较在全球 205 个国家运营所面临的挑战。该指数以 0－100 分对每个国家进行评分，其中 100 代表最低风险。

表 1－3　　运营风险指数

指标	权重
劳动市场风险	25%
贸易和投资风险	25%
物流风险	25%
犯罪和安全风险	25%

（七）剑桥全球风险指数（CAMBRIDGE GLOBAL RISK INDEX）

剑桥全球风险指数（CAMBRIDGE GLOBAL RISK INDEX）对占全球 GDP41% 的 279 个城市进行了全面的威胁分析。报告按行业、规模和人口统计对每个城市的经济进行分析，以确定 12 种威胁类型的不同情景下的 GDP@ Risk 值。每个一级指标下有 4－5 个二级指标。采用矩阵的形式确定每种威胁的影响程度，如表 1－4 所示。

表 1－4　　剑桥全球风险指数的一级指标

	指标
1	金融冲击
2	贸易纠纷
3	地缘政治冲突
4	政治暴动
5	自然灾难

续表

	指标
6	气候灾害
7	环境灾害
8	技术灾难
9	疾病暴发
10	人道主义危机
11	外部环境
12	其他

从历史上看，内生过程造成的金融危机似乎多于纯粹的外生冲击。外来冲击的作用似乎不大，但威胁分类法认为：少数危机是由地缘政治事件直接引发的，而其他重大危机则可能是由外部事件加剧的。对宏观经济风险的全面认识还包括外生冲击——来自金融体系外部的重大事件，典型的仅靠经济学无法解释，可能会破坏金融体系的稳定或加剧脆弱的经济环境，具体如表 1－5 所示。

表 1－5　威胁分类法金融冲击指标

1 金融冲击	1.1 资产泡沫
	1.2 金融监管不力
	1.3 银行破产
	1.4 债务违约
	1.5 市场混乱

威胁分类法提出了一个系统结构，用于评估外生金融冲击的所有可能原因，以帮助投资风险管理者估计经济风险的统计分布。还探讨了金融冲击从宏观经济损失到对简化投资组合影响的结构性传播。这有助于金融风险管理者考虑投资组合优化策略，以减轻未来外生冲击的影响。

四、全球性财经风险指数构建

（一）全球性财经风险指数框架

当前，全球面临的风险不仅种类繁多且变化多端。要有的放矢有效应对全球性财经风险的挑战，首先需要深刻认识和把握所面临的主要全球性财经风险及其发展趋势。为此，如图 1－12 所示，本部分拟从地缘政治、政策不确定性、全球不平等状况和气候变化情况这四个方面入手刻画全球性财经风险。

首先，全球面临的各种风险和不确定性。风险的最大特征是呈链状或网状结构，风险在风险链和风险网上传递会逐渐扩散放大。当前，地缘政治竞争局势加剧、逆

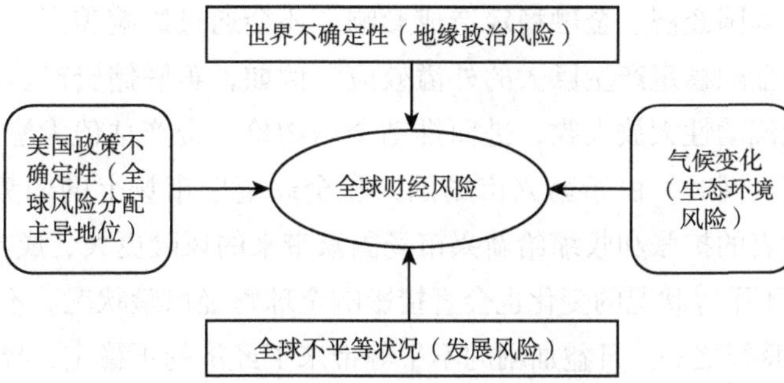

图1－12　全球经济风险指数构成图

资料来源：作者自制。

全球化加剧、俄乌冲突、以中美为代表的大国博弈加剧等风险会在全球风险网上不断交织，并在风险链上沿着各个方向传递，使得风险不断扩散、蔓延、放大、衍生，并产生了经济衰退风险、通胀风险、产业链供应链不稳定风险，这些风险既交织共存，又相互影响，并有可能交叉形成风险网，这不仅使得风险结构日趋复杂，还导致全球经济面临巨大不确定性。例如，当前，全球经济增长面临的第一个拖累因素是地缘政治紧张局势升级，尤其是美国和俄罗斯之间的紧张局势，此外还有来自伊朗和朝鲜的额外威胁。随着发达经济体和发展中经济体之间的分歧不断扩大，发展中国家越来越多地加入金砖国家等经济联盟，该联盟的成员数量从2024年初的5个增加到2024年年底的9个。短期内，这种地缘政治拉锯战升级为全面军事冲突的风险越来越大。过去五十年，世界经济从正和博弈变成了负和博弈。正和博弈时代由经济和全球合作推动，在华盛顿共识时期达到顶峰，1989年柏林墙倒塌和2001年中国加入世界贸易组织是这一时期的标志。但2008年金融危机之后，世界进入了负和博弈时期，增长放缓、竞争加剧、国际紧张局势加剧，新冠疫情、俄乌冲突和加沙战争进一步加剧了这种紧张局势。不断扩大的地缘政治裂痕暴露了深层次的脆弱性。随着数十年的多边合作逐渐被经济分裂所取代，新的跨国联盟，例如金砖国家集团，削弱了美国主导的国际秩序和布雷顿森林机构，例如世界银行和国际货币基金组织。与此同时，土耳其、沙特阿拉伯和其他海湾合作委员会国家等所谓的“摇摆国家”正在重塑全球贸易路线，重新配置供应链，改变投资流向，改变食品和关键矿产等关键商品的分配和定价。这些地缘政治分歧除了抑制全球GDP增长之外，还阻碍了应对气候风险的共同努力，因为发达经济体和发展中经济体在应对气候变化和推进清洁能源转型所需的监管和政策改革的紧迫性、范围和力度方面仍然存在严重分歧。

其次，鉴于美国在全球风险分配中占据主导地位，其政策不确定性会对全球财经风险带来较大外溢影响。例如，美国利用美元全球货币地位，通过长期维持对外贸易赤字，向全球输出美元。同时，美国又是全球最大的债务国，通过大量发行美债的方式，在全球构建起“美元—美债”循环体系。在此背景下，美国的财政货币政策，不仅会对本国经济、金融稳定造成影响，还会通过影响美元、美债的方式对全球资产估值和金融稳定产生巨大的外溢效应。例如，美联储资产负债表的扩张和收缩会引发美元流动性大放大收，进而推动全球物价、资产估值大涨大跌，加剧全球经济金融动荡。同时，由于新兴市场国家在全球金融市场上的弱势和被动地位，美联储资产负债表的扩张和收缩给新兴市场国家带来的风险更大、成本更高。

再次，全球不平等状况的变化也会直接影响全球财经风险状况。不平等已成为这个时代最重要的特征之一。日益加剧的不平等带来了经济的不稳定，导致社会及族群撕裂，引发逆全球化思潮，因此经济学家开始重新把注意力转向不平等问题。特别是托马斯·皮凯蒂在2013年出版《21世纪资本论》一书后，对不平等状况及其对全球经济的影响展开了系统研究。不平等实际上是一种重要的宏观经济风险。因为不平等程度的加剧会增加储蓄，降低有效总需求，导致失业和经济停滞。如果不平等状况超过某个特定阈值，便会危害到发展、减贫以及社会管理的质量。高度不平等还会削弱共同的理想信念，并助长有影响力的群体的寻租行为。事实上，长期以来，不平等还一直被认为是经济增长的拖累因素。例如，经济政策研究所2017年的一项研究表明，从20世纪70年代末到2012年，不平等每年使总需求增长减少2－4个百分点。同样，经合组织发现，基尼系数（1985年至2005年间经合组织国家的平均增幅）上升3个百分点，将导致25年内每年经济增长放缓0.35个百分点，导致GDP累计损失8.5%。在美国，研究发现，几十年来，从低收入家庭转移到高收入家庭的可能性下降了一半。这种下降有助于解释美国人对全球化的不满，因为全球化的好处大部分流向了投资者和企业主，而不是工人。几十年来，各国之间的不平等首次出现加剧。根据乐施会2023年的一份报告，全球前81位亿万富翁的财富超过了世界底层50%的人口所拥有的。与此同时，低收入国家的增长放缓阻碍了经济融合，扩大了全球差距。新冠疫情加速了这些趋势，使近1亿人陷入极端贫困。随着能源和人工智能等新兴技术的使用越来越集中在发达国家，较贫穷的经济体可能会进一步落后。

最后，气候变化是人类面临的共同挑战，气候变化的后果是全球性的，其影响遍及世界每个角落。随着全球气候变化进入新阶段，气候变化风险对全球财经风险的影响越来越显著。尤其是进入21世纪以来，气候变化问题愈发突出。受气候变化影响，全球极端天气灾害频发，给全球经济和人民的生命财产造成巨大损失。气候变暖将导致全球许多区域并发极端天气气候事件和复合型事件的概率增加，高温热浪与干旱同时发生，海平面变化和强降水叠加造成复合型洪涝事件加剧，给人类社会带来一系列严重后果。气温升高，冰雪融化，海平面上升，岛屿和沿海低洼地带被淹没；极端气候事件频发，干旱、洪涝灾害加剧，人类生命财产遭受严重损失，生计丧失、流离失所、难民增多；土地严重退化，生物多样性锐减，病虫害肆虐、疫病多发，农作物歉收减产。气候变化严重影响人类健康，严重破坏生态安全，严重冲击能源安全，严重威胁粮食安全。

（二）全球性财经风险指数的指标选择

1. 世界不确定性指数。本书拟用世界不确定性指数衡量全球面临的外部风险冲击，并通过归一法将该数据进行标准化处理。该指数衡量全球的总体不确定性，该指数权重是142个国家的GDP。世界不确定性指数（WUI）——从1952年开始，该指数反映了经济学家智库（EIU）国家季度报告中“不确定性”一词（及其变体）的频率，隐含着对未来风险的预判。为了使WUI在不同国家之间具有可比性，根据每个报告中的单词总数来衡量原始计数——即每千个单词中“不确定性”单词的数量。有两个因素有助于提高各国间WUI的可比性。首先，该指数是基于一个具有特定主题覆盖范围的单一来源——经济和政治发展。其次，这些报告遵循了一个标准化的过程和结构，使这些值在不同时间和国家之间具有合理的可比性，如图1－13所示。

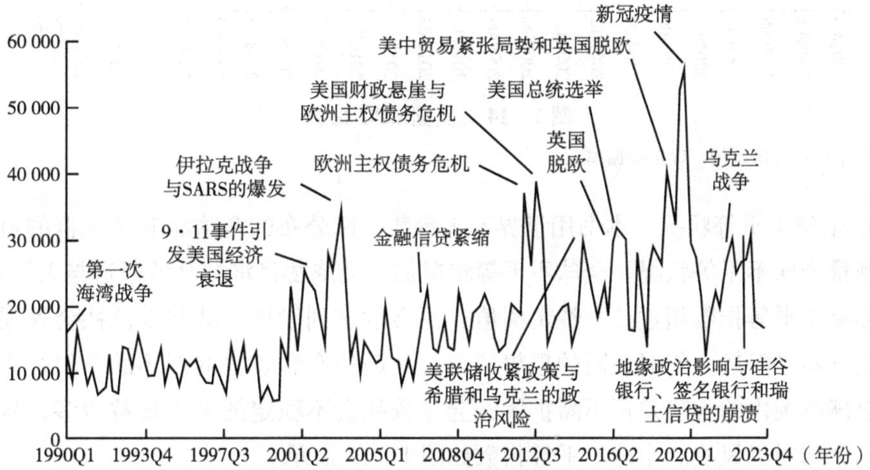

图1－13　世界不确定性指数（WUI）

数据来源：世界不确定性指数数据库。

2. 美国政策不确定性指数。鉴于美国在全球风险分配中占据主导地位，其政策不确定性会对全球财经风险带来较大外溢影响，因此，本书在构建全球财经风险指数过程中还运用了美国政策不确定性指数。具体来说，Baker等人（2016）基于报纸报道频率构建美国经济政策不确定性指数（EPU）（如图1－14所示）。他们的美国EPU指数依赖于10家大型报纸（《今日美国》《迈阿密先驱报》《芝加哥论坛报》《华盛顿邮报》《洛杉矶时报》《波士顿环球报》《旧金山纪事报》《达拉斯晨报》《休斯顿纪事报》和《华尔街日报》）的搜索结果索引。为了构建该指数，每月对每篇论文进行搜索，寻找与经济和政策不确定性相关的术语。特别是，搜索包含术语“不确定性”或“不确定”、术语“经济”或“经济”以及以下一个或多个术语的文章：“国会”“立法”“白宫”“监管”“联邦储备”或“赤字”。换句话说，为了满足 EPU 标准，一篇文章必须包含与经济（E）、政策（P）和不确定性（U）有关的所有三个类别中的术语。为了处理给定论文的文章量随时间的变化，将政策不确定性文章的原始计数除以同一论文和月份的文章总数。然后，对每篇论文的结果序列进行归一化等处理。

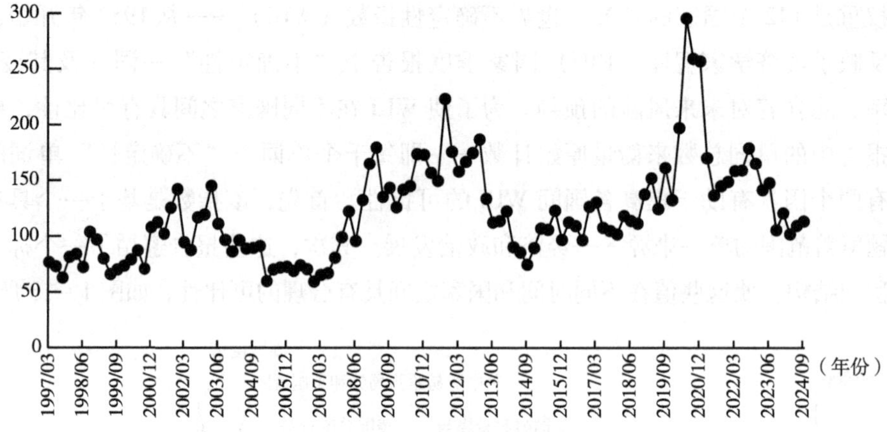

图 1－14　美国 EPU 指数

数据来源：经济政策不确定数据库。

3. 全球不平等状况。本书用世界不平等数据库公布的全球前 10% 人群的财富份额来衡量全球不平等状况。全球不平等状况加剧会威胁经济社会的稳定与人类发展。因为如果不平等指数超过某个特定阈值，便会危害到发展、减贫以及社会管理的质量。高度不平等还会削弱共同的理想信念，并助长有影响力的群体的寻租行为。例如，全球范围内的贫富差距不断扩大，会导致社会不稳定的因素日益增多，从而带来新的全球财经风险。全球不平等指数如图 1－15 所示。

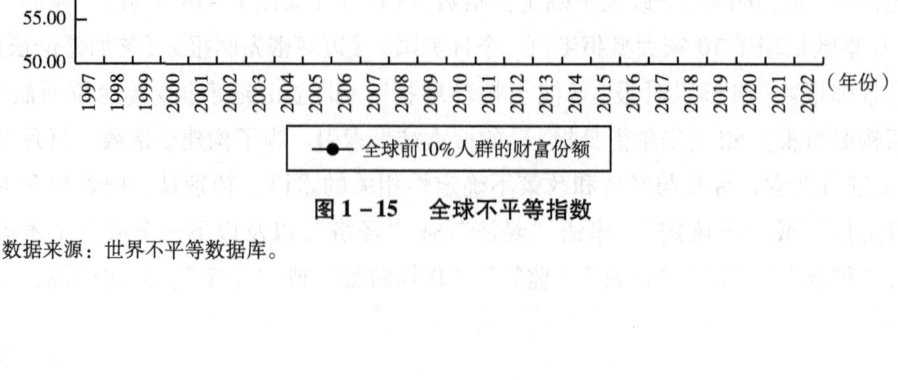

图 1－15　全球不平等指数

数据来源：世界不平等数据库。

4. 厄尔尼诺指数。如图 1－16 所示，本书用美国国家气象局公布的厄尔尼诺指数衡量全球气候变化。厄尔尼诺现象是一种全球性的气候异常现象，对全球气候和经济产生着广泛而复杂的影响。在气候方面，厄尔尼诺会导致全球气温升高，打破正常的气候模式。一些地区可能会遭遇极端的高温天气，而另一些地区则可能面临异常的降水模式。例如，在太平洋东岸的南美洲，厄尔尼诺常常带来暴雨和洪涝灾害，而在太平洋西岸的澳大利亚、印度尼西亚等地，则可能出现严重的干旱。这种气候异常往往会对全球财经运行状况带来巨大的冲击。

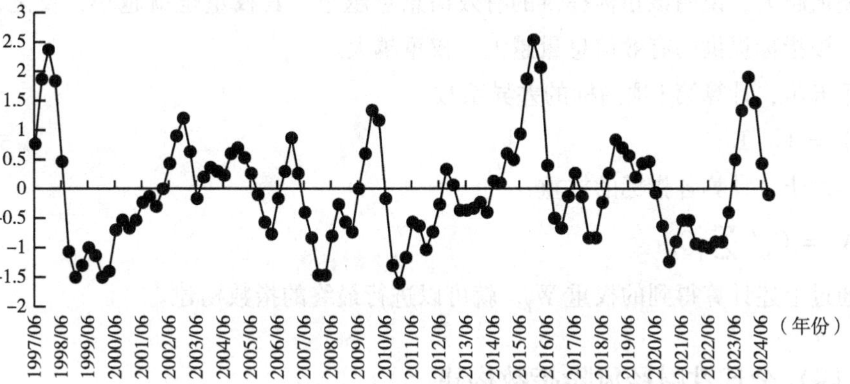

图 1－16　厄尔尼诺指数

数据来源：美国国家气象局。

（三）有关指数权重的确定方法

1. 专家咨询法。专家咨询法所确定的指标权重系数更强调各指标间的理论逻辑，较为主观，但更能贴合被评价概念的理论意涵。专家咨询具体采用两种方式：一是访谈法。可以通过访谈有关专家，咨询其对全球性财经风险指数内涵和指标选择、构建方面的建议。二是问卷填答法。邀请有关专家对分维度和每一个指标的权重系数进行打分，课题组再根据专家意见对指标权重进行主观赋值。

2. 熵权法。熵权法是一种客观赋权方法，用于确定多个指标在综合评价中的权重。其基本原理基于信息熵的概念。具体方法如下：

第一步，设定指标和构建原始数据矩阵。假设有 n 个年份，m 个指标，形成原始数据矩阵：

$X = \{X_{ij}\}_{n\times m}(0 \leqslant i \leqslant n, 0 \leqslant j \leqslant m)$，$X_{ij}$为 i 年的第 j 个指标。　　式（1）

第二步，标准化处理。由于各指标存在单位和量级差异，需要对各指标数据进行标准化处理。标准化包括正向标准化和负向标准化。

正向指标标准化：

$X'_{ij} = (X_{ij} - X_{min})/(X_{max} - X_{min})$　　式（2）

负向指标标准化：

$X'_{ij} = (X_{max} - X_{ij})/(X_{max} - X_{min})$ 式（3）

第三步，确定计算第 j 个指标下第 i 个样本值所占的比重：

$P_{ij} = X'_{ij} / \sum_i X'_{ij}$ 式（4）

第四步，计算第 j 项指标的熵值：

$E_j = -\ln(n)^{-1} \sum_i P_{ij} \ln(P_{ij})$ 式（5）

熵值越大，说明该指标提供的有效信息量越小，其权重也就越小；反之，熵值越小，该指标提供的有效信息量越大，权重越大。

第五步，计算第 j 项指标的差异系数：

$G_j = 1 - E_j$ 式（6）

第六步，计算各指标的权重：

$W_j = G_j / \sum_j G_j$ 式（7）

通过上述计算得到的权重 W_j，就可以进行最终的指数构建。

（四）全球性财经风险指数构建

利用上述构建的 4 个指数，可以合成全球性财经风险指数构建，具体构建方法和权重如表 1－6 所示。需要说明的是，权重的确定主要依据专家咨询法，即邀请有关专家对分维度和每一个指标的权重系数进行打分，课题组再根据专家意见对指标权重进行主观赋值。由图 1－17 可以看出，1997 年以来，全球性财经风险指数总体呈现上升态势。全球性财经风险指数较高的时期分别是 1998 年、2002 年、2008 年、2015 年、2020 年和 2023 年。这分别对应 1998 年亚洲金融危机、2000 年全球互联网泡沫破裂、2008 年国际金融危机、2015 年欧债危机持续发酵、2020 年疫情危机、2023 年俄乌冲突加剧。例如，在疫情暴发后（2020 年一季度），全球财经风险指数达到最大值。之后，全球性财经风险指数虽然有所下降，但总体仍处于较高水平。这说明拟合的全球性财经风险指数和全球面临的实际情况较为相符。

表 1－6　　全球性财经风险指数构建方法

名称	一级指标	权重	方向
全球财经风险指数	1. 世界不确定性指数	0.3	正向
	2. 美国经济政策不确定性指数	0.1	正向
	3. 全球不平等指数	0.3	正向
	4. 厄尔尼诺指数	0.3	正向

资料来源：作者自制。

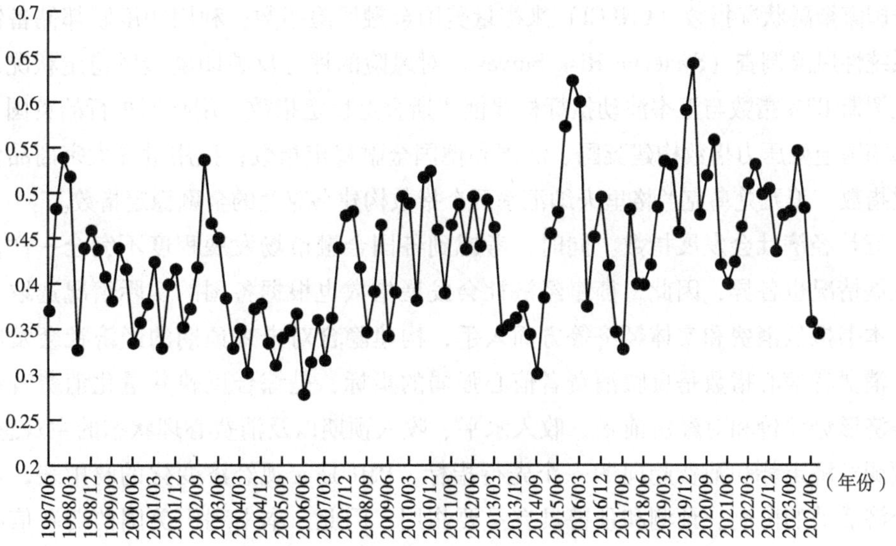

图 1-17　全球性财经风险指数

资料来源：作者自制。

五、主要经济体财经风险指数

（一）主要经济体财经风险指数的框架构建

本书主要通过如下方法构建主要国家财经风险指数：

一是全球性财经风险指数。本书拟用前部分构建的全球性财经风险指数衡量各国面临的外部风险冲击。该指数衡量全球的总体不确定性。

二是国内改革与政策调整能力指数。改革举措如果和风险状况匹配，就能缩小资产估值风险，如果不匹配，就会放大资产估值风险。对此，本书采用各国政策不确定性指数来衡量各国改革措施和风险状况的匹配情况。

三是财政货币政策风险对冲指数。鉴于不同国家财政货币政策的协同程度、政策工具也不尽相同，因此，衡量财政货币政策风险对冲指数根据各国的实际情况选取。例如，考虑到美国财政货币一体化程度比较高，可以作为财政货币防风险能力指数，因此，本书用美国国债占央行资产规模比重衡量其财政货币一体化程度，并采用 0-1 赋值法衡量美国财政货币政策协同指数。对英国来说，本书综合考虑英格兰银行总资产、英国赤字率和债务率指标来构建英国财政货币政策风险对冲指数。本书以通货膨胀率和乌克兰货币市场核心利率作为财政货币防风险能力指数。

四是金融稳定指数。考虑到各国金融市场发展程度不完全一样，因此衡量金融稳定状况的指数也根据各国的实际情况选取。例如，本书拟采用芝加哥联储所发布的芝加哥国家金融状况指数（CNFCI）来衡量美国金融风险指数；利用印度联邦储备银行的系统性风险调查（Systemic Risk Survey）对风险的评分反映印度金融稳定状况；选择俄罗斯 RTS 指数与汇率波动指标构建俄罗斯金融稳定指数；用欧洲央行的英国、法国和德国金融压力指数构建英国、法国和德国金融稳定指数；拟用世界大宗商品价格变化指数、美元兑乌克兰格里夫纳汇率两个指数构建乌克兰的金融稳定指数。

五是经济社会发展指数。同时，考虑到各国金融市场发展程度不完全一样，经济发展情况也各异，因此，衡量经济社会发展指数也根据各国的实际情况选取。例如，本书拟从消费和实体经济等方面入手，构建隐含对未来预期的经济社会发展指数。消费者信心指数是反映消费者信心强弱的指标，是综合反映并量化消费者对当前经济形势评价和对经济前景、收入水平、收入预期以及消费心理状态的主观感受，是预测经济走势和消费趋向的一个先行指标。PMI 是宏观经济变化的晴雨表，对国家经济活动的监测、预测和预警具有重要作用。因此，本书利用美国消费者信心指数、制造业 PMI 和非制造业 PMI 三个指数构建美国经济社会发展指数；用消费者信心指数构建英国社会经济影响指数；用德国 IFO 商业景气指数构建德国社会经济影响指数；用法国经济景气指标构建法国社会经济影响指数；用 GDP 增速和消费者信心指数构建俄罗斯社会经济影响指数；利用乌克兰就业指数、实际工资指数、生产者物价指数构建乌克兰社会经济风险指数。

在权重设计方面，我们认为上述五个方面对各国财经风险指数都具有重要的影响。因此，各国的财经全球风险与挑战指数、国内改革与政策调整能力指数、财政货币政策风险对冲指数、金融稳定指数、经济社会发展指数的基础权重均为 0.2。同时，考虑到各国的具体情况不太一样，上述五类指数的权重也不完全一样。例如，我们根据各国的 GDP 规模、进出口规模和 FDI 情况，将各国分为 A、B 和 C 三档，表示各国抵御全球性财经风险指数的强弱，其中，A 最强，B 次之，C 最弱，并据此将全球性财经风险指数对各国财经风险指数影响的权重分别设为 0.1、0.2 和 0.3，具体如表 1-7 所示。

表 1-7　主要国家财经全球风险与挑战指数的权重

分档	国家	权重	参考因素
A	美国	0.1	各国 GDP 规模、进出口规模、FDI 和 OFDI 情况
B	英国、德国、法国、日本、印度	0.2	
C	巴西、南非、阿根廷、乌克兰、俄罗斯	0.3	

（二）主要经济体财经风险指数比较分析

通过本书构建的全球主要经济体财经风险指数可以发现，近年来，美国、印度、英国、日本财经风险指数有所下降，德国的财经风险虽然呈现不断增加的趋势，但总体处于较低水平，法国、巴西、南非、阿根廷的财经风险呈现区间震荡趋势，俄罗斯、乌克兰的财经风险指数则有所上升。具体来说：

美国财经风险指数上升的时期分别是1998年、2000年、2008年、2020年和2023年。这分别对应1998年亚洲金融危机、2000年美国互联网泡沫破裂、2007年美国次贷危机爆发引发国际金融危机、2020年疫情危机和2023年美国爆发中小银行流动性危机。2006年2季度以来，英国财经风险的几个阶段性上升期分别出现在2009年1季度全球金融危机期间、2016年3季度脱欧公投后、2020年2季度新冠疫情本土暴发时期和2022年4季度全球高通胀和高利率阶段，表明该指数可以得到现实情况的认证。从2007年下半年开始，德国财经风险开始呈现不断增加的趋势。三个上升期体现在2009年欧债危机、2020年新冠疫情以及2022年俄乌冲突三个标志性事件。2023年德国财经风险指数开始震荡下降，但尚未达到稳定。2021年，德国财经风险指数出现较明显的一段下降，主要是由于全球风险指数在此时期的显著下降。从2008年1月开始，法国的财经风险呈现区间震荡趋势。几个上升期体现在2008年金融危机、2012年欧债危机、2016—2017年英国退欧和法国大选、2020年新冠疫情暴发、2022年能源危机和俄乌冲突。2023年之后，法国的财经风险指数开始震荡下降，但随着近年来地缘政治矛盾加剧叠加法国政治局势动荡，近期财经风险指数有所上升。

2014—2023年，俄罗斯财经风险有三处明显的上升期，分别处于2014—2015年克里米亚危机时期、2020年疫情暴发以及2022年俄乌冲突时期。2015年底，俄罗斯财经风险指数达到0.64的峰值，同比增加0.13个百分点；之后俄罗斯财经风险指数逐年下降。直至2020年第二季度，俄罗斯财经风险指数相比于2019年底增加了近0.1个百分点。在俄罗斯一系列反危机措施之下，财经风险指数迅速下滑，2021年中下降至阶段性波谷。然而，2022年初俄乌冲突的爆发以及西方国家的猛烈制裁，再一次将俄罗斯财经风险指数推高。2023年以来，俄罗斯财经风险指数有所下滑。整体来看，俄罗斯财经风险指数处于下降趋势。即使遭遇疫情危机与国际制裁，近两年俄罗斯的财经风险指数仍低于2015年的高位。一方面，俄罗斯及时启动“反危机措施”与战时经济动员，有效应对了外部冲击；另一方面，俄罗斯预算稳定基金的充足也为俄罗斯对冲财政经济风险提供了较大缓冲。乌克兰财经风险指数上升的时期分别是2015年和2021年。这分别对应2015年俄罗斯在乌克兰东部发动战争，2022年俄乌冲突爆发。乌克兰财经风险指数和其面临的实际情况较为符合。同时，就乌克兰财经风险指数绝对大小来看，2015年乌克兰财经风险指数低于2021年。这也比较合理，因为和2014年克里米亚危机爆发相比，2022年俄乌冲突爆发后，乌克兰国内政权岌岌可危，财经风险快速上升。从合成的整体指数看，日本财经风险指数数值在0.35－0.64的区间波动，波动幅度为0.29，上升较快的时期出现在2016年第三季度和2020年第二季度，说明了新冠疫情危机的影响。从合成的财经风险指数来看，2011 年 4 季度以来，印度财经风险有一个阶段性高点，出现在 2020 年 2 季度新冠疫情国内暴发时段。虽然 2022 年 2 季度能源危机期间出现小高峰，但整体仍呈现下行态势，到 2024 年 2 季度降至平均水平以下。巴西财经风险指数上升较快的时期分别为 2008—2009 年、2015 年、2017 年、2020 年和 2022 年。这分别对应 2008 年金融危机、2014—2016 年经济衰退、2020 年新冠疫情以及 2022 年总统换届选举。这意味着拟合的财经风险指数和巴西所面临的国内外重大事件较为吻合。2002 年至今，阿根廷整体经济状况呈大起大落的趋势，且与内外部重大事件吻合。从合成的整体指数看，南非财经风险指数数值在 0.37 - 0.61 的区间波动，波动幅度为 0.24，最大值出现在 2020 年第一季度，反映了新冠疫情的影响。

同时本书构建的全球主要经济体财经风险指数对这些经济体下一时期的 GDP 增速情况具有一定预测效果，主要表现为当期财经风险指数上升，下一期 GDP 增速会放缓（见图 1 - 18）。由表 1 - 8 也可知，对多数经济体来说，如果该经济体 2023 年 4 季度的财经风险指数较 2023 年 3 季度上升，那么该经济体 2024 年 1 季度的 GDP 同比增速会低于 2023 年 4 季度。由此，通过观察全球主要经济体财经风险指数的变化，可以在一定程度上研判该经济体下一期经济增长变化情况。

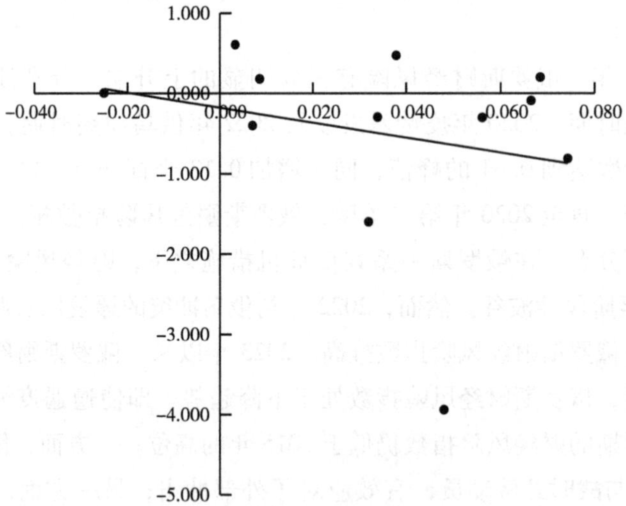

图 1 - 18　主要经济体财经风险指数上升意味着下一期 GDP 增速放缓（以 2023 年四季度为例）

资料来源：作者自制。

表 1 - 8　财经风险指数对 GDP 增速变化的预测性

	当期财经风险指数环比变化	下一期 GDP 同比增速环比变化
全球	0.067	-0.090
美国	0.034	-0.294

续表

	当期财经风险指数环比变化	下一期 GDP 同比增速环比变化
印度	0.074	-0.810
英国	0.003	0.610
德国	0.007	-0.400
法国	0.068	0.200
俄罗斯	0.038	0.476
乌克兰	-0.025	0.005
巴西	0.009	0.180
日本	0.032	-1.600
南非	0.056	-0.300
阿根廷	0.048	-3.940

注：乌克兰的财经风险指数环比变化基期为2020年四季度，下一期GDP同比增速环比变化基期为2021年一季度；全球GDP增速为年度值，基期为2024年；除此之外，其他经济体的财经风险指数环比变化基期为2023年四季度，下一期GDP同比增速环比变化基期为2024年一季度。

资料来源：作者自制。

六、小结和现实意义

世界的本质具有不确定性，当前人类文明进入“风险社会”新纪元，在风险社会就意味着风险全球化。即，从全球来看充满了风险，而且这些风险很容易交叉传染放大。当前的形势就是习近平总书记讲的“百年未有之大变局”，不确定性明显上升。尤其是，21世纪以来，随着全球金融危机、欧债危机、英国脱欧、中美贸易摩擦、新冠疫情、俄乌冲突等“黑天鹅”事件频发，全球财经风险外溢效应不断扩大，各国面临前所未有的高度不确定性，不断扩大的不确定性已成为“人类命运共同体”一致面临的挑战与难题。因此，随着人类进入风险社会，我们要有风险意识，这样才能真正防范化解风险，给中国的发展构建更大的确定性。需要指出的是，风险的最大特征是呈链状或网状结构，风险在风险链和风险网上传递会逐渐扩散放大。当前，地缘政治竞争局势加剧、逆全球化加剧、俄乌冲突、以中美为代表的大国博弈加剧等风险会在全球风险网上不断交织，并在风险链上沿着各个方向传递，使得风险不断扩散、蔓延、放大、衍生，并产生经济衰退风险、通胀风险、产业链供应链不稳定风险，这些风险既交织共存，又相互影响，并有可能交叉形成风险网，这不仅使得风险结构日趋复杂，还导致全球经济和各国经济发展面临巨大不确定性。在此情况下，量化全球和各国的财经风险状况，不仅可以更好地分析全球和各国的财经风险情况、变化，还可以为中国防范化解外部风险提供一定支撑。

故而，本书在参考国际货币基金组织发布的世界不确定性指数、世界银行发布的全球治理指数、世界经济论坛发布的全球风险报告、惠誉发布的国家风险指数和剑桥全球风险指数的基础上，从地缘政治、政策不确定性、全球不平等状况和气候变化情况四个方面入手刻画全球性财经风险，围绕财经全球风险与挑战指数、国内改革与政策调整能力指数、财政货币政策风险对冲指数、金融稳定指数和经济社会发展指数构建主要国家的财经风险指数，从而量化了全球和各国的财经风险状况。

第二章 美国财经风险与指数分析

一、美国财经面临的全球风险与挑战

（一）全球性挑战及其对美国的影响

从国际角度看，地缘政治问题，尤其是中东地区的紧张局势升级和俄乌冲突的持续，是威胁美国经济金融体系的重大风险。从国内看，持续的通胀是美国经济面临的主要风险。美联储 2024 年 4 月发布的半年度金融稳定性报告明确指出，持续通胀是美国金融所面临的头号风险。报告称，通胀居高不下和利率长期处于高位是金融稳定的主要风险，同时对冲基金的杠杆率已升至 2013 年以来的最高水平。报告主要对资产估值、企业和家庭借款、金融部门杠杆率和资金风险四个方面进行评估。报告还围绕金融系统突出风险开展调查，结果显示，72% 的受访者认为持续通胀和货币政策收紧是最主要的风险因素。报告指出，通胀可能会比预期持续更长的时间，这可能导致更严格的货币政策，加剧金融市场的波动性，并导致资产价格回调。

（二）美国在全球风险分配中的地位

与其他国家不同，美国依托美元霸权在全球经济金融领域占据主导地位，这使得美国掌握了全球风险分配的主导权，从而可以实现利益内部化和风险外部化。因为美元是美国发行的信用货币，也是事实上的世界货币，在国际金融体系中处于核心地位。在牙买加体系下，由于美元不再与黄金挂钩，美元从此成为纯粹的信用货币。这就使得整个世界对美元供给都没有约束，或者说这一制度给美国政府发行过多的美元提供了可能。美债既是美国依托国家信用发行的政府债券，也是全球资产定价之锚，可以影响全球其他资产的价格。依托美元、美债在全球经济金融体系中超然地位，美国国内政策会对美元、美债等产生直接影响，进而会对全球资产估值稳定带来外溢影响，并影响全球经济金融的稳定。尤其是，经济金融全球化使得各国金融市场更加紧密相连的同时，也使各国经济金融风险更易相互传染。在高度全球化的经济金融体系中，美国的风险可以迅速地转化为全球风险。同时，美国作为全球最大的经济体，其政策的不确定性将影响全球的贸易、投资和金融市场。

（三）全球性因素对美国金融稳定的影响

除了地缘政治因素之外，疫情、金融危机、债务危机等其他全球因素也会对美国金融稳定带来影响。例如，新冠疫情冲击导致资产估值波动加剧，金融风险大幅上升。2020 年暴发的新冠疫情，给美国经济金融稳定运行带来了较大冲击。一方面，疫情导致企业生产经营停滞，家庭收入和支出下滑，现金流断裂风险上升。另一方面，疫情冲击导致资产估值大幅波动，金融机构风险偏好下降，金融市场波动加剧。如图 2－1 所示，2020 年 2—3 月，美股出现大幅下跌，道琼斯工业指数、纳斯达克指数、标普 500 指数最大回撤分别达到 37%、30%、34%。尤其是 2020 年 3 月，美股月内发生了 4 次暴跌并触及熔断，其中，3 月 9 日，道琼斯指数狂泻了 2 000 多点；3 月 23 日，标普 500 指数更是跌至 2016 年底以来的新低 2 192 点。

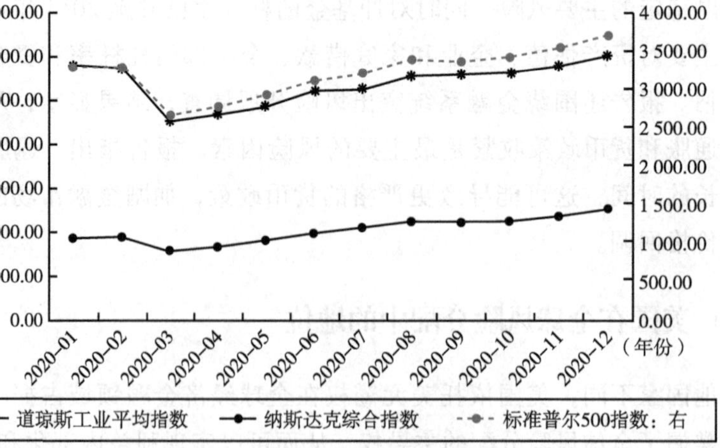

图 2－1　2020 年美国三大股指走势

数据来源：Wind 数据库。

二、美国国内改革与政策调整能力

（一）美国当前和未来中期面临的突出社会问题和矛盾

在新冠疫情暴发后的三年（2021—2023 年），美国经济实现了强劲反弹。不过，美国经济在经历了一段时间的快速增长后，正进入调整期，未来前景不仅受国内消费、通胀水平、政府债务等因素影响，更取决于美国的全球风险分配能力是否受到挑战。

1. 政府债务风险不断累积，利息支出飙升令财政承压。美国财政部数据显示，截至 2024 年 7 月 12 日，美国联邦政府债务规模达到 34.89 万亿美元。美联储激进加息不仅推升了美国债务成本，加剧了债务负担，还引发美国赤字规模的持续攀升，从而给美国的财政健康和经济稳定带来了新挑战。随着债务的持续扩张，特别是每年需要偿还的债务规模不断增加，即使是借新还旧，都需要按照新的利率重新定价，这将导致债务成本显著增加。美国财政部数据显示，截至 2024 年 6 月底，美国全部政府债券的加权平均利率为 3.3%，创 2008 年以来新高，比一年前高出约 60 个基点。2024 财年（2023 年 10 月 1 日—2024 年 9 月 30 日）前九个月，美国联邦政府债务利息支出达到 8 680 亿美元，比去年同期高出 33%。利息支出的增加，推升了联邦政府赤字水平。2024 财年前九个月，美国的赤字规模达 1.27 万亿美元。2024 年 6 月，美国国会预算办公室（CBO）发布的预测报告显示，美国 2024 财年的赤字预计将达到 1.92 万亿美元，高于 2023 年的 1.69 万亿美元。国际货币基金组织（IMF）认为美国的债务风险不仅会拖累自己的经济发展，也会给全球经济带来风险。

2. 激进加息引发中小银行流动性危机。2022 年 3 月以来，美联储采取激进加息政策对抗通货膨胀、缓解物价水平。由于美联储加息缩表步伐太快，使得银行持有的投资组合估值不稳定，产生损失，进而导致银行面临浮亏增加、流动性趋紧、资金期限错配加剧等风险，从而推升全球金融系统风险。实际上，美联储激进加息引发了美国区域性银行业危机。自 2023 年 3 月以来，美国已经有硅谷银行、签名银行、第一共和银行等多家区域性银行倒闭。其中，第一共和银行倒闭是自 2008 年华盛顿互惠银行倒闭后，美国历史上第二大银行倒闭案。2023 年 7 月 26 日，美国地区银行西太平洋合众银行为避免倒闭，提前宣布将与加州银行合并，这两家地区银行的自救表明美国银行业危机仍在蔓延。2023 年 8 月，穆迪和标普又下调美国多家地区性银行的信用评级，提示美国银行系统正面临区域性银行倒闭风险加剧的局面。2023 年 9 月，位于美国堪萨斯州的三州银行因资不抵债被其所在州的监管机构勒令关闭，成为美国 2023 年发生银行危机以来的第五起银行破产案。2024 年 3 月又爆发了以纽约社区银行（NYCB）为代表的区域小银行商业房地产（CRE）贷款信用风险危机。得益于全球金融危机以来银行资本监管的加强，美国银行业资本整体保持稳健，但短时间内陆续爆发两次小型危机暴露了美国银行业流动性监管和贷款集中度监管存在的一些问题，也促使美国反思现有金融监管政策有何不足。

（二）为解决上述问题和矛盾采取和可能采取的改革措施

1. 劳动力市场放缓比预期更早，2024 年美联储将开启降息。2024 年 9 月 19 日，美联储发布 9 月议息声明，将联邦基金利率的目标区间下调 50 个基点至 4.75% -5%，为 4 年来的首次降息。美国经济降温和通胀水平有所下降，为美联储降息提供了支撑。未来，美联储是否进一步降息将取决于美国通胀、就业数据及金融市场的状况。如果美国失业率继续上行，也不排除美联储继续降息的可能。2024 年 8 月 21 日，美国劳工统计局公布的非农就业数据基准修订的初步估计显示，在 2023 年 4 月至 2024 年 3 月统计周期内，美国新增就业岗位比之前预估的减少了 81.8 万个。这使得 12 个月期间的总就业增长（不包括农场就业）从此前预估的 290 万降至约 210 万。劳工统计局表示，实际的就业增长比最初报告的 290 万减少了近 30%，修正后的总就业岗位水平下降了 0.5%，是自 2009 年以来最大的降幅。这表明美国劳动力市场的放缓开始得比原先预期的要早得多，进而可能进一步推动美联储开始降低利率。

2. 税收政策可能出现新变化，不排除对我国征收额外关税的可能性。2017 年底通过的《减税与就业法案》（TCJA）是美国三十多年来最重大的税制改革。该法案的核心内容是大幅降低企业税负，重组个人所得税体系，以刺激经济增长、增加就业岗位。TCJA 中有关个人所得税与遗产税的部分政策将于 2025 年到期，这也使税收政策成为 2024 年美国大选的一大焦点。截至目前，两党候选人税收政策的交锋重点在于是否延续 TCJA 即将到期的部分条款与是否推翻 TCJA 中包括企业税率在内的其他永久条款。综合考虑美国联邦政府目前的财政赤字与债务情况和美国国际竞争的需要等因素，2025 年美国税收政策可能会有如下变化：一是由于目前税收政策无法平衡政府财政收支，未来美国税收政策可能会采取措施加强税基；二是随着美国对我国竞争战略力度的不断加大，不排除 2025 年美国对我国征收额外关税的可能性，从而加剧我国外部风险。这也是美国强化其对我国的风险分配能力的重要手段。

3. 对银行资本金要求进行改革。2023 年 7 月，美联储、美国联邦存款保险公司（FDIC）以及美国货币监理署（OCC）等金融业主流监管机构发布了一揽子改革提议。改革提议将使资产值超过 1 000 亿美元的银行必须持有的资本金增加约 16%。其中，摩根大通、美国银行、花旗集团、富国银行、高盛、摩根士丹利等美国最大的八家银行资本金要求或面临约 19% 的增长。其他资产在 1 000 亿美元至 2 500 亿美元的银行资本金增幅约为5%。同时，提案计划封堵一个2019年开启的监管漏洞，即资产值不足2 500亿美元的中型银行必须将某些证券的未实现损益纳入其资本比率，此前只有资产大于2 500亿美元的大型银行才必须这样做。

不过在2024年6月，美联储表示正在考虑调整一项提案，旨在减轻对大型交易银行的资本金要求。这些修订可能会撤销一些关键性的提案内容，特别是那些可能对大型银行（尤其是那些有大规模交易业务的银行）产生重大影响的部分。初步计算结果显示，这些建议的修改可能会导致资本金的增幅降至5%，远低于原先提案中的16%。美联储主席鲍威尔和副主席迈克尔·巴尔均表示，该提案将面临“广泛且实质性的修改”。据熟悉情况的消息人士透露，美联储副主席巴尔已经与联邦存款保险公司（FDIC）和货币监理署（OCC）的高层进行了会谈，降低银行资本金要求的可能性较大。

（三）国内改革对金融稳定的影响

1. 美国经济前景不确定性加大或加剧美国风险资产价格波动。美国经济前景的不确定性加大，可能会引发美国风险资产价格剧烈波动，进而影响全球的风险偏好。同时，美元走势偏强的可能性较高，会对金融稳定带来一些影响。从历史上看，美联储从加息周期切换到降息周期的时候，美元强势还会持续较长时间。即，美联储停止加息后，美元强势还会持续较长时间。而如果美国经济不衰退，美联储是不可能大幅降息的，美元也不会趋势性走弱。随着美国经济强劲增长和投资者预期美联储维持高利率，美元持续走强，对全球金融市场及各国经济产生深远影响。美元升值不仅加剧了美国贸易逆差问题，还引发了输入型通胀，对依赖出口的国家和借美元企业构成挑战。多国政府尝试通过抛售美元或国际合作来遏制美元升值，但面临全球经济利益分歧和利率差异的复杂局面，这些措施效果有限，全球金融稳定面临考验。

2. 财政赤字和债务高企给金融稳定埋下隐患。与此同时，美国的赤字与债务在继续“野蛮生长”。美国财政部发布的最新数据显示，截至2024年8月27日，美国国债总额超过35万亿美元。国际货币基金组织2024年6月底发布的美国2024年第四条款磋商报告指出，美国高财政赤字和债务为本国和全球经济造成日益重大的风险，美国政府亟待解决长期财政赤字问题。最新数据显示，美国偿还债务的成本正在激增。2024年6月，美国偿还联邦债务利息的金额相当于当月个税收入的76%。美国财政处在不可持续的轨道上，如果不加以解决，联邦政府支出和收入之间的结构性不匹配，以及利率和借贷成本的上升，将对联邦预算、美国经济和未来发展构成挑战。美国公共财政所处的“危险轨道”为美元和长期通胀前景带来严重问题。一旦外国投资者认为美国政府没有真正控制债务的意愿，他们可能不再愿意为美国政府提供资金，导致美元出现危机，或促使美联储继续印钞为政府提供资金，进而再次造成通胀飙升。

3. 美国大选结果将对美国甚至全球金融稳定带来一系列影响。美国大选作为全球政治经济的重要事件，其影响范围超出美国本土，波及全球。具体的影响取决于多种因素，如当选者的政策立场、中美关系的现状以及国际政治经济的整体环境等。在2024年美国大选中，不同候选人之间的政策差异可能会对未来中美关系产生一定影响。例如，关于金融竞争以及全球经济治理等方面的政策变化不仅对美国甚至会对全球金融稳定带来一系列影响。

三、美国财政货币政策抗风险能力

（一）财政政策对冲和化解金融风险的能力

面对2008年金融危机和2020年疫情冲击引发的金融风险，美国运用扩张性财政政策，通过政府部门加杠杆的方式帮助居民和企业部门去杠杆，从而改善居民和企业部门的资产负债表状况，以更好对冲和化解金融风险。从2008年底到2015年一季度，美国居民部门和企业部门杠杆率分别下降了18.2个百分点和3.3个百分点，而政府部门杠杆率上升了28.8个百分点。从2020年一季度到2023年二季度，美国居民部门和企业部门杠杆率分别下降了1.1个百分点和2.2个百分点，而政府部门杠杆率则上升9.9个百分点。从消费角度看，美国政府扩张性财政政策对居民部门资产负债表状况的改善，体现在疫情期间居民部门形成庞大的超额储蓄。截至2021年9月，美国居民部门积累起2.1万亿美元的超额储蓄，相当于居民部门2022年总支出的9.5%。2021年9月以来，由于疫情救助计划终止以及服务消费逐渐恢复，美国居民部门逐步消耗超额储蓄，鉴于私人消费在美国经济结构中的主导地位，庞大的超额储蓄对于居民部门购买力的提振，是美国经济在疫后展现出韧性的关键因素。

（二）货币政策对冲和化解金融风险的能力

美联储通过资产扩张可以直接带动企业和居民部门资产扩张，对冲和化解金融风险的能力。由于长期的经济金融化进程，金融部门在美国经济中的地位异常重要，堪比国民经济的大动脉和发动机。美国一旦遇到金融风险，宽松的货币政策是美联储的首选，通过美联储降息和购债向金融市场注入大量货币成为美国化解金融风险、纾解金融危机的重要手段。美联储实施量化宽松政策的一个直观后果是其资产负债表规模的快速膨胀。如表2-1所示，截至2023年底，美联储总资产超过7.7万亿美元。历史上美联储主要经历了两轮 QE，第一轮是次贷危机冲击下的 QE，美联储总资产由 2007 年底的约 9 000 亿美元提升至 2014 年底的约 4.5 万亿美元。第二轮是疫情冲击下的 QE，美联储总资产由 2019 年底的约 4.2 万亿美元大幅扩张到 2022 年底的 8.6 万亿美元。

表 2－1　　2008 年以来部分年份美联储资产总量与结构　　单位：亿美元

	2008 年	2009 年	2019 年	2020 年	2022 年	2023 年
1. 黄金账户	110.37	110.37	110.37	110.37	110.37	110.37
2. 特别提款权账户	22	52	52.00	52.00	52	52
3. 硬币	16.88	20.47	16.61	15.62	11.95	14.22
4. 持有证券、未摊销证券溢价和折扣、回购协议和贷款	12 262.82	20 577.86	40 979.36	71 259.25	84 476.01	76 197.39
4.1　美国国债	4 759.21	7 765.87	23 288.62	46 889.16	55 008.34	47 905.47
4.2　联邦机构债券	197.08	1 598.79	23.47	23.47	23.47	23.47
4.3　抵押贷款支持债券（MBS）	0	9 082.57	14 199.80	20 394.68	26 414.02	24 317.73
5. 特殊目的实体（SPV）的净组合持仓	739.25	653.22	0.00	1 431.04	301.7	164.15
6. 托收中项目	9.79	2.77	1.03	0.82	1	1.9
7. 银行不动产	21.94	22.49	22.07	22.22	4.73	4.38
8. 中央银行流动性互换	5 537.28	102.72	37.29	178.83	4.12	13.59
9. 外币计价资产	258.74	253.02	205.71	224.29	184.02	186.69
10. 其他资产	74.48	155.03	231.46	339.06	365.79	383.12
总资产	22 394.57	22 340.67	41 655.91	73 633.51	85 511.69	77 127.81

数据来源：美联储。

实际上，为了应对 2008 年全球金融危机，美联储在将基准利率降至近零区间的基础上，发起了四轮量化宽松，通过购买长期国债、机构证券等金融产品，使美联储的资产负债表从危机前的 0.9 万亿美元增加至危机后 4.5 万亿美元的水平。这本质上就是通过扩大中央银行资产负债表的方式，稳定债券、股市、房地产等各类资产估值。例如，2008 年之前美联储资产端并不持有抵押贷款支持债券（MBS），但到 2009 年，美联储持有的抵押贷款支持债券（MBS）达到 9 083 亿美元，占美联储总资产的比重达到创纪录的 41%。受美联储政策影响，美国债券、股市、房地产等各类资产估值逐步企稳，美国居民和企业部门的资产大幅增值，居民和企业部门的资产负债表得到快速修复，资产价格上升带来的财富效应，又反过来促进居民消费和企业投资，并带动经济快速复苏。而在面对 2020 年新冠疫情冲击的过程中，这一机制表现得更加清晰。疫情期间，美联储应对疫情的政策逻辑主线为：快速为金融机构、实体企业、家庭居民提供融资支持，防止疫情的外生冲击恶化其资产负债表，从而引发经济的趋势性下行。即美联储通过自身资产负债表的扩张，带动居民和企业部门资产负债表的扩张，防止出现难以逆转的系统性风险。

（三）财政货币政策对金融稳定的影响

美国财政货币政策协同程度较高，尤其是财政货币政策一体化是美国对冲风险、稳定资产估值的主要举措。美国无论是2008年金融危机还是新冠疫情期间，均实施了财政货币政策一体化。2008年全球金融危机爆发后，美国实施了看似异常的政策，恢复了经济增长，还创造了美国战后历史最久的一次经济复苏。在疫情发生后，为了应对疫情冲击，美国财政货币政策一体化更为明显。实际上，在虚拟经济高度发展的当下，美国经济呈现高度金融化的特征，美联储增发的货币变成了资产，根据风险结构与其他资产进行替换组合，从而较好地稳定了各类资产估值。所以，在经济2020年遭受重创的情况下，美国通过实施财政货币政策一体化稳定资产估值，进而产生财富效应，助推美国经济更快复苏。

四、美国的金融稳定评估

（一）资产估值稳定性评估

美国面临的各种财经风险都会对其国内资产估值稳定产生影响。为此，美国一方面通过国内改革对冲各种财经风险，稳定国内资产估值。同时，美国国内的改革举措也不一定完全适配化解各种财经风险需要，进而难免会引发国内资产估值的不稳定。而从短期来说，美国通过加强财政货币政策协同，即通过财政货币一体化实施较好地对资产估值不稳定进行对冲。

（二）金融稳定性评估

美联储发布2024年的半年度《金融稳定报告》，主要对资产估值、企业和家庭借款、金融部门杠杆率和资金风险四个方面进行评估。报告还围绕金融系统突出风险开展调查，结果显示72%的受访者认为持续通胀和货币政策收紧是最主要的风险因素，其次是政策不确定性、商业和住宅地产、银行业压力和财政可持续性。资产估值方面，股票市盈率已移至历史分布的上限，而公司债券利差则下降至历史平均水平以下。住宅房地产价格相对于基本面仍处于高位，商业地产价格则因基本面恶化而下跌。在企业和家庭贷款方面，私人债务总额与国内生产总值（GDP）的比率进一步下降，接近历史平均水平。尽管企业债务占GDP的比率仍然很高，但企业偿债能力依然强劲。家庭债务相对于GDP处于适度水平，且集中在优质借款人身上。金融领域的杠杆情况显示，银行体系保持稳健和弹性，风险资本比率远高于监管要求。然而，一些银行资产负债表上持有的一些固定利率资产继续面临巨额公允价值损失。最大的对冲基金的杠杆率在已经较高的水平上有所上升，而经纪交易商杠杆率仍接近历史低位。在资产风险方面，美国国内多数银行流动资产保持较高水平，资金稳定。但对未投保存款和其他因素的担忧继续给部分银行带来融资压力。货币市场基金、其他一些共同基金和稳定币仍然存在结构性脆弱性，而人寿保险公司继续持有大量非流动性和风险资产。

五、美国经济社会发展状况

（一）美国经济社会现状

1. 经济增长保持韧性，通胀仍未降至合理水平。整体来看，当前美国经济增长保持韧性。短期内美国经济失速概率较低；从长期看，美国经济的运行前景取决于美国的全球风险分配能力是否受到挑战。2024年7月25日，美国商务部经济分析局（BEA）公布的首次预估数据显示，2024年二季度美国实际国内生产总值（GDP）环比折年率增长2.8%，高于预期的2.0%，较一季度的1.4%显著回升。这显示出美国经济在二季度表现出较强的复苏势头。美国经济增长的重要推动力源自政府债务的迅速增加，大规模的转移支付使得企业和家庭部门的收入与消费没有受太大影响。因此，在全球经济遭受冲击的背景下，美国经济得以维持较好地增长。目前，通过增加救助而积累的超额储蓄已基本耗尽。尽管当前的收入水平和资产的增值在一定程度上支撑着消费，但美国未来的消费情况仍存在较大不确定性，进而给美国经济前景增添了变数。2024年6月，国际货币基金组织（IMF）将2024年美国实际GDP增速预测从4月的2.7%下调至2.6%。

另外，美国通胀虽然有所下降，但仍高于美联储2%的目标。美国劳工统计局2024年8月发布的数据显示，7月美国CPI同比增长2.9%，增幅较6月收窄0.1个百分点；7月CPI环比上涨0.2%，6月CPI环比下降0.1%。剔除波动较大的食品和能源价格后，7月核心CPI环比上涨0.2%，较6月环比增幅扩大0.1个百分点；7月核心CPI同比上涨3.2%，是自2021年4月以来最小增幅。

2. 就业市场有所降温，失业率超预期上升。近期，美国的就业数据被频繁下修。2024年8月2日，美国劳工统计局数据显示，美国7月新增非农就业人数为11.4万人，预期为17.5万人；6月前值由20.6万人下修至17.9万人，5月前值由21.8万人下修至21.6万人，两个月累计下修2.9万人。此外，美国劳工部公布的数据显示，从2023年4月到2024年3月，美国的新增非农就业人数比最初统计的数量减少81.8万人。根据美国劳工部对非农就业数据年度基准修订的初步预估，在截至2024年3月的过去12个月里，美国非农就业人数平均每月增长17.4万人，比最初报告的24.2万人每月下降约6.8万人。美国劳工部表示，在此期间，美国实际非农就业增长比最初报告的290万少了近30%。这是美国非农就业数据自2009年以来的最大修正幅度。同时，美国失业率超预期上升。2024年7月美国失业率上升至4.3%，为2021年11月以来新高。通胀下降和失业率上升，给美联储权衡下一步货币政策带来了矛盾的信号。

（二）美国经济社会展望

美国商务部公布的首次预估数据显示，2024年第二季度美国实际国内生产总值（GDP）按年率计算增长2.8%。尽管第二季度美国经济增速超过此前预期，但仍难掩三大隐忧：一是高物价影响经济增长实效，二是支撑经济增长的消费支出已出现降温迹象，三是高额赤字和债务给美国经济增长带来长期风险。同时，美国劳动力市场趋冷和收入增速放缓将加剧消费支出放缓趋势。此外，美国经济还面临一系列不确定性。一系列下行风险可能给美国经济带来潜在不利影响，比如商业地产领域可能出现风险并可能引发地区性银行危机，美国政府保护主义政策加剧，地缘政治冲突波及范围进一步扩展等。

（三）美国金融稳定对本国经济社会的影响

在经济金融化背景下，资产估值不稳定是引发美国经济风险甚至经济危机的重要诱因。虽然美国历史上每次经济危机发生的外在表现与具体危机的演变历程不尽相同，但资产估值剧烈波动总是不断在危机中出现。例如资产估值不稳定引发次贷危机，并爆发波及全球的金融危机。再比如，2022年3月以来，美联储采取激进加息政策对抗通货膨胀、缓解物价水平。由于美联储加息缩表步伐太快，使得银行持有的投资组合估值不稳定，产生损失，进而导致银行面临浮亏增加、流动性趋紧、资金期限错配加剧等风险，从而推升全球金融系统风险。实际上，资产估值不稳定是引发美国区域性银行业危机的重要原因。实际上，美国作为全球金融体系最发达的国家，金融体系的稳定性关系到美国整个国家经济的运转。资产估值稳定则又是金融稳定和经济稳定的重要支撑。一旦美国资产估值处于不稳定状态，将对企业家、投资者、消费者等各方造成影响，进而对经济的稳定性带来严重的冲击。此外，资产估值不稳定还可能对社会带来较大的压力和不安全感，进而激发不利于社会稳定的情绪，引发社会的不稳定。

六、美国财经风险指数分析

（一）全球性财经风险指数

本书拟用第一部分构建的全球性财经风险指数衡量美国面临的外部风险冲击，如图2－2所示。

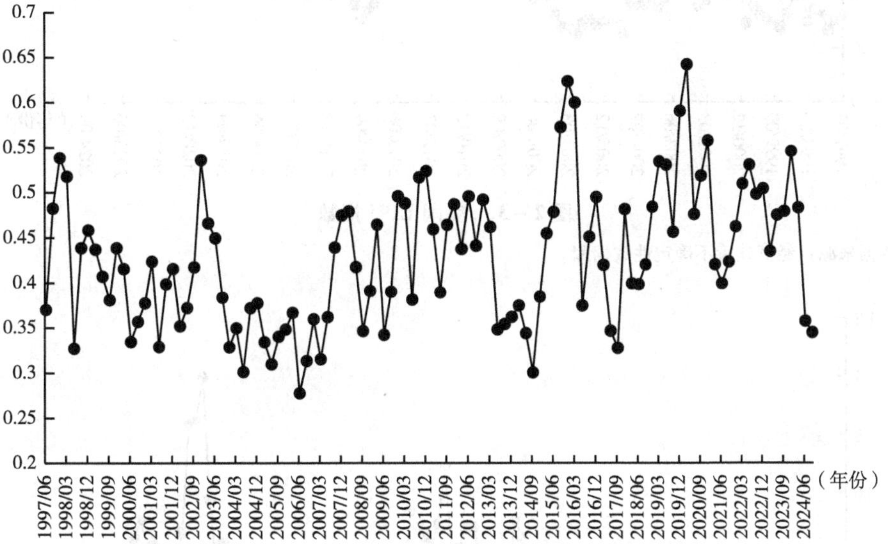

图2－2　美国面临的全球性财经风险指数

数据来源：作者自制。

（二）国内改革与政策调整能力指数

改革举措如果和风险状况匹配，就能缩小资产估值风险，如果不匹配，放大资产估值风险。对此，本书采用美国政策不确定性指数来衡量美国改革措施和风险状况的匹配情况。具体来说，Baker等人（2016）基于报纸报道频率构建美国经济政策不确定性指数（EPU）。他们的美国EPU指数依赖于10家大型报纸（《今日美国》《迈阿密先驱报》《芝加哥论坛报》《华盛顿邮报》《洛杉矶时报》《波士顿环球报》《旧金山纪事报》《达拉斯晨报》《休斯顿纪事报》和《华尔街日报》）的搜索结果索引。为了构建该指数，每月对每篇论文进行搜索，寻找与经济和政策不确定性相关的术语。特别是，搜索包含术语“不确定性”或“不确定”、术语“经济”或“经济”以及以下一个或多个术语的文章：“国会”“立法”“白宫”“监管”“联邦储备”或“赤字”。换句话说，为了满足EPU标准，一篇文章必须包含与经济

（E）、政策（P）和不确定性（U）有关的所有三个类别中的术语。具体如图 2－3、图 2－4 所示。

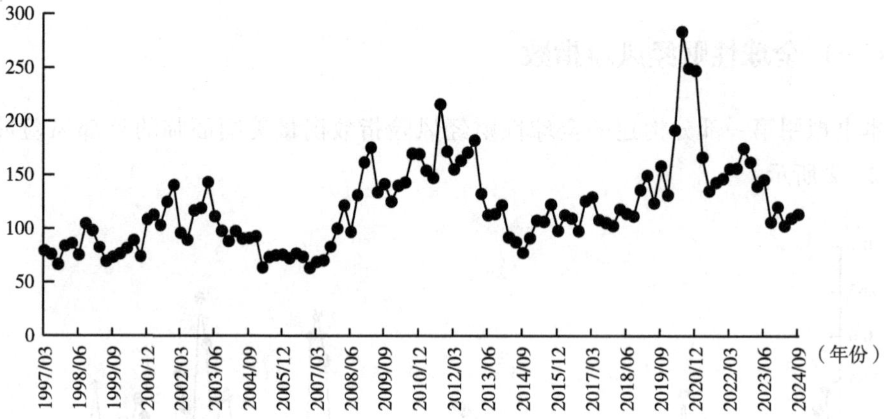

图 2－3　美国 EPU 指数

数据来源：经济政策不确定性数据库。

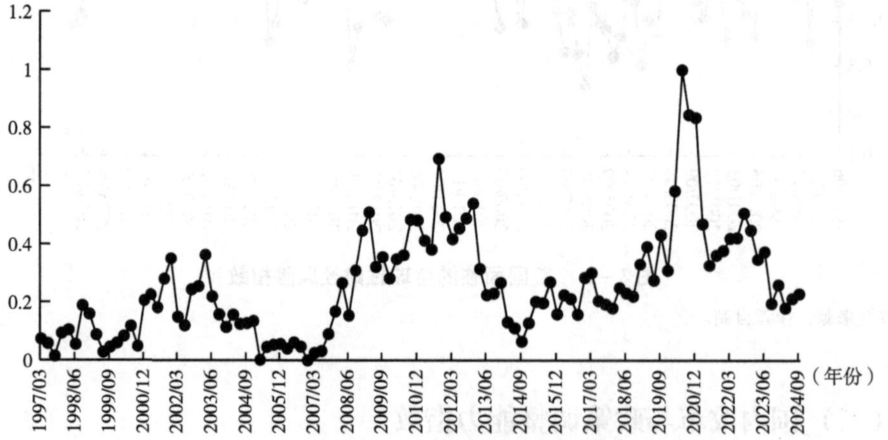

图 2－4　美国国内改革与政策调整能力指数

数据来源：作者自制。

（三）财政货币政策风险对冲指数

如果以财政货币一体化程度作为财政货币防风险能力指数，并用一国国债占央行资产规模的比重衡量财政货币一体化程度（如图 2－5 所示），可以发现，美国在 2008 年之后，财政货币一体化程度开始提高，进而表明财政货币协调程度上升，从而更好地应对风险。因此，本书采用 0－1 赋值法衡量美国财政货币政策协同指数。如图 2－6 所示，具体来说，2008 年之前，赋值 0，表明美国财政货币政策协同相对较低；2008 年之前，赋值 1，表明美国财政货币政策协同程度较高。

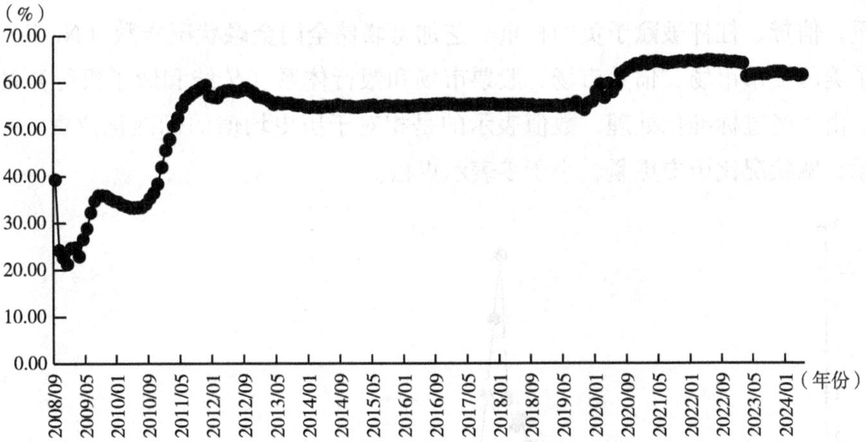

图 2 -5　美国国债占央行资产规模比重

数据来源：美联储。

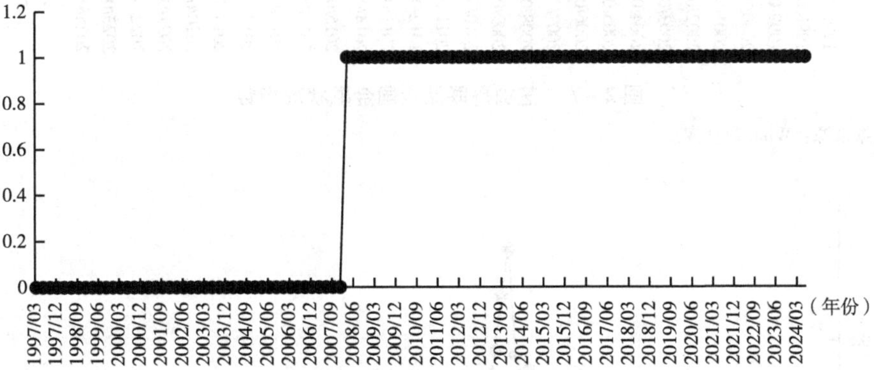

图 2 -6　美国财政货币政策风险对冲指数

数据来源：作者自制。

(四) 金融稳定指数

本书拟采用芝加哥联储所发布的芝加哥国家金融状况指数（CNFCI）来衡量美国资产估值稳定指数或者金融风险指数（如图 2 -7、图 2 -8 所示）。芝加哥联储所发布的芝加哥国家金融状况指数（CNFCI）包含 105 个分项指标，主要分成 3 个方面：风险、信用以及杠杆。风险指标主要包含利差、波动率、违约率等相关指标，目的是衡量风险资产的隐含溢价以及资产价格的波动率，反映了金融行业的波动以及融资风险。信用指标主要包括信用利差、贷款利率、油价波动率等衡量市场信贷状况的指标，该指标衡量了现行价格下借贷的意愿。杠杆指标主要由债务、股权相关指标组成，杠杆指标为衡量债务相对股权提供了一定的参考。在相对偏紧的金融条件下，风险高于平均水平、信贷和杠杆低于平均水平，因此，风险指标被赋予正的权重，信贷、杠杆被赋予负的权重。芝加哥联储全国金融状况指数（NFCI）综合考察了美国货币市场、债券市场、股票市场和银行体系（传统和影子银行）的金融状况。由于经过标准化处理，数值表示的是相对于历史均值的标准化位置——大于零表示金融状况比历史更紧，小于零表示更松。

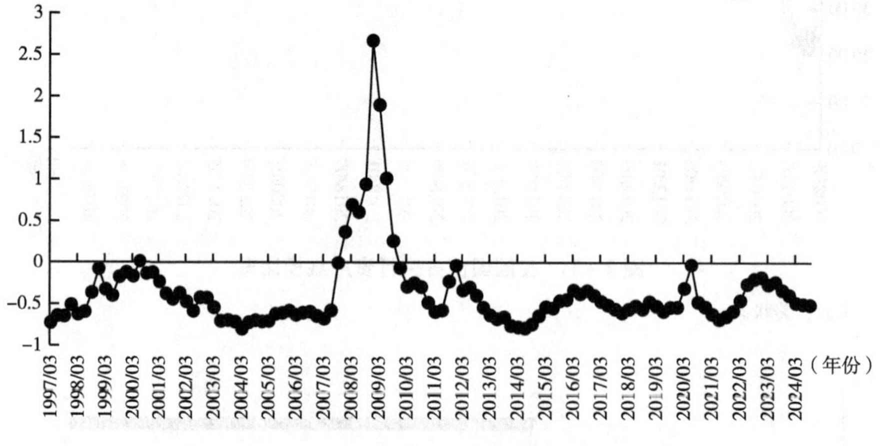

图 2-7　芝加哥联储全国金融状况指数

数据来源：Wind 数据库。

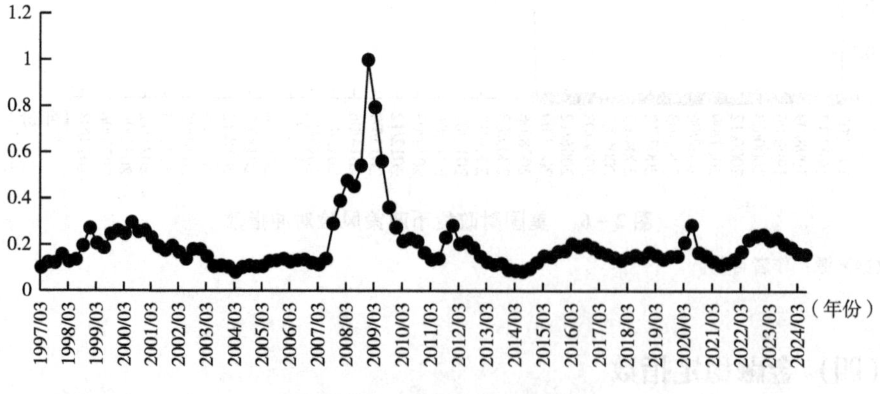

图 2-8　美国金融稳定指数

数据来源：作者自制。

（五）经济社会发展指数

消费者信心指数是反映消费者信心强弱的指标，是综合反映并量化消费者对当前经济形势评价和对经济前景、收入水平、收入预期以及消费心理状态的主观感受，预测经济走势和消费趋向的一个先行指标。PMI 是宏观经济变化的晴雨表，对国家经济活动的监测、预测和预警具有重要作用。本部分拟从消费和实体经济等方面入手，构建经济社会发展指数。具体来说，利用美国消费者信心指数、制造业 PMI 和非制造业 PMI 三个指数构建美国经济社会发展指数，如图 2－9 所示。

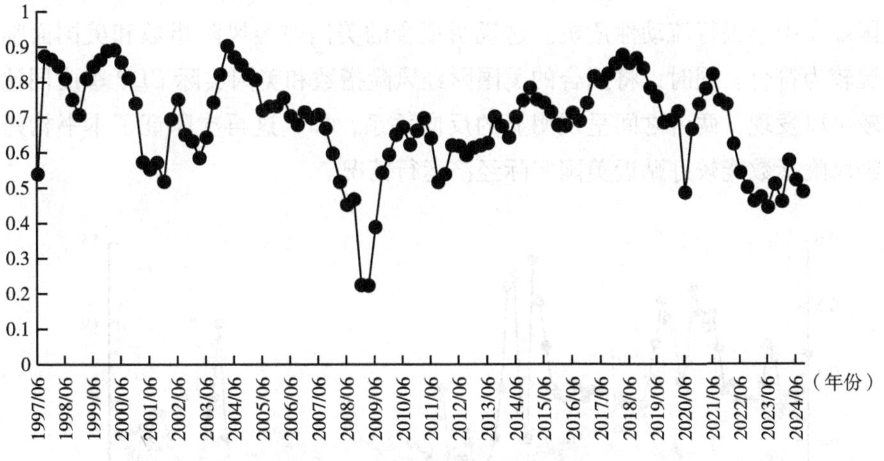

图 2－9　美国经济社会发展指数

数据来源：作者自制。

（六）美国财经风险指数合成

利用上述构建的五个指数，合成美国财经风险指数构建，具体构建方法和权重如表 2－2 所示。其中，与其他国家不同，美国依托美元霸权在全球经济金融领域占据主导地位，这使美国掌握了全球风险分配的主导权，从而可以实现利益内部化和风险外部化。因此，将财经全球风险与挑战指数的权重设定为 0.1。从历史上看，面对内外部事件冲击引发财经风险放大之时，美国多通过加快国内改革与政策调整，有效应对财经风险冲击，因此，将国内改革与政策调整能力指数权重设定为 0.25。美国依托财政货币一体化政策，可以较好地对冲经济社会风险，因此，将财政货币政策风险对冲指数的权重设定为 0.25。

表 2－2　美国财经风险指数构建方法

名称	一级指标	权重	方向
美国财经风险指数	1. 财经全球风险与挑战指数	0.1	正向
	2. 国内改革与政策调整能力指数	0.25	正向
	3. 财政货币政策风险对冲指数	0.25	负向
	4. 金融稳定指数	0.2	正向
	5. 经济社会发展指数	0.2	负向

资料来源：作者自制。

由图 2－10 可以看出，美国财经风险指数较高的时期分别是 1998 年、2000 年、2008 年、2020 年和 2023 年。这分别对应 1998 年亚洲金融危机、2000 年美国互联网泡沫破裂、2007 年美国次贷危机爆发引发国际金融危机、2020 年疫情危机和 2023 年美国爆发中小银行流动性危机。这说明拟合的美国财经风险指数和美国面临的实际情况较为符合。同时，将拟合的美国财经风险指数和美国实际 GDP 季度同比增速相比较可以发现，两者之间呈现明显的反向关系，即，这再次印证了本书构建的美国财经风险指数能较好贴近美国实际经济运行情况。

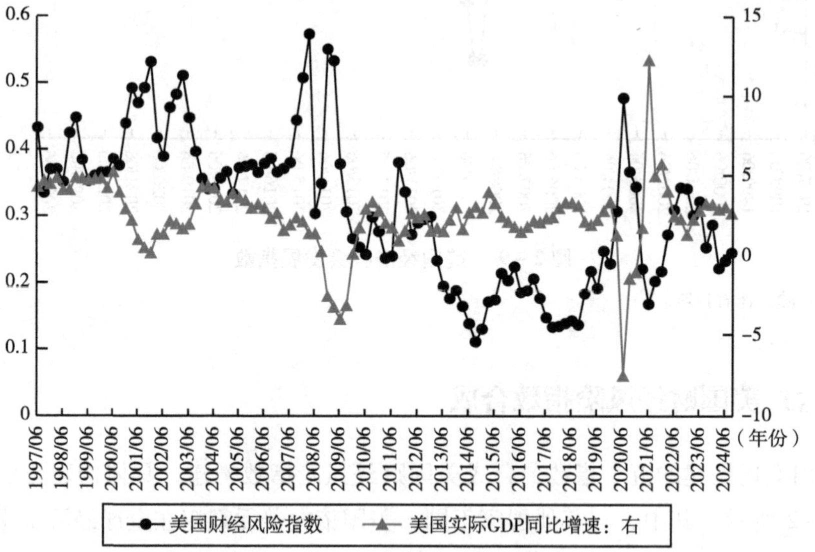

图 2－10　美国财经风险指数

数据来源：作者自制。

就美国财经风险指数绝对大小来看，1998 年亚洲金融危机期间的美国财经风险指数小于 2000 年美国互联网泡沫破裂期间的美国财经风险指数和 2007 年美国次贷危机爆发引发国际金融危机期间的美国财经风险指数。这也比较合理，因为 1998 年亚洲金融危机冲击较大的是亚洲国家，而不是美国自身；而 2000 年美国互联网泡沫破裂和 2007 年美国次贷危机爆发引发国际金融危机这两次危机事件，都是从美国自身内部爆发，因此，对美国财经风险状况的影响也更大。当然亚洲金融危机确实也恶化了美国财经风险状况，这也说明了全球因素会对美国财经风险状况带来影响。

七、结论与影响分析

与其他国家不同，美国依托美元霸权在全球经济金融领域占据主导地位，这使得美国掌握了全球风险分配的主导权，从而可以实现利益内部化和风险外部化。尤其是当前人类文明进入“风险社会”新纪元，在风险社会就意味着风险全球化。在此情况下，美国的财经风险可以迅速地转化为全球风险，并对我国在内的全球其他国家带来外溢性。例如，美元是美国发行的信用货币，也是事实上的世界货币，在国际金融体系中处于核心地位。在牙买加体系下，美元不再与黄金挂钩，成了纯粹的信用货币。这使得整个世界对美元供给都没有约束，或者说这一制度给美国政府发行过多美元、向全球征收铸币税提供了条件。美债是美国依托国家信用发行的政府债券，也是全球资产定价之锚，可以影响全球其他资产价格。依托美元、美债在全球经济金融体系中的超然地位，美国稳定自身资产估值的举措会对美元、美债产生直接影响，进而会对全球资产估值带来外溢效应，并影响全球经济金融的稳定。这为美国实施金融风险全球再分配，实现利益本国化和风险全球化提供了条件。因此，本部分通过量化美国的财经风险指数，不仅可以更好地洞察美国财经风险指数状况及其变化，还可以为中国更好防范美国财经风险外溢带来的负面冲击提供支持。因为通过密切关注美国财经风险状况和变化趋势，将美国财经风险指数纳入我国系统性风险监控体系中，可以进一步健全我国财经风险监测预警机制，在此情况下，通过进一步创新政策工具，可以有效增强应对美国财经风险外溢的抵御能力。

第三章
英国财经风险与指数分析

一、英国财经面临的全球风险与挑战

（一）全球性挑战及其对英国的影响

2024年的年中与2023年底相比，全球脆弱性依然严重，将对英国金融体系产生影响，主要包括以下几个方面①。

1. 全球经济增长前景平缓。全球经济增长预计在短期内将保持平缓。2023年，经济增长地区分化明显，美国增长更为强劲而欧洲增长更为疲软。2024年4月IMF（国际货币基金组织）发布的《世界经济展望》② 认为，全球复苏进程平稳但缓慢，并且存在地区差异。报告认为，世界经济在2024年和2025年将继续以3.2%的速度增长，与2023年的增速相同，五年后全球经济增速的预测值为3.1%，处于几十年来的最低水平。报告预测发达经济体经济增速将小幅加快，预计将从2023年的1.6%到2024年升至1.7%和2025年升至1.8%，其中美国经济增速预计分别为2.5%、2.7%和1.9%，欧元区经济增速预计分别为0.4%、0.8%和1.5%。2024年6月WB（世界银行）的《全球经济展望》③ 认为，尽管全球经济近期前景有所改善，但按历史标准来看仍显低迷。报告认为，2024年全球经济增长预计将稳定在2.6%。

---

① Bank of England. Financial Stability Report [EB/OL]. [2024-06]. https://www.bankofengland.co.uk/financial-stability-report/2024/june-2024#chapter-12.

② 国际货币基金组织．世界经济展望 [EB/OL]. [2024-04]. https://www.imf.org/zh/Publications/WEO/Issues/2024/04/16/world-economic-outlook-april-2024.

③ 世界银行集团．全球经济展望 [EB/OL]. [2024-06]. https://www.shihang.org/zh/publication/global-economic-prospects.

2. 高利率的持续影响。为了抑制通货膨胀，发达经济体政策性利率在近些年来大幅上调，家庭、企业、主权国家和金融机构还处于调整和适应中，高利率可能会通过一些渠道对英国的金融稳定造成影响。

一是全球房地产市场的风险已经开始具体化。2023 年底以来，一些国家的商业房地产（CRE）价格继续下跌，英国和欧元区国家的商业房地产价格已经跌至新冠疫情发生前的水平（见图 3－1）。利率上升、部分行业空置率上升以及商业房地产贷款标准收紧的持续影响，可能会继续拖累全球商业房地产价格。

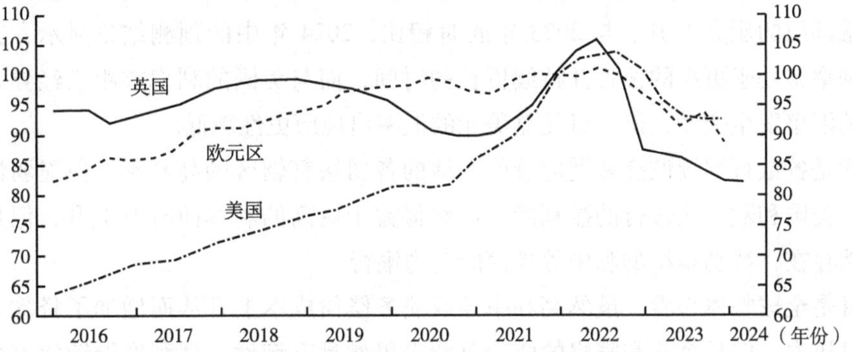

图 3－1　英国、欧元区和美国商业房地产价格指数（2016—2024 年）

资料来源：Bank of England. Financial Stability Report［EB/OL］.［2024－06］. https：//www. bankofengland. co. uk/financial－stability－report/2024/june－2024#chapter－12：Chart 2. 1.

注：2021 年第四季度的价格＝100。

商业房地产借款人有大量的短期再融资需求，特别是在美国。2024 年和 2025 年到期的美国商业房地产债务约为 1 万亿美元，其中约四分之一为 2024 年到期由办公楼或工业厂房等担保的债务。这些债务中有一部分是 2023 年到期但被展期或改期到 2024 年的。据 IMF 估计，就上述 1 万亿美元债务而言，就目前相关资产的市场价格和商业房地产债务的市场融资条件来看，借款需求与出借意愿之间的差额，即再融资差额，超过 3 000 亿美元。如果通过借款投资的投资人无法将债务展期或者获得新的融资，那么可能导致商业房地产的进一步出售，从而可能加剧商业房地产价格的下跌。

二是全球商业房地产市场的压力可能会溢出到英国。全球银行体系的商业房地产风险敞口很大。例如，IMF 估计商业房地产债务约占美国银行贷款总量的 18%。就 2024 年和 2025 年到期的债务而言，银行债权人的债权份额最高。2023 年，美国和欧元区商业房地产贷款的不良贷款率有所上升，英国银行的商业房地产贷款中被认定为信用受损的部分所占的比重有所上升。2024 年早些时候，在美国和其他司法管辖区，许多持有大量商业房地产风险敞口的海外银行的股价大幅下跌。

2022/2023 年度周期性情景（ACS）压力测试结果表明，在利率上升和房地产价格大幅下跌等严重的全球压力下，英国主要银行仍然可以继续为英国的实体经济服务。但是，全球商业房地产市场的风险可能会通过其他几个路径影响英国的金融体系。

商业房地产对海外银行和非银行金融机构的压力可能通过宏观经济、金融市场溢出、融资条件恶化对英国银行的蔓延和传染或者英国商业地产海外融资的减少给英国市场估值造成进一步下行的压力。这种压力也可能与现行的非银行融资体系的脆弱性相互关联。

三是其他国家与美国的预期利率差不断扩大已经导致汇率波动，并使得一些国家金融部门的压力上升。与2023年底时相比，2024年中的预测结论显示，美国政策性利率将处于更高的位置并持续更长的时间，而与美国的利率差距已经导致一些国家的汇率发生变动，例如日元兑美元的汇率出现历史性新低。

四是各银行继续调整和适应着所在地的各司法管辖区的高利率，但脆弱性依然存在。美国和欧元区银行的盈利能力虽然得益于更高的利率而有所上升，但是脆弱性仍然存在，特别是小型和中等规模的美国银行。

五是全球整体来看，虽然高利率导致债务偿债成本上升从而增加了贷款人的还本付息压力，但是企业和家庭的资产负债表仍然具有韧性。高利率继续使家庭和企业在偿还债务和再融资方面承受更大挑战，但是发达经济体企业和家庭的资产负债表整体上仍然具有韧性。

六是一些主要经济体公共债务占GDP比重的上升可能会影响英国的金融稳定。近些年来，由于政府借款的增加，一些不同司法管辖区国家的债务占GDP比重有所上升，特别是在新冠疫情期间。一些结构性趋势如人口统计学体现的变化以及目前这段时间地缘政治风险和政治不确定性的增加，可能会进一步推动国家债务占GDP比重和政府借款压力的增加。

一些主要经济体的公共债务处于很高水平可能会导致一些脆弱性。全球政策性利率的上调和负债水平的上升导致政府偿债成本增加。主要经济体的高债务可能会影响英国的金融稳定，或者与其他风险一起影响到英国的金融稳定。高债务和高利率推高了政府的偿债成本，这会影响政府应对未来可能发生的冲击的能力。

3. 地缘政治风险。一是选举导致政策的不确定性增加。2024年是全球多个主要经济体的选举年，伴随着选举，全球政策不确定性增强。这将使全球经济增长前景更具不确定性并导致金融市场的波动。这还可能会增加现有的主权债务压力、地缘政治风险以及与全球碎片化有关的各种风险，以上这些都将影响到英国的金融稳定。二是地缘政治风险仍然处于高位，可能会通过一些渠道影响英国的金融系统。中东、俄乌冲突和美中关系是重要的地缘政治风险的主要来源。市场参与者一直把地缘政治看作金融稳定的主要风险，地缘政治风险被英格兰银行《2024年上半年系统性风险调查》（2024 H1 Systemic Risk Survey）认定为最重要的风险来源。

（二）英国在全球风险分配中的地位

英国是全球性风险的来源国，对全球有一定影响和外溢性。英国金融稳定面临的主要全球性风险源自上文所述的四个方面，其中的地缘政治风险也涉及英国自身，表明了英国是全球性风险的来源之一。2024 年英国议会选举中工党赢得议会下院绝大多数席位，工党党魁成为新任首相并组阁成立新政府，这是工党在十多年后重新执政，为英国和世界注入了更多不确定性。斯塔默首相在就职讲话中强调“改变”，改变不仅将影响英国也将对其他国家产生外溢影响。此外，从历史来看，根据世界不确定性溢出效应指数（WUSI），21 世纪以来，英国主要从 2016 年脱欧公投后对其他国家有一定溢出影响，不考虑目前的工党执政外最主要的风险事件有三个：2019 年第一季度脱欧协议草案议会表决、2016 年第三季度脱欧公投、2022 年第四季度时任首相伊丽莎白·特拉斯辞去首相职务由里希·苏纳克接替首相阶段政治和政策的不确定性（见图 3－2）。

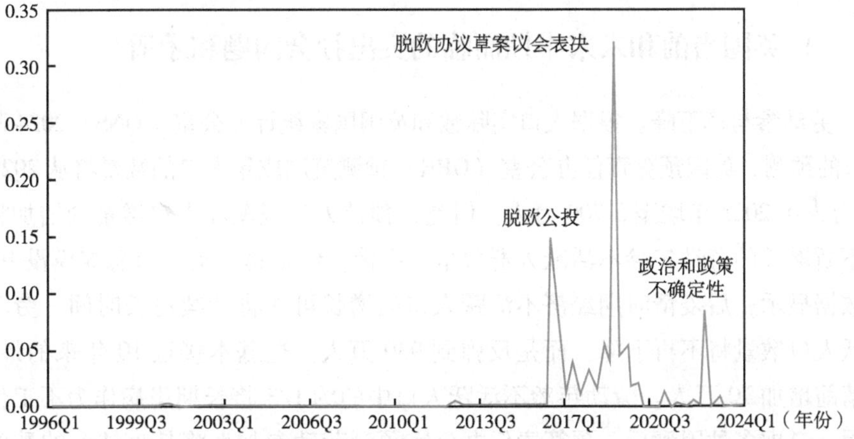

图 3－2　与英国相关的不确定性占比（1996 年 1 季度至 2024 年 2 季度）

资料来源：World Uncertainty Spillover Index［DB/OL］.［2024－04－14］. https：//worlduncertaintyindex. com/wp－content/uploads/2024/07/WUSI_Data. xlsx.

注：图中“Q”代表季度。

英国主要是风险的接受方。目前除英国选举导致政策不确定性增强外，英国金融稳定的其他全球性风险均来自其他国家，特别是美国和欧洲国家。这些全球性风险会通过国际贸易、汇率、企业之间、银行之间、企业与银行之间、主权国家和银行之间的关联、资本流动等渠道对英国金融稳定产生外溢影响。英国主要是风险蔓延和传导的接受方。

在面临全球性挑战时，英国基本上很难有太多主动权和选择空间，缺乏谈判和选择的主动性，也难以通过政策措施将风险转移给其他国家。但在面对风险时可以通过积极的风险展望预判风险的来源和强度，并通过有效应对减轻或消除风险的影响。

（三）全球性因素对英国金融稳定的影响

全球性因素对英国金融稳定将产生多重影响，举例来说：首先，欧元区和欧盟成员国经济增速低迷将会对与其有密切经贸联系的英国造成负面影响，为英国经济前景蒙上阴影。其次，英国银行与美国和欧元区银行联系密切，因此全球商业房地产市场的压力使英国银行的商业房地产贷款信用受损的比例有所上升，导致融资条件恶化风险。最后，英国债务率较高，高利率推高政府偿债成本，可能影响财政应对冲击的能力，使家庭和企业在偿还债务和再融资方面承受更大挑战。这些全球性因素可能通过贸易、宏观经济、汇率或资本流动、金融市场、融资条件恶化和融资减少、市场估值下行等对英国的金融稳定和财经风险带来影响。

二、英国国内改革与政策调整能力

（一）英国当前和未来中期面临的突出社会问题和矛盾①

1. 劳动参与率下降。根据人口实际数和英国国家统计办公室（ONS）2024 年 1 月对人口的预测，英国预算责任办公室（OBR）预测英国成年人口的数量将从 2023 年的 5 500 万人到 2028 年增至 5 700 万人。但是，预计人口规模和人口增量的增加将被更多和不断增长的劳动年龄不活跃人群数量所抵消，结果是劳动人口总规模没有变化。

数据显示，后疫情时期经济不活跃人口的增长可能将持续更长时间。劳动年龄不活跃人口数量将不再下降，而是反弹到 930 万人。这基本接近 10 年来的最高值，比疫情前增加 70 万人。劳动年龄不活跃人口中的约 1/3 将长期患病作为不工作的首要原因。考虑多种因素后，预算责任办公室预测劳动参与率将从疫情前的季度最高点 64.3% 到 2028 年降至 62.8%。

2. 经济增长前景低迷。由于人口数量的增加和劳动参与率的下降，预算责任办公室预测未来 5 年潜在产出大约年增长 1⅔个百分点。更高的人口净流入、更低的利率和更低的能源价格对人口增长、企业投资和劳动生产率都将产生积极影响。但是，最新的劳动数据、人口数据和其他因素促使预算责任办公室调低了整体的劳动参与率和平均工作时长。

短期内产出的增长率将稍微走低，但是到 21 世纪 20 年代后半段将有所上升。2023 年 GDP 增长率只有 0.1%。但是，预算责任办公室预测，随着利率的下降和实

① Office for Budget Responsibility. Economic and fiscal outlook – March 2024 [EB/OL]. [2024 – 03 – 06]. https://obr.uk/docs/dlm_uploads/E03057758_OBR_EFO – March – 2024_Web – AccessibleFinal.pdf.

际家庭收入的增长，2024 年 GDP 增长率将升至 0.8%（见图 3-3）。21 世纪 20 年代中期，GDP 增长率预计将升至约 2%，到 2028 年预计将回落至约 1.67%。

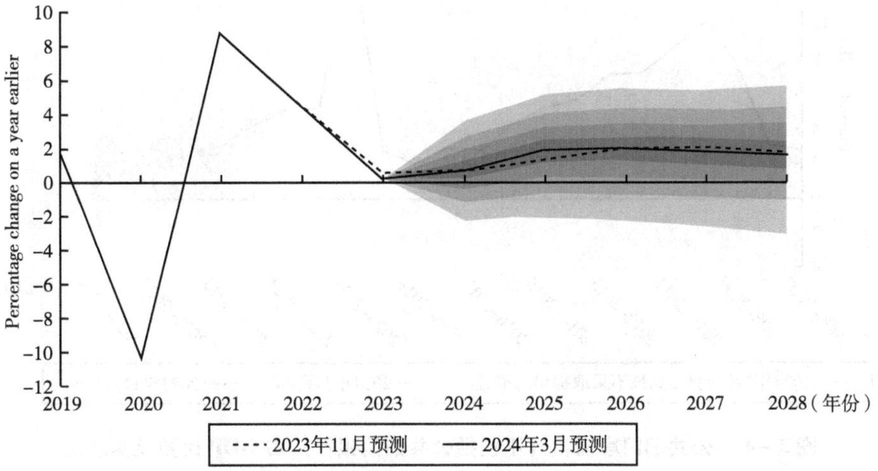

图 3-3　实际 GDP 年增长率及其展望（2019—2028 年）（单位：与上年相比变动，%）

资料来源：Office for Budget Responsibility. Economic and fiscal outlook - March 2024 [EB/OL]. [2024-03-06]. https://obr.uk/docs/dlm_uploads/E03057758_OBR_EFO-March-2024_Web-AccessibleFinal.pdf: Chart 2.9

注：2023 年及之后的数据为预测数。

3. 财政状况非常具有挑战性。高债务、缓慢的经济增长和高利率使得英国的财政状况仍然非常具有挑战性（见图 3-4 和图 3-5）。为了维持中期（未来 5 个财年）债务稳定，在预计的经济和市场条件下，政府需要将原发性赤字（收入减去支出，其中支出不包括利息支出）占 GDP 的比重保持在约 1.3%。相对而言，在 21 世纪 10 年代，2.1% 的原发性赤字率就可以维持债务稳定。如果目前的政策保持不变，预算责任办公室预测政府将在 2028/2029 财年实现原发性赤字盈余和债务占 GDP 比重的下降。

4. 公共服务的提供有待改进。政府需要提供公共服务，而目前人们承受的税费负担与享受的公共服务之间的差距过大。其结果是，国家运转不畅，人们对未来会变得更好失去信心。公共服务是希望的前提。公共服务的提供应该使每个社区都能创造财富，国家医疗服务（NHS）重新发挥作用并实施面向未来的改革，保护边境安全，提升街道安全，劳动者可以有尊严地工作并得到尊敬，为清洁发电创造机会，消减能源账单，重建充满机遇的基础设施，建设世界级的学校和大学，提供负担得起的住宅。①

① Prime Minister's Office, 10 Downing Street and The Rt Hon Sir Keir Starmer KCB KC MP. Keir Starmer's first speech as Prime Minister: 5 July 2024 [EB/OL]. [2024-07-05]. https://www.gov.uk/government/speeches/keir-starmers-first-speech-as-prime-minister-5-july-2024.

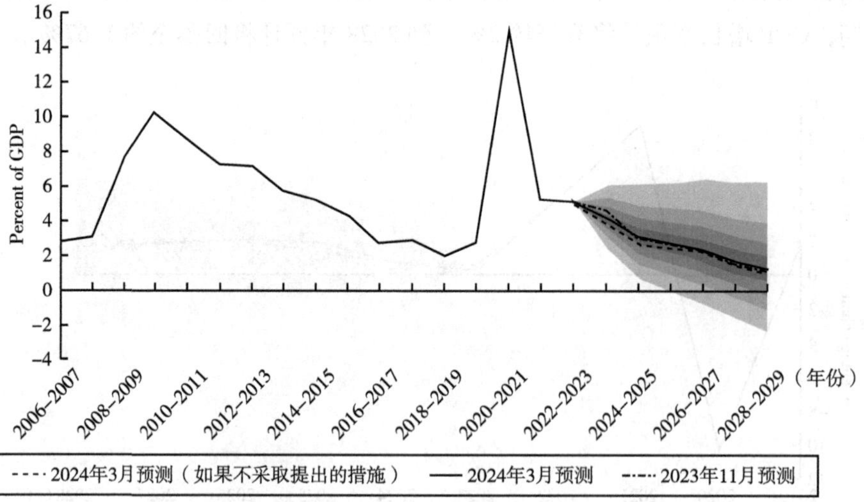

图3－4　公共部门净借款（不包括公共部门银行）占GDP比重及其展望（2006/2007财年至2028/2029财年）（单位：%）

资料来源：Office for Budget Responsibility. Economic and fiscal outlook – March 2024 [EB/OL]. [2024－03－06]. https://obr.uk/docs/dlm_uploads/E03057758_OBR_EFO－March－2024_Web－AccessibleFinal.pdf：Chart 1.6.

注：2023/2024财年及之后的数据为预测数。

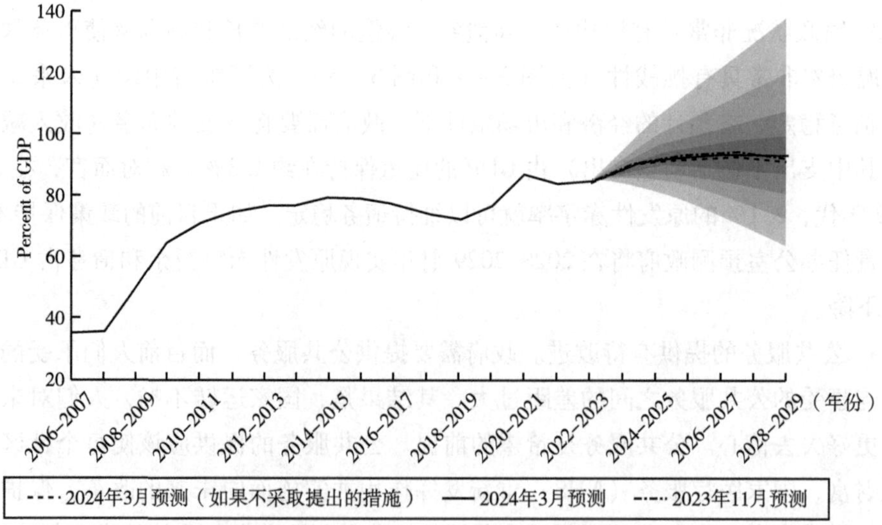

图3－5　公共部门净债务（不包括公共部门银行和英格兰银行）占GDP比重及其展望（2006/2007财年至2028/2029财年）（单位：%）

资料来源：Office for Budget Responsibility. Economic and fiscal outlook – March 2024 [EB/OL]. [2024－03－06]. https://obr.uk/docs/dlm_uploads/E03057758_OBR_EFO－March－2024_Web－AccessibleFinal.pdf：Chart 1.7。

注：2023/2024财年及之后的数据为预测数。

（二）为解决上述问题和矛盾采取和可能采取的改革措施

为了解决上述问题和矛盾，英国《2024 年春季预算》出台了四个方面的主要措施①，此外新政府也提出了一些改革设想，详情如下。

1. 减轻劳动者负担。在 2023 年秋季报告提出的削减国家保险缴费（NICs）的基础上，政府针对劳动者计划推出进一步减税措施，每个财年的减税规模预计超过 100 亿英镑。政府计划从 2024 年 4 月 6 日开始削减雇员适用的国家保险缴费主体税率 2 个百分点，将主体税率从 10% 降至 8%。再加上 2023 年秋季报告提出的 2 个百分点的税率削减，一位年收入 3.54 万英镑的普通劳动者每个财年将可以节省的缴费超过 900 英镑。

对于自我雇佣者，在 2023 年秋季报告中宣布的 1 个百分点的税率削减基础上，政府计划将自我雇佣者缴纳国家保险缴费的主体税率进一步下调 2 个百分点。即从 2024 年 4 月 6 日开始，自我雇佣者适用的第四类国家保险缴费主体税率将从 9% 降至 6%。再加上第二类税率的废除，年收入 2.8 万英镑的普通自我雇佣者每个财年将节省约 650 英镑的缴费。

高收入者儿童津贴返还（High Income Child Benefit Charge）的削减。从 2024 年 4 月开始，政府将高收入者儿童津贴返还的门槛提高到年收入 6 万英镑，17 万家庭将不用返还该津贴。而且征收税率也将减半，收入达到 8 万英镑时才会全额返还儿童津贴。政府估计，实施该政策后，在 2024/2025 财年接近 50 万的家庭每个家庭平均收益将达 1 260 英镑。

为了减轻人们的生活成本，政府计划将燃料税税率保持现状的政策再延期 12 个月，办法是将暂时性的 5 便士的税收减免政策继续延期并取消原定的在 2024/2025 财年将税率与通货膨胀同幅度上调的计划，对普通车主来说 2024/2025 财年将节省 50 英镑。政府还计划将酒税税率的冻结期限延长，税率冻结的截止日期从 2024 年 8 月 1 日延至 2025 年 2 月 1 日，与按照原计划上调税率相比每品脱啤酒少交税 2 便士。这些措施共同作用将使预测期内的收入减少超过 80 亿英镑。

为了家庭援助基金可以从 2024 年 4 月延期实施到 9 月，政府计划为该基金再提供 5 亿英镑的资金，使其可以继续为脆弱家庭提供针对性援助，帮助他们支付基本的生活成本例如食物和水电费。

2. 改善公共服务的提供。政府计划改革主要公共服务的提供和提高公共部门的劳动生产率，让纳税人缴纳的税费物有所值。上届议会期间（从 2019 年到 2024 年那届议会），每个财年的部门总支出实际（扣除通货膨胀因素）增长 3.2%，其中经

---

① HM Treasury. Spring Budget 2024 [EB/OL]. [2024 - 03 - 06]. https://assets.publishing.service.gov.uk/media/65e8578eb559930011ade2cb/E03057752_HMT_Spring_Budget_Mar_24_Web_Accessible__2_.pdf.

常性支出增长 2.3%，资本性支出增长 7.0%。虽然支出增加了，但是公共服务的平均产出估计比疫情前下降 5.9%。

为此，政府计划宣布公共部门劳动生产率计划（the Public Sector Productivity Programme）的后续步骤，其中包括由 34 亿英镑资金支持的国家医疗服务劳动生产率综合计划。将使国家医疗服务技术和数字化转型投资翻倍，包括升级主要的核磁共振（MRI）扫描、普及电子病历和减少临床医务人员花在管理上的时间。这样，从 2025/2026 财年到 2029/2030 财年，累计劳动生产率的提高将带来 350 亿英镑的回报。

政府还计划在 2024/2025 财年为英格兰国家医疗服务的经常性支出再多提供 25 亿英镑资金，保障实际的支出不下降并帮助国家医疗服务改进服务和缩减等待时间。

3. 促进财政可持续。政府将让那些负担能力最强的人们多交纳一点税费，因此废除了关于“非英居籍”（Non - UK Domiciled Individuals）的税收规则，代之以“居住”（Residence）为基础的税收制度。在英国居住超过 4 年的居住者，无论他们是何种居住状态，他们在国外取得的收入和收益都要与在英国取得的同样纳税。

为了使财产税体系更加公平和更有效率，政府计划废除带家具度假房屋租赁适用的税收制度，从而在短期和长期房屋租赁之间创造公平的竞争环境，鼓励人们在居住地生活；政府还计划降低住宅适用的资本利得税，这一方面有助于增加税收收入，另一方面可以鼓励住宅出售从而增加住宅供给；政府还计划废除购买多处住宅可以享受的税收优惠（Multiple Dwellings Relief），该税收优惠政策被认为是不正确的并受到诟病。上述措施在 2028/2029 财年一年筹集的资金总额将超过 6 亿英镑。

政府计划将能源利润税（EPL，the Energy Profits Levy）延期一年，实施到 2029 年 3 月，预计将增加收入 15 亿英镑。

政府计划鼓励年轻人不吸烟并为年轻人配备电子烟。为此，政府计划推出电子烟税，同时从 2026 年 10 月开始上调烟草税，增加的收入用于公共服务的提供如国家医疗服务。

4. 支持经济增长。2024 年春季预算提议对战略性制造业投资 45 亿英镑并宣布了一些新措施，例如建立新渠道以吸引更多投资进入英国股市。

在 2023 年秋季报告中，政府计划支持中小企业，宣布符合条件的零售企业、餐馆以及旅馆和娱乐企业在 2024/2025 财年可以获得最高 75% 的商业房产税优惠，减税规模达 24 亿英镑。2024 年春季预算将进一步支持中小企业，将增值税登记纳税门槛从 8.5 万英镑提高到 9 万英镑。

政府还计划为英国世界领先的创意产业提供超过 10 亿英镑的税收优惠。对象主要包括电影产业、视听产业、剧院、管弦乐队、博物馆和展览馆。将为国家剧院的舞台和基础设施升级提供 2 600 万英镑。

5. 新政府的改革蓝图。2024 年 7 月初英国产生新任首相，7 月 10 日斯塔默首相提出六个需要率先进行的改变。一是实现经济稳定。政府核心任务之一就是重新实现经济稳定，改善全英国人民的生活。政府将发展经济、促进繁荣和改善人民生活。政府将坚持严格的支出规则，尽可能压缩税收、通货膨胀和抵押贷款。二是减少国家医疗服务等待时间。通过在晚上和周末开放问诊，每周增加 4 万个预约。通过严厉打击避税和弥补税收漏洞来支付上述费用。该收入还将用于把国家医疗服务的计算机断层扫描（CT）和核磁检查量扩大一倍，以及提供一个口腔护理包（其中包括每年增加 70 万个急诊预约）。三是成立边境安全指挥部（Border Security Command）。为保护国家安全将成立边境安全指挥部，配置更多警察等人员，打击走私犯罪和黑帮，从源头解决问题。这也会涉及反恐类战术，利用英国情报人员和警察摧毁人口贩卖这样邪恶的商业模式。四是成立英国能源（Great British Energy）公司。英国能源将是一家由英国人民所有的为英国人民提供能源的公司。这家公有的清洁发电企业将有助于电价的下降和提升能源安全，公司成立所需资金将来自对石油和天然气巨型企业征收的暴利税。英国能源公司的总部设在苏格兰，该公司将促进对清洁的本土能源产业的投资，创造就业和在全英国建立供应链。五是严厉打击反社会行为。政府将再部署 1. 3 万名社区警察及其支援人员从事巡逻工作，这样每个社区都能有一位固定负责的警官，只要社区居民有需要就可以联络上该警官。政府将实施新的更加严格的犯罪处罚条例，并建立一个新的青年社区网络空间，为有犯罪风险的年轻人提供他们所需的帮助。政府将引入新的规章，可以更加容易地打击毒品交易或饮酒的升级以及那些在城镇中心和问题地区一再造成破坏的人。六是招聘 6 500 名新教师。为缺少教师的主要学科招聘 6 500 名新教师，消除机会的藩篱，从孩童起就打好基础。该措施所需资金来自对私营学校税收减免的取消，这将会提高教学标准并让每个儿童都可以接受高质量的教育。①

（三）国内改革对金融稳定的影响

保守党从 2010 年开始执政，到 2024 年 7 月在不到 14 年的时间里经历了戴维·卡梅伦、特蕾莎·梅、鲍里斯·约翰逊、伊丽莎白·特拉斯、里希·苏纳克五位首相。除卡梅伦在位时间略超过六年外，其他五位首相在位时间平均每位不超过两年，特拉斯在位时间更是需要以天计算。这五位首相全部都是辞去职务，无一幸免，辞职原因分别与脱欧、违反疫情防控政策、财政政策不得人心等有关，表明保守党这五届首相及其政府的执政能力饱受质疑。从中可以看出，脱欧、新冠疫情、俄乌冲突、能源危机、高通胀和高利率给英国执政带来的难度，执政效果的不如人意以及社会认可程度，说明英国国内的改革难度和复杂性很大。

---

① Prime Minister's Office, 10 Downing Street and The Rt Hon Sir Keir Starmer KCB KC MP. Our first steps for change [EB/OL]. [2024-07-10]. https://www.gov.uk/government/news/our-first-steps-for-change.

2024年7月，工党在14年后重新执政。上届议会，即2019年12月选举产生的议会，在下院的650个席位中保守党占据353席，到2024年7月改选后保守党仅获得119席，工党的席位数从196席变成410席。四年多时间如此大幅度的席位变化表明英国人民对保守党执政失去信心，对其执政能力不认可，换一个政党执政是期望通过改变解决面临的难题，例如经济增长停滞、生活成本高、公共服务无法满足期望等，但是工党执政的斯塔默政府为英国增添了更多不确定性，该政府能否通过国内改革解决英国面临的社会经济问题和突出矛盾还很不明晰，需要拭目以待。

三、英国财政货币政策抗风险能力

（一）财政政策对冲和化解金融风险的能力

1. 财政部被赋予金融稳定职责。财政部是英国的经济和财金部门，在金融服务方面，财政部负责银行和金融服务管理、金融稳定以及确保伦敦金融城的竞争力，具体来说包括让银行更加健康和安全以及为保护金融机构客户的利益而改进金融规章制度。财政部在更高的层次上履行金融服务管理、金融稳定和提高金融系统竞争力的职责，通过法律框架建设和改革推动金融监管的改进，通过把握人事权和沟通协调机制监督英国央行英格兰银行履行其职责，例如金融稳定的职责。

2. 财政掌握丰富资源，调控能力强。从流量来看，英国各财年政府收入①占GDP的比重在35%—40%，政府支出占GDP比重在35%—55%（见图3-6），表明政府集结了较多经济资源，对分配和经济可以发挥较大作用，有很强的调控实力和能力。从存量来看，国家净值中政府净值所占比重虽然不大，但是截至2021年底政府净值接近-1.4万亿英镑（见图3-7），体量较大。这些都表明财政掌握有大量资源，有很强的调控能力和实力。

3. 财政扩张和调整能力强。英国的年度预算使政府在每个财年可以根据形势需要，相机抉择地推出合适的财政政策措施，做好短期应对以及短期应对与中长期目标的连接。财政部编制的《预算责任章程》拟定了政府未来中期遵守的财政规则，该规则一般包括对债务率、赤字率、福利支出限额等方面的限制性规定，确保了中期的财政方向，而且预算责任章程可以根据形势进行调整，保障财政规则更加贴近现实需要。预算责任办公室对未来长期（50年）公共部门净债务占GDP比重进行预测，为适时做出政策调整防止债务率过度偏离预想的轨道提供参照。这些制度保障了英国在短期、中期和长期都可以沿着既定的轨道发展，确保政策在短、中、长期的过渡和衔接，可以更好地发挥调控作用。

---

① 指一般政府或整个政府，文中英国政府都是指这一概念。

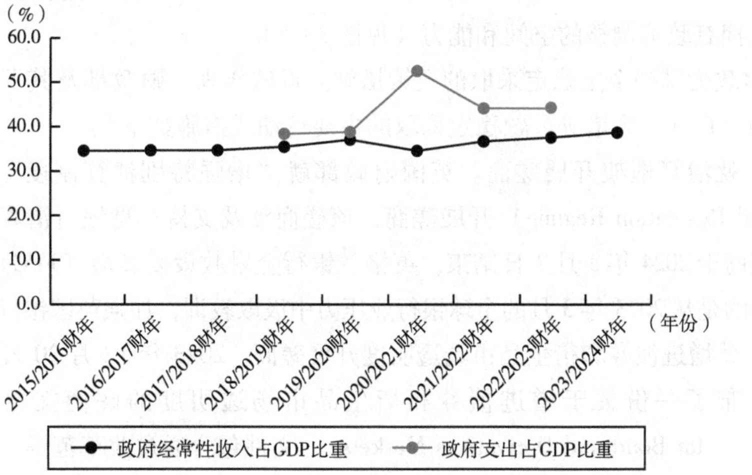

图 3 - 6 英国政府收支占 GDP 比重

资料来源：支出数据根据 Public Expenditure Statistical Analyses 2023 计算得出，收入数据根据多份 Public sector finances 计算得出。

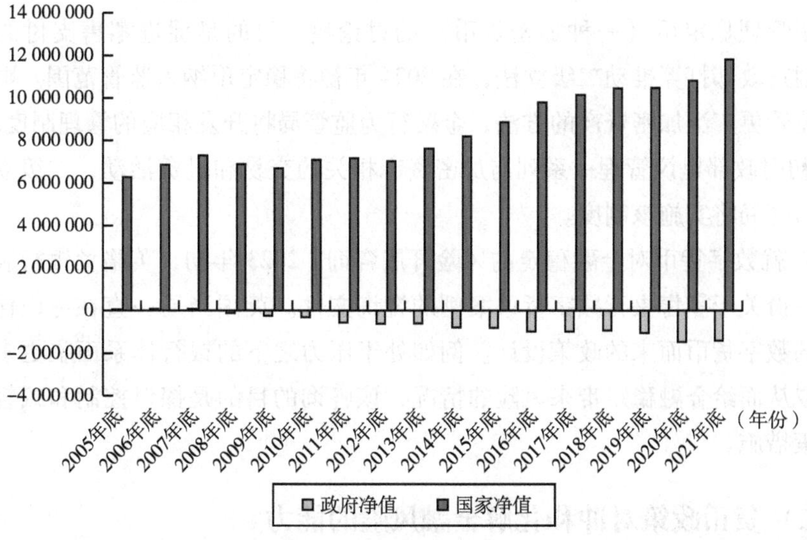

图 3 - 7 英国政府净值和国家净值（单位：百万英镑）

资料来源：Office for National Statistics. The UK national balance sheet estimates [EB/OL]. [2023 - 01 - 23]. https://www.ons.gov.uk/file?uri=/economy/nationalaccounts/uksectoraccounts/datasets/thenationalbalancesheetestimates/current/nbs2022referencetables.xlsx.

英国的经济实力和管理能力使得英国可以在必要时发挥财政逆周期调节功能。例如，在全球金融危机期间的 2009/2010 财年，公共部门净借款（不包括公共部门银行）占 GDP 比重超过 10%，在新冠疫情发生的 2020/2021 财年，该指标更是高达约 15%，说明英国有能力也有决心应对突发冲击对本国社会经济的影响（见图 3 - 4）。

短、中、长期政策的协调配合，让英国可以在中期和更长时间跨度解决债务问题，保障财政拥有政策调整的空间和能力（见图3－5）。

4. 财政为维护金融稳定采取的政策措施。近些年来，财政部及其下属的金融行为监管局（FCA）为增进金融稳定采取的主要行动或措施如下①：

（1）就清算框架开展磋商。英国财政部就“增强特别清算制度”（Enhancing the Special Resolution Regime）开展磋商，该磋商涉及支持小型银行清算的一个新机制，该磋商于2024年3月7日结束，英格兰银行金融政策委员会（FPC）也有参与。磋商的目的是从2023年3月的全球银行业压力中汲取教训，加强英国银行清算制度。

（2）就增进债券和衍生品市场透明度开展磋商。2023年12月20日，金融行为监管局发布了一份关于增进债券和衍生品市场透明度的磋商文件（Improving Transparency for Bond and Derivatives Markets），文件包含通过改革范围、校准以及改进信息内容来修订透明度框架的建议。金融行为监管局指出，在实现增进市场诚信和促进高效竞争目标的基础上，建立一个合适的经过校准的透明制度将会提高英国金融的稳定性。

（3）推进加密资产监管。2023年11月，英格兰银行和金融行为监管局发布了一份关于管理稳定币（一种加密货币）的讨论稿，目的是促进零售支付的安全创新。英国财政部打算推动二级立法，在2024年初将稳定币纳入监管范围。财政部也在建立监管更广泛加密资产的方法，金融行为监管局将开发相应的管理制度。此外，2024年初财政部提议管理一系列与加密资产相关的交易和投资活动，二级立法和金融行为监管局将实施该制度。

（4）就数字货币对金融稳定的风险开展咨询。2023年初，英格兰银行和财政部发布了一份关于零售央行数字货币案例的咨询文件。英国当局一直在考虑伴随这些新形式的数字货币而来的政策设计。例如处于压力之下的银行体系面临更多存款可能被提取从而给金融稳定带来风险的情况，该咨询的目的是探讨控制和减轻这种风险的政策措施。

（二）货币政策对冲和化解金融风险的能力

1. 英格兰银行金融政策委员会是化解金融风险的一道屏障。英格兰银行的金融政策委员会（FPC，the Financial Policy Committee）为了保护和增强英国金融体系的弹性，负责识别、监视和采取行动解决或减轻本国金融体系面临的系统性风险。金融政策委员会每年召开四次会议，每次会后在《概要和纪要》（Summary and Record）中发布对英国金融体系风险的展望和应对这些风险采取的措施。此外，金融政策委员会每

① Bank of England. Financial Stability Report［EB/OL］.［2024－06］. https://www.bankofengland.co.uk/financial－stability－report/2024/june－2024#chapter－12.

年发布两次《金融稳定报告》（FSR，Financial Stability Report），分别在第二和第四季度，内容涉及对英国金融体系稳定性的展望和为降低金融体系风险所采取的行动。[①] 金融政策委员会对风险来源的识别是金融稳定的前提，对金融稳定风险的展望是履行金融稳定职能的基石，拟定行动是金融稳定的保障，因此金融政策委员会是防范化解英国金融稳定风险的重要一环。

2. 英格兰银行货币政策工具的稳定作用。英格兰银行货币政策的目标是将通货膨胀保持在稳定和低的水平，目前设定的目标是 CPI（消费者价格指数）通货膨胀率连续 12 个月增长 2%，同时还要为政府的经济政策提供支持，例如增长和就业目标。英格兰银行有两个主要的货币政策工具，分别是英格兰银行利率（Bank Rate）和量化宽松（QE），此外还有其他一些政策工具。英格兰银行货币政策委员会（MPC）负责决定采取的货币政策行动，如设定英格兰银行利率，每年八次制定和公开宣布货币政策，每季度发布一次《货币政策报告》（MPR），分享货币政策委员会的想法并解释其决定的理由。

3. 英格兰银行维护金融稳定采取的政策措施。英国央行英格兰银行负责保证银行的安全和良好运行，使金融体系具有弹性。英格兰银行的审慎监管局（PRA）和金融政策委员会分别负责对金融机构实施微观审慎和宏观审慎监管。审慎监管局负责管理和监督英国所有大型银行、建房互助协会（Building Societies）、信用合作社（Credit Unions）、保险公司和投资公司，财政部下属的金融行为监管局负责对不属于审慎监管局管理范围的其他金融机构进行管理和监督。金融政策委员会对本国金融体系实施宏观审慎监管，维持英国金融体系的稳定。近些年来，英格兰银行采取的主要行动和措施如下[②]。

（1）金融政策委员会为了保护和增强英国金融体系的弹性，识别、监视和采取行动解决或减轻本国金融体系面临的系统性风险。每个季度，金融政策委员会都会评估英国金融体系的资本充足程度、资金的流动性以及各种风险在比预计得更为恶化的情景下将对英国金融体系稳定性造成的影响，以确保英国金融体系不发生系统性风险，英国银行体系可以为家庭和企业提供融资支持。

（2）英国逆周期资本缓冲率决议。制定逆周期资本缓冲率（CCyB）是金融政策委员会维护金融稳定的一个政策工具。由于金融政策委员会认为英国借款人（债务人）总体上可以抵御高利率的影响，英国银行体系资本充足，即使经济和金融状况与预期相比严重恶化，也有能力为家庭和企业提供融资支持，因此金融政策委员会仍然把英国逆周期资本缓冲率维持在中立的 2% 的水平。

---

① Bank of England. Financial Policy Committee [EB/OL]. [2023 - 10 - 16]. https: //www. bankofengland. co. uk/about/people/financial - policy - committee.

② Bank of England. Financial Stability Report [EB/OL]. [2024 - 06]. https: //www. bankofengland. co. uk/financial - stability - report/2024/june - 2024#chapter - 12.

（3）促进市场化融资的弹性。金融政策委员会注意到了通过国际合作改革推动市场化融资弹性的紧迫性。因此，金融政策委员会继续努力支持金融稳定委员会（FSB）为增进市场化融资弹性拟定的国际工作计划。除了与国际政策协调外，金融政策委员会努力降低国内的脆弱性，其行动有效而且有可操作性。

（4）提出提升运营弹性的方法。金融政策委员会在2024年3月发布了一份名为《金融稳定要点》（Financial Stability in Focus）的报告，报告阐述了金融政策委员会提升运营弹性的办法。除了英格兰银行、审慎监管局和金融行为监管局的工作外，这项工作旨在弥合单个金融机构层面和整个系统层面的运营弹性之间的差距。

（5）发布新的假设情景，模拟对金融稳定造成的冲击。2023年11月，英格兰银行发布了其全系统探索性情景（SWES，System - Wide Exploratory Scenario）演练的假设情景。全系统探索性情景将评估银行和非银行金融机构在紧张的金融市场条件下的行为，以及它们如何通过相互作用放大对英国金融稳定市场核心的冲击。在压力情景下，参与的公司将模拟冲击的影响，这种冲击比最近金融市场事件中观察到的冲击更迅捷、范围更广、持续时间更长。

（6）开展网络压力测试。2019年开始，英格兰银行采用定期网络压力测试来评估金融体系在严峻但是可能会出现的运营扰乱情景下能否承受冲击和维持功能以及能否平稳地恢复和重建。金融政策委员会将在2024年春季开展新一轮网络压力测试，预计在2025年上半年发布测试结果。

（7）将家庭债务控制在可持续水平。金融政策委员会介入抵押贷款市场，而金融行为监管局负责制定贷款要求，它们的工作在一定程度上避免了家庭债务超出可持续的水平。贷款机构为借款占其收入（LTI）比重大于等于4.5的借款人提供的新增贷款处于很低的水平，按照金融政策委员会15%的上限要求，所有的重要贷款机构都保留有很大的空间。

（8）评估关键第三方的影响。金融政策委员会此前曾提出，金融机构和金融市场基础设施（FMIs）对关键第三方（CTPs）的依赖日益增加，可能会对金融稳定构成威胁。在创建关键第三方法律框架之后，英格兰银行、审慎监管局（PRA）和金融行为监管局这些监管机构于2023年12月发布了一份咨询文件，其中提出了管理由关键第三方导致的风险的要求和期望。这些监管机构的目的是降低关键第三方对金融部门造成系统性破坏的风险，并增强整个系统的运营弹性。①

（9）杠杆率框架审查。2021年9月，金融政策委员会结束了对英国杠杆率框架的审查并发布了一份指令和建议。审慎监管局在法定的指令下有一定的自主权。

① Bank of England. Financial Policy Summary and Record of the Financial Policy Committee meeting on 13 March [BD/OL]. [2024 - 03 - 27]. https://www.bankofengland.co.uk/-/media/boe/files/financial-policy-summary-and-record/2024/fpc-summary-and-record-march-2024.pdf.

（三）财政货币政策对金融稳定的影响

1. 财政部和央行职能的发挥有利于增进金融稳定。财政部有金融稳定和对银行体系进行监管的职能，英格兰银行有对金融体系实施宏观和微观审慎监管的职能，两个机构职能的有效发挥可以增进金融稳定。财政部通过立法设立金融监管的边界，推动金融监管立法的发展，英格兰银行是金融监管机构之一，具有重要的监管职能，财政部和监管机构一起推动着金融监管政策的颁布、编制相关法律和制度草案，协调各自的工作。在全球金融危机之后，针对金融监管体系暴露出的严重缺陷，监管体系实施新一轮改革，从法律修订到监管机构设置和政策工具配备都进行了革新。改革后，财政部的监管职能和英格兰银行作为具体监管机构的监管能力都得到加强，机构间的协调和合作也得到强化。

2. 财政货币政策应对能力有助于促进金融稳定。财政部除了推动金融监管立法以及监管政策、制度的制定这些直接关系金融稳定的职能外，还履行促进社会经济稳定发展、支持就业、优化税收体系、管理公共支出、保障公共基础设施建设、增进社会公平正义等职能。财政政策为实现上述目标推行的政策措施在促进目标达成的同时也有助于增进金融稳定。在经济面临冲击和挑战时如遇到新冠疫情、能源危机等，财政政策措施表现出来的逆周期调节能力有助于为社会经济注入更多确定性，起到稳定社会经济和民心的作用，增强了金融稳定性。

货币政策也是如此。英格兰银行利率根据通货膨胀形势适时调整，同时也支持国家的经济增长和就业目标。在全球金融危机期间，英格兰银行利率迅速下调，名义利率在短时间内降至零附近，在面临高通货膨胀时也是在短时间就上调到5.25%，这说明了英国货币政策工具的调整能力和应对危机的能力（见图3－8）。在利率无法满足目标时，英国还引入了量化宽松，进一步支持政策目标的实现。

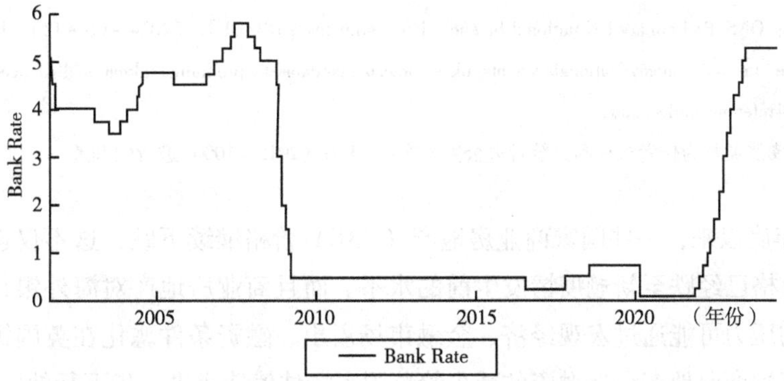

图3－8　英格兰银行利率（截至2024年7月22日）（单位：%）

资料来源：Bank of England. Interest rates and Bank Rate［EB/OL］.［2024－07－22］. https：//www. bankofengland. co. uk/monetary－policy/the－interest－rate－bank－rate.

四、英国的金融稳定评估

（一）资产估值稳定性评估

从英国国家统计办公室（ONS）编制的英国国家资产负债表来看，1995 年底到 2023 年底，英国国家资产负债表净值总体呈现上升趋势，最明显的下降出现在 2008 年全球金融危机期间和最近（见图 3－9）。2008 年底净值出现明显下降，直到 2013 年才恢复到之前的水平，2023 年底再次出现下降，从 2022 年底的 12. 6 万亿英镑降至 2023 年底的 12. 0 万亿英镑。把净值根据 CPIH（包括住宅的消费者价格指数）通货膨胀数据调整后，全球金融危机后净值恢复到原水平的时间延迟到了 2015 年，本次的净值下降提前到了 2022 年，2023 年进一步下降。

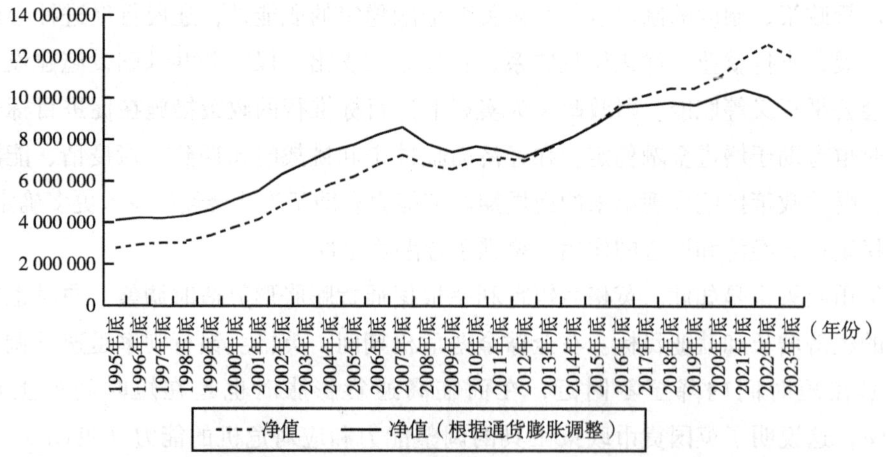

图 3－9　英国净值（1995 年底至 2023 年底）（单位：百万英镑，当时价格）

资料来源：ONS. Preliminary UK national balance sheet estimates［DB/OL］.［2024－06－13］. https：//www. ons. gov. uk/file？uri =/economy/nationalaccounts/uksectoraccounts/datasets/preliminaryuknationalbalancesheetestimates/current/nbs2024referencetables. xlsx.

注：通货膨胀调整为作者根据国家统计办公室发布的 CPIH（2015 = 100）进行的调整。

2023 年底以来，一些国家商业房地产（CRE）价格继续下跌，这不仅连带英国商业房地产价格已经跌至新冠疫情发生前的水平。而且商业房地产对海外银行和非银行金融机构的压力可能通过宏观经济、金融市场溢出、融资条件恶化在英国银行的蔓延和传染、英国商业地产海外融资的减少给英国市场估值造成进一步下行的压力。①

① Bank of England. Financial Stability Report［EB/OL］.［2024－06］. https：//www. bankofengland. co. uk/financial－stability－report/2024/june－2024#chapter－12.

（二）金融稳定性评估

根据英格兰银行金融政策委员会 2024 年 11 月发布的《金融稳定报告》，英国金融稳定整体状况如下①。

1. 整体风险环境。与地缘政治紧张局势、全球碎片化和主权债务压力相关的全球风险仍然严重。金融稳定展望具有不确定性，风险也相应增加。由于英国是一个拥有大规模金融部门的开放经济体，因此这些风险对英国金融稳定的影响特别大。

政府债券收益率上升，但是各种资产类别的价值估值也进一步上升，即使全球风险环境面临多种挑战，但是风险溢价几乎接近历史性低点。市场化融资的脆弱性会增加价格的变动，影响英国信贷的可获得性和成本。

从英国国内来看，英国家庭和企业借款人（债务人）整体上具有韧性。即使经济、金融和经营条件明显低于预期，2024 年案头压力测试的结果显示，英国的银行体系可以为家庭和企业提供强有力的支撑。

2. 金融市场。长期政府债券收益率随着英国 2024 年秋季预算的颁布和美国选举结果而上升。发达经济体的政策制定者仍然在削减利率，市场参与者希望政策制定者继续削减利率。

美国大选后，美国股票价格继续上涨。一些市场的风险溢价，包括股票和企业债券市场的风险溢价，从 2024 年 3 季度以来进一步压缩，接近历史性低点。金融政策委员会认为，估值和风险溢价对价格变动敏感脆弱，特别是在与全球经济增长和通货膨胀相关的风险、政策性利率变动路径的不确定性和长期政府债券收益率等方面。市场融资长期脆弱性可能导致价格变动更为剧烈，会增加英国家庭和企业信贷的成本和资金的可获得性。

3. 全球脆弱性。与地缘政治紧张局势、全球碎片化和主权债务压力相关的全球风险仍然十分严重。金融稳定展望具有不确定性，风险也相应增加。

不仅是人口统计方面和气候变化等结构性趋势变化，还有地缘政治风险不断增加，这些都对主权债务水平的上升和借款成本的增加产生更大压力。发达经济体公共债务处于较高水平，并与其他风险因素一起，可能影响英国金融稳定。对全球公共债务长期可持续性的担忧可能导致利率上升、期限溢价上升和市场动荡。政府债务水平的上升和偿债成本的增加可能还会减少政府应对未来冲击的能力，增加借款和为家庭和企业债务再融资的成本。

地缘政治紧张局势的加剧可能导致网络攻击的风险增加，并与其他压力交织或放大其他压力。金融政策委员会鼓励开展信息分享和建设国内和跨境韧性来应对这

① Bank of England. Financial Stability Report [EB/OL]. [2024 - 11]. https://www.bankofengland.co.uk/-/media/boe/files/financial-stability-report/2024/financial-stability-report-november-2024.pdf.

些威胁。

发达经济体的一些企业借款人的再融资风险仍然严重，虽然一些商业房地产的价格上升了，但是商业房地产借款人的风险仍然较大。2024 年案头压力测试的结果显示，英国的银行体系在包括全球房产价格明显下降的压力下仍将保持韧性。

4. 家庭和企业债务的脆弱性。英国经济增长在 2025 年预计将会高于 2024 年。抵押贷款债务率预计将继续上升，但是延期偿还贷款的家庭所占的比重和债务负担高的家庭所占的比重仍然保持在相对低的水平，抵押贷款借款人的展望随着经济展望的改善也将改善。即使抵押贷款报价利率在最近几周有所上升，但仍低于 2024 年 6 月发布金融稳定报告时的水平。在未来的 3 年，大约一半的抵押贷款借款人可能面临更高的借款成本，而约四分之一的借款人会由于利率较低而获益。

中小型企业和一些高杠杆企业的风险仍然存在，包括由私募股权支持的企业。这些企业中有一些依赖市场化融资，在再融资时可能面临利率上升的风险。如果投资人的风险偏好降低，或者与市场预期相比利率处于高位的时间增加，那么风险还会增加。金融政策委员会继续认为英国家庭和企业整体上具有韧性。

5. 银行部门的韧性。英国银行体系资本非常充足，流动性高，资产质量高。金融政策委员会判断，即使经济、金融和经营状况明显弱于预期，英国银行体系仍然有能力支持家庭和企业。该判断基于 2024 年案头压力测试的结果。

2024 年 3 季度信贷条件有改善的迹象。抵押贷款需求上升，企业信贷增长率也有所上升。信息显示，银行计划增加信贷来满足借款需求的上升。银行针对央行资产负债表正常化进行的调整仍在继续。

6. 英国逆周期资本缓冲率的决定。金融政策委员会将英国逆周期资本缓冲率保持在中立的 2% 的水平。

7. 市场化融资的韧性。金融政策委员会之前认定的市场化融资的重要脆弱性仍然存在。特别是，对冲基金的杠杆化程度继续增加。如果市场冲击导致高杠杆的去杠杆化，将导致初次冲击明显扩大。

五、英国经济社会发展状况

（一）英国经济社会现状[①]

1. 就业走弱。2024 年 7 月英国国家统计办公室（ONS）发布的截至 5 月的就业数据显示，劳动市场数据呈现逐渐冷却的态势，岗位数下降，失业上升。劳动收入

① 数据来自国家统计办公室。

增长率相对强劲。2024 年 5 月，有薪雇员的人数预计比 4 月增加 5.4 万人（增长 0.2%），比 2023 年 5 月增加 26.5 万人（增长 0.9%）。2024 年 3 月至 5 月期间，就业率（16 岁到 64 岁年龄人口）估计为 74.4%（见图 3－10），失业率（16 岁到 64 岁年龄人口）估计为 4.4%，经济不活跃人口（16 岁到 64 岁年龄）所占比重估计为 22.1%。①

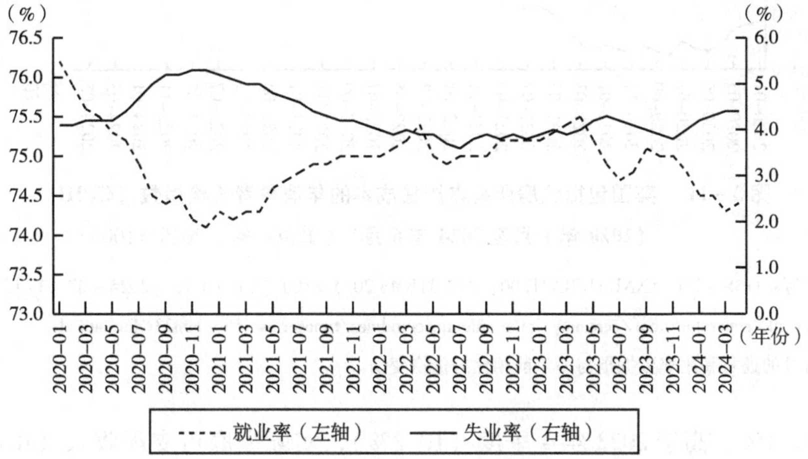

图 3－10　英国就业率和失业率（16 岁到 64 岁，经季节调整）
（2020 年 1 月至 2024 年 4 月）

资料来源：（1）ONS. Employment rate（aged 16 to 64，seasonally adjusted）:%［DB/OL］.［2024－07－18］. https：//www. ons. gov. uk/ generator? uri =/employmentandlabourmarket/ peopleinwork/ employmentandemployeetypes/ timeseries/ lf24/lms&format = xls，https：//www. ons. gov. uk/ generator?uri =/employmentandlabourmarket/ peoplenotinwork/ unemployment/ timeseries/ mgsx/ lms&format = xls.（2）Unemployment rate（aged 16 and over，seasonally adjusted）:%［DB/OL］.［2024－07－18］. https：//www. ons. gov. uk/ generator? uri =/employmentandlabourmarket/ peoplenotinwork/ unemployment/ timeseries/ mgsx/ lms&format = xls.

注：每个月对应的数据指从该月开始 3 个月的数据，例如 2024－03 对应的是 2024 年 3－5 月的数据。

2. 物价回落。2024 年 6 月，包括住房所有者居住成本的年消费者价格指数（CPIH）为 2.8%（见图 3－11），消费者价格指数（CPI）为 2.0%，核心 CPIH（不包括能源、食品、烟酒）为 4.2%，核心 CPI 为 3.5%。②

3. 经济低速增长。2024 年 1 季度，英国国内生产总值（GDP）估计比上个季度增长 0.7%（见图 3－12），比上一年同期增长 0.3%。2024 年 1 季度，家庭储蓄率

---

① ONS. Labour market overview，UK：July 2024［EB/OL］.［2024－07－18］. https：//www. ons. gov. uk/ employmentandlabourmarket/ peopleinwork/ employmentandemployeetypes/ bulletins/ uklabourmarket/ latest.

② ONS. Consumer price inflation，UK：June 2024［EB/OL］.［2024－07－17］. https：//www. ons. gov. uk/ economy/ inflationandpriceindices/ bulletins/ consumerpriceinflation/ latest.

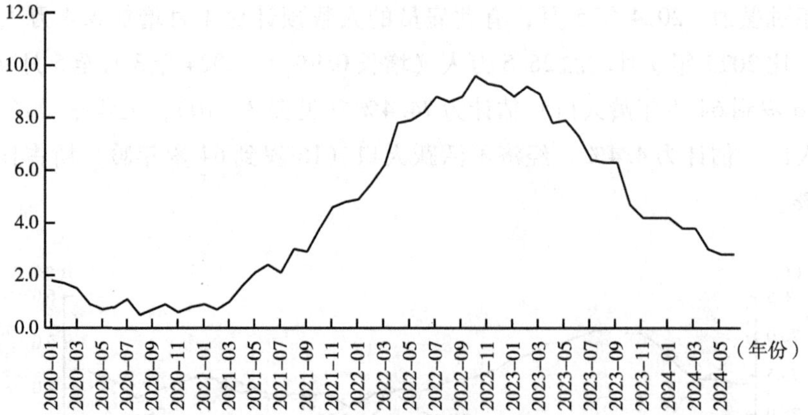

图 3－11　英国包括住房所有者居住成本的年消费者价格指数（CPIH）
（2020 年 1 月至 2024 年 6 月）（单位：%，2015＝100）

资料来源：ONS. CPIH ANNUAL RATE 00：ALL ITEMS 2015＝100［DB/OL］.［2024－07－17］. https：//www. ons. gov. uk/generator?uri=/economy/inflationandpriceindices/timeseries/l55o/mm23&format=xls.

注：每月的通货膨胀率数据指与一年前相比的价格变动。

估计为 11.1%，高于 2023 年 4 季度（10.2%），实际家庭可支配收入（RHDI）估计比 2023 年 4 季度增长 0.7%。①

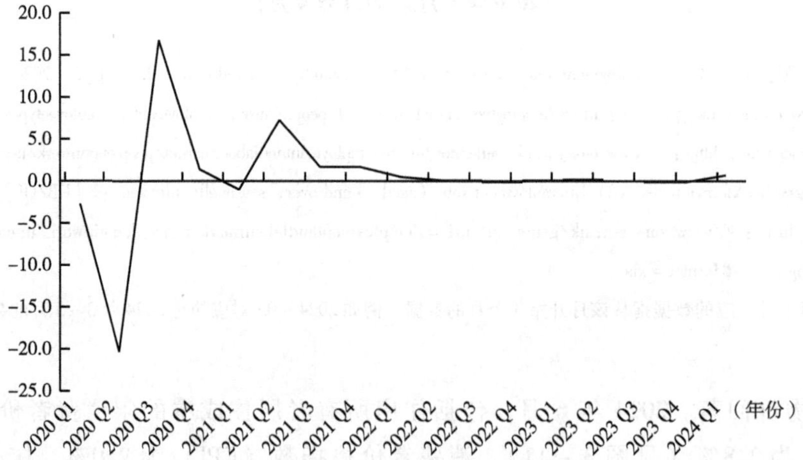

图 3－12　英国 GDP 增长率（季度）（2020 年 1 季度至 2024 年 1 季度）（单位：%）

资料来源：ONS. Gross Domestic Product：Quarter on Quarter growth：CVM SA %［DB/OL］.［2024－06－28］. https：//www. ons. gov. uk/generator?uri=/economy/grossdomesticproductgdp/timeseries/ihyq/qna&format=xls.

注：Q 代表季度。

① ONS. GDP quarterly national accounts，UK：January to March 2024［EB/OL］.［2024－06－28］. https：//www. ons. gov. uk/economy/grossdomesticproductgdp/bulletins/quarterlynationalaccounts/latest.

（二）英国经济社会展望

2024 年 3 月 6 日，英国发布经济和财政预测的官方机构预算责任办公室（OBR）发布了 2024 年春季《经济和财政展望》（Economic and Fiscal Outlook），对未来中期（五年）英国经济展望如下①：

英国经济已经从新冠疫情和俄乌冲突这两大全球性冲击中恢复过来，进入通货膨胀不断下降但是产出停滞的新阶段。通货膨胀下降速度快于预期，因此市场希望利率可以下调得更快些。这对短期产出有正面影响，但是预算责任办公室的中期经济增长预测还面临一些挑战。经济预测的最大变数是英国人口规模和增量的增长情况。预测的人口规模和增量的增长被更高和不断增加的劳动年龄不活跃人群数量所抵消，使劳动人口总规模没有变化。

1. 通货膨胀率预计将不断下降。2023 年 4 季度 CPI 通货膨胀率为 4. 2%。预算责任办公室预测，2024 年 CPI 通货膨胀率的平均值将进一步降至 2. 2%，2025 年将降至 1. 5%，到预测期结束时的 2028 年将逐渐回到 2% 的目标值（见图 3 – 13）。图中能源价格冲击情景是考虑到如果中东冲突扩大化使能源价格大幅上升，将会导致通货膨胀发生的变化。

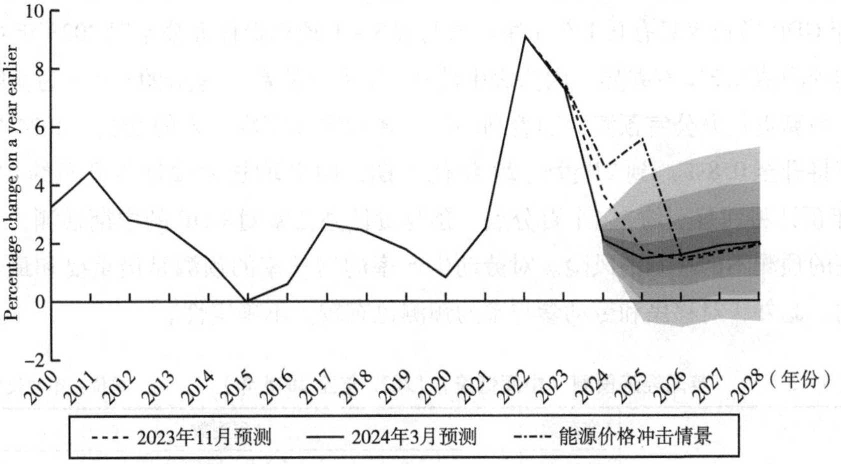

图 3 – 13　CPI 通货膨胀率及其展望（2010 年至 2028 年）（单位：与上年相比变动,%）

资料来源：Office for Budget Responsibility. Economic and fiscal outlook – March 2024 [EB/OL]. [2024 – 03 – 06]. https://obr. uk/docs/dlm_uploads/E03057758_OBR_EFO – March – 2024 – Web – AccessibleFinal. pdf.

注：2023 年及以后数据为预测数，其他为实际数。

① Office for Budget Responsibility. Economic and fiscal outlook – March 2024 [EB/OL]. [2024 – 03 – 06]. https://obr. uk/docs/dlm_uploads/E03057758_OBR_EFO – March – 2024_Web – AccessibleFinal. pdf.

随着通货膨胀压力的减轻，市场参与者期望利率可以更快下调。英格兰银行利率（Bank Rate）被期望从 2024 年 3 月初 5.25% 的高点到 2024 年 4 季度可以降至 4.2%，并在中期进一步降至 3.3%。

2. 人口数量增加，但劳动参与率下降。根据人口实际数和国家统计办公室（ONS）2024 年 1 月对人口的预测，预算责任办公室预测英国成年人口的数量将从 2023 年的 5 500 万人到 2028 年增至 5 700 万人。

后疫情时期经济不活跃人口有所增长的情况可能将持续更长时间。劳动年龄不活跃人口数量将不再下降，而是反弹到 930 万人。这基本接近 10 年来的最高值，比疫情前增加 70 万人。劳动年龄不活跃人口中的约三分之一将长期病患作为不工作的首要原因。考虑多种因素后，预算责任办公室预测劳动参与率将从疫情前的季度最高点 64.3% 到 2028 年降至 62.8%。

3. 经济增长前景低迷。由于人口数量的增加和劳动参与率的下降，预算责任办公室预测未来五年潜在产出年增长率大约为 1.67%。更高的人口净流入、更低的利率和更低的能源价格对人口增长、企业投资和劳动生产率都将产生积极影响。但是，劳动数据、人口数据和其他因素促使预算责任办公室调低了整体的劳动参与率和平均工作时长。

短期内产出的增长率将稍微走低，但是到 21 世纪 20 年代后半段将有所上升。2023 年 GDP 增长率只有 0.1%（注：这与表 3－1 预算责任办公室对 2023 年 GDP 增长率的预测值 0.3% 有差异，因为表中的 0.3% 为预测数而这里的 0.1% 为实际数）。但是，预算责任办公室预测，随着利率的下降和实际家庭收入的增长，2024 年 GDP 增长率将升至 0.8%。到 21 世纪 20 年代中期，GDP 增长率预计将升至约 2%，到 2028 年预计将回落至约 1⅔个百分点。预算责任办公室对 GDP 的中期预测，依然存在较高的预测不够准确的风险。对劳动生产率的增长率的预测是最重要和最具不确定性的，此外，对移民和劳动参与率的预测也有较大不确定性。

表 3－1　英国经济预测（中间情景）（2022 年至 2028 年）　单位：年增长率，%

	实际数	预测数					
	2022 年	2023 年	2024 年	2025 年	2026 年	2027 年	2028 年
实际 GDP	4.3	0.3	0.8	1.9	2.0	1.8	1.7
CPI	9.1	7.3	2.2	1.5	1.6	1.9	2.0
就业（百万人）	32.9	33.1	33.2	33.5	33.8	34.1	34.3
劳动生产率	0.4	0.2	0.3	0.8	1.1	1.1	1.2
工资和薪金	7.4	7.3	3.9	2.8	2.7	2.9	3.1
劳动力调查的失业率（%）	3.9	4.1	4.4	4.4	4.2	4.2	4.1
失业（百万人）	1.3	1.4	1.5	1.6	1.5	1.5	1.5
实际家庭可支配收入	－1.4	1.4	1.0	2.4	1.3	1.4	1.8

续表

	实际数	预测数					
	2022 年	2023 年	2024 年	2025 年	2026 年	2027 年	2028 年
储蓄率（%）	8.4	9.1	9.2	9.4	8.7	8.1	7.9
房屋价格	9.7	0.6	-2.3	-0.4	2.2	3.4	3.7
购买力平价衡量的世界 GDP	3.3	3.1	3.1	3.2	3.2	3.1	3.1

资料来源：Office for Budget Responsibility. Economic and fiscal outlook - March 2024［EB/OL］.［2024-03-06］. https：//obr. uk/docs/dlm_uploads/E03057758_OBR_EFO-March-2024-Web-AccessibleFinal. pdf.

注：（1）CPI 为消费者价格指数。（2）劳动力调查英文为 Labour Force Survey，缩写 LFS。（3）劳动生产率是指每小时的劳动生产率。（4）预算责任办公室对 2023 年实际 GDP 增长率的预测值为 0.3%，2024 年 2 月 15 日国家统计办公室公布的 2023 年 GDP 增长率的实际数为 0.1%。

产出的恢复主要归功于家庭消费的增长，从 2025 年到 2028 年，家庭消费年增长率预计将增至约 2%。家庭消费高于 2023 年 11 月的预测，原因是家庭可支配收入的增加、通货膨胀下降得更快和利率将更低。但是，2024 年企业投资预计将缩减约 5 个百分点，原因在于利率推高了资本的成本，对资本性支出产生了不利影响。随着利率的下降，投资将会增加，需求也会改善。近期的对外贸易数据变化较大。预算责任办公室预测，在未来的数年，由于英国和全球经济增速缓慢以及脱欧影响的释放，贸易量将继续低迷。预算责任办公室预测，2024 年到 2028 年，出口量和进口量平均每年将分别增长 0.3% 和 0.1%。在预测期内，净出口对经济增长的影响微不足道。

（三）英国金融稳定对本国经济社会的影响①

短期内英国的经济增长率将稍微走低，但是到 21 世纪 20 年代后半段将有所上升。2023 年 GDP 增长率只有 0.1%。预算责任办公室预测，随着利率的下降和实际家庭收入的增长，2024 年 GDP 增长率将升至 0.8%。到 21 世纪 20 年代中期，GDP 增长率预计将升至约 2%，到 2028 年预计将回落至约 1.67 个百分点。从预算责任办公室发布的 2024 年春季《经济和财政展望》来看，目前金融稳定还不能算作经济增长的主要风险因素，但是如果金融稳定的风险因素成为确实的风险，对就业、家庭和企业的财务状况等必将产生影响，从而将对社会经济产生影响。

英格兰银行利率（Bank Rate）将明显低于 2023 年 11 月预算责任办公室做出的预测。当预算责任办公室在 2024 年 1 月 23 日之前的 10 个工作日统计市场决定因素时，市场参与者预测英格兰银行利率在 2024 年将下降得更为迅速，到 2024 年四季度将降至 4.2%，比 2023 年 11 月预算责任办公室的预测低 0.8 个百分点。到 2029 年将进一步降至 3.3%，比 2023 年 11 月预算责任办公室的预测低 0.7 个百分点。但

① Bank of England. Financial Stability Report［EB/OL］.［2024-06］. https：//www. bankofengland. co. uk/financial-stability-report/2024/june-2024#chapter-12.

是预测存在不确定性，预计2028年英格兰银行利率将在2.7%—4.2%之间波动。

所有期限的金边债券收益率相对于2023年11月预算责任办公室的预测来说都更低了。当预算责任办公室关闭市场窗口时，10年期金边债券收益率为3.9%，比2023年11月预算责任办公室的预测值低0.6个百分点。25年期金边债券收益率降至4.6%，比2023年11月预算责任办公室的预测值低0.4个百分点。即使下跌，10年期金边债券收益率仍然是俄乌冲突发生前2021年四季度0.9%的4倍多。受英格兰银行利率预测的部分影响，金边债券的收益率也存在不确定性，10年期金边债券收益率也存在波动区间。

六、英国财经风险指数分析

英国财经风险指数按照第一章主要经济体财经风险指数的框架构建，用五个指数最终合成英国财经风险指数。这五个指数在构建时选取的指标虽然是历史数据，但是在选取指标时特别挑选了对未来产生影响和反映未来风险的指标，因此能够反映未来的风险，详情请参考第一章。

（一）全球性财经风险指数

前文曾探讨英国财经面临的全球性挑战，这些挑战主要来自四个方面，如果把这些挑战量化形成指数有一定难度。本书在第一章构建了全球性财经风险指数，具体构建方法请见前文。因此采用第一章构建的全球性财经风险指数衡量各国面临的全球性财经风险（见图3-14）。由于各国虽然面临相同的全球性财经风险环境，但是风险对各国产生的影响不同，因此在合成国别财经风险指数时把全球性财经风险指数按照其对每个国家的影响不同而采用不同的权重，详情请参考第一章。

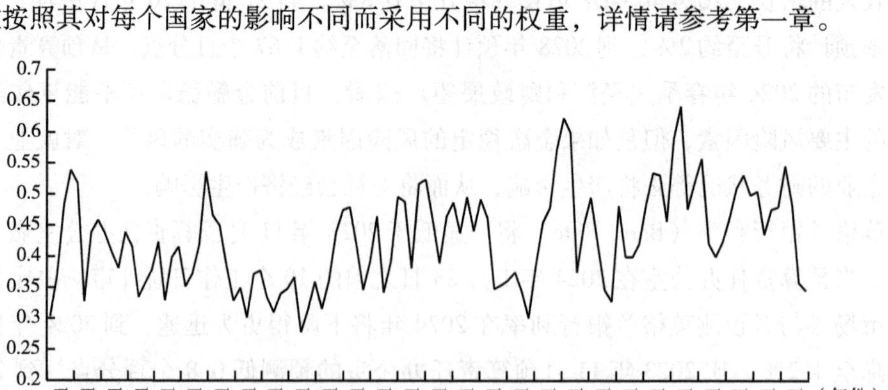

图3-14 英国面临的全球性财经风险指数（1997年一季度至2024年三季度）

注：Q代表季度。

（二）国内改革与政策调整能力指数

1. 指标选取：UK EPU。前文探讨过英国国内改革（政策调整）能力，这里试图将这些能力量化形成指数。经过分析现有的相关指标或指数，决定选用“英国经济政策不确定指数（月度）”（UK Monthly EPU Index）体现英国国内改革与政策调整能力（见图3-15）。

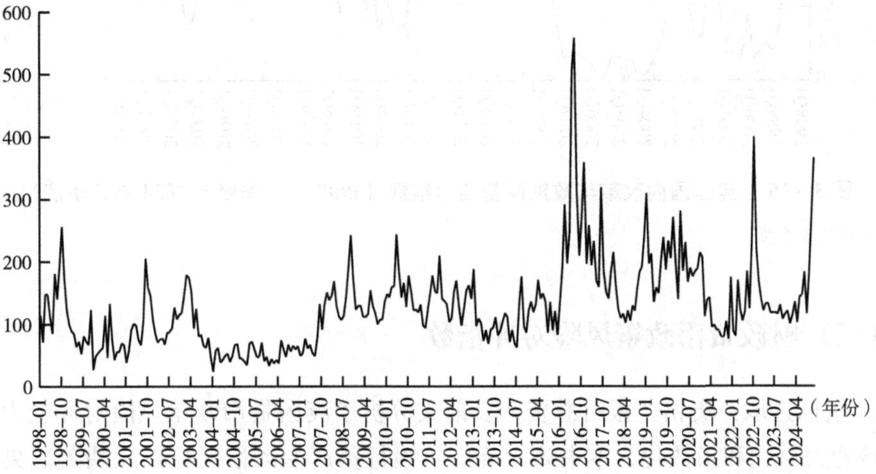

图3-15　英国经济政策不确定指数（UK Monthly EPU Index）（月度）（1998年1月至2024年11月）

资料来源：Economic Policy Uncertainty. UK Monthly EPU Index [DB/OL]. http://www.policyuncertainty.com/media/UK_Policy_Uncertainty_Data.xlsx.

注：2011年以前的数据根据2011=1换算，即2011年以前的月度数据如果为100就与2011年的结果相同。每月对数据更新时，之前公布的两个月数据可能会有微调，原因是网页存档时间可能会略有延迟。

经济政策不确定性指数（EPU Indices）是为了反映全球和主要经济体经济政策的不确定性而构建。该指数根据报纸关于政策不确定性的报道构建指数。英国经济政策不确定指数根据11家英国报纸的报道构建，这11家报纸分别为《金融时报》《泰晤士报》《周日泰晤士报》《每日电讯报》《每日邮报》《每日快报》《卫报》《镜报》《北方回声报》《旗帜晚报》和《太阳报》。指数构建根据上述报纸发表的文章中政策术语、“经济的”或者“经济”、“不确定”或“不确定性”出现的次数。政策术语包括“政策”“税收”“支出”“规章制度”“英格兰银行”“预算”“赤字”。

2. 英国国内改革与政策调整能力指数构建。将英国经济政策不确定指数（月度）的月度数据转化成季度数据，方法是将季度对应的月度数据平均计算得出季度数据。将计算得出的季度数据按0-1标准化取值，得出英国国内改革与政策调整能力指数（季度），指数数值越高表明不确定性越强（见图3-16）。

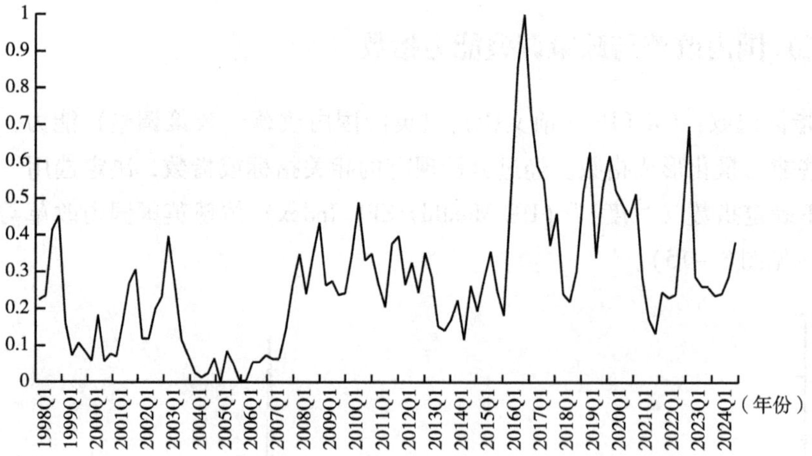

图 3－16　英国国内改革与政策调整能力指数（1998 年一季度至 2024 年三季度）

注：Q 代表季度。

（三）财政货币政策风险对冲指数

1. 指标选取：英格兰银行总资产。前文分析了英国货币政策风险对冲能力，如果将该能力量化和指数化，本书认为英格兰银行资产变动情况可以反映英国央行英格兰银行采取货币政策措施应对风险的能力（见图 3－17）。从图 3－17 中可以看出，英格兰为了对冲风险在经济形势不好时会扩表，在经济形势转好时会采取缩表操作，因此英格兰银行资产状况可以反映英国货币政策对冲风险的能力。

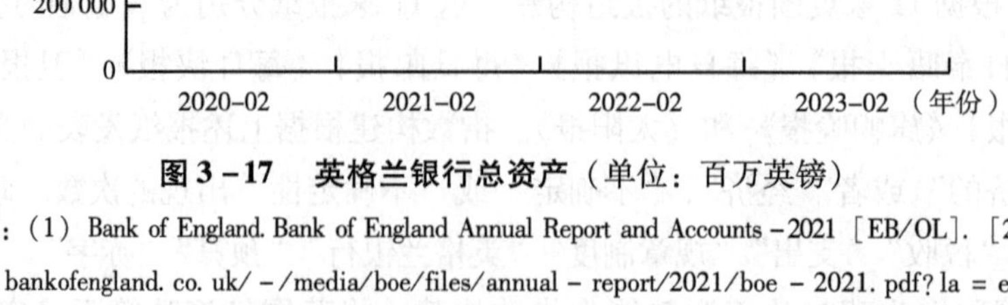

图 3－17　英格兰银行总资产（单位：百万英镑）

资料来源：（1）Bank of England. Bank of England Annual Report and Accounts－2021［EB/OL］.［2021－06－17］. https：//www. bankofengland. co. uk/－/media/boe/files/annual－report/2021/boe－2021. pdf? la＝en&hash＝9CA9847C29B870FC358576CFF9EBD308AE0D767C.（2）Bank of England. Bank of England Annual Report and Accounts－2023［EB/OL］.［2023－07－06］. https：//www. bankofengland. co. uk/－/media/boe/files/annual－report/2023/boe－2023. pdf.

注：前两个数据根据资料来源（1），后两个数据根据资料来源（2）。

2. 指标选取2：英国赤字率和债务率指标。前文分析了英国财政政策风险对冲能力，如果将该能力量化和指数化，认为英国的赤字率和债务率指标可以反映英国财政政策措施应对风险的情况，即公共部门净借款（不包括公共部门银行）占GDP的比重和公共部门净债务（不包括公共部门银行和英格兰银行）占GDP的比重（见图3－4和图3－5）。因为财政政策措施在对冲风险时会实施扩张性财政政策，导致赤字率明显上升，债务率不断攀升，在经济形势好转时会明显压缩赤字，控制债务率的上升步伐并将其消减到财政规则允许的范围内，增加财政空间。

3. 英国财政货币政策风险对冲指数构建。结合上文的分析，认为英国财政和货币政策可以起到风险对冲的作用，因此对各时间段英国财政货币政策风险对冲指数全部取值1（见图3－18），表示财政货币政策风险对冲能力强。

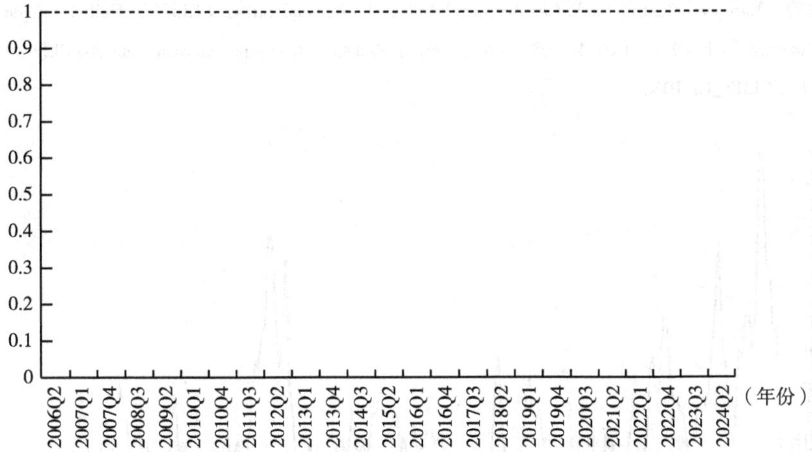

图3－18　英国财政货币政策风险对冲指数（2006年二季度至2024年三季度）

注：Q代表季度。

（四）金融稳定指数

1. 指标选取：英国金融压力指数。前文分析了英国金融稳定状况，由于英国央行英格兰银行的金融稳定报告没有对英国金融稳定状况进行量化分析，因此如果将英国金融稳定量化和指数化，认为欧洲央行的“英国金融压力指数（月度）”（Country Level Index of Financial Stress（CLIFS）United Kingdom，United Kingdom，Monthly）可以反映英国金融稳定状况（见图3－19）。

2. 英国金融稳定指数构建。将英国金融压力指数（月度）的月度数据转化为季度数据，方法是将季度对应的月度数据平均计算得出季度数据。将计算得出的季度数据按0－1标准化取值，得出英国金融稳定指数（见图3－20），指数的数值越大表示金融压力越大，金融稳定性越弱。

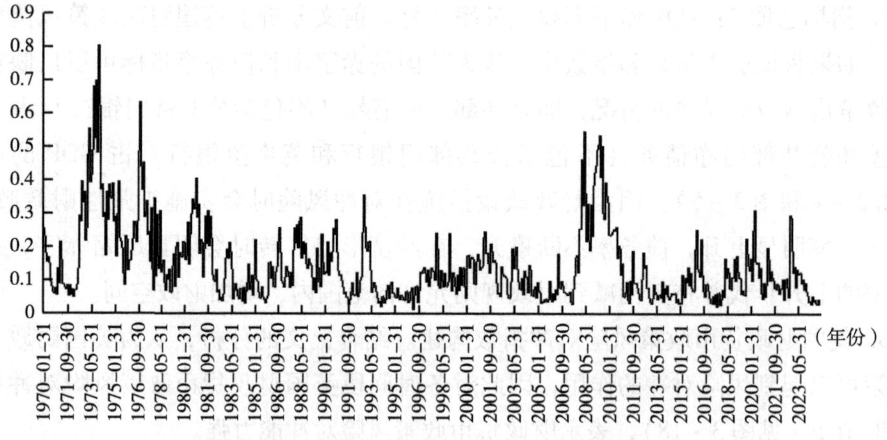

图 3-19　英国金融压力指数（月度）（1970 年 1 月底至 2024 年 10 月底）

资料来源：European Central Bank. Country Level Index of Financial Stress（CLIFS）United Kingdom，United Kingdom，Monthly [DB/OL]. [2024-08-06]. https://data.ecb.europa.eu/data/datasets/CLIFS/CLIFS.M.GB._Z.4F.EC.CLIFS_CI.IDX.

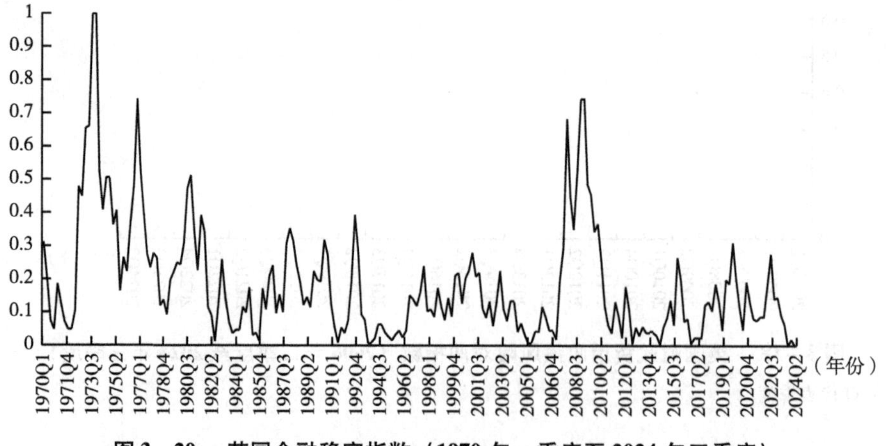

图 3-20　英国金融稳定指数（1970 年一季度至 2024 年三季度）

注：Q 代表季度。

（五）经济社会发展指数

1. 指标选取：消费者信心指数。前文分析了金融稳定对本国社会经济的影响。对于如何将该影响量化和指数化，本书认为消费者信心可以反映各种财经状况对社会经济的影响，属于前瞻性指标，因此选取 Gfk（英国经济调研机构）英国消费者信心综合指数（UK Consumer Confidence Overall Index）反映社会经济影响（见图 3-21）。它是一个领先指标，因为它可以预测消费者开支，消费者开支是整体经济活动的主要部分。较高的指标表示较高的消费者乐观度。该指标由 Gfk 根据对英国的消费调查问卷得出结果。

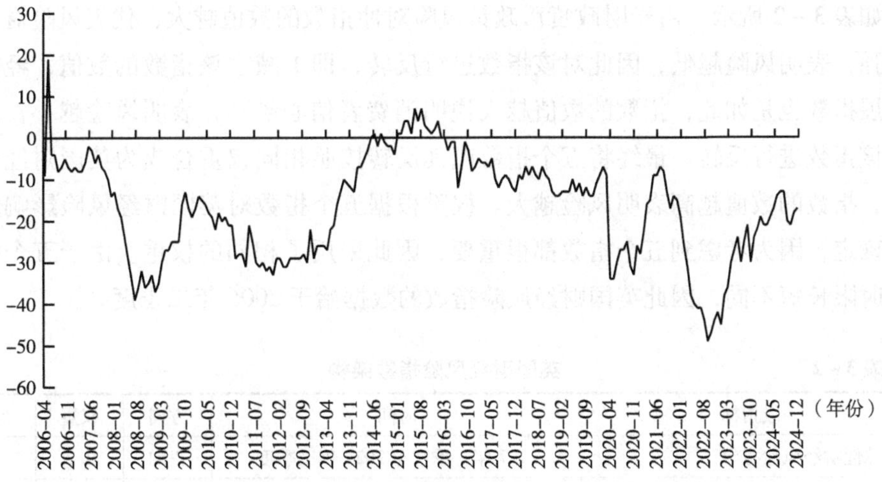

图 3-21　GFK Group 英国消费者信心综合指数（月度）（2006 年 4 月至 2024 年 12 月）

资料来源：CEIC. United Kingdom Consumer Confidence：Overall Index [DB/OL]. [2024-08-23]. https：//insights. ceicdata. com. cn/login.

2. 英国金融稳定对社会经济影响指数构建。将 GFK 集团英国消费者信心综合指数（月度）的月度数据转化为季度数据，方法是将季度对应的月度数据平均计算得出季度数据。将计算得出的季度数据按 0-1 标准化取值，得出英国社会经济影响指数，指数的数值越大表明消费者信心越足，对社会经济正面影响越大（见图 3-22）。

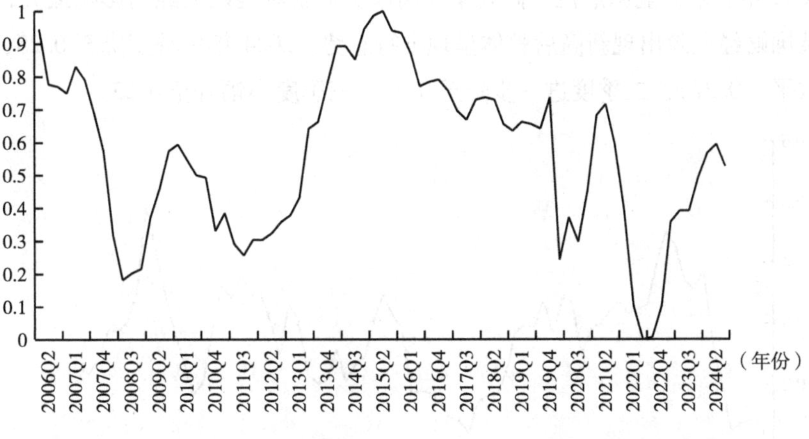

图 3-22　英国经济社会发展指数（2006 年二季度至 2024 年四季度）

注：Q 代表季度。

（六）英国财经风险指数合成

将上文的五个指数或其反转以一定权重合成建立英国财经风险指数，具体构建方法如表 3－2 所示。由于财政货币政策风险对冲指数的数值越大，代表风险对冲能力越强，表明风险越低，因此对该指数进行反转，即 1 减去该指数的数值，经济社会发展指数也是如此，指数的数值越大说明消费者信心越高，表明风险越小，因此也对该指数进行反转。最终将五个指数或其反转按照相同权重合成为英国财经风险指数，指数的数值越高表明风险越大。权重根据五个指数对英国财经风险影响的程度而确定，因为考虑到五个指数都很重要，因此采用了相同的权重。由于五个指数数据时限长短不同，因此英国财经风险指数的数据始于 2006 年二季度。

表 3－2　　英国财经风险指数架构

一级指标	时间	方向	权重	处理
1. 全球性财经风险指数	1997 年一季度至 2024 年三季度	正向	0.2	
2. 国内改革与政策调整能力指数	1998 年一季度至 2024 年三季度	正向	0.2	
3. 财政货币政策风险对冲指数	全时段赋值	负向	0.2	反转
4. 金融稳定指数	1970 年一季度至 2024 年三季度	正向	0.2	
5. 经济社会发展指数	2006 年二季度至 2024 年四季度	负向	0.2	反转

从合成的英国财经风险指数来看（见图 3－23），2006 年二季度以来，英国财经风险的几个阶段性高点分别出现在 2009 年一季度全球金融危机期间（0.45）、2016 年三季度脱欧公投后（0.35）、2020 年二季度新冠疫情本土暴发时期（0.38）和 2022 年四季度全球高通胀和高利率阶段（0.49），表明该指数可以得到现实的印证。历史比较来看，2022 年以来的能源危机、高利率和高通货膨胀对英国财经的影响最大，2022 年四季度英国财经风险出现新高后整体呈现下行态势，2024 年一季度降至 0.25，开始低于平均水平（0.27），二季度进一步降至 0.22，三季度小幅升至 0.23。

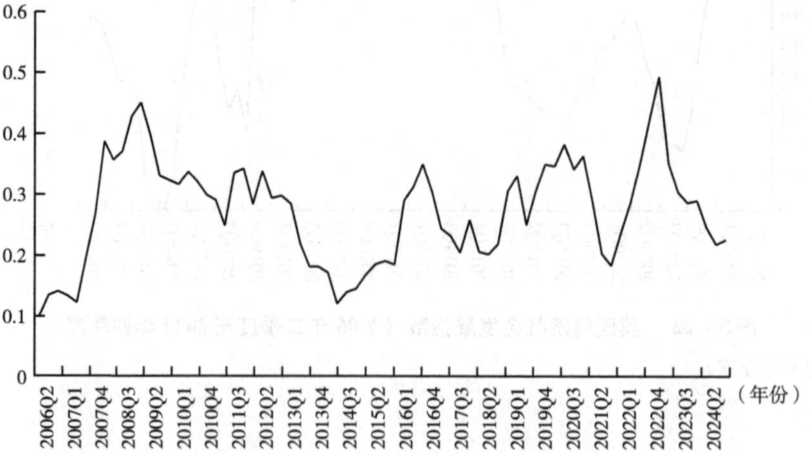

图 3－23　英国财经风险指数（2006 年二季度至 2024 年三季度）

注：Q 代表季度。

将英国财经风险指数与英国 GDP 增长率（季度同比）进行比较（见图 3－24），可以发现整体呈现明显的反向关系，GDP 增长率是风险的具体结果，这进一步表明本书构建的英国财经风险指数可以反映和指示英国的财经风险。

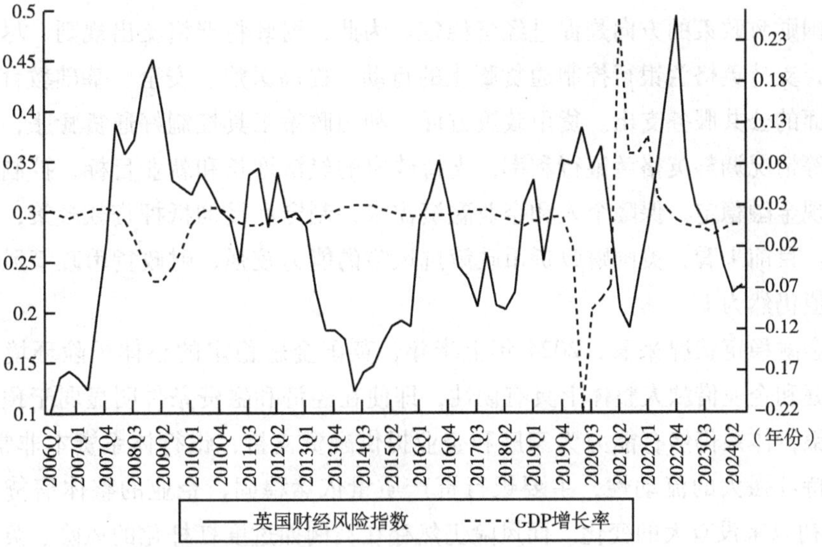

图 3－24　英国财经风险指数与英国 GDP 增长率的比较（2006 年二季度至 2024 年三季度）（单位：GDP 增长率为与上年同期相比变动）

资料来源：GDP 增长率参考英国国家统计办公室 GDP 季度环比增长率。

注：（1）q 代表季度。（2）图中 GDP 季度同比增长率根据资料来源的环比增长率计算得出。

七、结论及影响分析

（一）结论

英国财经面临全球性财经风险，与英国有紧密经贸和就业联系的欧盟经济增长低迷，英国脱欧的影响继续释放，美国政策性利率居于高位且不急于下调，多国选举导致的政治不确定为英国与其他主要发达经济体特别是美国的经贸关系蒙上阴影。好的方面是主要发达经济体通货膨胀趋于缓和，可以预见主要发达经济体特别是美国的政策性利率将不断下调。因此，全球性财经风险有所下降，2024 年二季度全球性财经风险指数已经降至平均水平之下，三季度继续延续下降势头。

从英国国内改革与政策调整能力来看，2024 年 7 月产生的新政府提出促进经济增长和改善人民生活，增加国家医疗服务支出以缩减患者等待时间，为保护国家安全投入更多警力，推进能源安全，打击反社会行为，增加教师数量以改善教学质量。

整体的政策方向是在财政可持续的基础上，尽量削减税收、增加公共服务支出、促进经济增长和改善人民生活。这个任务无疑是困难的，对新政府更是一个挑战。从英国国内改革与政策调整能力指数来看，2024 年英国政策不确定性逐渐上升，二季度已经略高于历史平均水平，三季度继续延续上升的势头。

英国财政政策的方向是促进经济稳定。为此，财政将严格支出规则，尽可能压缩税收，支持英格兰银行控制通货膨胀的行动，提高医疗、安全、基础教育、新能源等方面的公共服务支出。货币政策方面，利用政策工具控制好通货膨胀，根据通货膨胀等情况调整英格兰银行利率，支持政府的经济增长和就业目标，控制金融风险和实现金融稳定，保障个人和企业融资需求，制定和贯彻抵押贷款政策，改善人民生活。目前来看，英国财政货币政策抗风险的能力较强，财政货币政策风险对冲指数赋值仍然为 1。

从金融稳定状况来看，2024 年上半年，英国金融稳定的整体风险环境没有变化，家庭和企业借款人整体上具有韧性，即使在经济和融资条件明显弱于预期的情况下，银行体系仍然有能力为家庭和企业提供融资支持，银行体系资本非常充足，银行保持着强大的流动性，主要银行资产质量依然稳固，企业的整体信贷条件从 2024 年初以来没有大的变化。而风险仍然存在，例如过度杠杆化的风险、英格兰银行缩表等带来的流动性风险、私募股权行业在高利率环境下仍然面临挑战、与多国选举有关的不确定性、全球商业房地产风险、市场估值大幅的变动风险等。从英国金融稳定指数来看，2024 年一季度英国金融稳定风险历史最低，二季度风险小幅上升，但远低于历史平均水平，三季度又回落到与历史最低水平相仿。

从经济社会发展来看，英国经济增长好于预期，2023 年实现正增长，预计 2024 年继续延续增长势头，在欧洲经济低迷的情况下十分难得，而且通货膨胀已经回归到目标值附近。因此，从 2022 年三季度开始，消费者信心不断上升，经济社会发展指数不断增加，风险不断下行，2024 年二季度经济社会发展指数开始高于历史平均水平，三季度继续上升，四季度出现下降并低于历史平均水平，说明经济社会发展风险高于历史平均水平。

综合上述指数，英国财经风险指数在 2022 年四季度出现新高后（0.49）整体呈现下行态势，2024 年一季度降至 0.25，开始低于平均水平（0.27），二季度进一步降至 0.22，三季度升至 0.23。

（二）对中国的影响分析[①]

中英两国货物贸易额不断增长。近年来，两国货物贸易额呈现增长的态势，中

① 中国商务部．对外投资合作国别（地区）指南——英国（2022 年版）［EB/OL］．http：//www.mofcom.gov.cn/dl/gbdqzn/upload/yingguo.pdf.

国从英国进口和中国向英国出口货物贸易额都呈现增长的态势，其中中国向英国出口货物贸易额增幅更为明显。以 2021 年货物贸易额衡量，中国是英国第六大出口对象国，是英国第一大进口来源国。但是，从服务贸易额来看，中国不是英国服务贸易的主要贸易伙伴。

中英两国相互间直接投资存量都超过百亿美元。2021 年，中国对英国直接投资流量略超过 19 亿美元，中国对英国的直接投资存量达到 190 亿美元，在我国对全球各国和地区投资存量中排名第九位，在欧洲国家中排名第二位。在英投资兴业的中国企业已经超过 800 家，遍布英伦三岛，创造当地就业岗位超 6 万个。截至 2020 年底，英国对中国直接投资存量接近 129 亿英镑。

中英金融合作不断加深。伦敦在金融市场深度和流动性方面具有优势，在人民币国际化进程中一直发挥着重要作用，是世界上最大的人民币离岸外汇交易中心和世界第二大人民币离岸清算中心。

因此，英国财经风险呈现下行态势，英国财经风险指数从 2024 年 1 季度开始低于平均水平，对中国来说是个好消息，有利于中英两国加强货物贸易联系，增加相互直接投资，增进金融合作，在深化贸易、金融、制造、基础设施建设等传统领域合作的同时，不断拓展在医疗卫生、绿色科技、绿色金融、新能源汽车、数字经济、创意产业等领域的务实合作。

在地缘政治等多种因素的影响下，国家间产业政策竞争加剧，对资源的竞争更为激烈，全球碎片化加剧，更为关注国家安全并将安全的边界外延到产业安全、供应链安全、能源安全、技术等多个领域，这些是中英关系的不利因素，需要加强关注和应对。

第四章 德国财经风险与指数分析

近年来，德国宏观经济环境发生根本性变化。2023 年，为应对通胀的强劲上升，欧洲中央银行迅速大幅提高主要利率。2024 年，随着通货膨胀率的回落，欧洲央行的货币政策逐渐走向宽松。与此同时，实体经济和金融体系正在经历结构性转型，财政政策在整顿与扩张之间摇摆不定，这些都给未来的德国宏观经济发展带来不确定性。2024 年 10 月，德国知名智库基尔经济研究所发布德国 2024 年第三季度经济展望报告，揭示了德国经济当前发展困境，认为德国尚未实现经济复苏的初步预期。之前数月所显露出的微弱复苏迹象并未如期转化为实际的经济增长，德国经济目前正面临产出停滞的严峻挑战。

一、德国财经面临的全球风险与挑战

（一）德国金融稳定面临的外部挑战

国际环境主要受俄乌冲突及其对实体经济和金融体系的负面影响。世界许多地区紧缩货币政策的影响加剧了这种局面。在全球经济从新冠疫情的影响中慢慢恢复之后，战争的爆发再次对全球宏观经济和金融环境的韧性提出了考验。一个主要因素是许多商品价格，特别是能源价格急剧上涨。由于俄乌冲突造成的供应冲击，导致 2021 年已经开始显现，通胀率开始飙升。不确定性拖累了总需求，导致全球经济活动放缓。能源和商品价格上涨，其次是供应链问题，大大增加了许多商品的成本，给企业部门造成了压力。除了欧洲的能源危机，国际贸易中的供应方瓶颈在 2022 年下半年日益退居其次。与此同时，全球金融市场价格大幅调整，估值下降，风险溢价上升，未来经济发展的不确定性和下行风险居高不下。

2022年第二季度和第三季度，全球国内生产总值增长预测大幅下调，全球经济失去动力，实际经济前景恶化，随后在2022年第四季度再次小幅下调。俄乌冲突导致能源价格居高不下，消费价格大幅上涨导致购买力下降，世界许多地区的货币政策收紧，这些都阻碍了经济活动。不确定性也增加了，特别是在依赖俄罗斯能源供应的欧洲国家。世界各地的通货膨胀率都高于先前的预期。甚至在战争开始之前，商品价格就已经上涨，因为疫情之后需求恢复，供应方面偶尔会出现短缺。俄乌冲突爆发后，全球能源和食品价格升至长期最高纪录。主要中间产品价格上涨也越来越多地传导到制成品，构成一揽子商品的大多数商品和服务的价格都有所上涨。

2023年，宏观金融环境有所好转。2023年3月的国内生产总值预测略显乐观，2022年和2023年的全球增长率分别为3.4%和2.8%。然而2023年欧盟和欧元区的经济增长仅为0.4%。通货膨胀在2022年底达到顶峰。在2022年全球物价平均同比上涨8.8%之后，2023年大多数国家的通胀率有所下降。然而欧元区核心通胀率仍然居高不下，远远高于欧元区2%的安全阈值，核心通胀率的高涨导致许多地区的工资都在增长，因此通胀率稳居高位的风险仍然是一个令人担忧的主要问题。

美国、英国和欧元区的中央银行为应对不断上升的通胀率，大幅上调了政策利率。新兴市场经济体的中央银行也继续收紧货币政策，但地区差异很大。与此同时，市场利率2022年第二季度以来大幅上升。总体而言，货币政策正常化的步伐存在不确定性。在大多数情况下，欧洲和美国的通胀率出奇地高，市场参与者调整了对货币政策紧缩必要程度的预期。欧元区通胀率在2022年10月达到10.6%的最高月度水平。此后，通胀率总体略有下降。但核心通胀率继续呈上升趋势，2023年3月达到5.7%。2023年3月，欧洲中央银行预计欧元区通胀率将从2022年的平均8.4%下降到2023年的5.3%和2024年的2.9%。与此同时，从2022年6月底开始，美国国债和德国国债的收益率曲线趋于平坦，甚至暂时倒挂、特别是考虑到对经济发展的担忧。利率风险对冲溢价增加等相关指标表明，未来利率发展的不确定性增加。

大多数地区的全球融资条件收紧，部分原因是货币政策更加严格，但也因为前景越来越不确定。例如，金融市场波动加剧，一些细分市场的信贷和流动性风险利差扩大，也是金融条件收紧的原因之一。在利率大幅上升的环境下，金融市场在金融体系的特定环节出现了暂时性紧张。这对一些市场参与者产生了明显影响，俄乌冲突爆发后，国际股票市场最初损失惨重。意外的加息也导致全球股价暴跌。能源价格下跌后，股票市场才逐渐恢复。债券市场的风险溢价大幅上升。能源价格暴涨的后果影响了整个企业部门。新兴市场经济体的投资风险溢价也急剧上升，尤其是高收益债券。不过，从2022年底开始，这方面的压力也明显缓解。2023年春季的银行业动荡伴随着公司债券风险溢价相对温和地上升。

（二）全球性因素对德国金融稳定的影响

外部风险冲击对德国资产估值稳定的影响是多方面的，主要包括外部金融市场波动、全球经济对抗性增加以及对外贸易持续疲软等因素。

1. 外部金融市场波动影响资产估值。欧洲中央银行上调利率推高了融资成本，给德国金融稳定带来考验。在经济全球化的背景下，外部冲击如俄乌冲突等重大事件容易引发金融市场的波动。由于能源和大宗商品价格飙升，导致需求减少、生产受到抑制，同时食品价格也随之大幅上涨，这使得欧洲普通家庭的生活成本激增。这种通胀压力进一步攀升，成为欧洲央行强化其加息立场的主要动因。2022 年以来，面对通货膨胀高企的压力，欧洲央行推行多轮加息措施，2023 年 9 月 14 日欧洲央行开启第 10 轮加息，将三大主要利率均上调 25 个基点。累计加息 450 个基点后，欧元区的利率水平已经达到 1999 年欧元问世以来的最高点。加息后 2023 年 9 月 20 日欧洲央行存款机制利率 4.00%，主要再融资利率 4.50%，边际贷款利率 4.75%。利率上升推高融资成本，带来新的挑战，所有金融中介机构的流动性风险均有所上升，流向银行、企业和家庭的信贷减少，本来就萎靡不振的经济势头遭到进一步打压。加息直接影响投资者的预期和信心，从而对资产估值产生影响。在冲突发生后，投资者重新评估风险，导致大量资本流出德国，流向更加稳定的市场，进而对德国的资产估值产生负面影响。

2. 全球经济对抗性增加影响德国资产估值。近几十年来，市场的开放和一体化在全球物质繁荣的增长中发挥了重要作用。德国也不例外，它从国际分工和融入欧洲单一市场中获益良多。自 2008 年金融危机以来，全球化的动态发展已经发生了重大变化，部分原因是个别国家采取了保护主义措施以及地缘政治局势日益紧张。服务贸易在全球国内生产总值中的比重持续上升，而货物贸易的比重却有所下降。出于战略原因，其他国家越来越重视在关键产业部门的市场领先地位以及未来关键领域的技术领先地位。近期的特点是以关税和非关税为主要工具的贸易政策更具对抗性，投资限制不断增加。这些保护主义的发展对多边贸易秩序提出了挑战，对作为在国际价值链中一体化程度高于平均水平的工业国家的德国乃至整个欧洲提出了挑战，并直接影响企业盈利和资产估值稳定。投资者信心下降，资产估值可能会受到打压。

3. 对外贸易疲软削弱德国资产价格。最近几年，德国经济安全战略紧紧围绕着三重目标进行转型，分别是：加强全球竞争力、降低风险和脆弱性以及加强与合作伙伴的贸易往来。德国作为一个对外贸易依存度较高的国家，开放、深度融合是德国实体经济的显著特点。然而，由于全球需求疲软，2023 年德国进出口降幅超出预期，根据德国联邦统计局的数据，经工作日和季节性调整，德国 2023 年全年出口额下降 1.4%，进口额下降 9.7%。外贸对德国经济的贡献度明显降低。供应链摩擦、全球经济更加分散等因素都对德国出口行业构成压力。高通胀率、利率上升和地缘政治风险抑制了对“德国制造”商品的需求，参与国际竞争的德国公司面临巨大的生存和发展压力。企业投资收益开始降低，资产价格明显回落。

二、德国国内改革与政策调整能力

（一）德国当前和未来中期面临的突出社会问题和矛盾

短期宏观经济发展趋于稳定的前景并不能改变这样一个事实，即德国必须克服多年来在经济定位方面积累的一系列结构性挑战。这些挑战包括必要的公共基础设施和私人资本存量现代化、在某些领域止步不前的数字化以及教育领域的挑战性发展。德国与许多其他欧洲国家一样，正面临着三个基本的结构性挑战，这些挑战给公共政策的制定带来极大的不确定性。

1. 气候转型压力影响德国工业竞争力。2023 年，欧盟在德国政府的支持下，在去碳化方面采取了根本性措施。欧洲排放交易和欧盟社会气候基金谈判的成功结束，为更广泛、更有效地应用碳定价铺平了道路。德国政府通过具体措施努力在实现气候保护目标的同时实现增长和繁荣。去碳化将伴随着德国经济结构的根本性变化，并且在能源和技术供应受限的环境下进行。随着核电站的关闭和燃煤计划的结束，这迫切需要加速风能和太阳能的发展，绿色氢的使用有望弥补风能和太阳能的波动。由此导致的能源成本增加直接影响了工业生产。能源密集型产业，如化工生产，多年来一直是德国的出口大户，由于能源成本高昂不得不削减产量。此外，能源转型的高昂成本也影响了德国的工业竞争力。同时，德国国内需求正受高通胀打压，居民购买力不足以支撑经济发展，低收入群体购买力短期内难以恢复。

2. 人口老龄化。德国经济、金融和社会政策面临的第三大挑战是德国的人口变化。随着婴儿潮一代逐渐开始进入退休年龄，社会老龄化对经济的影响变得更加明显，特别是由于熟练劳动力日益短缺。此外，国内外劳动力的潜力也没有得到充分利用。与此同时，社会保障体系面临的压力也在增加。过去 15 年中，移民人数的增加促进了近年来就业率和经济增长的整体提高，也使得目前社会保障体系的负担有所减轻。然而，移民人数的增加给德国劳动力市场的管理也带来了严峻挑战。

3. 数字化发展进程缓慢。德国数字化发展起步较早，在 21 世纪初以国家战略的形式确定了数字化转型的基础，并在 2021 年提出《工业 4.0 计划》，正式将工业智能化、网络化作为国家战略。之后德国在制造业、农业等领域积极推动数字化转型，优化生产要素的配置。然而德国数字化转型面临基础设施建设落后、人力资本储备不足、创新能力不足等一系列局限和挑战。德国在高速宽带网络部署和信息通信技术（ICT）应用方面长期居于落后地位。例如，截至2019年，德国光纤网络接入仅覆盖了6.6%的家庭单位，乡村地区仅有1.4%。此外，德国社会整体上对新技术和新事物持相对审慎的态度，这在一定程度上阻碍了数字化的快速发展。无论是公共投资还是私人投资，均存在明显的短板和投资不足，限制了德国数字化领域的进步。为了提高竞争力和促进繁荣，必须迅速开展调整进程和相关的结构改革。

（二）为解决上述问题和矛盾采取和可能采取的改革措施

随着“婴儿潮”一代的退休，目前到2028年，德国劳动力对潜在增长的贡献将转为负值。即使考虑到平均每年约37万的净移民人数，情况也是如此。考虑到年均0.3%的生产率持续增长和不断扩大的总资本存量，德国政府预测到2028年的年均潜在增长率仅为0.5%，与德国经济专家委员会的预测相似。然而，这一预测具有高度的不确定性。风险在于劳动力数量的急剧下降或教育部门的重要发展，例如学校成绩或职业培训辍学率。反之，也存在重大机遇，例如，如果人工智能等技术发展导致各行业和部门的生产力激增，如果对教育和培训进行有效投资，加强技术移民，促进资本的获取，以及提高工作绩效和承担风险的意愿。鉴于未来几年的重大挑战和上述总体考虑，德国政府正集中精力采取广泛的供应方政策措施，以增强德国经济的竞争力和增长潜力。

1. 增加公共投资力度。整体创新能力、对关键技术的投资以及数字化转型对于德国经济未来的竞争力和韧性至关重要。为增强投资动力，德国政府提出了《增长机会法》，为私人投资提供有针对性的税收激励。为了加快转型，同时加强长期增长潜力，德国政府正在利用气候与转型基金（KTF）促进对气候保护、能源转型、机动性和数字化等领域的投资。联邦政府打算通过进一步完善《增长机会法》中提出的研发免税额，以及试验创新技术和商业模式，来支持企业的研发活动。与此同时，联邦政府正在推动数字化进程，并在商业、科学、社会和公共管理等各个层面发挥数据的潜力。联邦政府通过千兆战略，支持光纤和最新移动通信标准覆盖全国。鉴于地缘政治的发展，保证关键技术的使用也比以往任何时候都更加重要。因此，联邦政府支持经济在关键领域创造价值，例如通过IPCEI微电子和通信技术、IPCEI下一代云基础设施和服务或计划对光伏行业生产的投资支持。

2. 改善营商环境，加强融资便利。联邦政府认为有必要在更大程度上限制不必要的官僚主义和规章制度，并大幅缩短手续的办理时间。通过《减少官僚主义法IV》和其他许多减少官僚主义的措施，以及数字检查等新的方法，联邦政府正在朝着减少官僚主义和制定新标准的方向转变。通过实际检查，联邦政府试行并推出了另一项减少官僚作风的重要工具，与州政府共同致力于行政管理的数字化以及更高效的规划和审批程序，即“德国包”（Deutschland－Pakt），使政府审批变得更快、更现代、更安全。在新立法方面，联邦政府的目标是尽量减少官僚主义，以免给企业造成不必要的负担。

为了促进资本向高生产率的经济部门分配并引发投资，必须深化资本市场并改善融资条件。为此，作为资本市场联盟的一部分，欧盟单一市场的一体化正在进一步推进。与此同时，联邦政府正在通过《未来融资法》改善融资条件或在当地制定公司法，提高德国作为创新创始人和初创企业投资地的吸引力。

3. 加速能源转型。提供安全、负担得起、环保且不产生温室气体的能源，是德国重新实现繁荣并加强德国作为商业中心地位的关键前提。未来的经济是气候中性和资源节约型的。德国拥有在可持续生产工艺和产品开发方面发挥全球领导作用的基本实力。欧洲雄心勃勃的二氧化碳减排目标为工业的高效去碳化提供了根本动力。然而，完全转向气候友好型生产往往需要高昂的成本。德国政府正在通过气候保护协议或项目支持等补充措施，减少经济不确定性，帮助加快现代化进程，例如氢气的生产和使用。2023 年，德国政府通过修订《可再生能源法》（EEG）、《海上风能法》（WindSeeG）、《能源工业法》（EnWG）以及新起草的《陆上风能法》，减少了扩大可再生能源和必要的电网基础设施的重大障碍。光伏发电量超过 14 千兆瓦，远高于 2023 年的年度目标；与 2022 年相比，已批准的风能项目发电量增加了 80% 以上，达到约 8 千兆瓦。这些措施与“太阳能一揽子计划 I”（扩大光伏发电的立法草案）一起，将加强私人家庭和公司以分散方式参与所有地区的能源转型。除了扩大能源供应，德国政府还认为，提高能源效率和调整电力市场设计以适应变化了的电力系统是能源转型、保障供应和降低电价的关键。鉴于中短期内电费居高不下，德国政府还推出了电价一揽子计划，以减轻工业企业的负担。

4. 建立新型多边贸易投资关系。德国联邦政府也致力于在贸易政策方面取得切实进展：更多的双边协议为新的贸易和投资关系创造了机会，包括社会和生态标准。通过改善供应关系多样化的框架条件，这些协议还有助于增强德国经济的韧性。鉴于地缘政治的转折点，德国政府认为欧盟与南方共同市场国家、印度、印度尼西亚、泰国、墨西哥和澳大利亚等国的合同谈判取得成功至关重要。同时，努力实现世界贸易组织的进一步现代化和防止地缘经济的进一步分裂也很重要——尤其是在经济安全方面。只有德国和欧盟保持全球竞争力，才能增强经济安全。一个深度一体化和创新型的欧洲单一市场有利于欧洲的创新和生产力，从而也有助于提高竞争力和欧洲共同的经济安全。

（三）国内改革对金融稳定的影响

结构性改革进程过慢，导致德国实体经济投资回报率持续下降，流动性更多地进入到金融市场，给德国带来了一定的资产价格泡沫。泡沫的长期存在不利于存量资产较少的低收入阶层，可能加剧社会的贫富差距，对资产价格的稳定性产生负面影响。此外，结构性改革给 GDP 增长、就业率增加等带来压力。GDP 的下降会减少经济活动，使资产价格下降风险增大；而失业率的上升则会降低消费者信心和消费量，同样对资产价格产生负面影响，导致市场对政策预期的不确定性增加。当投资者对政策前景感到悲观时，他们可能会减少对资产的投入，导致资产价格下降。此外，政策调整的不确定性和市场反应也可能对资产价格产生短期波动。而且由于结构性改革是一个长期的进程，因此在未来很长一段时间，德国经济政策的不确定性都不会降低，从 EPUI 的指标来看，未来一段时期都将维持高位，如图 4－1 所示。

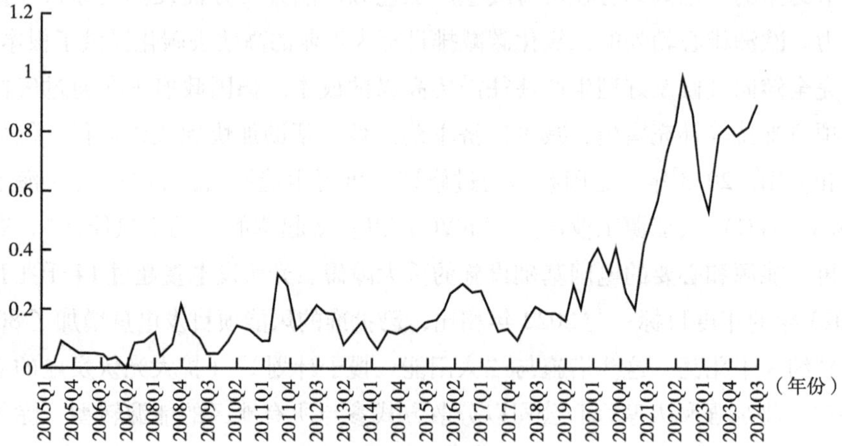

图 4－1　德国经济政策不确定性指标变化趋势

注：Q 代表季度。

三、德国财政货币政策抗风险能力

（一）财政政策对冲和化解金融风险的能力

德国联邦财政部在金融监管中的具体职责是为联邦政府制定金融服务监督政策，包括制定银行和金融服务的规章制度、维护金融稳定和促进银行业公平有序竞争，并依据金融稳定委员会的决议对金融部门的收入和激励机制进行逆周期税收调节。财政部下设联邦金融监管局负责对金融市场进行综合性监管。在市场出现波动时，下设的金融市场稳定局能够通过设立金融市场稳定基金，为金融市场提供债务和应付款项担保，或通过国家向部分系统重要性金融机构注资，为其提供流动性和防止其破产。

实体经济作为金融风险链条的最前端，其结构失衡会引发金融风险的积聚。关注实体经济的运营情况，成为金融风险监测的“晴雨表”。而央行的监管主要集中在金融机构，并不能有效监测和防范链条前端的潜在风险。2020 年新冠疫情对德国经济造成显著影响，全年实际 GDP 下降 5%。如果实体经济出现破产浪潮、企业出现偿付危机，必然会蔓延到金融系统，给金融体系带来巨大的资金风险和流动性挑战。为保持实体经济平稳运行，德国联邦政府先后出台两轮经济援助措施，2021 年德国联邦政府提供的财政援助高达 650 亿欧元，政府赤字率达到 3.7%，债务率达到 72.25%。一系列积极财政政策通过为实体经济注入流动性，保障了疫情期间就业市场相对稳定，避免了企业大规模破产和金融体系的流动性紧缩，银行资本金流失得到有效缓冲，间接地保护金融系统免受疫情的影响。对居民部门来说，德国政府出台短时工作制，为企业临时“下岗”雇员提供工资补助，阻止了失业率的急剧上升和随之而来的负面影响。因此，德国金融系统几乎没有任何重大损失，银行也不需要使用其资本缓冲来稳定贷款。

财政部门作为金融风险防范的实质性第一主体，其先期救助能够在一定程度上缓和国家经济失衡程度，德国金融机构只需在财政先期救助的基础上履行兜底责任。这一救助优先顺序减少了金融机构的出资需求，财政政策的有效缓冲提高了金融体系抵御风险的弹性，构筑了防范金融风险的“防火墙”。当风险较小的时候甚至不需要金融机构进行实质性救助，其救助承诺只作为信心支持措施而无需真正付诸实施。

时隔四年，联邦预算将再次取消紧急贷款，恢复正常的净借款（NKA）上限。预算规定的净借款上限为 390 亿欧元。根据联邦宪法法院 2023 年 11 月 15 日的裁决，联邦政府采取了一些措施来确保法律的确定性。这些措施也将在 2024 年联邦预算中实施。预算还优先考虑投资和税收减免，以巩固公共财政。如表 4 - 1 所示，2024 年联邦预算支出预计为 4 768 亿欧元，与 2023 年相比增长 4.3%。用于投资支出的资金总额为 705 亿欧元。

表 4 - 1　　德国联邦政府财政收支情况

	2023 年决算数（百万欧元）	2024 年预算数（百万欧元）	变化率（%）
财政支出	457 129	476 808	4.3%
财政收入	392 229	427 453	9.0%
税收收入	356 082	377 613	6.0%
其他收入	36 147	49 840	37.9%

（二）货币政策对冲和化解金融风险的能力

根据《马斯特里赫特条约》，1998 年欧洲中央银行正式成立，德国中央银行从此成为欧洲中央银行体系的组成部分。欧洲中央银行设在德国的法兰克福，这一所在地的选择在某种意义上表明了欧洲共同货币政策的导向。不仅如此，欧洲中央银行体系的目标、独立性、组织机构和货币政策战略等方面的设计都处处体现出了德国模式的特点。其主要目标是维持欧元区的物价稳定。欧洲联盟和各成员国的活动应该遵守以下指导方针：稳定的价格、健康的公共财政和货币状况以及平衡的国际收支。欧洲中央银行将具有与德国联邦银行同样甚至更强的独立性。

统一的货币政策与分散的财政政策是欧元区固有的政策矛盾。尽管1991年12月通过的《马斯特里赫特条约》及其所附的《关于过量赤字程序议定书》对成员国作出了财政赤字占GDP的比例不得超过3%、政府债务占GDP的比例不得超过60%的限制，但在统一货币政策的约束下，一直以来欧元区内的国家都有一种扩大财政赤字的倾向。在2008年全球金融危机的冲击之下，欧元区成员国普遍受到了沉重的打击。在应对危机的过程中，美国可以开动“印钞机”，英国可以推行定量宽松的货币政策，而欧元区内的国家由于货币一体化而失去了货币政策的独立性，致使经济实力较差的希腊、葡萄牙、西班牙等国经济问题进一步恶化。为了刺激经济、增加就业，不少成员国就按照自己的情况实施了刺激经济的赤字财政政策，欧元区的共同财政纪律受到了国家利益的严峻挑战。

自欧债危机以来欧元区成员国经济分化严重，导致欧元区货币政策相机抉择能力欠缺。欧元区内各成员国之间的通货膨胀率并不一致，但由于欧洲央行实行统一的货币政策，各成员国只能接受统一的利率。当单一的货币政策与个别成员国的经济利益不一致时，很难达到“熨平”经济周期的目的，反而会进一步拉大成员国之间的竞争力差距。2022年7月，为摆脱经济衰退风险和高通胀的困境，欧洲央行宣布11年来首次加息。此举对复苏相对强劲的北欧国家的通胀水平将起到一定抑制作用；但对消费转弱、深陷债务危机的希腊、葡萄牙等南欧国家而言，加息以及可能随之而来的欧元进一步升值意味着更高的债务和融资成本，会令它们的经济复苏雪上加霜。最终，区域经济分化越来越严重，更加不利于货币政策的把握。这也是为什么俄乌冲突爆发后欧元区内外围成员国和核心成员国之间的债券收益率利差显著扩大。隔夜，10年期意大利/德国基债收益率的息差进一步走扩至246.5个基点的日高水平，离华尔街眼中250个基点的危险区间上限仅有一步之遥。这给欧洲央行“一刀切”的货币政策带来严峻挑战。

（三）财政货币政策对金融稳定的影响

1. 维持金融稳定与市场信心。德国的财政货币政策协调配合，旨在维护金融市场的稳定。财政政策的稳健性和货币政策的审慎性共同发挥作用，能够降低市场的波动性，减少不确定性，从而增强投资者的信心。德国财政政策历史上以“谨慎保守”为基调，这种稳健的财政政策有助于稳定市场预期。例如，在经济危机时期，德国政府会采取扩张性财政政策来刺激经济，但危机过后会迅速转向紧缩，以控制债务增长。2009 年将“债务刹车”条款写入宪法，有效控制债务增长。这种对赤字和债务的严格控制有助于维护市场对德国财政状况的信心，使市场能够更好地预测未来政策走向，从而降低资产估值的不确定性，进而对资产估值产生积极影响。因为在一个稳定的市场环境中，投资者更愿意为资产支付更高的价格。

2. 促进经济增长与资产增值。财政货币政策的协调配合能够更有效地促进经济增长。财政政策通过增加公共支出和减税等手段刺激总需求，德国政府在某些时期可能会增加公共投资，如维持或增加对半导体工厂建设的补贴。这类投资不仅直接提升了相关资产的价值，还可能通过乘数效应拉动整个产业链的发展，从而间接提升其他相关资产的估值。

而货币政策则通过调节利率和货币供应量来影响总供给。这种政策组合能够优化资源配置，提高生产效率，从而推动经济增长。经济增长是资产增值的重要基础，因为随着经济的增长，企业的盈利能力和市场的整体需求都会增加，进而提升资产估值。

3. 影响市场预期与投资者行为。财政货币政策的协调配合还能够影响市场预期和投资者行为。当政府采取协调一致的财政货币政策时，市场往往会对未来经济前景持乐观态度。这种乐观预期会促使投资者增加对资产的购买，进而推高资产价格。同时，政府政策的透明度和连贯性也能够增强投资者的信任感，减少市场恐慌和不确定性，有利于资产估值的稳定。

德国财政货币政策的具体措施也会对资产估值产生直接影响。例如，财政政策的减税措施可能会增加企业的盈利空间，进而提升股票的估值；而货币政策的利率调整则会影响债券的收益率和价格。此外，政府还可能通过财政补贴、税收优惠等手段鼓励某些行业的发展，这些政策都会对相关行业的资产估值产生直接影响。2022 年德国央行发布的《德国金融稳定报告》指出，尽管新冠疫情对金融部门的信贷风险和利率风险有所增加，但德国金融体系仍然表现出较强的抗风险能力。这主要得益于德国宏观审慎政策和财政货币政策的协调配合、科学施策。这种政策协调配合在维护金融稳定和市场信心的同时，也为资产估值的稳定提供了有力保障。

四、德国的金融稳定评估

（一）欧债危机后德国金融稳定发展阶段

从金融稳定的角度来看，欧洲主权债务危机之后，德国金融稳定分为三个阶段：低利率阶段、疫情阶段以及利率上调和过渡阶段。这三个阶段由近年来的两个转折点划定，即 2020 年春季新冠疫情的暴发和 2022 年 2 月俄乌冲突的爆发。

1. 低利率阶段：金融和主权债务危机后金融体系脆弱性的积累。全球金融危机和欧洲主权债务危机之后，德国经济出现了自统一以来最长的上升期。与此同时，在通货紧缩的背景下，欧元区通过极低的关键利率、资产购买和其他非常规措施，使货币政策在此期间起到了扩张作用（如图4－2所示）。在这种经济稳定增长和低通胀的环境下，信贷高速增长，信贷违约率极低。资产价格大幅上涨。企业破产率失业率持续下降。

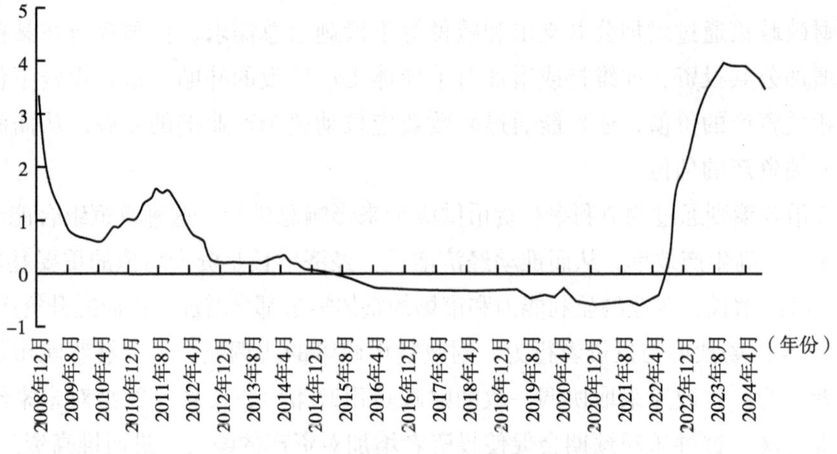

图4－2　德国货币市场利率变化趋势

数据来源：德意志联邦银行。

经济的快速膨胀导致德国金融体系的脆弱性不断增加。融资条件异常有利，风险溢价也相应较低。贷款动态增加，而由于违约率低，风险准备金减少。与此同时，资产市场出现了估值过高的现象，尤其是房地产市场。据德国中央银行估计，在新冠疫情暴发之前，城镇的房地产价值被高估15%到30%。企业和家庭越来越多地寻求固定利率长期贷款，并缩短存款期限。这推高了银行系统的利率风险，因为当利率上升时，未偿贷款的利率固定期越长，银行的融资成本相对于利息收入的增幅一般就越大。此外，如果因利率上升而意外提取大量存款，也会产生流动性风险。如果出现这种情况，即使是信誉良好的企业也可能陷入融资困境。鉴于这种脆弱性的积累，联邦金融监管局于2019年夏季决定将逆周期资本缓冲从0个基点提高到25个基点。其目的是防止出现在不利发展的情况下，信贷供应被过度削减的风险。

2. 新冠疫情：宏观和微观经济发展脱钩。新冠疫情突然结束了德国经济的稳定增长期，并引发了近几十年来最严重的经济衰退。2020年，全球GDP缩减了大约2.8%，德国的缩减幅度高达3.8%。随着收入急剧下降和融资枯竭，许多企业很快陷入了流动性问题。德国实施了广泛的货币和财政政策以及宏微观审慎措施，以确保银行系统能够继续提供流动性，并确保企业和家庭能够履行其持续的支付义务。例如，欧洲中央银行和德国联邦金融监管局利用监管框架的灵活性，为银行提供临时宽限措施，并为贷款创造空间。此外，德国联邦政府和州政府为企业和家庭提供了广泛的支持措施，以防止破产和失业率急剧上升。

因此，德国金融体系在很大程度上避免了损失。事实上，这些支持措施加上暂停破产申请义务，导致企业和家庭破产数量实际下降。这间接防止了企业贷款和购房贷款违约数量的急剧上升。因此，支持实体经济的措施保护了金融体系免受损失。银行没有必要动用其缓冲资本。然而，这些事态发展可能使评估未来的宏观经济风险变得更加困难。首先，支持措施导致微观经济风险与宏观经济发展脱钩。这种趋势在疫情发生之前就已经很明显了。在经济稳定发展时期，尽管宏观经济受到干扰，但由于政府的参与和救助，微观市场主体并不会承担其应当承担的全部风险。根据新冠疫情期间的救助经验，如果市场参与主体认为财政和货币政策今后将继续吸收大量的微观经济风险，他们就有可能低估信贷风险，高估自身的抗风险能力。

在新冠疫情期间，住宅房地产价格上涨更快，家庭贷款急剧增加。企业贷款居高不下，尤其是那些收入受到疫情严重打击的企业不得不举债度日。因此，整体贷款大幅增加，信贷与国内生产总值的差距扩大。金融体系的周期性脆弱性增加，很容易受到实体经济负面发展的影响。与此同时，由于总需求回升、与疫情有关的供应链问题以及消费模式的变化（例如，对耐用品的需求大增以及对接触密集型服务消费的限制），通货膨胀率上升。为了使银行系统的现有缓冲资本能够在经济不景气时得以保留，德国联邦金融监管局于2022年初宣布了一揽子宏观审慎措施，将逆周期缓冲资本提高了75个基点。此外，鉴于住宅房地产抵押贷款的特殊风险，德国联邦金融管理局启动了住房贷款的行业系统性风险缓冲，避免贷款机构承担过多风险。这些一揽子措施成功地增强了金融体系的抗风险能力，而且没有产生不良的副作用，如过度限制信贷供应，也没有引发融资成本的急剧上升。

3. 利率上调和过渡阶段：高通胀和低利率的结束标志着脆弱性的爆发。2022年是全球和德国金融体系的一个转折点。俄乌冲突推高了能源和农产品的价格。继2021年居民消费价格明显上涨之后，2022年通货膨胀率再次大幅攀升，2023年也一直保持在欧元系统设定的2%的中期目标水平之上。能源价格上涨使得德国经济的复苏势头明显减弱。为应对持续的高通胀，欧洲央行大幅提高利率。仅在2022年，10年期德国政府债券的收益率就上升了250多个基点，是25年来最强劲的上升。除上调关键利率外，欧洲央行还开始了量化紧缩的货币政策路线。

2023年春季美国银行业的压力事件说明了利率风险的重要性。3月，硅谷银行由于在利率和流动性风险管理方面存在严重的缺陷而倒闭。业务模式类似的其他美国地区性银行和瑞士信贷银行也迅速陷入动荡。这些蔓延效应表明，在宏观金融环境紧张的情况下，信心的丧失会迅速地促使流动资金外流。蔓延效应导致德国银行也出现了股价损失，但德国金融体系的蔓延效应仍然是可控的。

此外，德国实体经济和金融体系还面临着结构变革的挑战。气候转型、人口结构变化和数字化发展也在影响着德国的经济和金融局势，对贸易流动、资本跨境配置、资产价格和国际支付体系产生重大影响。结构性变化会带来成本调整，并伴随着高度的不确定性。在这种环境下，企业可能会推迟投资决策，家庭可能会增加预防性储蓄。无序的调整过程可能导致经济失调。

（二）资产估值稳定性评估

信贷量和资产价格是反映金融市场稳定性的两个重要金融周期指标，这两个指标在2022年达到峰值后一直处于低迷状态。2023年，德国非金融企业和家庭的信贷增长都大幅下降。德国房地产市场的长期繁荣在2022年下半年陷入停滞，2023年在交易量下降的情况下，房价继续下跌。融资成本上升，加上实际收入下降，大大缩小了许多潜在购房者的融资选择范围，住宅需求大幅下降。自2022年年中以来，商业房地产市场也一直处于低迷状态。面对高通胀、利率骤升、经济活动疲软和经济结构变化，商业房地产的价格和交易量均出现下滑。尤其是在零售业，电子商务的异军突起导致几年来的实体零售业下降势头进一步加快。办公楼价格在经历了长期增长之后，自2022年以来也一直在下降。

鉴于宏观经济的高度不确定性、疲软的增长前景和较低的风险溢价，市场价格调整的风险和金融机构的相关损失仍然很高。2023年，欧洲高收益公司债券的违约率有所上升，达到2.8%，超过了2.4%的长期中位数。由于银行贷款标准持续收紧，预计违约率将继续上升。总体而言，宏观金融环境仍然充满挑战，在当前金融周期低迷的情况下，金融稳定的风险也在上升。德国的脆弱性在低利率时期的金融周期上升期和新冠疫情期间积累起来，现在仍然很高。

（三）金融稳定性评估

欧洲央行在2022年7月启动加息后，将主要再融资利率分10次共上调了4.5个百分点。自2022年年中以来，三月期的欧元银行同业拆借利率已上涨超过4个百分点。以十年期德国国债收益率为代表的长期利率在2021年底已经开始上升，并在2022年攀升了2.5个百分点以上。在2023年期间，这些债券的收益率继续上升，尽管没有2022年那么明显。

25年来最强劲的利率上升影响了现阶段的宏观金融环境，并标志着金融体系的转折点。欧元区通胀水平虽然在2022年10月达到顶峰后开始下降，但仍处于明显偏高的水平。从调查和市场价格得出的通胀预期显示，欧元区2024年的通胀率可能仍明显高于2%的通胀目标。德国中央银行预计德国2024年和2025年的通胀率分别为3.1%和2.7%。面对居高不下的通胀率，欧洲中央银行在2023年继续实施紧缩性货币政策。在2023年第三季度，与上年同期相比的利率差攀升至过去25年来的最高位。自2022年秋季以来，德国和欧元区较长期限的实际利率也持续上升。2023年3月，欧洲央行开始缩减资产负债表，并继续退出非常规货币政策措施。欧元系统资产负债表的缩减降低了政府和企业债券市场的流动性。

利率上升导致全球金融市场压力增大，2023 年美国几家地区性银行倒闭，瑞士大型银行瑞士信贷被接管，加剧了金融市场的波动（如图 4 – 3 所示）。德国中央银行发布的德国金融压力指标一度急剧上升，股价出现明显下跌。这说明全球宏观金融环境的变化提高了德国金融系统的脆弱性，并影响德国金融稳定。国际间的相互联系意味着可能会通过德国金融体系与外国之间的资产负债表联系以及其他传染渠道，如对预期和市场信心的损害，产生严重的传染效应。

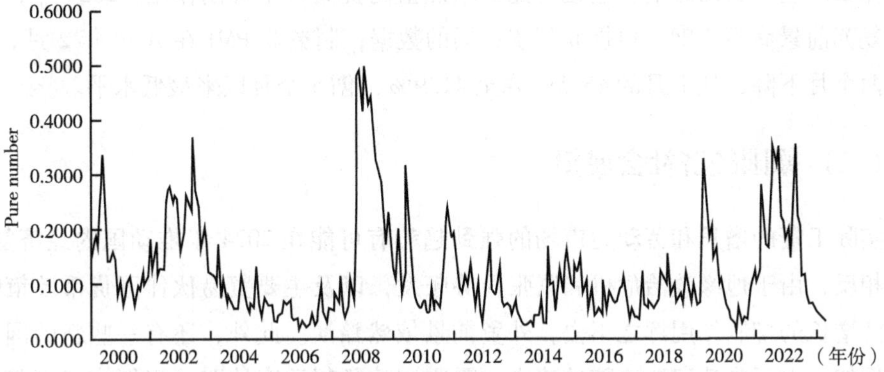

图 4 – 3　德国金融压力指数

资料来源：Country Level Index of Financial Stress（CLIFS）Germany，Germany，Monthly.

五、德国经济社会发展状况

（一）德国经济社会现状

2023 年德国整体经济发展陷入衰退，全年经济实际下降 0.3%，是 G7 国家中唯一一个出现经济萎缩的国家。上升的融资成本、疲软的需求和经济政策上的不确定性导致投资环境明显黯淡，越来越多的企业打算减少投资。除私人家庭购买力持续下降、雇员病假率居高不下以及货币政策日益明显的收紧之外，德国的经济增长还面临着许多挑战。此外，新的地缘政治危机很可能增加宏观经济的不确定性。德国政府预测经济形势会发生好转的两个前提条件是：天然气等能源价格明显下降以及国内的供应链瓶颈尚未恶化。随着雇员工资的明显增长和通货膨胀率的持续下降，私人消费有望在 2024 年实现回升。正如预期的那样，工资有了明显的增长，消费价格的上涨也有所放缓。然而，鉴于普遍的不确定性，包括正在发生的和未来可能发生的地缘政治冲突，消费环境并没有得到明显恢复，储蓄率仍然高于预期。总体而言，国内需求的变化明显比 2023 年年度预测中假设的更为消极。

由于地缘政治紧张局势，以及欧洲和亚洲主要贸易伙伴的增长持续疲软，外部经济环境比2023年度预测中假定的要弱，货物和服务出口大幅下降。尽管如此，外贸仍为经济增长提供了积极的动力。经常账户余额与国内生产总值的比率再次超过6%。相反，劳动力市场的就业趋势被低估了。诚然，经济疲软的势头在2023年越来越明显。然而，就业人数达到了历史新高，为4 590万人，大大超过了年初预测。但与此同时，失业率也比预期大幅上升，这不仅是因为经济疲软，还因为乌克兰难民被纳入了基本社会保障体系。尽管就业率较高，但去年病假率达到历史最高水平，对工作量产生了负面影响，这也可能对增加值的提高产生抑制作用。2024年，德国经济复苏前景尚不明朗，根据联邦统计局的数据，制造业PMI在2024年2月、3月连续两个月下降，从1月的45.5%降至41.9%，创5个月以来最低水平。

（二）德国经济社会展望

实际工资的增长和劳动力市场的强劲趋势有可能在2024年推动国内经济复苏。与此相反，由于地缘政治危机和紧张局势频发，以及主要贸易伙伴国货币政策收紧对经济增长的抑制作用挥之不去，外贸前景依然黯淡。此外，还有一些新的国内挑战，例如，由于联邦宪法法院的裁决，需要调整联邦政府的财政规划或确定其优先次序。2024年10月，德国知名智库基尔经济研究所发布德国2024年第三季度经济展望报告。该报告深刻揭示了德国经济当前发展困境，认为德国尚未实现经济复苏的初步预期。之前数月所显露出的微弱复苏迹象并未如期转化为实际的经济增长，德国经济目前正面临产出停滞的严峻挑战。

继2023年就业人数创下历史新高，略低于4 600万之后，2024年的就业人数增幅可能会继续保持，在熟练劳动力短缺的背景下，增幅会略低于11万。预计失业人数也将略有下降。除了集体协议工资和带有免税通胀补偿金的工资协议大幅上涨外，法定最低工资的上调和公民津贴的增加也将促进收入增长，并带来显著的实际收入增长，尤其是在低收入群体中。居民消费价格涨幅将继续明显回落，继2023年年均5.9%的涨幅之后，2024年将大幅回落至2.8%。在就业趋势相对稳定的情况下，私人消费将增长1.1%。面向国内的服务业尤其可能从中受益。

制造业长期以来作为德国经济的支柱产业之一，现已深陷衰退的泥潭。尽管私人家庭的实际收入有所增加，但面对经济前景的不确定性，他们选择抑制消费，持币观望。与此同时，投资活动也受到高度不确定性和融资条件收紧的双重夹击，难以有效提振经济。据德国联邦统计局的初步估算，2024年第三季度，德国实际GDP仅实现0.2%的微弱增长，而第二季度则出现0.3%的萎缩（如表4－2所示）。基于这些数据，联邦统计局进一步预测，德国2024年全年GDP将下降0.2%，这意味着德国经济将连续两年出现萎缩，这无疑是一个令人担忧的信号。

表 4-2　　　　2024 年德国经济指标预测（同比，%）

指标	2022 年	2023 年	2024 年
GDP 增长率	1.8	-0.3	-0.2
私人消费	1.9	-0.4	0.5
公共消费	0.3	-0.4	0.2
总投资	0.7	-0.1	-0.4
内需	3.0	-0.9	0.3
外贸	-1.6	0.6	0.0

数据来源：德国联邦统计局。

（三）德国金融稳定对本国经济社会的影响

与 2022 年一样，2023 年期间德国的经济活动依然低迷。经过价格和日历调整后，2023 年德国国内生产总值总体下降 0.3%。尽管供应瓶颈已经缓解，冬季也没有出现天然气短缺，但 2023 年全球经济发展对德国经济增长的刺激作用有限。此外，高利率和融资条件的收紧也拖累了私人投资。德国中央银行金融条件综合指标的上升反映了这种紧缩，自 2023 年以来，该指标与 COVID-19 疫情之前相比明显偏高。根据德国联邦银行预测，2024 年德国 GDP 增长率预计为 -0.2%，增长前景依然低迷。

利率倒挂对金融机构产生了直接影响。如图 4-4 所示，较高的利率水平导致金融机构现有资产价格出现直接的市场和现值损失。这些损失削弱了机构的资本基础和复原能力。特别是对于长期票据和长期资产，损失尤为明显。如果机构被迫出售受影响的资产，就必须在资产负债表上确认价值损失，从而减少资本；如果银行决定继续持有这些资产，就会放弃从新业务中增加的利息收入，形成机会成本。不管是哪种损失，都是企业资产负债表的资本损失，而资产负债表资本是衡量一家机构抗风险能力的标准。

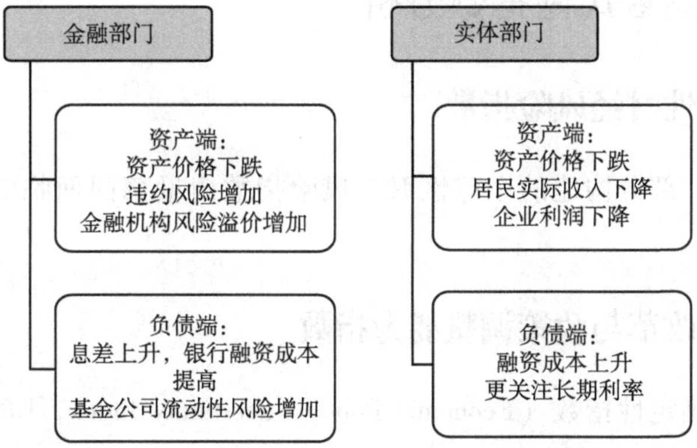

图 4-4　利率上升与实体经济活动的转化渠道

在过去多年的低利率时期，私人部门增加了举债的动机。当前加息推高了其借贷成本，迫使私人部门削弱了借贷，并提高了他们未来再融资的借贷成本。随着经济增速放缓，信贷风险再次日益突出。此外，经济的低碳化转型、数字化和贸易保护主义等结构性变化也带来了更多的不确定性，导致银行破产和信贷风险增加。如果家庭和企业部门的违约风险上升，将通过损失准备金和信贷违约导致金融系统的损失。

住宅房地产贷款合同中约定的平均实际利率从2021年的1.3%左右上升到2023年年中的4.0%。利率的转折结束了德国住宅房地产价格长达数年的上升轨迹，宏观金融环境变化带来的高度不确定性导致房地产交易量大幅下降。融资成本的增加和高通胀抑制了对住宅房地产的需求，住宅不动产的实际价格急剧下降。同时，随着利率上升导致融资成本的上升，家庭部门的债务开始出现下降。2022年年中至2023年年中，家庭债务总额占可支配收入的比例从100%降至97%。

与居民部门相比，私人企业贷款通常期限较短，因此企业利息支出增幅更大。德国企业部门27%的未偿贷款采用的是浮动利率或混合利率。这些贷款的利率固定期大多不超过三个月，即每隔一段时间根据市场水平进行调整。因此，较高的市场利率对现有企业贷款的影响比对住宅房地产贷款的影响更快、更大。如果需要对长期贷款进行再融资，公司的利息支出可能会进一步增加。2023年6月，利率固定期在2024年或之后的贷款利率平均仅为2%左右。这些以固定利率为主的贷款大多是在市场利率普遍上升之前以非常优惠的条件获得的。可以推测在未来几年中，如果贷款需要被重新安排，贷款总额保持不变，每年的利率调整幅度将略高于目前未偿贷款额的5%。对于债务较高而利润较低的公司，企业的年度息税前利润不足以支付利息支出，就会出现运营困难。2022年以来，德国企业破产数量明显增加。各行各业的破产率上升情况差异很大。房地产行业的情况更为明显，因为该行业尤其依赖利率的发展。在结构性挑战及其带来的不确定性的背景下，企业破产在未来也可能继续上升。

六、德国财经风险指数分析

（一）全球性财经风险指数

本书拟用第一部分构建的全球性财经风险指数衡量德国面临的外部风险冲击，如图4－5所示。

（二）国内改革与政策调整能力指数

经济政策不确定性指数（Economic Policy Uncertainty Index，EPUI）是由斯坦福大学和芝加哥大学的Scott R. Baker、Nicholas Bloom和Steven J. Davis三位学者编制，主要用来反映世界各大经济体经济和政策的不确定性。该指数的计算基于三个方面

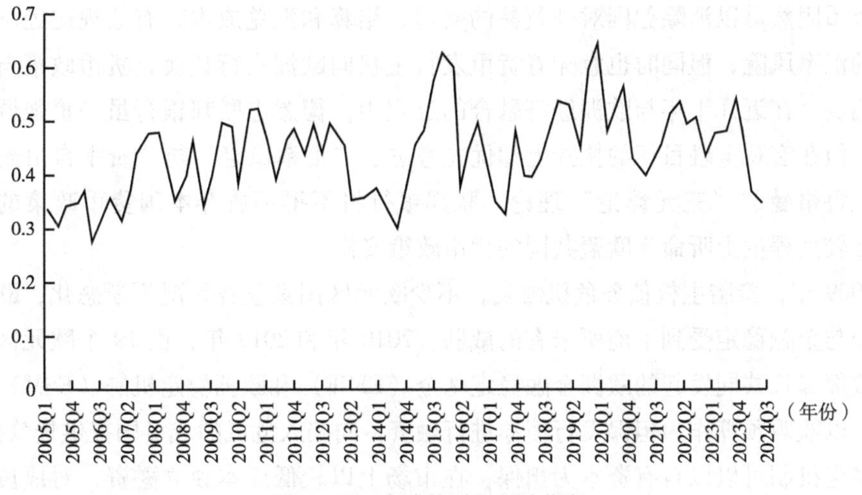

图4－5　全球性财经风险指数

注：Q代表季度。

的数据：新闻媒体报道、政策文件和经济学家调查。如图4－6所示，该指数显示，德国在过去二十年经济政策波动一直比较小，确定性较大，但是2020年新冠疫情暴发后，德国经济政策的不确定性开始逐步凸显，之后叠加俄乌冲突的地缘政治因素和通货膨胀等经济因素，经济政策不确定性增加明显，不确定性指数一跃升至疫情前的两倍。之后虽有下降趋势，但仍然波动剧烈，充满不可预期性。

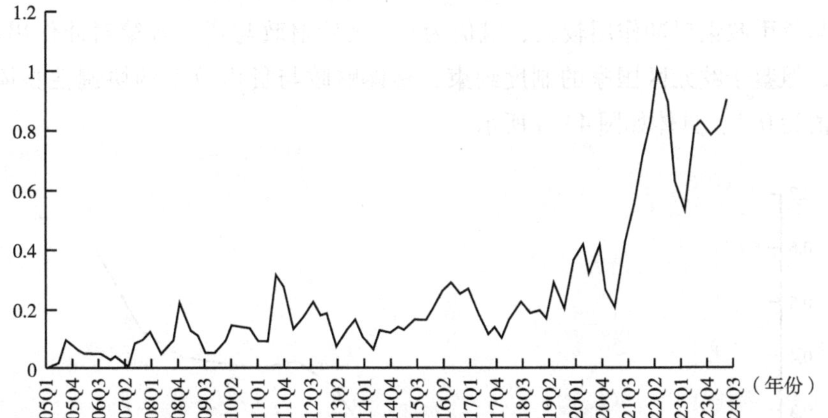

图4－6　德国经济政策不确定性指数

注：Q代表季度。

（三）财政与货币政策风险对冲指数

德国是欧盟的初始成员国，于1999年与法、意、荷等国携手进入欧元区，使用单一货币固然可以消除德国对外贸易的支付、结算和汇兑成本，有效规避经济交易引发的汇率风险，但同时也意味着货币发行主权向欧洲央行让渡，货币政策自主性受到削弱。在近几十年与欧洲经济融合的过程中，德意志联邦银行虽一贯强调均衡发展，但在宏观金融目标的抉择上却优先考虑了“汇率稳定”与“资本自由流动”，根据克鲁格曼的“三元悖论”理论，联邦银行将不得不放弃本国货币政策的有效性，在较大程度上听命于欧盟共同的货币政策安排。

2009 年，希腊主权债务危机爆发，不少欧元区国家债务状况不断恶化，欧盟经济增长与金融稳定受到了前所未有的威胁。2010 年和 2012 年，由 19 个欧元区成员国财政部部长共同发起的欧洲金融稳定基金（EFSF）和欧洲稳定机制（ESM）先后成立，以欧盟预算作为担保发行债券进行融资，向陷入危机的成员国提供贷款援助。欧洲稳定机制可以以自有资本为担保，在市场上以较低成本独立融资，对成员国实施财政援助，贷款总规模达到 5 000 亿欧元。其救助机制主要包括四大类：一是为有紧急资金需求但失去市场直接融资能力的成员国提供贷款；二是在一级和二级市场购买成员国政府债券；三是提供有条件的信贷金融救助；四是为成员国金融机构重组提供贷款和直接注资。特别是该救助机制利用在一级或二级市场购买政府债券等工具，直接向陷入债务危机的欧元区成员国提供融资支持，有效解决了欧盟禁止中央银行向成员国政府提供融资所导致的工具缺失问题。如图 4 -7 所示，结合德意志联邦银行国债资产占银行总资产的比例变动情况，本书对德国财政货币政策对冲指数进行主观赋值，以 2010 年联邦银行扩大国债购买规模为界限，认为在此之前，其财政与货币政策对冲作用较弱，赋值为 0；之后财政与货币政策对冲作用虽然有所加强，但鉴于欧元区国家的制度约束，整体财政与货币政策的协调性整体不足，因此赋值为 0. 5，具体如图 4 -8 所示。

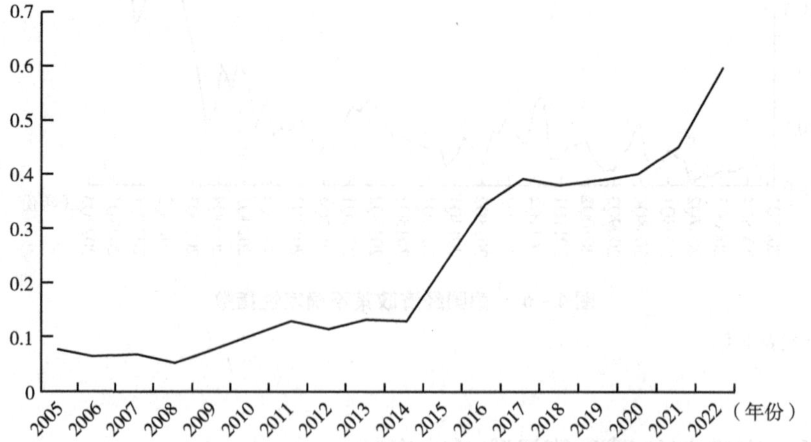

图 4 -7　2005—2022 年德国央行持有国债占央行总资产比重

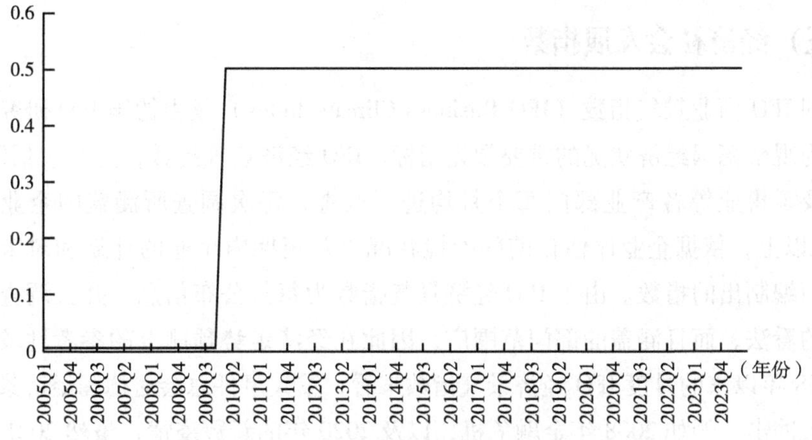

图 4 -8　德国财政货币政策风险对冲指数

注：Q 代表季度。

（四）金融稳定指数

欧洲央行金融压力指数国别数据（Country - Level Index of Financial Stress, CLIFS）包括六个主要以市场为基础的金融压力测量指标，涵盖三个金融市场部分：股票市场、债券市场和外汇市场。此外，在汇总国别子指数时，CLIFS 还考虑了各国别细分市场之间的变动情况。如图 4 -9 所示，德国金融压力指数显示，2008 年以来，德国金融压力有三次比较大的波动，最大的波动发生在 2008 年金融危机之后，给德国造成较大的金融风险。第二次和第三次金融压力较大波动分别发生在 2020 年和 2022 年，以新冠疫情和俄乌冲突为标志性事件，虽然冲击影响强度比金融危机要小，但仍然处于较高水平。

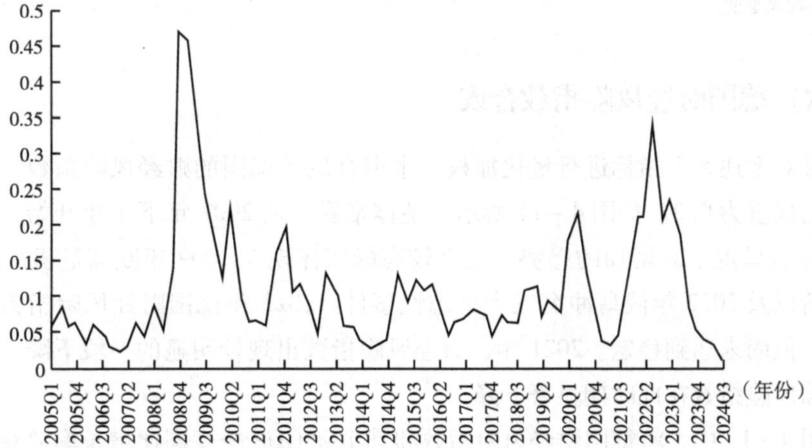

图 4 -9　德国金融压力指数

注：Q 代表季度。

（五）经济社会发展指数

德国 IFO 商业景气指数（IFO Business Climate Index）是由德国 IFO 研究机构所编制，为观察德国经济状况的重要领先指标。IFO 经济景气指数，是对包括制造业、建筑业及零售业等各产业部门每个月均进行调查，每次调查所涵盖的企业家数在 7 000 家以上，依据企业评估目前的处境状况以及短期内企业的计划和对未来半年的看法而编制出的指数。由于 IFO 经济景气指数为每月公布信息，并且调查了企业对未来的看法，而且涵盖的部门范围广，因此在经济走势预测上的参考性较高。从德国 2008 年以来的月度 IFO 经济景气指数来看，重大事件总会对德国经济景气情况造成重大冲击，例如 2008 年金融危机，以及 2020 年的新冠疫情，虽然 2021 年之后德国经济景气情况有所恢复，但在地缘政治事件爆发后，再次出现衰退，至今仍未恢复到疫情前水平，具体如图 4－10 所示。

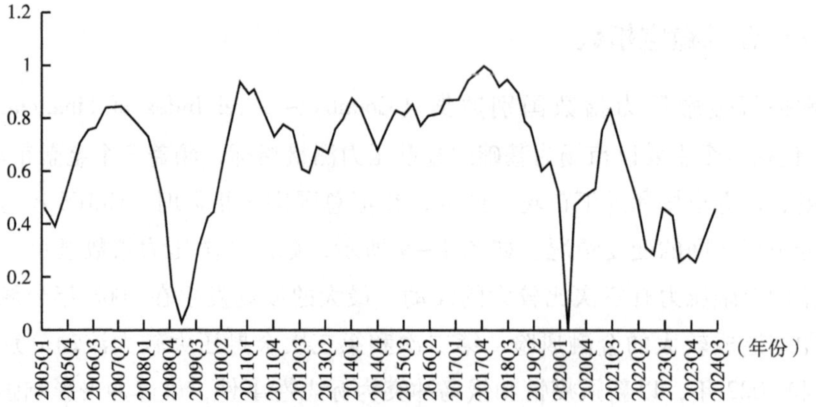

图 4－10　德国经济社会发展指数

注：Q 代表季度。

（六）德国财经风险指数合成

通过对上述 5 个指标进行量化加权，本书合成了德国的财经风险指数，其中每个指标的权重为 0.2。如图 4－11 所示，整体来看，从 2007 年下半年开始，德国财经风险开始呈现不断增加的趋势。三个较高峰值体现在 2009 年欧债危机、2020 年新冠疫情以及 2022 年俄乌冲突三个标志性事件。2023 年德国财经风险指数开始震荡下降，但尚未达到稳定。2021 年，财经风险指数出现较明显的一段下降，主要是由于全球风险指数在此时期显著下降。

在图 4－12 中，将德国财经风险指数和其实际 GDP 季度同比增长率放在一个图中进行比较可见，其财经风险指数与 GDP 增长率呈现显著的负相关，即在财经风险比较高的季度，其经济增长率下滑，甚至在财经风险最高的时间段，经济增长率为负。该反向变化趋势可以为我们用财经风险指数指导经济预测提供证据支撑。

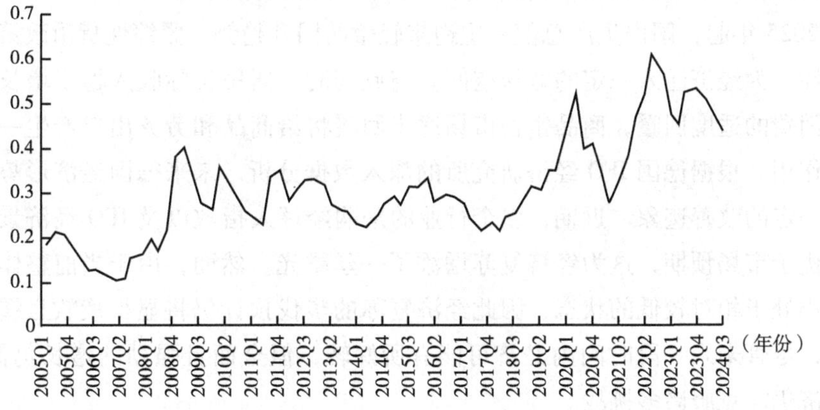

图 4－11　德国财经风险指数

注：Q 代表季度。

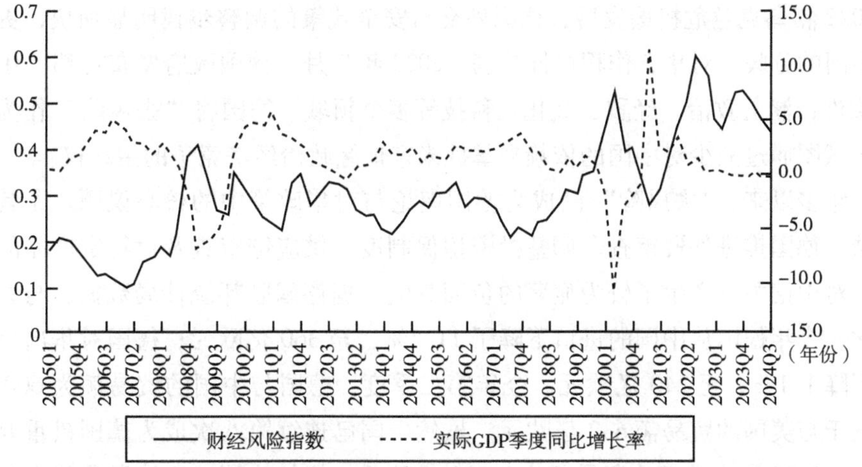

图 4－12　德国财经风险指数与实际 GDP 季度同比增长率之间的关联

注：Q 代表季度。

七、结论及影响分析

（一）结论

德国财经风险指数显示，随着能源和粮食价格下调，德国通货膨胀率已回落到较低水平，欧洲央行今年以来连续的降息措施带动德国财经风险出现了回落的态势，但财政政策的过于保守和一系列结构性矛盾的叠加，德国经济仍然面临复杂而严峻的挑战。2024 年第三季度，德国实际 GDP 经季节调整后仅实现 0.1% 的微弱增长。

基于这些数据，联邦统计局进一步预测，德国全年 GDP 将下降 0.2%，这意味着德国经济将连续两年出现萎缩，这无疑是一个令人担忧的信号。

自 2025 年起，国内生产总值有望迎来轻微的回升趋势。紧缩性货币政策正逐步回归中性，为经济注入一定的宽松空间。与此同时，居民实际收入稳步增长有望激发私人消费的适度回暖，商品销售市场逐步回暖将给商品和劳务出口产生一定的正面刺激作用。根据德国 IFO 经济研究所的深入数据分析，未来德国经济形势可能会呈现出一定的改善迹象。近期，多个行业的采购经理人指数以及 IFO 经济景气指数均表现优于市场预期，这为经济复苏增添了一丝曙光。然而，由于当前整体经济生产水平仍处于相对较低的状态，因此经济复苏的步伐预计仍将显得疲软且缓慢。这意味着，尽管未来一段时间内经济可能有所好转，但全面且强劲的增长仍需时日，德国经济仍需克服诸多挑战。

（二）影响分析

2022 年乌克兰危机爆发后，德国外交与安全政策的调整步伐明显加快，更加关注与中国的分歧，对华合作积极性减弱。2023 年 7 月，德国政府发布首部“中国战略”文件，涵盖政治、经贸、文化及科技等多个领域。德国将“去风险”作为战略预置，试图通过减少对中国的依赖来掌握未来地缘政治经济竞争的主动权。

一年多以来，“去风险”已成为德国舆论与对华政策中的核心议题。尤其在经贸领域，德国推进外资审查、调整投资担保制度、供应链审查及对特定产品的出口管制，对中德关系产生了较为显著的负面影响。据德国联邦统计局数据，与去年同期相比，今年德国从中国的进口下降了 11.7%，至 360 亿欧元；德国对华出口商品价值下降 1.1%，至 240 亿欧元。今年第二季度，德国与中国的贸易额为 600 亿欧元，低于与美国的贸易额 632 亿欧元。虽然中国已连续第八次成为德国最重要的贸易伙伴，2023 年中德双边贸易额为 2 531 亿欧元，但仅比德美双边贸易额多 7 亿欧元，2022 年这一差异为 500 亿欧元左右。

德国需要深入思考和认真评估“去风险”本身可能带来的新风险。德国与中国作为世界经济的重要参与者，应在加强经济联系的基础上深化合作，推动两国在气候变化、绿色发展、数字经济、新能源等领域的务实合作。德国应避免将经贸合作政治化，防止政治干扰成为中德关系的“新常态”，推动各界全面、理性地看待中国，保持建设性对话。这不仅有助于维护两国经贸关系的稳定，更能为未来在复杂国际环境中的共同发展奠定基础。中国应当主动与欧盟等国家和地区开展多层面的经常性沟通，强调“去风险”就是“去机遇”的客观事实和合作共赢的经济发展客观规律。进一步扩大投资合作领域，特别是在新能源、应对气候变化、航空航天、数字化、绿色创新等方面，积极拓展新的合作项目。

第五章
法国财经风险与指数分析

2024 年三季度，法国国家统计和经济研究所公布了当年二季度经济的相关数据，多项指标整体向好，法国政府对经济运行的评估是“符合预期、表现优异”，并期待“奥运效应”能够助力经济持续增长。然而，全球经济学界对此持谨慎态度，认为解散国民议会引发的政局变动和地缘政治博弈导致的需求疲软将成为制约法国经济稳定预期的重大阻碍，“怠速运行”下多个结构性痛疾将成为法国经济增长的巨大挑战。

一、法国财经面临的全球风险与挑战

法国近两年金融稳定所面临的外部挑战因素主要包括全球经济形势不确定性、地缘政治风险、能源危机和通货膨胀影响、国际金融市场竞争加剧、货币政策和金融监管政策不确定性以及金融科技发展带来的挑战。这些因素相互交织，既是经济“怠速运行”的基本原因，也对法国金融市场的稳定和发展构成了严峻考验。

（一）法国金融稳定面临的外部挑战

法国国家统计和经济研究所公布的经济数据显示，在外贸与投资回暖的助推下，2024 年第一、第二季度法国经济环比均增长 0.3%。通货膨胀从 2023 年 4 月的约 6% 持续下降至 2024 年 4 月的 2.2%，截至 2024 年 7 月，该指标仍保持在 2.3% 的低位水平。法国的失业率在历史上曾长期处于高位，但近年来失业治理逐显成效，失业率水平从 2014 年四季度 10.5% 的高位陆续下降至 2023 年一季度的 7.1%，截至

2024年二季度，该指标仍维持在7.3%的历史低位。外贸方面，造船业订单交付等助力出口保持强劲，而进口部门则因投资孱弱与家庭消费萎靡拖累有所疲软，但整体上看，新冠疫情冲击所带来的损失进一步弥合。同时，企业投资在连续两个季度下滑后重新步入正轨，实现0.1%的增长，其中服务业投资上涨明显，有效对冲制造业投资颓势。与相对景气的宏观经济数据相比，体现市场微观主体感知的商业指数在2023年10月降至100以下之后，2024年7月继续跌至94，表现出市场主体的活跃度和预期在走低。宏观经济的“温热”与微观主体的“转冷”形成反差。

法国金融稳定所面临的外部挑战与其他西欧国家具有一定共性。一是地缘政治风险。当前，乌克兰危机不断演化，巴以冲突持续，世界面临局部冲突的不确定性。2024年是全球“选举之年”，有80多个国家举行首脑选举，占世界人口的一半以上，影响极为广泛。与全球选举相关的政策不确定性在提升，对一个国家政治方向的大幅调整可能放大地缘政治风险，推高政府借贷成本，并导致进一步的全球分裂，金融稳定将不可避免地受到影响。如美国大选特朗普获胜就将给全球贸易蒙上阴影，全球贸易碎片化日益凸显。二是全球经济增长放缓风险。美国经济增长显现降温迹象，亚洲新兴市场增长动能减弱。世界银行预计2024年全球经济增长为2.6%，认为未来两年近60%经济体的增长率将低于2010年代的平均水平。国际货币基金组织预计全球增速为3.2%，但也称全球经济裹足不前。各国财政政策和贸易政策不确定性增加，外需下降恐掣肘法国经济增长。三是美欧货币政策调整溢出风险。服务业通胀阻碍了发达经济体降通胀进程。美联储经历两次降息，但后续动作是否继续降息，节奏力度方面的争议仍然不小，或对全球经济和金融市场带来不确定风险。四是系统性信贷事件的溢出风险。这主要涉及美国、亚洲以及欧洲的商业房地产。

（二）法国在全球风险分配中的地位

法国作为联合国安理会常任理事国之一，是欧盟中唯一拥有核武器的国家，其政治经济政策的调整变化对欧盟和全球经济都有着重要影响。在欧盟内部，法国政策的变化可能影响欧盟内部的政策协调，特别是在应对共同经济挑战方面，如通胀、能源危机、外贸、关税、产业变革等。同时，法国的立场也会在欧盟未来的发展方向上起重要作用。马克龙担任总统以来，致力于推动法国在欧洲和世界的影响力。近年来，由于德国政府三党执政，政策理念时有分歧，法国在欧盟事务上发挥更大作用，对欧盟对外政策制定有较大话语权。

法国作为欧洲第二大经济体，其经济增长前景对全球经济有重要影响。法国优势产业的国际竞争力、货币政策的有效性以及公共财政的可持续性等因素都构成法国全球风险分配的重要力量。尽管全球经济格局发生变化，但欧元作为全球重要货币的地位依然稳固。法国作为欧元区的重要成员国，其货币政策对全球经济具有重要影响。

根据IMF数据，法国作为世界第七大经济体，拥有雄厚的工业基础，特别是在高端制造业、民用核电技术等领域具有显著竞争优势，其高质量的农产品、奢侈品牌产业在全球具有广泛影响力和市场份额，推动了法国相关产业的发展。法国在科学技术领域拥有悠久的创新传统和突破性成就，如空客、阿尔斯通等企业在全球市场中占据领先地位。法国积极推动核电领域的国际合作与交流，并在全球范围内推广其核能技术，增强了法国在全球能源市场的影响力。法国本土相关产业的优势可以通过贸易、投资等渠道传导至其他国家，从而影响全球经济的稳定和发展。此外，法国的文化软实力不容忽视，是其稳固国际地位、进一步发挥国际影响力和吸引力的重要组成部分。法国在文化领域，尤其在包括建筑、美食、艺术、时尚等方面处于全球领航地位。

（三）全球性因素对法国金融稳定的影响

对法国金融稳定产生影响的全球性因素首先来自经济方面。一是全球经济增长放缓可能导致法国出口减少、外资流入放缓，进而影响法国金融机构的资产质量和盈利能力。二是通货膨胀与货币政策走向。全球通胀水平和货币政策的调整会直接影响法国金融市场。例如，主要经济体如美国的加减息政策直接引发资本流动变化，对法国金融市场造成波动。贸易关系的紧张、货币政策的分歧等，也将影响法国的国际经济地位和金融市场环境。三是金融风险传染。随着金融全球化的深入，跨国金融风险传染增加，欧盟其他成员国或法国主要贸易伙伴发生负面金融事件或出现的市场动荡可能通过直接或间接渠道对法国金融市场造成冲击，典型的如偶发信贷危机事件的快速传导。四是国际政治局势变化。地缘政治紧张局势时有升级，俄乌冲突、巴以冲突等形势波诡云谲，随时可能事态升级而引发全球投资者的避险情绪，导致资本流向安全资产，从而对法国金融市场造成影响。五是国际金融监管合作监管标准调整与跨境金融活动。国际金融监管标准的差异和跨境金融活动的增加对法国金融稳定构成挑战。加强国际金融监管合作、统一监管标准、有效监管跨境金融活动对于法国金融市场良性健康发展、维护金融稳定既是机遇，也构成挑战。六是气候变化与可持续发展绿色转型压力。随着全球对气候变化的关注加深，法国作为欧洲重要经济体之一，面临着绿色转型的压力。产业结构、能源结构调整以及随之而来的金融机构风险管理和投资策略的调整，也会引发金融市场波动。为应对气候变化带来的挑战，金融监管和投资规则的变化也可能对法国金融稳定产生影响。

二、法国国内改革与政策调整能力

（一）法国当前和未来中期面临的突出社会问题和矛盾

1. 国内政治力量割裂，分裂对立不断加剧。相较其他西方民主国家，法国政治体制一直存在总统权力过于集中、国民议会权力相对较小的问题。政府部门庞大且缺乏效率，难以提供及时、高效的服务和保障，导致政策执行不力，民众不满情绪上升。此外，法国政党制度长期以来存在政治分裂问题，没有一个充分稳定的政党体系。政党之间缺乏互信和合作，导致政府难以形成统一的政策，政治进程受阻。近期的国民议会选举后，获得多数席位的左翼联盟陷入内斗，总理人选迟迟未能确定，加剧了政治僵局。未来的总统选举也存在不确定性，不同政治力量的博弈可能影响国家政策的连续性和稳定性。

从政治角度看，2024 年的法国目前的政治力量斗争和分裂对立情况相当复杂和严峻。各政治力量之间的分歧和斗争使得政府组建困难、政策执行受阻，并加剧了社会的不满情绪。法国议会内部当前第一大政治团体是左翼联盟“新人民阵线”（NFP），由生态绿党、社会党、法国共产党和“不屈的法兰西”党等政党组成，旨在阻击极右翼政党上台。在 2024 年的国民议会选举中，“新人民阵线”取得了多数席位。然而，联盟内部存在严重的分歧和斗争，特别是在推举总理人选的问题上，各政党之间难以达成一致。第二大政治团体是中间派阵营“在一起”，该阵营由总统马克龙领导，虽然在选举中未能获得绝对多数席位，但仍占据一定优势。马克龙试图通过提前解散国会并重新选举来巩固自己的政治地位，但结果并未如他所愿。第三大政治团体是极右翼政党“国民联盟”，该政党在近年来的选举中表现强劲，特别是在欧洲议会选举中大获全胜。然而，在国民议会选举中，其表现有所下滑，但仍保持了相当的影响力。极右翼政党对法国政治的稳定构成了一定威胁。

极右翼和极左翼势力崛起，国内政治对立加剧。随着法国议会选举结果的揭晓，6 月举行的欧洲议会大选中，法国执政党“复兴党”大败，支持率远低于极右翼政党。法国总统马克龙宣布解散国民议会，决定提前举行国内大选。在大选第一轮投票中极右翼“国民联盟”占据优势，而在第二轮投票即大选中最终胜出的是左翼联盟“新人民阵线”。马克龙领导的中间派选票位居第二位，展现出法国当前国内政治的割裂。国内缺乏政治团结，不仅将影响法国进行国内改革的能力，也将影响法国发挥在欧盟甚至在全球事务中的领导力。随着法国议会选举结果的揭晓，全球金融市场迎来了一场不小的震动。法国十年期国债收益率的飙升，债市狂风暴雨般的动荡，引发了全球投资者的深切关注。

2. 政府债务水平高企，减债进度不及预期。近年来，法国经济增长放缓，受到全球经济形势、能源危机、通胀压力等多重因素的影响。经济增长乏力进一步加剧了社会问题和矛盾，其中财政赤字问题非常凸显。法国政府当前面临着严峻的债务问题，公共支出与税收收入之间的不平衡问题日益突出。减债过程受到多方面因素的阻碍，并对法国经济和社会产生了深远的负面影响。

到 2024 年第一季度末，法国马斯特里赫特的债务达到 31 597 亿欧元，比上一季度的 64 亿欧元增加了 583 亿欧元。以占国内生产总值（GDP）的百分比表示，在

2023年第四季度109.9%之后，这一比例进一步上升为110.7%。与上一季度相反，公共债务的增加伴随着政府总体现金状况的轻微增长（+53亿欧元），因此净债务的增长略低于总债务（+524亿欧元），占GDP的102.4%。政府总债务增加的主要原因是国家债务增加：到2024年第一季度末，国家对公共债务的贡献增加了4.4亿欧元，比前一季度增加了6亿欧元，有价证券增加483亿欧元，主要是长期证券增加352亿欧元。政府的现金状况几乎稳定，因此其净债务与总债务增加447亿欧元的趋势相同。地方政府的公共债务在前一季度增加了74亿欧元之后，2024年第一季度增加了8亿欧元，具体如图5-1所示。

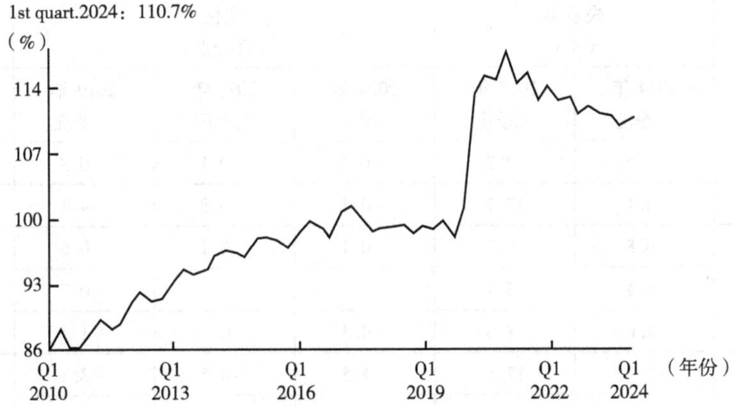

图5-1　政府债务占GDP比重变化情况

数据来源：https：//www.insee.fr/en/accueil。

法国政府减债受阻的原因是多方面的，主要包括以下几点。一是经济增长乏力。法国经济增长缓慢，限制了政府通过经济增长来自然减轻债务负担的能力。2023年法国经济增长率仅为0.6%，远低于潜在增长率，这减少了政府通过税收增加来偿还债务的可能性。二是高福利支出。法国作为高福利国家，社会福利支出庞大，这些支出在GDP中占有较高比例，压缩了政府在其他领域（如减债）的财政空间。三是军费开支增加。近年来，法国政府增加了军费开支，用于提升国防能力和军备现代化。这些额外的支出进一步加剧了政府的财政压力，使得减债更加困难。四是投资计划资金需求。"法国2030"等投资计划需要大量资金支持，这些资金往往来源于政府预算，从而减少了可用于减债的资金。五是国际信用评级下调风险。国际信用评级机构对法国财政前景持谨慎态度，多次下调或威胁下调法国主权信用评级。这增加了法国政府的融资成本，使得减债过程更加艰难。

3. 社会矛盾冲突不断，移民种族问题交织。法国失业率在欧盟中属于较高水平，尤其是年轻人和移民群体的失业率更高，详见表5-1。高失业率引发社会不稳定，加剧了社会矛盾和焦虑情绪，同时也削弱了经济增长的动力。与此同时，法国是一个移民大国，但移民群体的社会融合程度较低。种族歧视问题在法国社会依然存在，加剧了社会隔离和种族紧张局势。移民问题也是法国社会不稳定的一个重要因素，法国面临着犯罪活动和恐怖主义的威胁。近年来发生了多起恐怖袭击事件，造成了人员伤亡和社会恐慌。社会犯罪问题也加剧了法国的社会问题，引发了公众的担忧和不满。此外，法国社会存在严重的不公和两极分化问题。郊区居民在求学、就业、住房等方面面临诸多不公待遇，加剧了社会矛盾和不满情绪。此外，不同社会群体之间的收入差距也在扩大，进一步加剧了社会不公。

表5-1　　法国整体失业率和分性别年龄群体失业率统计

	失业率（%）		变化（百分点）			失业人数（千人）
	2024年一季度	2024年二季度	2024年一季度	2023年二季度	2019年四季度	2024年二季度
全体失业者：	7.5	7.3	-0.2	0.1	-0.9	2 293
15-24岁	18.1	17.7	-0.4	0.8	-4.1	595
25-49岁	6.8	6.7	-0.1	0.1	-0.6	1 191
50岁以上	5.1	5.1	0	0	-0.7	507
男性失业者：	7.6	7.3	-0.3	0	-1	1 168
15-24岁	19	17.5	-1.5	-0.5	-3.1	321
25-49岁	6.6	6.5	-0.1	0	-0.9	590
50岁以上	5.2	5.1	-0.1	0	-0.9	258
女性失业者：	7.3	7.4	0.1	0.3	-0.7	1 124
15-24岁	16.9	17.9	1	2.2	-5.3	274
25-49岁	7	6.9	-0.1	0.2	0.2	601
50岁以上	4.9	5	0.1	-0.1	-0.6	249
长期失业者	1.8	1.7	-0.1	-0.1	-0.5	539

数据来源：https://www.insee.fr/en/accueil。

（二）为解决上述问题和矛盾采取和可能采取的改革措施

上述三大问题和矛盾的形成“非一日之寒”，短期内难以明显有效改善，但马克龙政府在经济、政治和社会治理领域的改革措施可圈可点。

1. 以“中间道路”努力弥合政治分歧。在弥合政治分歧方面，三大阵营的存在折射出法国社会在地区、代际、民族种族、阶级等方方面面的撕裂。传统上，左右分野主要体现在经济—社会维度，右翼信奉市场经济、重效率，左翼主张国家干预、重公平。此后左右分野又逐步浮现出第二个维度，即文化—价值观维度，移民及与之相关的治安、身份认同等是这一维度下的主要议题。从文化维度来看，右翼强调权威、主权和秩序，在上述议题上持保守态度，如主张收紧移民政策、用法律手段治理移民青少年犯罪等；左翼在平等、包容、博爱的人道主义底色下，对上述问题持开明、进步立场，不排斥移民，主张用教育感化手段来治理青少年犯罪等。极右翼把右翼在文化维度的保守立场推到极致，煽动本国人和外国人的对立及仇外排外情绪，主张严打青少年犯罪等；极左翼把左翼的进步立场推到极致，主张建立直接民主、绝对公平，创造条件接纳难民移民等。马克龙领导的中间派则左右兼收并蓄，在经济上信奉自由主义，在移民等问题上比左翼强硬、比右翼温和，在政治主张上尽量选择“中间道路”，弥合日益加深的裂痕，跨越党派、阶层、代际、地域、阶级差异以凝聚全法，同时又推动必要的经济社会改革、带领法国实现全面复兴。

2. 以“开源节流”努力降低债务水平。在降低公共债务比重方面，法国采取了多项政策措施并规划了清晰的减债路径。这些措施和路径旨在通过削减预算支出、增加财政收入、实施生态转型计划以及加强财政纪律等方式来逐步降低债务规模并实现财政可持续发展。一是通过削减预算支出来降低公共赤字，进而减少债务规模。例如，在2024年预算中，法国政府计划节省160亿欧元，并在年初宣布的200亿欧元预算削减基础上，再削减50亿欧元，以争取实现预算赤字达标。预算削减的具体措施包括结束电价保护（节省100亿欧元）、削减对企业的援助（45亿欧元）、削减就业政策支出（10亿欧元）以及从失业保险改革中削减支出（7亿欧元）。二是改革能源政策。通过降低能源支出，进而减少预算赤字和债务。例如，逐步结束对天然气和电力价格的保护政策，使能源价格更加市场化，从而减少政府补贴支出。三是努力增加财政收入来增强偿债能力，包括提高特定行业的税收、对高速公路特许经营公司的“超额利润”征税以及提高天然气消费税等。四是实施生态转型计划。尽管生态转型计划本身可能短期内增加支出，但长期来看，通过提高能源效率和推广可再生能源，可以降低能源依赖和成本，从而对降低债务规模产生积极影响。法国政府在2024年预算中安排了70亿欧元用于能源转型。五是遵守不加税的承诺。尽管面临财政压力，法国政府仍承诺不加税，而是通过优化支出结构和提高财政收入效率来降低债务规模。不过，政府也表示在条件成熟时可能会推迟减税计划的实施。

在具体减债目标方面，短期内，法国政府的主要目标是降低公共赤字，通过削减预算支出和增加财政收入来实现。例如，在2024年将预算赤字占GDP的比重降至5.1%，并逐步向欧盟《稳定与增长公约》规定的3%以内目标迈进。中期来看，法国政府计划通过持续削减预算支出、优化支出结构以及实施生态转型计划等措施来逐步降低债务规模。到2027年，法国政府的目标是将债务占GDP的比例降至108.1%，并将公共赤字进一步削减至GDP的3%以下。长期而言，法国政府需要继续深化经济改革、提高经济增长潜力并加强财政纪律，以确保债务规模得到持续有效控制。通过增强经济韧性、提高税收效率和优化政府支出结构等措施，法国政府可以逐步摆脱高债务困境并实现财政可持续发展。

在产业结构的调整和优化方面，法国以适应全球经济的变化和提升国家竞争力为目标。一是培育新兴产业。法国政府加大对科技、绿色能源、生物技术等新兴产业的支持力度，通过提供资金补贴、税收优惠和研发支持等措施，促进这些产业的快速发展。二是加速传统产业的转型升级。对于煤炭、纺织等传统产业，法国政府通过实施“适应计划”和提供转型援助等措施，推动这些产业向现代化、高端化方向发展。例如，北加来海峡地区的煤炭采掘业逐步转型为供电和工程设计等业务。三是支持中小企业政策。法国政府重视中小企业的发展，通过提供贷款担保、创业扶持、税收优惠等措施，帮助中小企业克服融资难、经营压力大等问题，促进中小企业的成长和壮大。

在积极调整国际贸易策略方面，法国坚持多元化市场贸易策略，鼓励企业开拓多元化市场，减少对单一市场的依赖。通过参加国际展览、建立海外营销网络等方式，帮助企业拓展国际市场。同时，法国积极参与国际贸易协定的谈判，如与欧盟伙伴国和其他重要贸易伙伴签订自由贸易协定，以降低关税壁垒和非关税壁垒，促进贸易自由化和便利化。此外，法国政府通过提供出口信贷、出口退税等政策措施，支持企业扩大出口规模。同时，加强与国际金融机构的合作，为企业提供出口信用保险等风险保障措施。

3. 以“人力投资”缓和社会矛盾冲突。在社会治理领域，马克龙政府主要以就业和教育为缓和社会冲突、增强社会团结的主要抓手。在失业治理方面，法国政府设定了具体的就业目标，如马克龙政府提出的在2027年任期结束前将失业率降至5%的目标，这体现了政府对解决青年失业问题的决心。政府推出了多项就业促进计划，如“一个年轻人，一个解决方案”计划，旨在通过职业培训、经济帮扶等多样化措施，为年轻人量身定制就业方案，这些计划累计投入超过90亿欧元。法国政府推广“见习合同政策”，针对16—25岁青年推出的与企业签订的工作合同，使青年既可以在见习培训中心接受专业系统的培训，又可以在合同涉及的企业工作锻炼，从而增加其就业竞争力，目前已帮助数十万年轻人签订了学徒合同。同时，法国政府设立“第二次机会学校”，为26岁以下一无文凭二无职业技能的青年提供第二次受教育的机会，帮助他们获得必要的技能和文凭，以便更好地融入就业市场。此外，政府调整了失业保险金的领取条件，鼓励失业青年积极寻找工作。例如，对未积极寻找工作机会的失业者，其失业金兑付将被暂停。

在解决移民和种族矛盾方面，法国积极促进社会融合，通过教育改革、文化推广等措施，增进不同种族群体之间的理解和尊重。同时加强法治和司法公正，打击种族主义和歧视行为，确保所有公民在法律面前一律平等。在妥善解决难民问题上，法国及时调整基本立场，一方面，强调接待难民是欧洲国家的“义务”，秉承法国“博爱”和“慷慨”的传统；另一方面，要求对不符合条件的难民立刻遣送出境，提高入籍申请“门槛”，显示出“自我保护”的倾向。同时，拆除非法难民营，并通过建立“接待与指导中心”等合法途径安置难民。同时，法国不断加强国际合作，寻求与欧盟成员国之间的合作与协调，共同解决难民的庇护申请和接收问题。

（三）国内改革对金融稳定的影响

1. 为降低公共债务，提升法国金融市场的稳定性、降低公共债务比重，法国政府采取了一系列措施，如预算削减、支出控制、税收改革等。这些措施的实施已经取得了一定成效，如公共债务占 GDP 的比重与 2020 年高峰值相比有所下降。未来，随着这些措施的持续推进和经济的稳定增长，法国公共债务比重有望进一步降低，为金融市场稳定提供更加坚实的基础。其积极意义首先表现在金融风险的控制上，高额的公共债务往往伴随着金融风险的增加。降低公共债务比重有助于减少法国金融体系的脆弱性，降低发生金融危机的风险。这将为金融市场的稳定发展创造更加有利的环境。其次，这将更有利于增强货币政策的独立性。公共债务比重过高会限制货币政策的独立性。为了控制债务水平，政府可能需要采取紧缩性货币政策，这可能会与促进经济增长的目标相冲突。而降低公共债务比重将增强货币政策的独立性，使政府能够更灵活地运用货币政策工具来应对经济波动。最后，这将提升市场投资者对法国经济前景的信心。降低公共债务比重意味着法国政府财政状况的改善和债务风险的降低，减少不确定性，从而有助于稳定金融市场，有助于提升法国金融市场的国际声誉和吸引力，促进金融市场的国际化。市场信心的提升将进一步促进资本流入，吸引更多的国际投资者和金融机构进入法国市场，增加市场的流动性和活跃度，进一步提升金融市场的稳定性，为法国经济发展提供资金支持。此外，随着公共债务比重的下降，金融市场上的融资成本也有望降低。较低的融资成本将为政府提供更多的财政空间来支持经济发展，同时也有利于降低企业和个人的借贷成本，促进整体经济的活力。这将有利于增强金融市场的稳定性。

2. 产业结构提升有利于增强法国金融市场的吸引力。法国优化产业结构，特别是通过实施《法国 2030 投资计划》这一重大举措，对法国本国金融市场稳定产生了深远的影响。首先，该投资计划极大地增强市场信心与投资者预期。《法国投资 2030》为法国未来十年的经济发展描绘了清晰的蓝图，明确了关键产业的发展方向和投资重点，增强了国内外投资者对法国经济前景的信心。计划旨在通过技术创新和产业升级提升法国工业竞争力，这有助于增强法国在全球市场中的地位，吸引更多国际资本流入。其次，该投资计划能直接促进资本流入，提升法国金融市场活跃度。该计划将在关键产业投入巨额资金，这将直接促进金融市场的资本流动，增加市场交易量。为了实现投资计划的目标，法国政府可能需要通过发行债券、吸引私募股权基金等多种方式筹集资金，这将进一步丰富金融市场的融资工具和渠道。再次，该投资计划将在很大程度上优化金融资产的配置效果。《法国投资2030》明确引导资金流向高潜力领域，如半导体、生物制药、核能、电动汽车等具有高增长潜力的领域，这将引导金融资源向这些领域倾斜，促进这些行业的快速发展。通过优化金融资源配置，计划有助于推动法国传统产业的转型升级，提高整体经济的附加值和竞争力。

3. 法国国内经济政策不确定性依然处于较高水平。国内的改革措施一定程度上对冲了部分不确定性风险，但整体来看，法国国内政治分裂、高债务、社会结构性失衡等问题很难在短期予以解决。法国国内经济政策不确定性在2024年第二季度明显增加，这主要受国内政治派别分歧加剧和利率大幅波动的影响，详见图5-2。

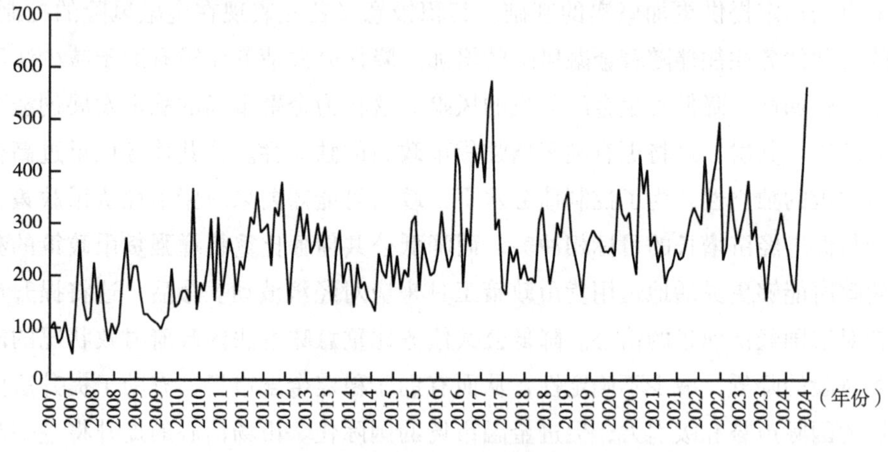

图5-2　法国经济政策不确定性指数变化情况

注：该指数基于法国《世界报》《费加罗报》新闻信息进行测算。数据来源：www. policyuncertainty. com。

三、法国财政货币政策抗风险能力

（一）财政政策对冲和化解金融风险的能力

1. 法国金融体系的政府主导性是财政政策对冲金融风险的重要前提。法国金融体系具有自身独特的性质。一是机构种类多样，层次结构完整。中央银行（法兰西银行）、商业银行、专业信贷机构（如农业信贷银行、对外贸易银行等）、其他金融机构（如消费信贷机构、不动产抵押放款机构、金融公司、证券公司、租赁公司、保险公司等）分工明确，共同构成了法国金融体系的完整架构。这种多样性确保了金融服务的全面性和专业性，能够满足不同领域和层次的经济活动需求。二是政府主导型银行体系。法国银行体系在很大程度上受到政府的影响和主导。银行在制定和执行货币政策时，需要接受经济财政部的垂直管理，并经过其批准。例如，对外签订国际金融协定、财务预算和决算等都需要报送财政部审核。这种政府主导型的银行体系体现了法国政府在金融市场中的重要作用，有助于实现金融政策的稳定性和连续性。三是国有化程度较高。经过多次国有化改造，许多大型商业银行直接或间接被政府所控制。这些国有银行在法国金融体系中占据重要地位，对金融市场和经济发展具有重要影响。同时，这也反映了法国政府在金融市场中的积极参与和调控。四是保险业发达。法国拥有众多保险公司和保险机构，提供多样化的保险产品和服务。这些保险机构不仅服务于国内市场，还广泛涉及国际市场。法国保险业的发达程度反映了法国金融市场的成熟和稳定。五是国际化程度高。法国的金融机构在国际市场上具有较高的知名度和影响力，如巴黎证券交易所是欧洲重要的证券交易所之一。此外，法国的跨国银行也在全球范围内开展业务，与多个国家和地区建立了广泛的合作关系。这种国际化程度有助于提升法国金融市场的竞争力和吸引力。

2. 经济部主导金融稳定委员会的机构设置和监管决策。2008 年金融危机前，法国金融监管一直实行严格的分业监管模式，银行、保险和证券业分别有各自的监管机构。2008 年次贷危机爆发以后，法国也开始反思监管存在的问题，并在欧盟的统一监管改革框架体系下，对法国金融监管体系进行了重大调整和改革。在欧盟整体金融监管体系框架下，实现了宏观审慎监管和微观审慎监管的结合。将原来银行业与保险业四个分散监管部门合并成单一的金融审慎监管局，有利于统筹监管，详见图 5 – 3。

除欧盟相关的一系列金融监管法律体系外，此一阶段的标志性法律是 2013 年通过的 2013 – 672 号《银行活动分离及规范法》。此法律将原金融监管与系统风险委员会（CRFRS）改建为金融稳定高级委员会（HCSF），负责宏观审慎监管。金融审慎监管局增加预防和化解银行业危机的职能，改称为审慎监管与处置局（ACPR），进一步增强金融市场监管局（AMF）的监管职能和权力。金融稳定高级委员会（HCSF）是法国的宏观审慎监管机构，负责监督整个金融体系以保持其稳定性，并确保对经济增长的持续贡献能力。根据法国《货币和金融法典》第 L. 631 – 2 条，金融稳定委员会由八名成员组成：经济部长，任主席；成员包括法兰西银行行长兼审慎监管和处置局主席，审慎监管和处置局副主席，金融市场监管局主席，会计规范监管局主席；根据国民议会主席、参议院议长、经济部长分别提名的，在货币、金融、经济等领域的三名杰出人士，其任职期限五年。HCSF 每年至少召开四次会议，并直接向议会提交年度报告。

3. 法国金融体系整体表现出较强的韧性和审慎监管能力。法国重视监管机构协调和国际监管合作，在国内不同监管部门之间建立工作协调机制和信息交流机制，在国内外监管部门之间建立合作机制。但同时，法国的金融监管改革并未完全转变为大一统监管模式，而只是对银行和保险业统一监管，对证券分业监管，央行的监

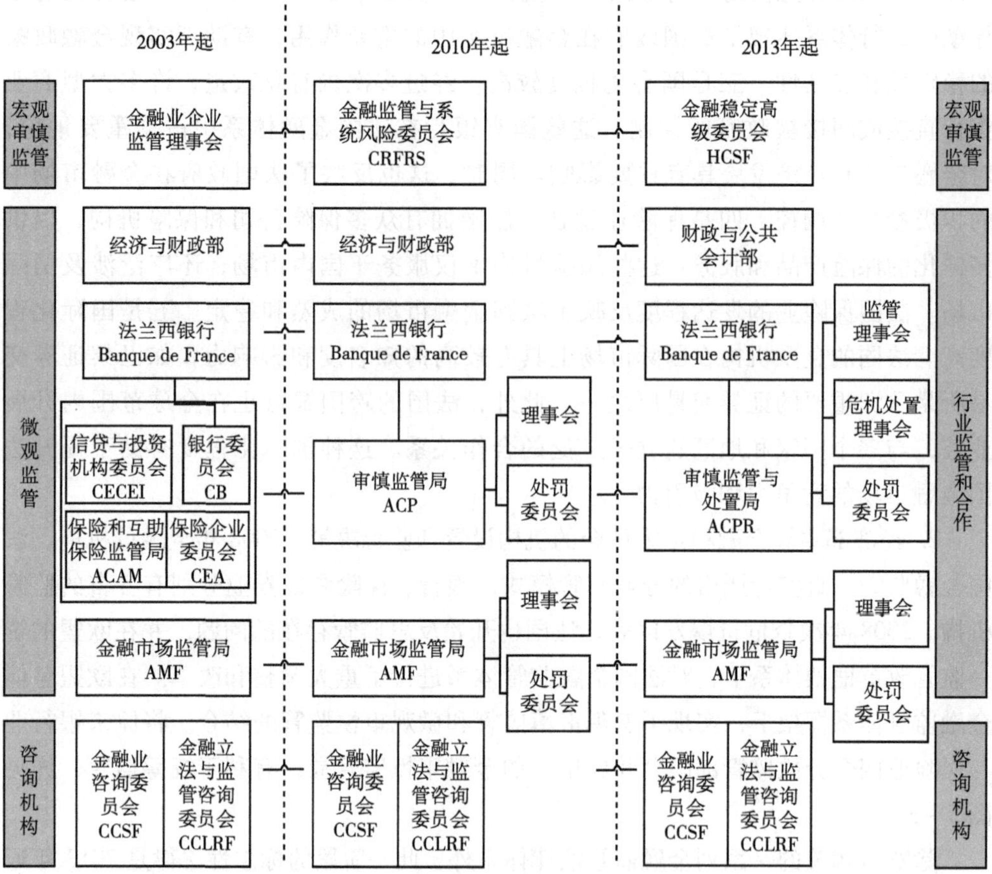

图 5－3　法国金融监管体系改革历程

资料来源：舒莉，李林．法国及刚果（布）金融监管体系改革及启示［J］．法国研究，2018（2）．

管职能虽有加强，但也有经济财政部部长任主席的宏观审慎监管委员会予以制衡。

欧盟金融监管体系也在不断改革发展中。2011 年起欧洲金融监管体系（ESFS）正式生效。通过建立欧洲系统风险委员会（ESRB）和三个欧洲监督机构（ESAs），分别加强了对整个欧洲金融体系的宏观审慎监管和微观审慎监管。2014 年 11 月起，欧元区设立银行业联盟（Banking Union），实施单一监管规则（Single Rulebook），建立单一监管机制（Mechanism of Single Unit，MSU），欧洲央行跨过成员国监管部门直接监管欧元区内最大的约 130 家银行。因而，法国金融监管也是欧盟金融监管的有机组成，详见图 5－4。首先，HSCF 基于与欧盟委员会、欧洲中央银行（ECB）、欧洲系统风险委员会（ESRB）、欧洲银行管理局（EBA）以及其他欧盟成员国的宏观审慎监管机构的合作而作出决定。其次，法国审慎监管和处置局就银行的资本监管，遵从欧洲央行的单一监管机制，适应其统一标准，并与欧洲银行监管局保持沟通，欧洲银行监管局也会将相关意见和建议告知 ACPR。

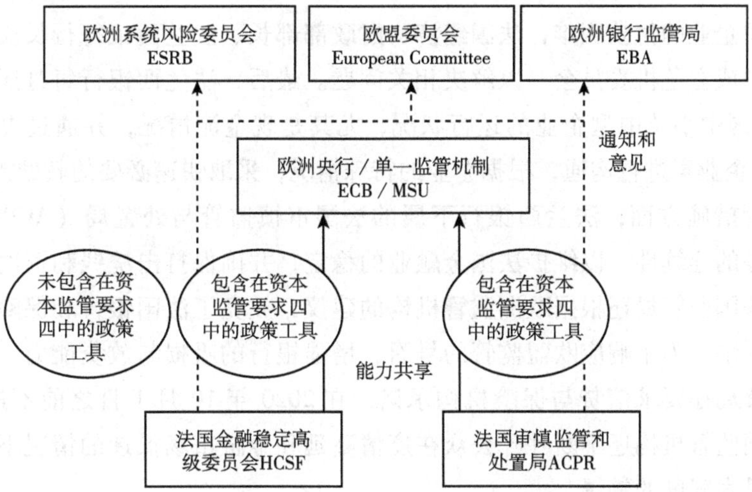

图 5－4　法国金融监管体系改革历程

资料来源：舒莉，李林．法国及刚果（布）金融监管体系改革及启示［J］．法国研究，2018（2）．

法国金融体系的稳定在应对通胀下行中发挥了重要作用，支撑了经济增长。尽管融资条件收紧，但企业和家庭部门表现出较强韧性，未出现系统性违约事件，投资和消费未因此发生大规模萎缩，经济活动得以正常开展。

（二）货币政策对冲和化解金融风险的能力

法国是欧元区成员国，货币政策由欧洲央行统一制定，无法独立进行货币政策决策。不过欧洲央行资产购买的具体操作由欧元体系内的各成员国中央银行分别进行。在法国，法兰西银行作为欧洲中央银行系统（European System of Central Banks）的一部分，无独立的货币政策，仅负责参与制定欧元区货币政策、评估本国货币政策环境、开展本国宏观经济预测及负责本国金融监管等。货币政策对金融风险进行干预还主要集中在新冠疫情暴发后的一系列大的操作，本书以此为例予以详述。

1. 以保证金融系统流动性和稳定性为核心。疫情期间，法国货币政策对金融风险的对冲策略，在政策层面上基本保持了与欧洲央行的一致性，即主要保证金融系统的流动性和稳定性。首先，为了进一步便利企业与家庭贷款，法兰西银行金融稳定高级委员会调低了逆周期资本要求至0%（此前为0.25%，原计划到2020年4月2日调高至0.5%），从而进一步释放了大约80亿欧元的流动性。同时，还进一步放宽再融资要求，以便利银行为中小企业提供贷款。其次，在企业援助方面，法兰西银行在疫情期间加强了对企业的帮助和指导。对于中小企业和微型企业，法兰西银行部署了102名联络员与之展开对话，提供包括创业建议、融资及法律咨询、行政手续和发展建议、提供现金流管理和出售或接管等方面的服务。对于创新性企业，法兰西银行也部署了专业人员为其提供融资机制及生态系统方面的服务。再次，针对疫情期间企业的付款困难，法国经济与财政部部长、法兰西银行行长决定就公司间信用问题成立危机委员会，以解决相关问题。最后，法兰西银行每月还密切监控8 500家法国中小及中型企业的运行状况，尤其是现金流情况，并通过央行网络与1 000多名企业家进行沟通，根据企业的特殊情况，采取快速必要的救助措施。

在监管措施方面，法兰西银行下属的法国审慎监管与处置局（ACPR）宣布，保证其业务的连续性，以维护法国金融业的稳定，并确保打击洗钱和资助恐怖主义的行为。法国监管局还根据欧洲监管机构的建议，放宽了法国银行和保险业各类报告的报送时限。为了响应欧盟监管的号召，增强银行的吸损与放贷能力，法国审慎监管与处置局还要求信贷与保险机构承诺，在2020年10月1日之前不进行分红。此外，法国监管机构还不断呼吁公众在疫情蔓延和金融市场低迷的情况下，对欺诈风险保持最大限度的警惕。

2. 最大限度做好信贷支持和资金纾困。为了帮助企业渡过难关，法国政府推出了政府贷款担保计划（PGE）。该计划由法国银行业联合会（FBF）成员与法国国家投资银行（Bpifrance）合作开展，是一项由“2020－289”号法令规定的史无前例的担保计划。该计划的实施期限为2020年3月23日至2020年12月31日，承诺为法国企业提供3 000亿欧元的政府担保（金额相当于法国国民生产总值的15%，当前对公贷款余额的30%），旨在帮助企业克服危机，力图做到“不让任何企业处于破产风险之下”。根据该计划，除了房地产公司、信贷公司及金融公司之外，凡是2014年7月31日颁布的“2014－856”号法令第1条所规定的从事经济活动的企业法人或自然人以及协会或基金会，均可向商业银行申请利率为“成本价”的政府担保贷款，贷款期限最长6年，担保比例根据企业规模，为贷款金额的70%—90%不等，贷款金额上限一般为上年营业额的25%，创新企业以及自2019年1月1日以后创建的企业的贷款上限，为2019年向员工支付薪金总额的两倍。政府还于2020年4月发布了政令修改，进一步强化了PGE的担保效力，确认其法律效力无条件且不可撤销，如果发生信贷事件或债务人未履行合同的情况，贷款机构有权在申请之日后90天内索取款项以弥补损失。除此之外，法国政府还通过国家投资银行加强了对中小企业其他类型贷款的担保。例如，对中型、中小型和微型企业2—7年流动资金贷款提供最高90%的担保，对2—7年房产抵押或租赁转让贷款提供500万—3 000万欧元的担保。法国国家投资银行对保理业务的担保机制，也有所松动。

在银行层面，法国金融机构（包括公共银行和商业机构）在国家政策的引导之下，对疫情打击的企业给予大规模的信贷支持。公共银行方面，法国国家投资银行为法国企业提供一揽子贷款优惠：一是为所有中型、中小型和微型企业提供无担保贷款。二是下调金额为1万至30万欧元“反弹”贷款7年期贷款利率，并可再有2年的延迟。三是为中小企业提供总额达500万欧元，中型企业总额达3 000万欧元的 3—5 年期无抵押“王牌”贷款。法国国家投资银行还宣布了一系列自动延长债务偿还期限的方案。此外，经济与社会发展基金（FDES）还将为陷入困境的脆弱企业提供补充贷款。除 PGE 计划以外，政府和法国银行业联合会（FBF）还大力倡导和鼓励商业银行采取措施，支持受新冠疫情打击的企业，包括要求商业银行缩短贷款处理期限、允许借款人延期偿还贷款、取消额外费用、降低或取消濒于破产企业的利息等。同时，还要求银行帮助企业了解政府相关扶持政策，并最大限度地帮助企业改善其财务状况，渡过难关。为了协助企业贷款，法国政府和法兰西银行还推出了信贷调解机制。该机制由 105 个信贷调解员构成，用以协助遭遇贷款困难的企业与金融机构重新谈判，并向各方提供解决问题的建议。

（三）财政货币政策对金融稳定的影响

如前文所述，无论是法国的扩张性财政政策或是减债政策对法国金融稳定的影响都是双向的。加息和减息的操作和变动幅度对法国金融稳定也都形成一定压力。整体而言，财政和货币政策协同配合对金融市场的稳定至关重要。从影响力上看，以下政策工具的干预力度较大。一是财政的直接注资。在金融机构面临严重财务困境时，法国政府会直接向其注资，以补充其资本金，增强其抵御风险的能力。例如，在 2008 年全球金融危机期间，法国政府向德克夏银行提供了援助，并通过成立“法国经济财务公司”等方式，向多家银行提供了数十亿欧元的注资。这些注资措施有助于缓解金融机构的资金压力，防止其破产倒闭。二是债务担保。法国政府会为金融机构的债务提供担保，以增强其债务的信用等级，降低融资成本。在金融危机期间，法国政府推出了大规模的救助计划，其中包括为数千亿欧元的银行借贷提供担保。这种担保措施有助于稳定金融机构的融资环境，防止其因资金链断裂而陷入困境。三是资产管理公司接管。对于问题严重的金融机构，法国政府可能会成立或指定资产管理公司来接管其资产，并进行清理和重组。这些资产管理公司通常由国家或私人拥有或资助，它们会将不良贷款和资产从问题银行中剥离出来，并进行专业化的管理和处置。通过这种方法，可以切断问题资产与金融体系的联系，防止风险进一步扩散。四是战略投资基金。为了支持战略性企业和行业的发展，法国政府成立战略投资基金，通过参股或投资等方式支持具有战略意义的企业和项目。在金融危机期间，法国政府成立了法国战略投资基金，该基金总额为 200 亿欧元，专门用于支持受金融危机冲击而陷入困境的法国企业。五是税收优惠与补贴。为了鼓励金融机构和企业加强风险管理、提高资本充足率等，法国政府还可能提供税收优惠和补贴等激励措施。这些措施可以降低金融机构和企业的运营成本，提高其盈利能力，从而增强其抵御风险的能力。

此外，对金融监管体系进行持续的改革和功能优化也是不间断的。这些措施共同构成了法国政府应对金融风险的政策框架，有助于维护金融市场的稳定和健康发展。

四、法国的金融稳定评估

（一）资产估值稳定性评估

1. 法国股价波动情况。法国股市（CAC 40 指数）在 2020 年初表现相对平稳，但随着全球新冠疫情的暴发，市场情绪急剧恶化，股市遭受重创。2020 年，法国 CAC 40 指数经历了显著的回调，回调幅度达到 50% 左右。然而，随着各国政府推出刺激措施和疫苗接种计划的推进，市场情绪逐渐好转。自 2020 年 3 月的低点开始，CAC 40 指数逐步反弹，并在后续时间内持续波动上升。这一反弹趋势反映了市场对经济复苏的预期以及对政策支持的信心。如图 5－5 所示，进入 2021 年，法国 CAC 40 指数表现强劲，领涨欧美股市。根据 Wind 数据，该指数在 2021 年上涨了 28.85%，显示出市场对法国经济复苏的信心。这一时期的上涨主要得益于全球经济的逐步复苏、企业盈利的改善以及市场流动性的充裕。

图 5－5　法国股价指数波动情况

数据来源：世界银行、圣路易斯联储。

2023 年至今，法国 CAC 40 指数上涨了显著幅度，最高时上涨超过 14%，这一表现超过了欧洲各国主要市场和美股标普 500 指数，与纳斯达克综合指数不相上下。这显示出法国股市在 2023 年的强劲表现。值得注意的是，法国股市的上涨中，奢侈品行业（如路威酩轩集团、开云集团和爱马仕）以及化妆品巨头欧莱雅等公司贡献显著，这些公司的良好表现对 CAC 40 指数的上涨起到了重要推动作用。

2. 法国债券收益率变动情况。在发达的市场经济国家，国债收益率被认定为“无风险利率”，成为资产定价的基础，尤其是十年期国债收益率被认定为金融市场定价的锚。在实际运用中，美国十年期国债收益率利差已经成为左右美元走势的基础。如图5－6所示，法国十年期国债自2020年以来呈现持续快速攀升的走势，意味着其他法国国内资产收益率都必须随其上升而升高，资产的价格相应地要下降。从更为宏观的角度，法国国债收益率的上升会形成一种“虹吸效应”，拉升了其他资产的融资成本，在市场货币供应量不变的情况下，意味着宏观经济流动性的收紧。

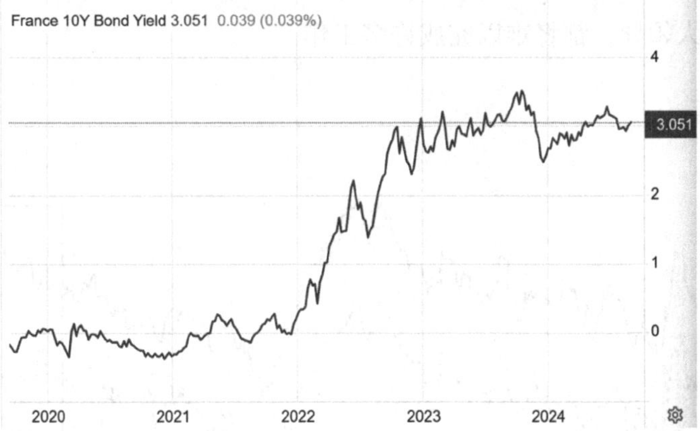

图5－6　法国十年期国债收益率（%）变化情况

数据来源：经合组织、圣路易斯联储。

2024年以来，“法国—德国利差”或“欧元区利差”率利差的剪刀差引发高度关注。在欧盟内部，该指标反映了市场对这两个国家信用风险、经济前景和货币政策的不同预期。由于因为德国国债被视为欧元区的基准，德国被视为欧元区最安全的债券发行国，其国债收益率通常较低。因此，法国十年期国债收益率高于德国十年期国债收益率的部分被认为是风险溢价，反映了市场对法国较高的信用风险或经济不确定性的担忧。如果投资者认为法国的经济前景相对于德国较弱，他们可能要求更高的收益率来持有法国国债，从而扩大利差。虽然法国和德国都使用欧元，并受欧洲中央银行的货币政策影响，但市场对各国财政政策和经济表现的预期会影响各自的国债收益率。在正常市场条件下，法国和德国的十年期国债收益率利差通常保持在几十个基点左右。然而，在经济或政治不确定性增加时，这个利差可能会扩大。例如，在欧债危机期间，由于市场对法国财政状况的担忧，法国—德国利差显著扩大。法国的政治稳定性和政策连续性对市场信心有重要影响。例如，选举结果或政策变动可能导致利差波动。

2024年以来，法国债券收益率与德国债券收益率之间的差距一度突破了85个基点，达到2012年以来的最高水平。随着国会大选结果出炉，这一差距在周一回落至67个基点左右，详见图5－7。欧元区经济观察家认为，法国国内政治派别的分裂对经济治理和金融市场的影响是巨大的，由此引发了金融市场的大幅波动。“一个争吵不休的议会意味着，任何政府计划都很难通过，使得法国很难遵守欧盟预算规则，以及使法国公共债务走上可持续道路所需的预算削减。”主流观点认为“法国政府与欧盟在财政政策上发生冲突的可能性增加了，因为欧盟的预算规则已经重新出台，包括法国和意大利在内的几个国家，将被纳入过度赤字程序。”同时，资本市场对经济改革政策的连续性担忧，认为“这不是一个好结果。这意味着马克龙支持增长的改革即将结束。任何政府，无论是仍由现任总理领导，还是由更受中左翼欢迎的候选人领导，都将难以完成许多工作。”

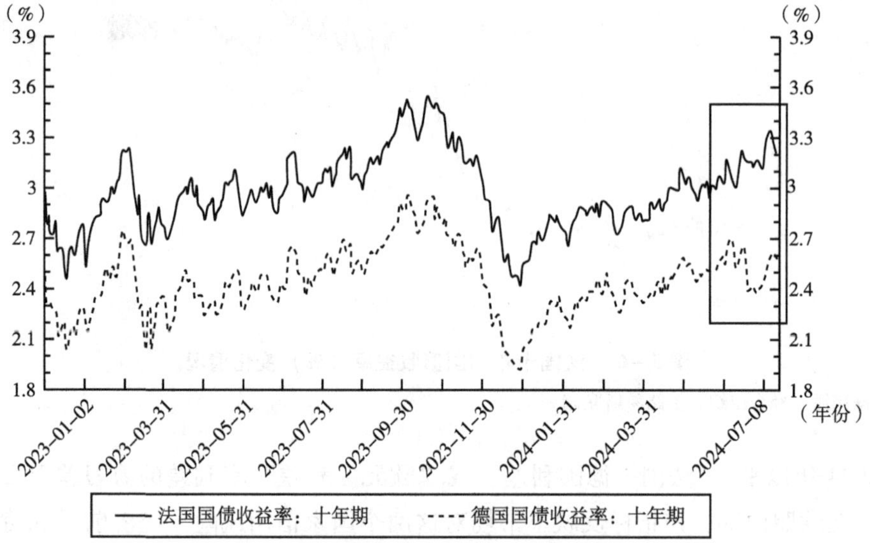

图 5-7　法、德十年期国债收益率走势比较

（二）金融稳定性评估

国际货币基金组织对法国的《金融体系稳定性评估》指出，法国的金融体系由国际活跃的金融集团主导，在审慎管理方面处于较强地位。整体看，法国金融体系在 2022 年下半年以来的货币紧缩期间显现强大的韧性。自 2023 年 12 月以来的通胀持续下降，增加了法国经济“软着陆”的可能性。法国央行 2024 年 6 月发布的《金融稳定报告》[①] 认为，法国金融体系风险与 2023 年 12 月相比保持稳定。

法国不同金融部门面对的风险水平不同。一方面，银行业和保险业风险可控。对于银行业，一是欧元区货币政策收紧并未导致法国银行资产负债表的缩减，反而在过去两年中略有扩张。法国银行业新增贷款持续增加，不过银行负债端支付利息的增长速度快于其资产端收益增长，净息差出现下降。二是法国银行审慎监管指标

① https：//www. banque - france. fr/en/publications - and - statistics/publications/financial - stability - report - june - 2024.

表现良好。流动性和偿付能力比率仍远高于监管要求，2023 年，平均流动性覆盖率（LCR）上升至 147%，远高于 100% 的监管门槛。法国银行拥有多元化的融资结构一级资本平均比率也高于监管要求。三是尽管整体资产质量略有恶化，企业贷款不良贷款率上升，但风险成本仍然有限。不良贷款的未偿还金额仍然很低。对于保险业，法国保险公司偿付能力稳健。保险公司的平均偿付能力资本覆盖率仍高于监管要求，2023 年上半年为 256%，下半年为 250%。另一方面，房地产市场承受风险相对较高。利率的大幅上升给住宅和商业房地产行业带来了压力，住宅房地产市场价格下跌，商业房地产市场的调整幅度更大。不过银行业对房地产市场的风险敞口有限。主权债务市场也面临潜在压力。尽管标普公司下调法国主权债务信用评级没有引发重大市场反应，但政治经济不确定性因素推升法德国债利差走扩。

展望未来，2024 年 6 月，欧洲央行将三大政策利率下调 25 个基点，有望缓解私营部门融资压力，但仍需较长时间。过去加息对非金融部门贷款利率的转嫁似已完成。流向非金融领域的新增贷款相对稳定，未偿还贷款也趋于稳定。但法国非金融部门多以固定利率借款，利率调整速度相较浮动利率为主的国家将较慢。而且考虑到通胀下行仍具粘性，欧元区货币政策短期内不会迅速大幅放松，利率下降时间可能长于预期。地缘政治环境和宏观经济变化走势尚不明朗，存在恶化的可能性。目前地缘政治风险尚未导致大宗商品和全球股市大幅波动。法国股市主要受科技和奢侈品行业推动，如果经济下行，可能带来局部调整。

长期看，气候变化和网络风险仍值得关注。过去几年，高温高热等极端天气频发增加了经济系统的脆弱性，远期可能对法国金融体系造成冲击。数字技术的快速发展和人工智能技术的应用给金融系统带来了不确定性，微软蓝屏事件暴露全球数字基础设施的脆弱性，宕机事件恐造成严重金融风险。

五、法国经济社会发展状况

（一）法国经济社会现状

法国在 2024 年以来的宏观经济发展中面临着经济增长动能减弱、就业市场压力增大以及通货膨胀率波动等挑战。但整体而言，宏观经济数据整体好于预期，法国政府和企业正在通过一系列政策措施来应对这些挑战，努力保持经济稳定和可持续发展。

GDP 方面，据法国国家统计与经济研究所发布的数据，2024 年一季度法国实际 GDP 同比增长 0.9%（有数据显示同比增长 1.1%），环比增长 0.2%。扣除价格因素后，法国经济在复杂全球环境下仍保持了正增长，尽管增速相比上年同期略有放缓。2024 年二季度法国实际 GDP 同比增长 0.7%，环比增长 0.2%，较一季度有所下滑。这表明法国经济增长动能有所减弱，但整体仍维持正增长态势。

外贸方面，尽管具体数据可能因月份而异，但总体来看，法国商品与服务的出口在2024年初呈现增长态势（如一季度增长0.5%），表明法国产品在国际市场上仍具竞争力。同时，进口也同步增长，表明国内市场需求依然坚挺。

通货膨胀方面，2024年1月法国通货膨胀率为3.1%，相比2023年12月下降0.6%。能源、食品和手工制品价格的涨幅降低是促成通货膨胀率走低的主要原因。然而，服务价格的涨幅有所上升，特别是交通服务、住宿服务和保险服务。有预测认为，随着物价上涨放缓，法国通货膨胀率有望在2024年进一步下降至2.6%，并在2025年降至2%以下。这将有助于刺激消费和经济增长。

就业方面，据法国就业服务平台Indeed估计，2024年法国的就业市场将对求职者不利。企业招聘困难将有所缓解，但新创造的就业岗位减少，且一些领域现有岗位也在减少。此外，法国劳工部统计局的数据显示，岗位空缺率自2023年底开始下降，反映出经济活动放缓对企业用人需求的影响。有预测显示，法国失业率将从2023年的水平上升至2024年的7.5%，并在2025年达到7.8%。这表明法国就业市场面临一定压力，尤其是在经济增长放缓的背景下。

（二）法国经济社会展望

GDP方面，预计2024年下半年，受全球经济环境、地缘政治局势以及国内政策调整等因素的影响，法国GDP增速可能继续维持低位增长。长期来看，法国经济的增长潜力将受到技术创新、产业结构调整以及国际贸易环境的影响。随着全球经济的逐步复苏和法国政府推动的经济改革措施的实施，预计法国经济在2025年及以后有望实现更为稳健的增长。然而，具体增速将取决于全球经济形势的变化以及法国国内政策的执行效果。根据2024年7月最新预测数据，预计法国经济在2024年将保持疲弱增长，年增长率为0.7%，延续2023年下半年显著放缓趋势。但预计将在2025年加速增长，增长率为1.3%。

财政收支方面，预计2024年下半年，法国政府将继续面临公共财政收支平衡的压力。随着经济增长放缓和财政支出的刚性需求增加，政府需要采取更加严格的预算管理措施以确保财政可持续性。同时，政府也将继续推动税收制度改革和公共支出优化工作。长期来看，法国公共财政的可持续性将取决于经济增长速度、税收制度改革进展以及公共支出结构优化情况。随着法国经济的逐步复苏和财政政策的调整完善，预计公共财政收支状况将得到改善。法国债务率一直处于较高水平，预计在未来几年内仍将保持高位运行。预计法国财政赤字率将在2024年降至GDP的5.3%，并在2025年降至5.0%。政府债务预计将在2025年增加至接近GDP的114%。为了降低债务率水平并提升财政可持续性，法国政府将需要采取一系列措施包括加强财政纪律、推动经济增长以及优化债务结构等。然而需要注意的是降低债务率是一个长期过程，需要政府持续努力并保持政策的一致性和稳定性。

外贸方面，预计 2024 年下半年，法国外贸表现将受到全球经济复苏步伐、国际贸易形势以及汇率波动等因素的影响。随着全球贸易环境的逐步改善，法国商品和服务的出口有望保持稳定增长。同时，法国政府也将继续推动贸易多元化战略，以减少对单一市场的依赖。长期来看，在国际贸易环境趋于稳定的情况下，法国外贸有望实现更加均衡和可持续的发展。法国政府将继续加强与主要贸易伙伴的合作，推动贸易便利化进程，并积极参与全球贸易规则的制定和修改工作。

通胀方面，根据法国央行的预测，得益于能源和大宗商品价格的下降，法国通胀率有望在 2024 年下半年继续下降至 2.5%，2025 年接近欧洲央行设定的 2% 的目标水平。这将有助于提升家庭购买力并刺激消费增长。在通胀率逐步降至稳定水平后，法国政府和企业将面临更加有利的宏观经济环境。这将有助于推动经济增长和就业市场的稳定发展。然而，也需要注意到潜在的风险因素如全球大宗商品价格波动等可能对通胀率产生影响。

就业方面，法国仍面临一定压力，尤其是在经济增长放缓的背景下。预计 2024 年和 2025 年就业增长将放缓，分别为 0.2% 和 0.3%。失业率将在 2024 年达到 7.7%，2025 年达到 7.8%。同时，法国政府也将继续加大对失业人员的培训和再就业支持力度。长期来看，法国就业市场的稳定性将取决于经济增长速度、产业结构变化以及劳动力市场的供需关系。随着法国经济的逐步复苏和产业结构的优化升级，预计就业市场将保持稳定增长态势。

（三）法国金融稳定对本国经济社会的影响

法国金融市场的波动对法国企业的影响主要包含以下几个方面。一是融资成本上升，借贷成本增加。金融市场波动可能导致企业借贷成本上升，尤其是对于那些依赖外部融资进行扩张或运营的企业而言，融资成本的增加将直接压缩其利润空间。金融市场不确定性增加可能导致投资者风险偏好下降，银行等金融机构收紧信贷政策，使得企业融资难度加大。二是投资者投资意愿下降，市场信心不足。金融市场波动可能引发企业对未来经济前景的悲观预期，降低其投资意愿。企业可能会选择保持现金流充足以应对潜在风险，而不是将资金用于扩大生产或研发创新。三是出口竞争力受影响，汇率波动影响出口竞争力。汇率贬值虽然可能有助于提升出口产品的价格竞争力，但也可能导致进口成本上升，影响企业的整体盈利能力。

法国金融市场的波动对公共财政部门的影响主要包含以下几个方面。一是债务压力加剧，债务水平难以削减。2023 年法国政府赤字达到了 GDP 的 5.5%，债务占 GDP 比例达到 111%，远超欧盟设定的 60% 的债务上限。金融市场的不稳定可能进一步推高法国政府的融资成本，增加债务滚动的压力。二是信用评级下调风险。金融市场波动可能引发国际评级机构下调法国的主权信用评级，这将直接增加政府的融资成本，限制其通过债券市场融资的能力，从而对公共财政构成压力。三是财政政策空间受限。高债务水平和金融市场不确定性限制了法国政府在必要时采取扩张性财政政策的空间，影响了政府在刺激经济增长、改善民生等方面的作为。四是财政收入波动。金融市场波动可能影响企业盈利和居民收入，进而影响税收收入。特别是金融市场波动可能引发的经济增长放缓或衰退，将直接导致税收收入下降，增加公共财政的紧张程度。

法国金融市场的波动对居民部门的影响主要包含以下几个方面。一是资产价值波动，金融资产贬值风险，如居民持有的股票、债券等金融资产价值波动加剧。资产价值的波动不仅影响居民的投资收益，还可能引发恐慌性抛售行为，进一步加剧市场动荡。二是消费信心下降，财富效应减弱。金融市场波动导致居民财富缩水可能降低其消费信心和消费意愿。居民可能会减少非必要支出，增加储蓄以应对潜在风险，这对零售、餐饮等服务行业将产生负面影响。三是养老金和退休金风险，收益不确定性。养老金基金投资于股市或债市等高风险资产，那么金融市场波动将直接影响其收益水平。养老金和退休金的收益不确定性将增加居民对未来养老保障的担忧。

六、法国财经风险指数分析

（一）财经全球风险与挑战指数

从全球财政风险指数来看，如图5-8所示，峰值出现在2015年和2020年，疫情后的财政风险指数处于高位震荡趋势，近年来有所下降。

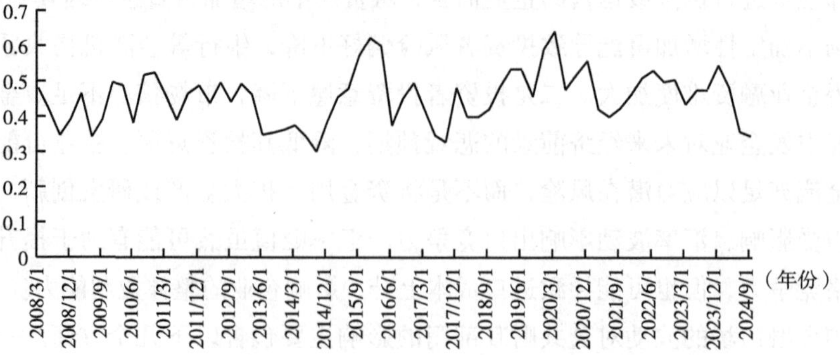

图5-8　全球财政风险指数

（二）国内改革与政策调整能力指数

经济政策不确定性指数（Economic Policy Uncertainty Index，EPUI）是由斯坦福大学和芝加哥大学的 Scott R. Baker、Nicholas Bloom 和 Steven J. Davis 三位学者编制的，主要用来反映世界各大经济体经济和政策的不确定性。该指数的计算基于三个方面的数据：新闻媒体报道、政策文件和经济学家调查。该指数显示，法国在过去二十年经济政策波动相对较小，几次波动的相对高点出现在 2012 年欧债危机、2016—2017 年英国退欧和法国大选变局、2020 年疫情前后、2022 年欧洲能源危机，需要注意的是，随着近年来的地缘政治紧张，尤其是近期的法国政坛变局，法国经济政策不确定性指数增长明显，具体如图 5－9 所示。

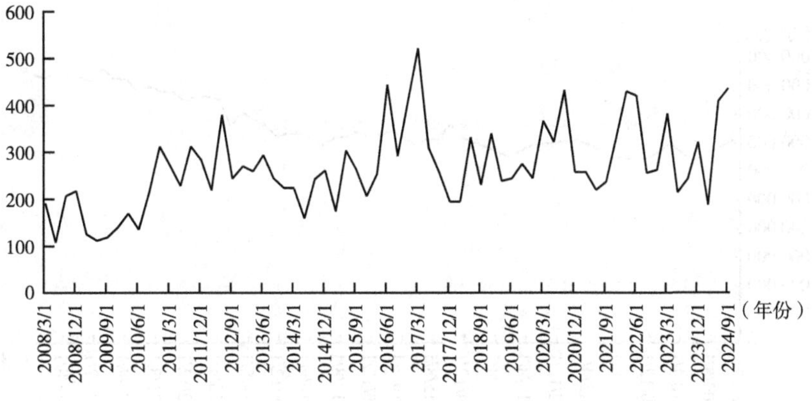

图 5－9　法国经济政策不确定性指数

（三）财政与货币政策风险对冲指数

从法国的财政情况来看，2008 年后，财政政策持续发力，国债发行大幅提升，从 2008 年至今，国债发行一直处于相对高位，如图 5－10 所示。而法国央行总资产一直维持稳中有升的趋势，整体较为稳定，如图 5－11 所示，体现出一定的经济韧性。从货币市场利率来看，法国近二十年来利率水平持续走低，整体宽松，在疫情期间为刺激经济，持续维持 0 利率，在疫情后利率水平有所恢复，体现出货币政策对经济的调节和支持，具体如图 5－12 所示。

由此可知，法国在 2008 年之后，财政货币政策持续发力，在外部政治经济环境的压力下，对维持经济的稳定起到了较为显著的作用。因此，可采用 0—1 赋值法对衡量美国财政货币政策协同指数。具体来说，2008 年之前，赋值 0；2008 年之前，赋值 1，表明法国财政货币政策协同程度较高，具体见图 5－13。

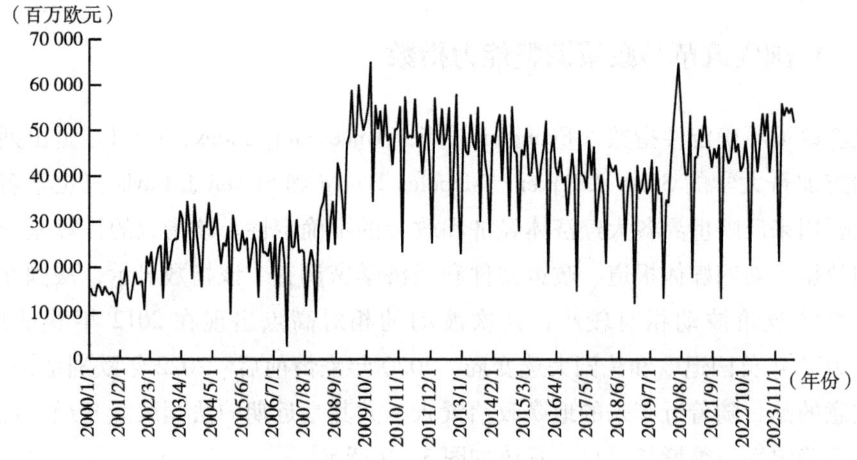

图 5-10　法国国债发行额

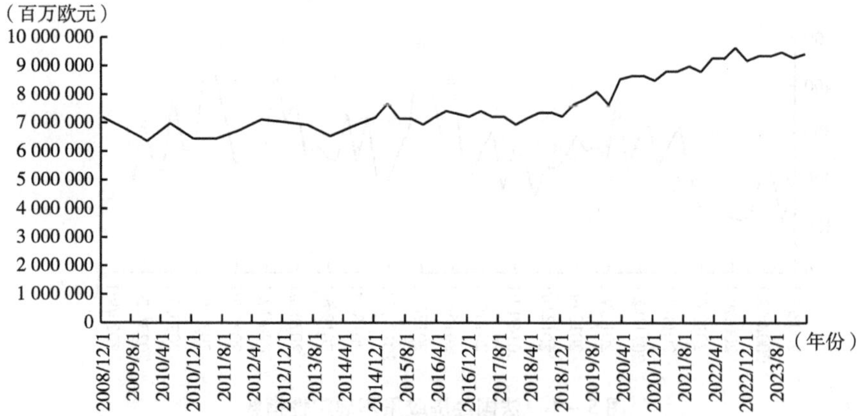

图 5-11　法国央行总资产

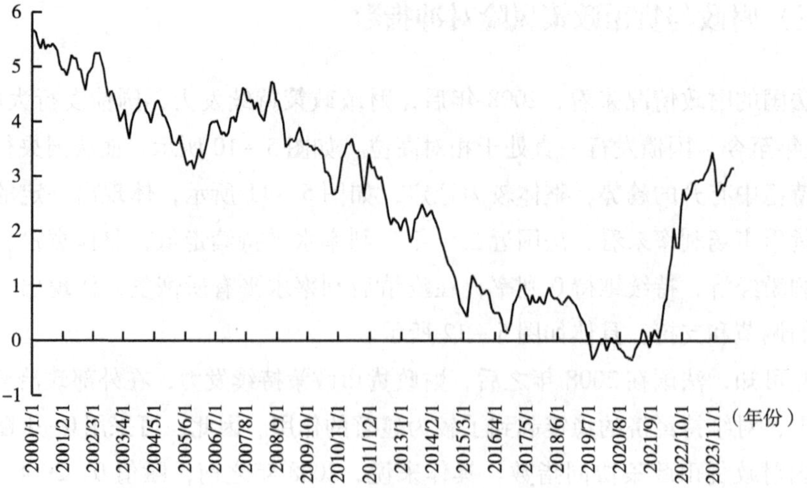

图 5-12　法国长债利率走势

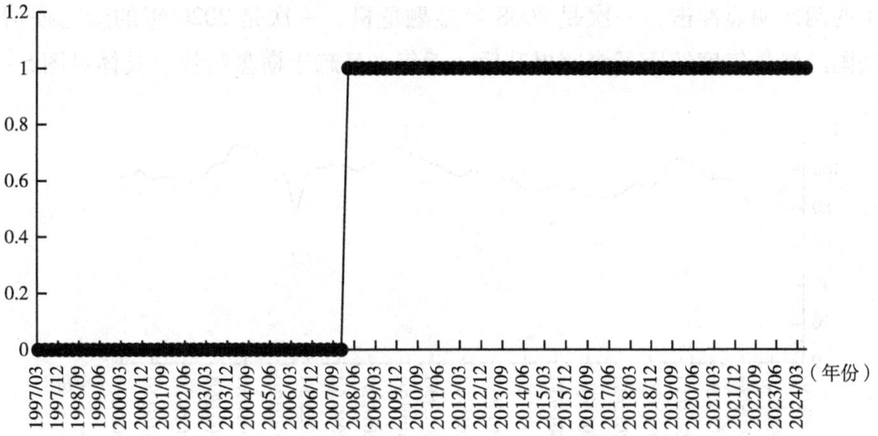

图 5－13　法国财政政策和货币政策风险对冲指数

（四）金融稳定指数

欧洲央行金融压力指数国别数据（Country－Level Index of Financial Stress，CLIFS）包括六个主要以市场为基础的金融压力测量指标，涵盖三个金融市场部分：股票市场、债券市场和外汇市场。此外，在汇总国别子指数时，CLIFS 还考虑了各国别细分市场之间的变动情况。法国金融压力指数显示，近 20 年来，波峰聚集在 2008 年经济危机、2012 年欧债危机、2020 年疫情前后、2022 年欧洲能源危机及 2023 年地缘政治紧张，具体如图 5－14 所示。

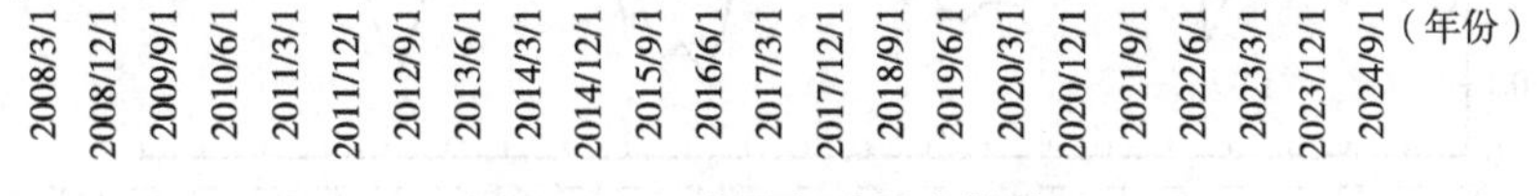

图 5－14　法国金融压力指数

（五）经济社会发展指数

法国经济景气指标由欧盟统计局定期发布，是反映法国经济景气程度的综合指标（平均＝100），包括工业信心指标（40%），服务业信心指标（30%），消费者信心指标（20%），零售业信心指标（5%），建筑业信心指标（5%）。从法国 2008 年以来的经济景气指数来看，重大事件会对法国经济景气情况造成重大冲击，近 20 年来发生的两次明显冲击，一次是2008年金融危机，一次是2020年的新冠疫情，疫情后法国经济景气度经历了快速提升后，近年来又趋于横盘趋势，具体见图5－15。

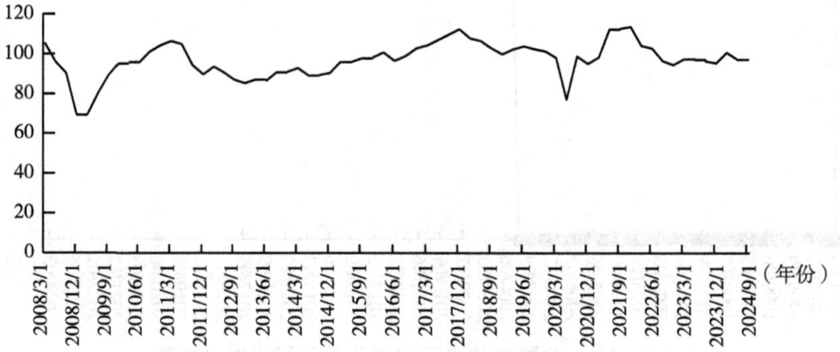

图5－15 法国经济景气指数

（六）法国财经风险指数合成

通过对全球财政风险指数、经济政策不确定性指数、财政政策和货币政策风险对冲指数、金融压力指数和经济景气指数5个指标进行等权重加和，合成了法国的财经风险指数，如图5－16所示。整体来看，从2008年1月开始，法国的财经风险呈现区间震荡趋势。几个较高峰值体现在2008年金融危机、2012年欧债危机、2016—2017年英国退欧和法国大选、2020年新冠疫情、2022年能源危机和俄乌冲突。2023年之后，法国的财经风险指数开始震荡下降，但随着近年来地缘政治矛盾加剧叠加法国政治局势动荡，近期财经风险指数有所提升。

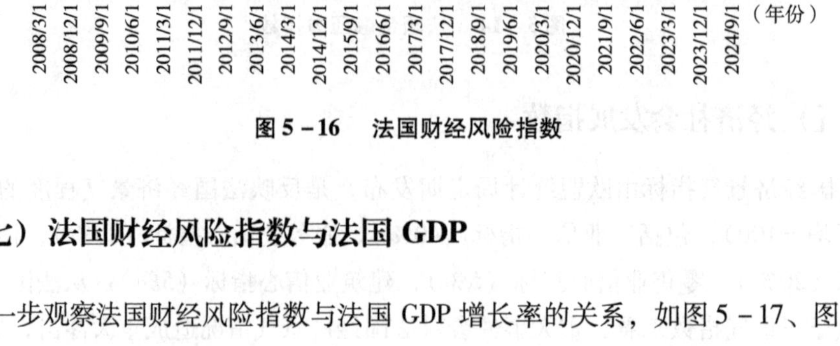

图5－16 法国财经风险指数

（七）法国财经风险指数与法国GDP

进一步观察法国财经风险指数与法国GDP增长率的关系，如图5－17、图5－18

所示，财经风险指数与 GDP 增长率整体呈现明显的镜像关系。当财经风险指数较高时，代表着财政风险和政策不确定性加剧、经济金融持续承压，经济的增长速度明显放缓。特别是当财经风险指数达到峰值时，GDP 增长速度也回落到阶段性最低点。以 2008—2009 年全球金融危机期间为例，当财经风险指数在 2008 年 12 月达到阶段性最高点 0.455 时，GDP 增速连续下挫，并在随后的 2009 年 3 月触底到 -4.1%。又如在 2016 年受英国脱欧和法国大选等连续动荡局势影响，法国在 2017 年年底实现经济增长 2.9%，同期的财经风险指数降低到 0.25 左右的阶段新低点。从近期数据来看，经历了疫情平稳后短暂的经济政治局势平稳、经济快速恢复后，2022 年后，随着财经风险指数的上升，法国 GDP 增长率又被重新压制到约 1% 的较低水平。

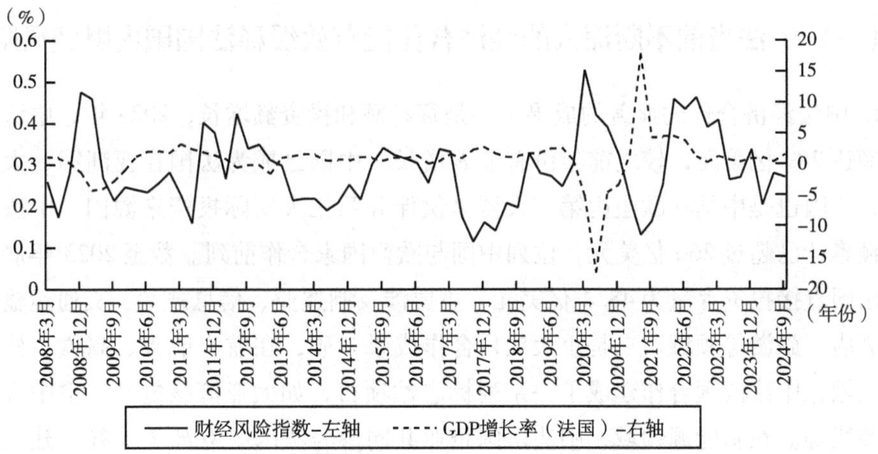

图 5-17　法国财经风险指数与 GPD 增长率

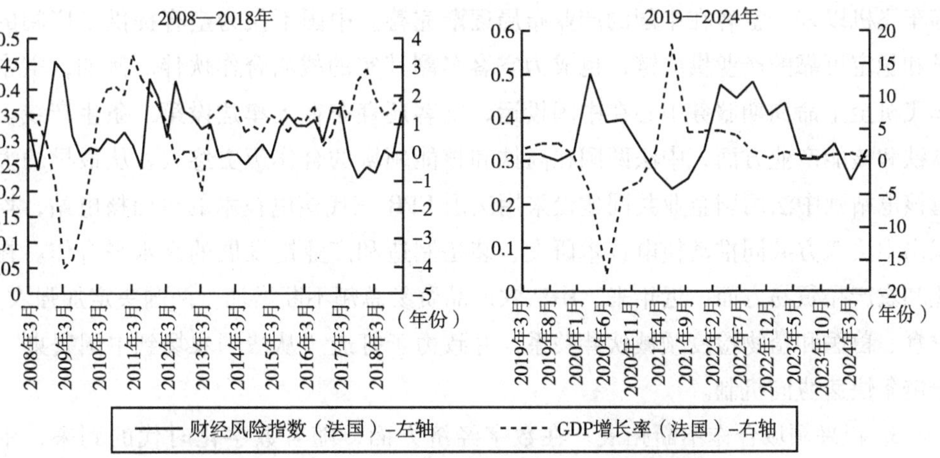

图 5-18　分时段法国财经风险指数与 GPD 增长率

七、法国财经风险对中国的影响

从经济社会的整体预期看，法国的公共债务率若长期持续高位，会影响家庭消费预期，贸易逆差有可能重新恶化，加上自身经济不平等、社会不公、种族歧视、移民融合、政治信任等矛盾进一步突出，法国未来的经济基本面仍将面临巨大挑战。作为突显法国自身独特的政治、外交和经济主张的一项重要的战略，与中国在政治、经贸、文化等多领域开展广泛而深入的合作成为法国缓释国内外危机挑战的政策“必选项”，中法之间继续加强政治互信，实现战略的有效对接，深化合作机制建设，共同推进全球经济治理。

（一）中法当前不断深入的经济合作能有效缓释法国国内财经风险

1. 中法经济合作的显著的成果。一是贸易额和投资额增长，2023 年，中法双边贸易额达 789 亿美元，较之前年份有显著增长。中国已成为法国在亚洲第一大贸易伙伴，法国也是中国在欧盟内第三大贸易伙伴和第三大实际投资来源国。中法双向投资额累计已超过 260 亿美元，位列中国与欧盟国家合作前列。截至 2023 年底，我国对法国直接投资存量为 48. 4 亿美元，主要涉及制造业、信息技术、交通运输、银行、酒店、旅游等领域。二是重大项目合作成果丰硕，在航空航天、高铁、核能等传统领域，中法两国合作建成了一系列标志性项目，如大亚湾核电站、空中客车天津总装线等。在新能源领域，中法两国企业共同参与法国“欧洲电池谷”建设，推动清洁能源技术的发展和应用。

2. 传统经贸合作不断深化。在航空航天方面，自 1985 年中国引进第一架空中客车飞机以来，空客在中国的产业布局逐渐完善。中国不仅为空客提供了广阔的市场和稳定可靠的产业供应链，也成为空客名副其实的战略合作伙伴。例如，空中客车飞机全生命周期服务中心在中国投运，空客还宣布在天津建设第二条生产线。在高铁和核能产业方面，中法两国在高铁和核能领域的合作历史悠久，从最早的大亚湾核电站到中法两国企业共同建设采用法国 EPR 三代核电技术的台山核电站，均展现出中法双方共同推动核电技术研发、装备制造和产业链发展的高水平合作。在农业和农产品贸易方面，近年来，中法农产品贸易总额不断增加。两国决定加强农业、农食、兽医和植物检疫领域伙伴关系，并致力于打造“从法国农场到中国餐桌”的全链条快速协同机制。

3. 新兴领域合作不断拓展。在数字经济方面，随着数字化时代的到来，中法两国在数字经济领域的合作日益紧密。2023 年 11 月，中法两国联合签署全球首份 AI 国际性声明《布莱切利宣言》。2024 年 5 月，中法两国元首共同发布了《关于人工智能和全球治理的联合声明》，达成十点共识，涵盖坚持“智能向善”的宗旨、人工智能的包容性接入、加强人工智能治理的国际合作等多个方面。此外，法国巴黎银行在中国设立外商独资券商，显示出法国金融资本对中国市场的重视和布局。在绿色经济和低碳转型方面，中法两国同为《巴黎协定》的缔约方和维护者，积极在绿色经济领域开展合作。近年来，中法两国在绿色能源领域的合作不断加强，涉及核电、风电、光伏等多个领域。2023 年，法国总统马克龙访华期间，中法双方 36 家企业在绿色、新能源等领域签署 18 项合作协议。从清洁能源项目到综合智慧能源，从低碳能源服务到碳资产管理，均显示出双方能源合作已进入高质量发展的新阶段。在中小企业合作方面，两国政府致力于推动中小企业层面的合作，通过签署相关谅解备忘录和提供政策支持，为两国中小企业合作创造更好的营商环境。

（二）高度关注法国国内财经风险的外溢和对我国的可能负面影响

1. 近期法国国内较大的财经风险。一是预算案陷入僵局，法国近期因 2025 年预算案引发的政治僵局导致政府垮台，预算案未能通过，使得法国面临财政不确定性。这种不确定性可能进一步削弱法国的公共财政，增加其债务负担。二是高债务水平下降缓慢，法国高债务水平增加了法国的偿债压力，也影响了其信用评级。三是政治分裂加剧，法国政治的持续分裂导致各方政治力量相互掣肘，难以在关键政策上达成共识。这不仅拖累了法国的经济前景，也增加了其财政经济风险。

2. 法国财政经济风险外溢到我国的途径。一是贸易渠道，法国作为欧盟的重要成员国，其经济疲软可能导致对我国的进口需求减少，从而影响我国的出口贸易。二是贸易条件恶化，法国财政经济风险可能引发货币贬值等连锁反应，进而影响我国与法国的贸易条件，使我国出口商面临更大的竞争压力。三是金融渠道，法国财政经济风险可能引发金融市场的波动，包括股市、债市等。这可能导致我国投资者在法国市场的资产价值下降，增加投资风险。四是信用评级下调影响，国际信用评级机构对法国主权信用评级的下调可能引发全球金融市场的担忧，进而影响我国金融市场的稳定性。五是金融机构风险敞口增加，我国金融机构可能直接或间接持有法国国债或其他金融资产，法国财政经济风险可能增加这些资产的风险敞口，影响我国金融机构的稳健运营。六是市场信心渠道，法国作为欧盟的重要经济体之一，其财政经济风险可能引发全球投资者对欧洲经济的担忧，进而影响全球市场的信心。这种信心下滑可能波及我国，影响我国的外资流入和经济增长预期。

3. 我国应对法国财经风险外溢的措施。一是加强出口多元化：减少单一产品对法国及欧盟市场的依赖，积极开拓其他国际市场，特别是新兴发展中国家的市场。

二是优化贸易结构：提升出口产品的技术含量和附加值，增强我国出口产品的竞争力。三是加强金融监管：密切关注法国及欧盟市场的金融动态，加强对我国金融机构的风险管理和监管力度。四是推动人民币国际化：通过推动人民币国际化来降低对美元的依赖，减少外部金融风险对我国的影响。五是加强国际合作：与法国及欧盟等经济体加强经济合作与政策协调，共同应对财政经济风险带来的挑战。

第六章

俄罗斯财经风险与指数分析

乌克兰危机升级后，金融制裁是俄罗斯与西方国家较量的主要战场。2022 年以来，西方对俄罗斯采取的制裁措施已累计超过 1.5 万项，是四十年来对伊朗制裁措施的 3 倍。整体来看，俄罗斯金融市场平稳运行、风险可控。尽管 2023 年 7 月以来俄罗斯货币市场利率大幅上升，但利率风险尚未对银行业的稳定产生重大影响。2024 年以来，卢布汇率仍处于较低位，但逐渐趋于回升；俄通胀率相比于 2022 年制裁初期明显放缓，不过年底呈现回升态势。

当前，俄罗斯金融市场面临的国内外形势复杂多变。一方面，在西方国家对俄金融账户的制裁和限制的背景下，俄罗斯外贸流动受到影响，尤其在出口商品需求下降、价格波动等方面；且西方对俄罗斯友好国家的二级制裁也对俄罗斯金融市场造成一定风险。另一方面，俄国内形势也愈发复杂，军工综合体获得了越来越多的预算支持，正从民用经济部门攫取越来越多的资源；与此同时，进口所需外汇短缺、各地周期性出现财政赤字的问题也逐渐凸显。为此，俄罗斯财政部与央行启动一系列应对举措，加速经济结构转型，稳定金融和物价，防止通货膨胀螺旋式上升。近期，在强劲的收入增长和消费者信心的支持下，俄罗斯面临经济过热的风险，多个国际机构与俄罗斯央行均上调了对 2024 年俄经济增速的预测。2024 年 7 月，俄央行再次提升关键利率以抑制通胀，并表示为使俄罗斯的通胀水平回归至目标值，需要长期维持紧缩的货币政策。

一、俄罗斯财经面临的全球风险与挑战

金融制裁因其容易被执行、难以被规避、能够刺激市场等特点，在此次西方制

裁中被广泛使用[①]。这些制裁旨在减少俄罗斯的石油收入、禁止对俄出口系列商品、冻结俄罗斯银行储备，并切断俄罗斯信贷机构与全球金融体系的联系。2024 年 2 月 21 日，欧盟批准了对俄罗斯的第 13 轮制裁。新一轮制裁已成为西方声援乌克兰的重要方式。

（一）国际制裁形势进一步恶化

1. 持续冻结主权资产。2022 年以来，欧美将俄罗斯具有影响力的自然人、法人、银行和机构等纳入制裁范围，并禁止所有与俄罗斯央行有关外汇储备和资产管理的交易。BBC 报道称，俄乌冲突爆发后，G7 成员国与欧盟共冻结了总值约 3 250 亿美元的俄罗斯资产。俄央行的数据显示，截至 2023 年 3 月，俄罗斯黄金和外汇储备规模大约为 5 742 亿美元，而此前一年，这一数字为 6 171 亿美元。也就是说，俄乌冲突爆发后，俄黄金和外汇储备约一半被冻结。据俄罗斯电视台（RT）报道，在欧盟国家冻结的俄罗斯资产中，2 050 亿美元被总部位于比利时的欧洲清算银行所持有。[②] 2024 年 2 月 24 日，意大利总理焦尔吉娅·梅洛妮在乌克兰首都基辅主持召开七国集团首脑峰会。七国集团认为，俄罗斯的主权资产将继续被冻结，直至俄罗斯赔偿对乌克兰造成的损失。

2. 恶化俄罗斯出口环境。为限制俄罗斯的出口创汇能力，西方国家在军工、能源等领域进行了彻底的技术封锁、中断金融服务、实施融资限制。第一，切断金融市场联系。俄罗斯的出口业务严重依赖美国和欧盟的金融体系，支付渠道方面的制裁对俄出口影响很大。七国集团在 2022 年 2 月 26 日同意将部分俄罗斯银行移出环球银行金融电信协会（SWIFT）后，维萨、“PayPal” 等多个国际银行及数字支付平台先后宣布停止俄罗斯业务或冻结相关账户。[③]2024 年，美国财政部对俄罗斯国家支付卡系统（НСПК）实施了制裁，该系统负责处理俄罗斯米尔（Mir）支付卡的交易。第二，实施技术封锁。在新一轮制裁中，欧盟扩大了可用于生产无人机的违禁品清单，并禁止向俄罗斯供应部分晶体管、半导体转换器、部分化学元素产品、电子线路板、半导体生产设备和电力变压器，制裁清单甚至包括摄影器材等设备。第三，继续打击俄罗斯能源出口。在七国峰会的最终报告中，承诺将采取额外措施减少俄罗斯从能源贸易中获得利润。报告特别提及，将严格遵守石油价格上限。美国财政部副部长沃利·阿德耶莫称，西方国家将减少对俄罗斯石油价格上限的关注，但会努力增加俄罗斯在原材料出口方面的费用。

3. 开启次级制裁。在最近几轮制裁中，欧盟越来越注重实施次级制裁。其中，

①③ 朱海华，高思宇．俄罗斯与西方国家间的金融制裁博弈：策略、效果与启示［J］．欧亚经济．2024.

② 美怂恿没收俄罗斯资产，到底坑了谁［N］？北京日报．2024. 7. 8. https：//baijiahao. baidu. com/s?id = 1803972347612471820&wfr = spider&for = pc.

包括4家中国公司，哈萨克斯坦、印度、塞尔维亚、泰国、新加坡、斯里兰卡和土耳其各一家公司。比利时方面称，上述公司对俄罗斯规避欧盟制裁措施给予了帮助。美国商务部对4家阿拉伯联合酋长国公司、8家中国公司和16家土耳其公司实施了出口制裁。据称，这些公司的行为违背了美国的国家安全利益和外交政策。美国的新一轮制裁措施共涉及11个国家的26名自然人和法人代表。美国还对来自德国、爱尔兰、塞浦路斯、芬兰和爱沙尼亚的欧洲公司实施了限制，上述措施可能会破坏美国和欧盟国家间的跨大西洋关系团结。

（二）全球性因素导致俄罗斯外汇结构失衡

对于俄罗斯来说，在西方国家对俄金融账户进行限制的背景下，全球风险对俄罗斯影响的关键渠道仍然是外贸流动，包括出口商品的需求下降或价格波动。此外，西方对俄罗斯友好国家的二级制裁也造成了一定风险。

1. 俄罗斯主权债务违约风险上升。西方国家冻结俄罗斯主权资产，严重限制了俄罗斯动用外汇储备偿还债务的能力。西方国家还不断封锁俄罗斯偿还主权债务的通道，试图逼迫俄罗斯成为国际社会的“失信人”。危机升级前，俄罗斯在欧洲市场有约200亿美元的主权债务，危机升级后西方国家禁止俄罗斯从被冻结的外汇储备账户中取款偿还主权债务，使俄罗斯可支配外汇储备面临被耗尽的风险。为此，2022年3月5日，普京签署第95号总统令，规定俄政府和其他主体在偿还不友好国家债权人的债务时，若每月偿还金额超过1 000万卢布，必须以卢布进行偿还。6月22日普京签署了总统令进一步规定，俄财政部将到期主权债券的款项按支付日的汇率折算成卢布，付至以欧洲债券结算系统名义在俄国家结算存管所开设的账户，俄即已履行了债务人的还款义务。①

2. 国际收支经常账户影响卢布汇率走势。在资本流动受到限制的背景下，俄罗斯外汇市场的情况主要受国际收支经常账户的影响。进口国的外汇需求与出口国的外汇供应之比起着关键作用，出口国的外汇收入主要取决于石油和其他原材料的世界价格。根据2024年第一季度俄罗斯金融稳定审查报告，俄罗斯国际收支经常账户的稳定盈余和维持紧缩的货币政策支撑了本国货币。

俄罗斯银行监控俄最大出口商的净出口额，由于油价上涨，俄外汇收入和净销售额呈积极变动，卢布汇率整体维持稳定。如图6－1所示，2023年11月至12月，俄罗斯净出口额有所增加，由139亿美元增至148亿美元。净出口的上涨主要是由于国际油价上升。如图6－2所示，根据俄罗斯财政部的数据，同期，乌拉尔石油均价为77美元/桶，比2023年1月至9月的均值高出30%。然而，2024年1月，油

① 朱海华，高思宇．俄罗斯与西方国家间的金融制裁博弈：策略、效果与启示［J］．欧亚经济．2024.

价下跌至 64 美元/桶，导致俄罗斯最大出口商净出口外汇收入下跌至 117 亿美元，降低了 21%，但仍明显高于 2023 年夏天的水平。2024 年 2 月至 4 月，油价回升至 70 美元/桶，加上此前因制裁压力而延迟的付款逐步到位，推动俄罗斯净出口额抬升至 132 美元，环比上升 23%。

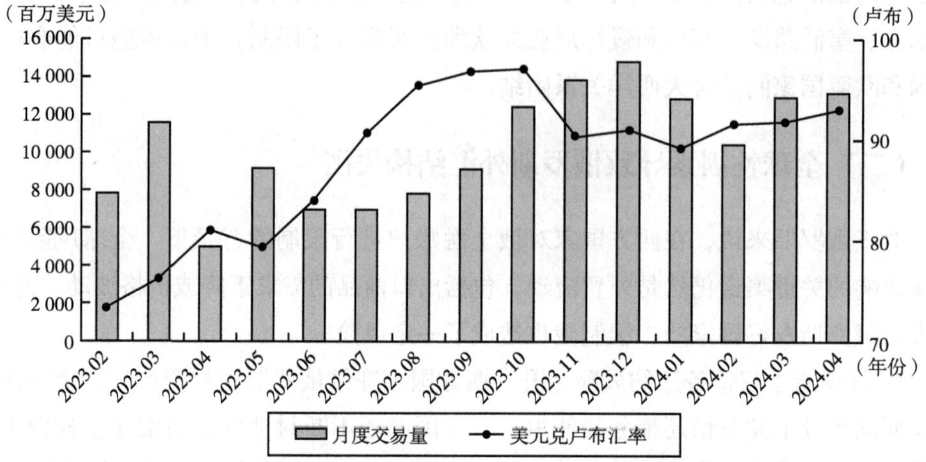

图 6－1　俄罗斯最大出口商[①]净出口额和美元兑卢布汇率变动

数据来源：2023 年第四季度至 2024 年第一季度俄罗斯金融稳定审查报告 . Обзор финансовой стабильности. https://cbr. ru/analytics/finstab/ofs/4_2023_1_q_2024/.

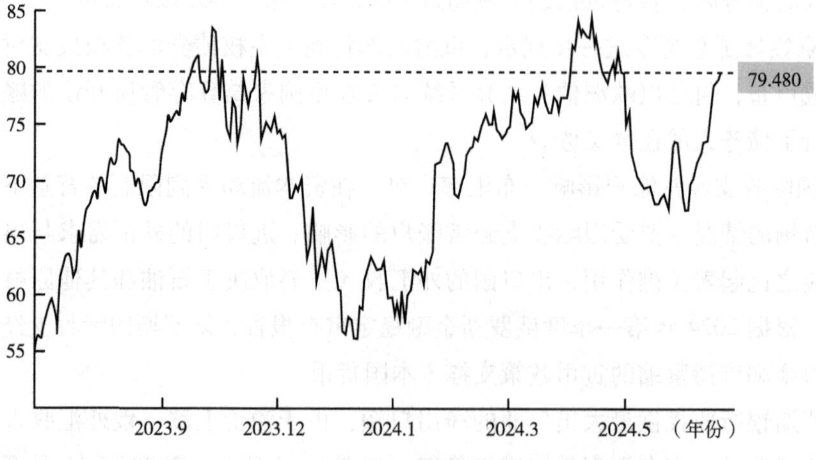

图 6－2　近一年乌拉尔石油价格变动（美元/桶）

3. 外汇市场结构性失衡。由于西方国家实施的二级制裁，俄罗斯与“友好国家”的货币往来有所放缓。2024 年第一季度俄罗斯《金融稳定审查》报告指出，人

① 指俄罗斯规模最大的 29 家出口商。

民币已成为俄罗斯的主要外币之一，但人民币流动性状况出现周期性恶化。由于中国的货币限制和二级制裁的风险，中国的银行无法充当人民币流动性的提供者。俄罗斯银行人民币资产的主要资金来源是俄罗斯企业和公民的内部储蓄。俄罗斯银行在外国银行的代理账户余额减少的同时，向企业客户提供的人民币贷款增加，人民币流动性开始周期性恶化，货币互换市场出现了人民币流动性短缺的情况。

二、俄罗斯国内改革与政策调整能力

（一）国内经济社会风险点凸显

1. 军工综合体正从民用经济部门攫取越来越多的资源。2024 年 2 月，普京在经济会议上宣布，2023 年俄罗斯 GDP 增长了 3.6%，不仅弥补了 2022 年经济下滑 1.2% 的损失，还超过了全球平均增长率。然而，实际情况并非如此乐观。有研究发现，俄罗斯经济特别是工业的增长，是由国防部根据军事命令采购武器、弹药、制服和其他物品，从而导致其产量倍增带动的。也就是说，俄罗斯军工综合体获得了更多预算支持，进而推动俄罗斯经济的提升。这意味着，能够获得军事订单的军工厂和企业可以提供更高的工资，并有条件招揽劳动力市场和在民用企业工作的工人。同时，用于支持军工综合体的预算资金有很大一部分流入消费市场。坦克或飞机制造厂的工人将领到的工资用于消费，但他们生产的产品并没有进入消费市场，也没有用于出口，既无法为经济提供新增产值，也不能创造外汇收入。2024 年 2 月初，普京在访问图拉期间表示，在一年半的时间里，国防工业创造了 52 万个新的就业岗位。

可以说，国防企业占用的国家资金越多，给经济带来的问题就会越多。毕竟被军工产品摧毁的东西迟早要重建，无论俄罗斯是否夺取了新的领土，都需要为重建付出代价。俄罗斯联邦和地区已经花费了数千亿卢布用于恢复占领的乌克兰领土。①

2. 进口所需货币短缺。西方国家正在清除最后的法律障碍来冻结俄罗斯的储备，并将其用于重建乌克兰。俄罗斯各地区也正在所谓的新地区开展“义务劳动”。俄罗斯已经陷入了无法增加消费品生产的境地，工人已经被军工企业垄断。要迅速满足国内日益增长的有效需求，唯一的办法就是增加消费品进口。而为了支付进口商品，需要充足的外汇。在当前的形势下，俄罗斯不仅面临劳动力短缺的问题，同时也面临外币短缺的状况。

3. 俄罗斯各地周期性出现财政赤字。自 2023 年中开始，俄罗斯各地开始周期性地出现赤字，随之而来的是物价飙升。政府不断地填补新出现的财政缺口并汇报

---

① 滕仁，马娟编译．俄乌战争两年后俄罗斯的经济［J］．中俄战略协作动态，2024（3）．

所取得的成果，其采取的紧急措施经常对制造商造成打击，特别是在禁止某些产品出口的情况下。这意味着军工综合体在争夺资源的竞争中获得了更多优势。军工生产在俄罗斯经济中的比重正在加速上升，这一变化可以称为“转型”，但“变形”一词更能反映其本质。如果按照这种形势发展下去，俄罗斯消费者市场将被某些获得政府利益和财政支持的公司垄断，其余部分将通过从中国进口来满足，但前提是俄罗斯原材料的价格足够高，以支撑进口需求。2023 年，俄罗斯经济发生了质的变化，这些变化一方面是由战争和交战军队的需要决定的，另一方面也是为适应国际制裁的条件。有文章将这种模式称为“缺口经济”，它不以竞争的存在为前提，更适应战争的持续而非和平时期条件的发展。①

（二）俄罗斯重组经济结构以应对国内外限制

1. 加速俄罗斯经济结构转型。2024 年 6 月 7 日，俄罗斯总统普京在圣彼得堡国际经济论坛全体会议上发表讲话表示，俄罗斯政府将围绕俄经济十大结构性变化继续加强支持力度，为经济社会发展带来积极变化。这十大经济结构变化将主要体现在进出口贸易、经济增长领域、劳动力市场、劳动生产率、数字化发展、技术创新、中小企业发展、地方发展潜力、减少贫困与不平等、提高民众生活质量这十个领域。俄罗斯央行行长埃尔薇拉 · 纳比乌琳娜称，“俄罗斯经济结构转型”一词被提及的频率越来越高，这意味着俄罗斯将逐渐加强进口替代、减少对进口的依赖以及逐步摆脱原料附庸模式。

2. 改变进出口结构。在对外经济关系方面，俄罗斯将努力在世界市场上占据重要地位，并改变进出口结构。2020 年至 2023 年俄与亚洲国家贸易增长 60%、与中东国家贸易增长 1 倍；与友好国家的贸易已占据俄对外贸易额的四分之三。在物流运输领域，俄将加紧开发东部铁路网。到 2030 年，俄东部铁路运输能力将增至 2.1 亿吨，到 2032 年增至 2.7 亿吨。在南部方向，国际南北运输走廊及亚速海—黑海运输走廊的发展计划已获批准。北方航道去年货物吞吐量 3 600 万吨，未来可能突破 1.5 亿吨。俄将继续发展北方航道基础设施建设，为此将在俄联邦国务委员会框架内设立专门委员会。预计到 2030 年经俄领土的国际运输走廊运输量将达到 2021 年的 1.5 倍。在跨境支付方面，俄将与合作伙伴一道，增加本国货币在贸易支付中的使用，提高贸易结算的安全性和效率。

3. 修改预算规则。2024 年 3 月 5 日，俄罗斯《独立报》刊发了该报经济部主任米哈伊尔 · 谢尔盖耶夫的文章《俄罗斯的预算政策已经过时》，指出俄罗斯的预算政策面临诸多问题，需要修改。根据最新的三年财政计划，俄罗斯几乎在 2024 年后

① 滕仁，马娟编译. 俄乌战争两年后俄罗斯的经济 [J]. 中俄战略协作动态，2024 (3).

削减支出，以规范预算，使其恢复到危机前的国家预算构成。然而，这样的计划已注定无法实现。经济学家表示，政府的预算和优先事项显然已经过时，俄罗斯将不得不增加国防和经济重建方面的政府支出，且不断增长的政府债务将成为一项日益严峻的挑战。为此，俄罗斯准备对企业和公民增加新的税收。俄罗斯宏观经济分析与短期预测研究所认为，财政部通过实施硬性的“预算规则”削减政府开支的计划可能会被重新修订。除政府支出水平外，税收制度也将发生变化。俄罗斯财政部部长西卢安诺夫在普京总统 2 月 29 日向联邦议会发表国情咨文后表示，已经出台税制多样化的立法倡议。

2024 年，俄罗斯计划通过新税收增加财政收入。俄罗斯宏观经济分析和短期预测中心预计，联邦财政预算收入将增长 20. 4%，达到 6 万亿卢布，其中包括天然气和石油收入增长 30. 4%，非天然气和石油收入增长 16. 1%；预计非石油天然气收入将增加 3. 8 万亿卢布，其中包括：个人所得税增加 1 020 亿卢布、出口关税增加 4 530 亿卢布、环保费收入增加 3 060 亿卢布；其他一次性收入增加；统一税收缴纳资金余额 8 500 亿卢布划入国库。

（三）俄罗斯企业信贷集中度风险有所上升

国际制裁迫使俄罗斯摆脱大部分进口产品，使俄生产商能够用自己生产的产品填补市场空缺，也能在一定程度上刺激国内经济增长。由于俄罗斯联邦企业部门销量回升，盈利指标和债务负担普遍有所改善。不过，在 2024 年第一季度《金融稳定审查报告》中，俄罗斯首次强调了信贷集中度风险这一脆弱性。因为俄罗斯大型企业在积极偿还外债的背景下，从俄罗斯银行获得的融资量明显增加。截至 2024 年 4 月 1 日，企业置换外债、增加营运资金以及为投资项目融资的需求增加，导致贷款增加，使俄罗斯最大五家企业对银行的债务金额达到银行总资产的 56%。

三、俄罗斯财政货币政策抗风险能力

2022 年以来，俄罗斯遭遇前所未有的对外贸易和金融限制，俄罗斯经济进入结构调整阶段。俄财政部和中央银行的任务是为尽可能有效进行经济重组创造条件，降低经济活动的下滑，避免宏观经济稳定风险。

（一）俄罗斯财政发力以稳定金融市场

随着地缘政治矛盾不断加剧，俄罗斯加速启动国内经济大规模结构转型的进程。其原因主要有两点，一方面是由于西方国家的对外贸易和金融限制，俄罗斯已建立的经济关系被迫重组；另一方面是俄需要对新增的优先事项分配财政资源，以加强国家防御能力。为此，俄罗斯财政政策的主要目标有两点：一是稳定金融市场和物价，防止通货膨胀螺旋式上升，同时支持弱势群体公民的收入；二是促进经济关系重组，尽量减少发展潜力的损失并保留就业机会。2022—2023 年，俄罗斯通过了一系列税收立法改革，旨在通过激励措施刺激经济和投资活动（见表 6－1）。

表 6－1　2022—2023 年俄罗斯重点财税措施

支持项目	具体措施
石油部门的财政激励	为发展交通基础设施建设，促进石油和天然气生产，俄罗斯对部分矿产资源开采税实施税收减免，由此而产生的额外利润预计为 2 300 亿卢布。
对优先领域实施激励措施	1. 针对受影响最严重的经济部门和个体企业，推迟支付 2022 年第二季度和第三季度的保险费，2023 年将期限进一步延长 12 个月。 2. 2022—2024 年，降低信息技术和电子行业的所得税税率。 3. 为信息技术和无线电子领域提供企业所得税和保险费减免。 4. 将出售高科技部门证券所得的个人所得税免征期限延长至 2028 年。
对优先领域实施激励措施	5. 自 2023 年 1 月 1 日起，对实施保护和鼓励投资协定（СЗПК）期间的基础设施建设中的若干税款实施税收减免。 6. 对船舶修理工作以及酒店等提供临时住宿场所的服务实行零增值税税率。 7. 对旅游行业实施增值税税收减免。 8. 在征收统一农业税时，应税葡萄和葡萄酒产品销售收入占销售总收入的比例要求由 100% 降至 70%[①]。
保护公民储蓄	1. 对于不具备行为能力子女的父母，给予个人所得税减免。 2. 对于能够享受税收减免的纳税人，将其子女的最高年龄限制提高到 24 岁，前提是子女在教育机构参加全日制学习。 3. 将子女教育的社会税扣除额提高至 11 万卢布。 4. 对于 2021—2022 年的银行存款收入、2022—2023 年出售黄金的所得收入和 2021—2023 年以物质利益形式获得的收入，免征个人所得税。
创造新的金融工具形成公民长期储蓄	1. 启动长期储蓄计划，该计划将于 2024 年 1 月 1 日生效，将使公民在未来形成长期财务资源。对于每年向该计划资助的 40 万卢布以内的捐款，将有可能获得单一的税收减免，国家提供 280 万卢布的储蓄保护，且捐款本身将由国家共同资助。 2. 改革个人投资账户制度，自 2024 年 1 月起，公民个人可以开设新的个人投资账户，不限制存入金额数量，并可以享受税收减免。 3. 开创长期人寿保险模式，设立共享人寿保险。投保人可以将支付资金用于投资，并享受不低于投资收益的存款利率水平。

① 统一农业税税收制度是俄罗斯专门针对农业生产者推出的特殊税制，从事农产品生产的企业和个体工商户可以申请使用统一农业税，按收入减去课税前扣除支出后的利润适用 6% 的低税率，同时免除与农业生产相关的企业所得税（或个人所得税）、增值税（进口应付的增值税除外）和企业财产税（或个人财产税）的纳税义务。但适用统一农业税税收制度的农产品生产者，其销售自产农产品及初加工农产品的收入需满足全部销售收入（包括商品、劳务、服务收入）的比例要求。

续表

支持项目	具体措施
增加自由经济区与远东地区的商业吸引力	1. 在自由经济区建立保险费优惠制度。为自由经济区参与者设置 7.6% 的单一关税；降低 2023—2025 年期间从事创业或专业活动的投保人的保险费。 2. 降低远东联邦区优先发展区居民的保险费率。 3. 2023—2026 年，对在卡奇卡纳尔等地区开采铁矿石的矿产资源开采税提供税收减免。 4. 对于位于克拉斯诺亚尔斯克边疆区的地下矿区开采铂族金属含量较低的多组分复杂矿石，连续 12 年（2026—2038 年）免征矿产资源开采税。

资料来源："Основные направления бюджетной, налоговой и таможенно – тарифной политики на 2024 год и на плановый период 2025 и 2026 годов"（утв. Минфином России）. https：//www. consultant. ru/document/cons_doc_LAW_458280/.

（二）利用俄罗斯预算稳定基金对冲财政经济风险

俄罗斯预算稳定基金是政府预算政策和经济政策不可或缺的组成部分，也是俄罗斯预算稳定机制的重要工具。俄罗斯于 2004 年建立稳定基金，将政府在资源丰沛期获得的部分超额收入储存起来，以备经济与财政遭遇危机之时使用，达到稳定财政与经济、降低通货膨胀压力、减轻国民经济对能源的依赖等目标。在疫情蔓延全球、地缘政治矛盾加剧和制裁持续的背景下，俄罗斯稳定基金弥补了因多重压力造成的财政资金短缺，及时为经济部门注入资金，有效发挥了平抑经济波动、保障国家预算平衡的积极作用。俄乌冲突以来，西方国家对俄罗斯的制裁不断加剧，俄罗斯财政经济形势面临严峻考验。为应对西方在能源方面的制裁，俄罗斯紧急调动财政储备，采取一系列措施，以期利用国家福利基金维持财政状况平稳过渡。

一是弥补联邦财政赤字。为保障联邦财政的平稳运行，俄罗斯开始大幅使用国家福利基金弥补预算赤字。2022 年，国家福利基金总规模缩小了 3.4 万亿卢布，其中近 90% 用于弥补联邦财政赤字。2023 年 1 月，俄罗斯财政部首次出售国家福利基金中的黄金以弥补预算赤字；当月，俄罗斯以 384.989 亿卢布出售了 22.742 亿元人民币和 3 633 公斤黄金。同年第一季度，国家福利基金累计支出约 0.3 万亿卢布，用于弥补联邦财政赤字（见表 6 – 2）。

表 6 – 2　　俄罗斯国家福利基金弥补联邦财政赤字情况

时间	弥补财政赤字金额（亿卢布）	出售基金资产情况
2022 年 10 月	2 597.357	出售 34.553 亿欧元、3.75 亿英镑和 635.729 亿日元。
2022 年 11 月	3 000	出售 23.301 亿欧元、16.86 亿英镑和 785.065 亿日元。
2022 年 12 月	24 124.427	出售 285.166 亿欧元、27.696 亿英镑和 1 218.522 亿日元。

续表

时间	弥补财政赤字金额（亿卢布）	出售基金资产情况
2023 年 1 月	384.989	出售 22.742 亿元人民币和 3 633 公斤非个人黄金。
2023 年 2 月	1 317.254	出售 73.78 亿元人民币和 12 032.4 公斤非个人黄金。
2023 年 3 月	1 370.712	出售 74.791 亿元人民币和 11 862.9 公斤非个人黄金。

数据来源：俄罗斯财政部官方网站。

二是移除外汇储备中的“不友好”货币。国家福利基金是俄罗斯黄金和外汇储备的重要组成部分。俄罗斯财政部于 2021 年规定，国家福利基金应由 39.7% 的欧元、30.4% 的人民币、5% 的英镑、4.7% 的日元和 20.2% 的黄金构成。然而，在制裁影响下，其在外国银行代理账户中的货币（人民币除外）受到制裁封锁，其中包括 385 亿欧元、41 亿英镑和 6 003 亿日元；其他资金存放在俄罗斯中央银行，投资于基础设施项目和股票。2022 年，俄罗斯财政部决定了国家福利基金的新结构，日元和英镑被排除在国家福利基金的货币构成之外。根据新的规定，人民币占比最高为 60%，黄金的比例最高为 40%，基金在俄罗斯银行的英镑和日元账户余额已重置为 0。截至 2024 年 5 月，国家福利基金仅包含 2 276 亿元人民币和 329.7 吨非个人形式的黄金，单独存放在中央银行的账户中。

（三）俄罗斯央行开启加息周期控制通胀

俄罗斯货币政策选择的逻辑通常是：面对危机冲击时，首先需要稳定金融市场、抑制通胀，然后再逐渐改善生产、恢复供应链。2014 年克里米亚危机爆发后，当年 12 月 16 日卢布大幅跳水，俄央行立即将关键利率从 10.5% 大幅提高到了 17%，由此暂时稳定了汇率。因此，面对俄乌冲突引发的极限制裁，加息再次被认为是俄央行处理此次卢布危机的首选之一。

1. 维持汇率稳定。为了防止经济因极限制裁而停摆甚至崩溃，俄央行在卢布汇率快速下挫时做出了迅速反应，于 2022 年 2 月将关键利率从 9.5% 上调至 20%，创下近二十年来的新高（见图 6－3）。关键利率的上涨带动存款利率的上升，会使民众的储蓄免于贬值。同时，俄央行的这一举措在成功阻止卢布暴跌的同时，也在一定程度上防止了大规模资本外逃和银行挤兑的发生。随着卢布不断升值，俄央行逐步下调关键利率，以降低贷款成本，从而有助于恢复供给。2022 年 7 月 22 日，俄罗斯将关键利率下调至 8%，已基本降至冲突爆发前的水平。预期通货膨胀率的下降是俄罗斯下调关键利率的重要原因。

2. 推行临时资本管制。面对西方制裁层层加码，俄罗斯央行围绕增加外汇供给、限制外汇需求这两个目标采取了一系列措施。这些举措既有利于减少俄罗斯国

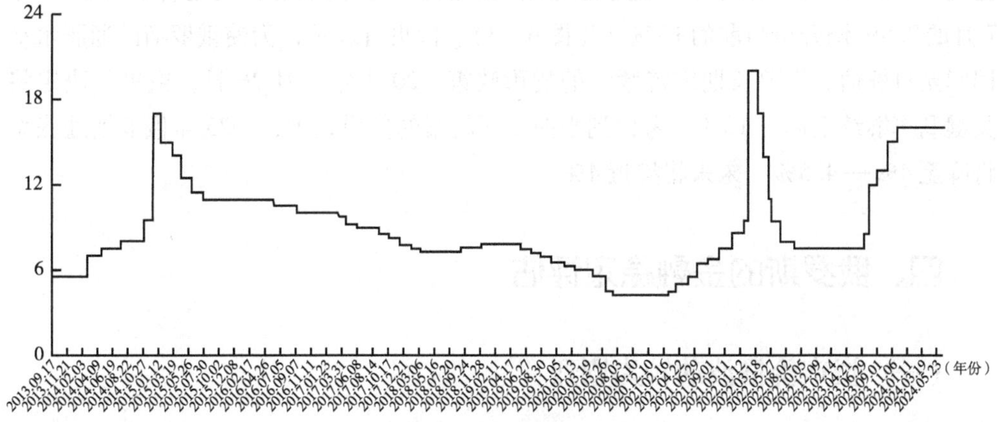

图 6-3　俄罗斯关键利率变化动态（单位：%）

资料来源：俄罗斯中央银行网站，https：//cbr. ru/hd_base/KeyRate/。

内市场对外汇的需求，也限制了国内资金的外流，减轻卢布贬值压力，使卢布汇率在经历了冲突初期震荡后，形成了 V 型反弹走势。（1）动用外汇储备并实施强制结售汇干预外汇市场，提振卢布价值。（2）限制对外汇的需求。禁止外国客户从俄罗斯金融体系中提取美元等主要外币现金；限制国内居民提取美元的额度，禁止将资金转移到自己的外国银行账户。（3）将卢布锚定黄金，为卢布价值提供官方背书。在美欧等国冻结俄罗斯美元计价的外汇储备、海外资产后，俄罗斯将黄金选作美元的替代品。俄央行宣布 2022 年 3 月 28 日至 6 月 30 日之间，固定 5 000 卢布可以兑换 1 克黄金，在此之后黄金的价格可按汇率情况进行调整。（4）改变结算货币。长期以来，俄罗斯对外能源出口大部分以美元或欧元进行结算，但 2022 年极限制裁以来，俄罗斯将“不友好国家”的天然气合同改用卢布结算。（5）建立交易结算体系。为应对金融制裁后面临的结算服务无法进行的状况，一方面，俄建立了自己的支付结算系统，成立国家支付卡系统股份公司，发行基于国家支付系统的 MIR 银行卡；另一方面，俄罗斯央行于 2014 年就开发了金融信息传输系统，以降低对 SWIFT 的依赖。

3. 通胀压力下提高关键利率。2022 年秋季以来，俄罗斯的通胀压力逐渐上升。贸易条件恶化导致卢布贬值，也致使价格上涨，通胀偏离预期的风险普遍存在并加剧。目前，俄罗斯年通胀率已超过 4% 的目标水平。通胀加速的关键原因是内需持续增长，超过了供给增加。在需求上涨的情况下，企业更容易将上升的成本转化为价格，包括与可用劳动力资源短缺相关的成本。此外，卢布的进一步贬值也给价格带来新的压力。制裁导致俄罗斯的出口减少，而进口需求明显增加，这限制了外币流入俄罗斯市场，在通胀预期不断增强的背景下，卢布疲软加速导致价格上升。

俄罗斯本次加息周期始于 2023 年 7 月，在此之前的十个月内，俄罗斯央行将关键利率稳定在7.5%的水平。随着通胀抬头，俄罗斯多次加息，关键利率从2023年7月的7.5%调升至当前的16%（见图6-3）。俄央行表示，为使俄罗斯的通胀水平回归至目标值，需要长期维持紧缩的货币政策。2024年7月26日，俄央行决定将关键利率继续上调至18%。考虑到当前不断趋紧的货币政策，2025年俄罗斯通胀率将降至4%—4.5%，未来将接近4%。

四、俄罗斯的金融稳定评估

（一）资产价格波动较为剧烈

1. 俄罗斯股市受央行加息影响较大。2018年以来，俄罗斯股市经历了两次大幅下跌，分别是2020年的疫情暴发和2022年的俄乌冲突之后。如图6-4所示，2020年1月到3月，俄罗斯RTS指数①由1 638点降至924点，下跌了77.3%；2021年10月，RTS指数达到1 900的高点，随后不断下跌，俄乌冲突爆发后，于2022年2月跌至767的低位。2023年以来，俄罗斯股市平稳过渡，但仍对央行的加息政策反应较为强烈。② 2024年7月26日，俄央行突然宣布的加息政策将在中期内给市场带来压力，新关键利率公布后，莫斯科交易所指数一度暴跌超2%。

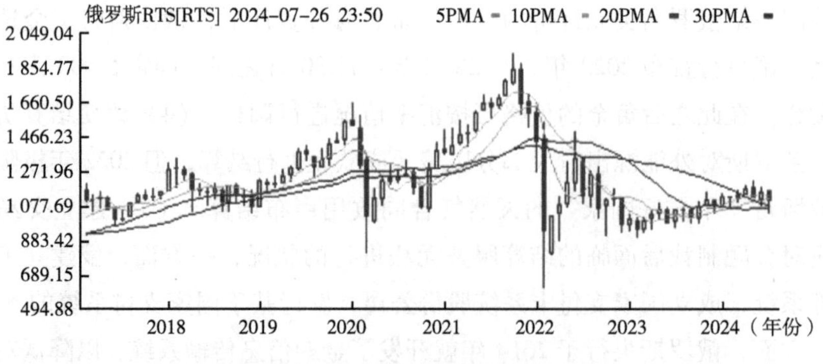

图6-4 俄罗斯RTS指数变化动态

注：图中PMA指周期性（如5日、10日等）移动平均线。

资料来源：http：//quote. eastmoney. com/gb/zsRTS. html.

2. 近三年俄罗斯房地产市场价格大幅上涨。2021—2023年，俄罗斯一手房市场价格上升41.9%，二手房市场价格增长27%（见图6-5）；同期，大城市的房价增长了172%，尤其在莫斯科和圣彼得堡。2020年疫情暴发后，为加速恢复经济，俄

① RTS指数是俄罗斯股票市场的主要指标，于1995年9月1日开始计算，反映了莫斯科交易所上市的前50家上市公司的表现。

② 资料来源：https：//www. finam. ru/quote/moex/rtsi/.

罗斯加大贷款补贴力度。银行向贷款人提供约6%的优惠贷款理出来，低于市场利率近2个百分点，差价全由国家填补。2022年2月俄乌冲突后，卢布贬值，为再度恢复经济，俄罗斯央行承诺在基础利率之上给予贷款人8%的优惠利率。自此，俄贷款数量、房地产需求、房价都出现了前所未有的增长。据俄央行统计，2023年俄罗斯银行共发放200万笔抵押贷款，价值7.8万亿卢布，同比增加60%，是2019年的3倍。

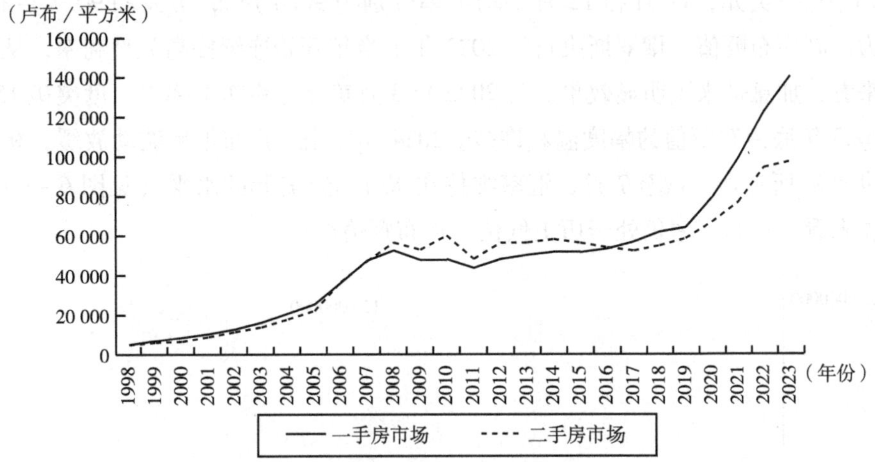

图6-5　俄罗斯房地产价格变化动态

资料来源：俄罗斯联邦统计局，https：//rosstat. gov. ru/statistics/price#。

3. 国债收益率持续走高。俄罗斯联邦政府债券（ОФЗ）收益率持续增长，导致政府债券价格进一步下跌。据俄罗斯央行统计，2024年7月，俄联邦政府债券收益率达16.4%[①]，而俄乌冲突之前仅为6%。俄罗斯债券市场状况主要由内部因素决定。自2024年初以来，俄罗斯联邦政府债券收益率平均增长超2.3个百分点，短期和中期债券收益率上升2.1—3个百分点，长期债券收益率上升了2—2.3个百分点。一方面，通货膨胀是俄国债收益率上涨的因素之一。2023年底，俄罗斯通胀率为7.4%，至2024年5月通胀率升至7.9%。另一方面，俄央行加息也推动国债收益率上涨。在债券收益率上升的背景下，俄罗斯政府债券价格正在下跌。[②] 同期，莫斯科交易所政府债券指数（RGBI）跌至102.97点[③]，是2022年3月21日以来的最低水平。

①③　Чернов Владимир. Доходности государственных облигаций РФ установили новый рекорд. https：//www. finam. ru/publications/item/dokhodnosti - gosudarstvennykh - obligatsiy - rf - ustanovili - novyy - rekord - 20240717 - 1930/. 2024. 7. 17.

②　Как работают ОФЗ и стоит ли в них инвестировать в 2024 году. https：//www. banki. ru/news/daytheme/?id = 11003140. 2024. 5. 29.

（二）金融稳定风险处于可控范围

1. 卢布汇率波动放缓。遭遇国际制裁后，俄罗斯可谓经历了一场卢布汇率“保卫战”。2023年，卢布汇率一年内贬值了30%。纵观全年的数据可以看出，卢布汇率从年初开始贬值，持续近一年，1月平均汇率为68.8卢布/美元，4月达到80.99卢布/美元，7月达90.7卢布/美元，10月个别天数破100卢布/美元，当月平均达到97.1卢布/美元，11月和12月平均汇率分别为90.4卢布/美元和90.7卢布/美元。为遏制卢布贬值，俄罗斯央行从2023年下半年开始连续提高关键利率，从实际情况来看，加息带来了明显效果。与2022年3月美元兑卢布汇率曾一度突破150相比，2023年底卢布贬值的幅度温和许多。2024年以来，卢布汇率波动放缓，相比于2023年底有所走强；截至7月，汇率维持在90卢布/美元的水平（见图6－6）。不过总体来看，卢布汇率仍处于历史低位，卢布贬值严重。

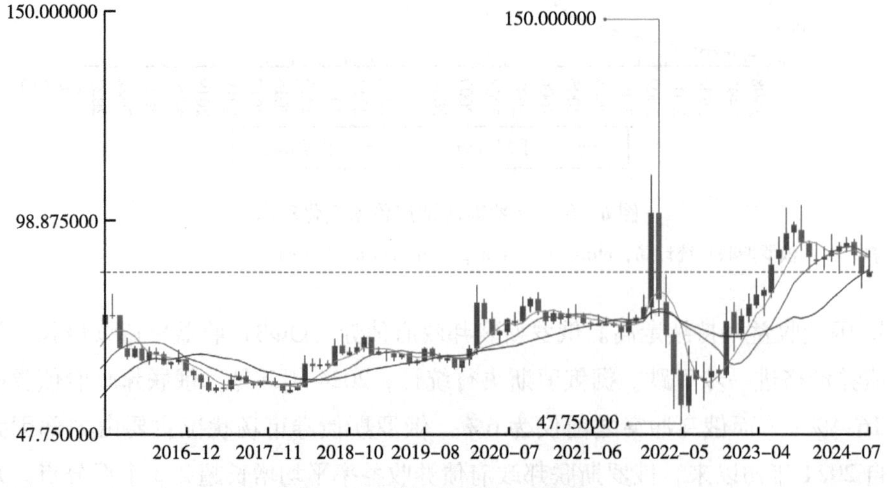

图6－6　美元兑卢布汇率变动

2. 通货膨胀有回升势头。在金融制裁初期，俄罗斯国内物价快速攀升，通货膨胀率高达17%，升至20年来最高水平。之后，通胀速度明显放缓。自2022年5月以来，俄罗斯物价停止快速上涨势头，居民的通胀预期也恢复到2021年的水平，之后于2023年基本维持在7%—8%。不过，近期俄罗斯通胀率有回升的趋势。根据俄经济发展部的最新数据，2024年7月俄罗斯年通胀率回升至9.18%，并预测2024年底通胀率为5.1%，GDP增长率为2.8%。同时，俄罗斯央行也大幅上调了今年的通胀预测，预计2024年底通胀率将达6.5%—7%，而此前央行预测的通胀率为4.3%—4.8%。俄罗斯央行指出，俄通胀风险与高通胀预期的持续存在、外贸条件以及地缘政治局势的变化都有一定关系。

3. 金融市场运行平稳。尽管俄罗斯银行利率较高，但随着银行积极扩大放贷，银行业资本充足率保持稳定。与此同时，由于消费贷款和抵押贷款宏观审慎缓冲的作用，截至 2024 年 4 月，俄银行积累了 7 250 亿卢布的资本缓冲；资产回报率略有下降，由 2.6% 降至 2.1%，但这主要由卢布走强背景下 2023 年第四季度货币重估为负值导致的。此外，为平仓外汇头寸与资本的比率保持在 4% 左右的适中水平，体现了银行抵御货币风险的能力。①

五、俄罗斯经济社会发展状况

（一）俄罗斯经济快速增长

2024 年以来，俄罗斯经济实现较快增长。据俄统计局初步统计，第一季度，俄罗斯国内生产总值同比增长 5.4%。同年 6 月，俄工业产值同比上升 1.9%。其中，制造业产出增长 4.6%，能源部门增长 4.1%，供水、污水和废物处理等相关行业增长 6.4%，采矿业产出下降 3.1%。具体来看，产值增长幅度较明显的行业包括：金属成品生产增长 30.9%，机动车产量上升 21.7%，计算机和电子产品生产增长 20.3%，飞机、造船业等产值增长 19.7%，纺织品生产增长 14.6%。与之相反，矿物开采行业产值下降 17.2%，焦炭和石油产品产量下降 4.4%

（二）俄罗斯联邦财政风险上扬

2022 年以来，俄罗斯联邦财政赤字运行，财政风险逐渐凸显。一方面，受西方制裁的影响，联邦财政收入增长动力明显不足。2023 年，石油“限价令”持续影响俄罗斯财政收入，在国际油价回落的情形下，作为重要来源的油气收入受到巨大冲击，导致联邦财政总收入的增幅明显下降。当年俄罗斯联邦财政收入 291 241 亿卢布，同比增长 4.7%，增幅达近三年最低点；2022 年联邦财政收入的增幅为 10%，2021 年为 35.1%。另一方面，俄罗斯联邦财政支出相比于俄乌冲突以前显著增加，收支缺口居高不下。2023 年，联邦财政共支出 323 538 亿卢布，相比于 2021 年增加了 75 917 亿卢布，累计增长了 30.1%。其中，国防安全和社会政策支出上升明显。同年，俄罗斯国防和国家安全预算支出超 9 万亿卢布，几乎是整个国民经济计划支出的 3 倍，与 2021 年同类支出相比增长了 60%；社会政策支出增加了近 1 万亿卢布。在收入增速放缓、支出大幅上行的形势下，俄罗斯联邦财政已连续两年赤字运行（见图 6－7）。在 2022 年，联邦财政就已经产生约 3.3 万亿卢布的赤字，2023 年赤字水平仍然居高不下，联邦财政赤字几乎与 2022 年相当，约占 GDP 的 2.4%。

---

① 2023 年第四季度至 2024 年第一季度俄罗斯金融稳定审查报告. Обзор финансовой стабильности. https：//cbr.ru/analytics/finstab/ofs/4_2023_1_q_2024/.

2024 年 1—3 月，俄联邦预算仍产生 0. 6 万亿卢布的赤字，约为计划赤字的 38. 1%；同期，预算收入 8. 7 万亿卢布，同比增长 53. 5%；预算支出 9. 3 万亿卢布，同比增长 20. 1%（见表 6 - 3）。

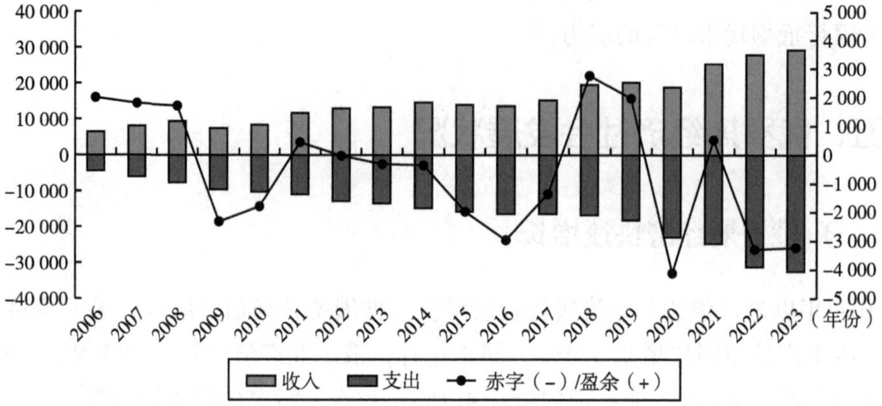

图 6 - 7　俄罗斯联邦预算收支情况（十亿卢布）

注：收入和支出数据参考左纵轴，赤字/盈余参考右纵轴。

表 6 - 3　2024 年 1—3 月俄罗斯联邦财政收支情况（十亿卢布）

	2023 年 1—3 月	2024 年 1—3 月	同比变动	第 540 - Φ3 号联邦预算法（2023. 11. 27）
收入	5 679	8 719	53. 5%	35 065
油气收入	1 635	2 928	79. 1%	11 504
非油气收入，包括：	4 044	5 791	43. 2%	23 561
增值税收入	2 693	3 356	24. 6%	12 491
支出	7 765	9 326	20. 1%	36 661
赤字	-2 086	-607	1 479	-1 595
占 GDP 比重（%）	-1. 2	-0. 3	—	-0. 9%

资料来源：https：//cbr. ru/analytics/finstab/ofs/4_2023_1_q_2024/.

（三）俄罗斯金融稳定对本国经济社会的影响

1. 央行加息以缓解经济过热。在强劲的收入增长和消费者信心的支持下，俄罗斯消费者活动较为活跃。而投资需求则需要财政刺激和企业盈利的支撑。面临通胀回升的趋势，俄央行行长埃尔维拉·纳比乌林娜表示，这是俄罗斯近十年来首次出现经济周期性过热的现象，需要长时间的高利率降低市场需求。由于受到通胀的影响，多个国际机构于 2024 年第二季度上调了对俄罗斯经济增速的预测。国际货币基金组织预计 2024 年俄 GDP 将增长 3. 2%，欧洲复兴开发银行的预测为 2. 5%，世界银行的预测为2.9%。与此同时，俄央行也上调了对2024年经济增速的预期，由之前的2.5%—3.5%调整为3.5%—4%。俄央行董事会在7月26日上调关键利率，其原因包括通胀加速明显高于4月份预测的水平，也包括内需增长显著超过扩大商品和服务供应的可能性。

2. 通胀与利率的稳定有利于控制财政可持续风险。按照俄罗斯在2023年11月批准的联邦预算法草案，2024年俄罗斯联邦预算的计划赤字为1.6万亿卢布，并计划于2025—2030年实施新的发展计划，这将需要增加资金。2024年，俄罗斯财政部计划通过配售国内公共债务（联邦政府债券）吸引4.07万亿卢布资金，净增量将达到2.6万亿卢布，占GDP的1.5%。俄罗斯银行是俄罗斯联邦政府债券的主要持有者。2023年11月至2024年3月，俄罗斯主要银行体系（СЗКО①）持有的联邦政府债券加速增长，占联邦公债总额的比重由16.4%升至51.1%，增加了34.7个百分点。

在预算赤字持续的背景下，俄罗斯财政部在国内市场的借款继续增长，借贷增加和持续的通胀压力导致联邦政府债券收益率上升。自2024年初以来，10年期联邦政府债券收益率增加了近200个基点，达到2022年春季以来的峰值，导致俄罗斯企业借款人的借贷成本进一步增加。不过，鉴于企业部门良好的财务状况，高利率转化为银行信用风险的风险较低。由于主权债务处于历史低位，俄罗斯财政部的财政政策保守，财政可持续性风险也较为有限。对于俄罗斯政府债券市场的稳定来说，通胀回到目标水平较为重要，而这将进一步受到俄罗斯央行货币政策的影响。

六、俄罗斯财经风险指数分析

根据俄罗斯金融市场所处的国内外形势，以及面临的风险状况，从全球性财经风险指数、国内改革与政策调整能力、财政政策和货币政策、金融稳定以及经济社会发展五个维度构建金融风险衡量指标。鉴于数据可得性，以下数据均为2014年以来季度数据。

（一）全球性财经风险指数

本书拟用第一部分构建的全球性财经风险指数衡量俄罗斯面临的外部风险冲击如图6-8所示。

① СЗКО，是指具有系统重要性的俄罗斯信贷机构，在很大程度上决定了俄罗斯整个银行业的动态。鉴于其业务量大，СЗКО的财务可持续性的潜在损失与重大的系统性风险有关。

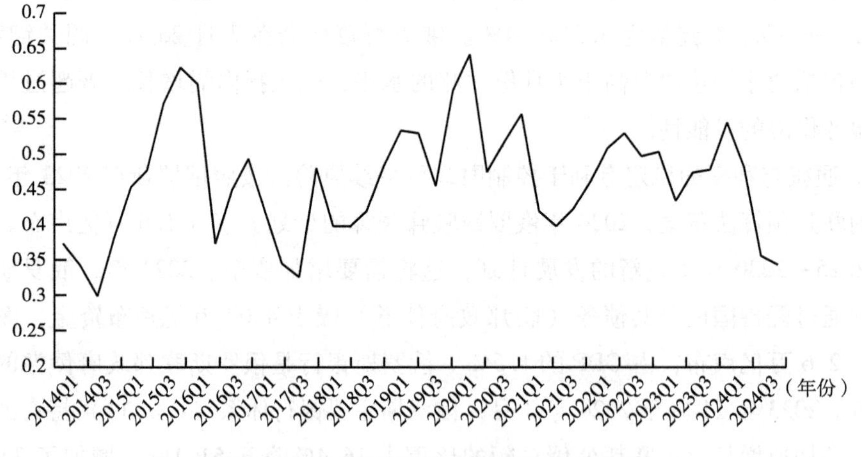

图 6－8　俄罗斯财经全球风险与挑战指数

注：Q 代表季度。

（二）国内改革与政策调整能力指数

经济政策不确定性（EPU）指数能够反映各大经济体经济政策方向、效果的不确定性，这种不确定性可能源于政治选举、政策变化预期、法规变动、国际关系紧张等多种因素。EPU 指数与实际宏观经济变量（如经济增长和就业率）有显著的反向关系。基于此，选择俄罗斯经济政策不确定性指数构建国内改革与政策调整能力指数。经济政策不确定性官方网站衡量了俄罗斯的经济不确定性月度指数，每月更新一次。俄罗斯经济政策不确定性指数的计算主要是根据俄罗斯《生意人报》，该报纸是一份全国发行的日报，主要关注俄罗斯经济和政治形势。通过对政策、税收、支出、监管、中央银行、预算、法律与杜马等相关词语出现的频率进行标准化，从而计算得出俄罗斯经济政策不确定性指数。2010 年以来，俄罗斯经济政策不确定性指数有三次明显的上升时期，分别为 2014 年克里米亚危机、2020 年疫情暴发以及 2022 年特别军事行动开始时期，如图 6－9 所示。

（三）财政货币政策风险对冲指数

俄罗斯联邦稳定基金是协调财政政策与货币政策的重要工具，该基金的成立实现了二者的有效配合与协同。一直以来，维持卢布比值稳定、维持通货膨胀是俄罗斯货币政策的主要目标，而俄罗斯稳定基金是对货币供应进行冲销的重要机制，对于缓解通胀压力起到重要作用。俄罗斯联邦稳定基金是俄罗斯的重要外汇储备，主要以外币的形式存放于中央银行单独账户中。稳定基金的建立不仅发挥了使国家财富保值增值的功能，同时对稳定国内宏观经济也起到一定作用，由于基金的

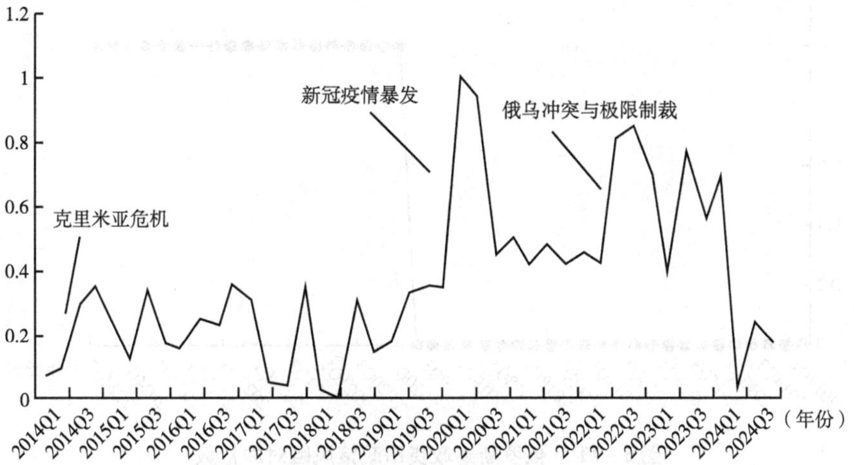

图 6－9　俄罗斯国内改革与政策调整能力指数

注：Q 代表季度。

蓄水池功能，冲销了由石油美元增长带来的过多的货币供应量。近年来，在俄罗斯遭遇的多次危机中，联邦稳定基金都较好地发挥了对冲财经风险，维持经济稳定的功能。基于此，选择联邦稳定基金规模构建俄罗斯财政货币政策风险对冲指数。可以发现，在 2020 年之后，俄罗斯联邦稳定基金规模大幅上升，表明财政货币政策风险对冲能力提升。因此，本书采用 0—1 赋值法合成俄罗斯财政货币政策风险对冲指数。即 2020 年之前赋值为 0，表明俄罗斯财政货币政策风险对冲能力较低；2020 年后赋值为 1，表明俄罗斯财政货币风险对冲能力较强，如图 6－10、图 6－11 所示。

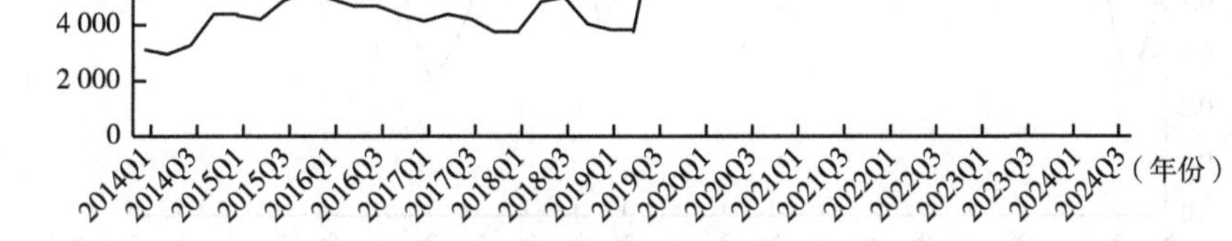

图 6－10　俄罗斯联邦稳定基金规模变动

注：Q 代表季度。

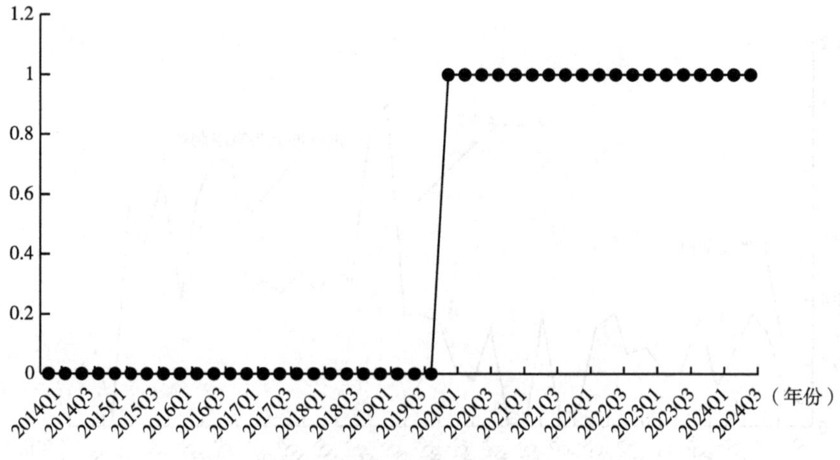

图 6－11　俄罗斯财政货币政策风险对冲指数

注：Q 代表季度。

（四）金融稳定指数

本书选择俄罗斯 RTS 指数与汇率波动指标构建俄罗斯金融稳定指数。其中，俄罗斯 RTS 指数是反映俄罗斯证券市场整体表现的股票指数，可以体现市场参与者对俄罗斯经济的信心状况。其成分股通常包括在莫斯科交易所上市的最具代表性的大型企业股票，这些公司的市值总和占据了市场的主导地位，涉及能源、金融、工业等多个行业。因此，RTS 指数被视为观察俄罗斯经济运行状况的重要指标之一。汇率波动率是指美元/卢布汇率在季度内的波动水平。俄罗斯 RTS 指数与汇率波动率能够评估俄罗斯金融不确定性，通过对两个指标进行标准化处理，并以 0.6 和 0.4 的权重合成俄罗斯金融稳定指数，如图 6－12 所示。

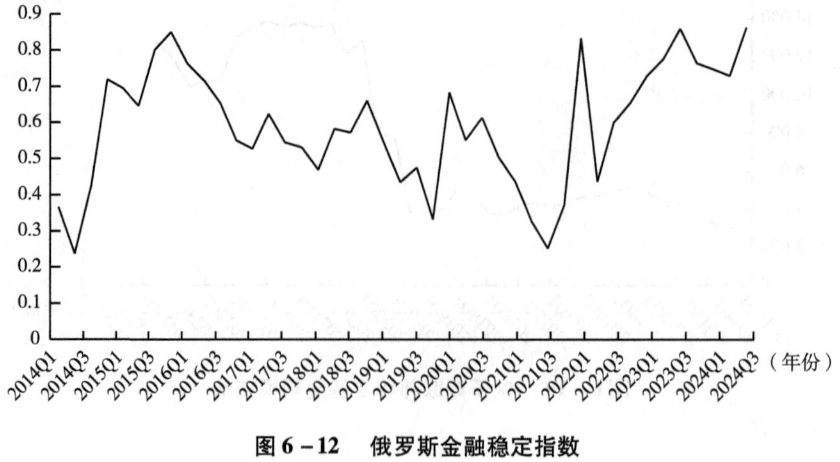

图 6－12　俄罗斯金融稳定指数

注：Q 代表季度。

（五）经济社会发展指数

从消费和实体经济等方面入手，构建经济社会发展指数。具体来看，选择消费者信心指数构建经济社会发展指数。消费者信心指数是预测经济走势和消费倾向的先行指标。根据俄罗斯统计局的数据，2024 年第二季度消费者信心指数增长至 -6%，达到自 2014 年第二季度以来的最高水平；与 2024 年第一季度相比，短期经济形势预期变化指数上升 0.2 个百分点，显示出消费者对经济前景的乐观态度有所提升；但同年第三季度，俄消费者信心指数小幅降至 -6.7。2022 年第二季度以来，俄罗斯消费者信心指数一直处于上升趋势，表明消费者信心正逐步恢复。对俄罗斯消费者信心指数进行标准化处理，按照平均赋权合成经济社会发展指数如图 6-13 所示。

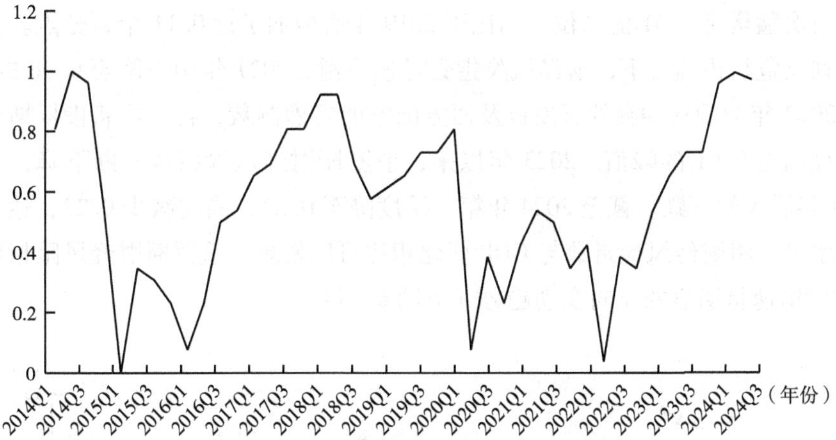

图 6-13　俄罗斯经济社会发展指数

注：Q 代表季度。

（六）俄罗斯财经风险指数合成

根据俄罗斯财经全球风险与挑战指数、国内改革与政策调整能力指数、财政货币政策风险对冲指数、金融稳定指数、经济社会发展指数对俄罗斯财经风险的影响程度，对这五大指标进行赋权。相比较而言，首先近年世界地缘政治的复杂多变，使得俄罗斯财政经济受到外部风险的冲击较大，因此权重较高；其次是经济社会发展与国内改革，再次是财政货币政策与金融稳定情况。因此，按照 0.3、0.2、0.15、0.1、0.25 的权重分别对其进行调整，并对金融稳定对社会经济影响指数进行正向化处理，最终合成俄罗斯财经风险指数（见表 6-4）。

表 6－4　　俄罗斯财经风险指数架构

一级指标	二级指标	权重	方向
1. 全球性财经风险指数	全球性财经风险指数	0.3	正向
2. 国内改革与政策调整能力指数	俄罗斯经济政策不确定性指数	0.2	正向
3. 财政货币政策风险对冲指数	俄罗斯联邦稳定基金规模变动	0.15	负向
4. 金融稳定指数	俄罗斯 RTS 指数	0.1	正向
	汇率波动率		
5. 经济社会发展指数	消费者信心指数	0.25	负向

2014—2024 年，俄罗斯财经风险有三处明显的波峰，分别处于 2014—2015 年克里米亚危机时期、2020 年疫情暴发以及 2022 年俄乌冲突时期。2015 年第一季度，俄罗斯财经风险指数迅速升至 0.66，同比增加 0.36 个百分点，之后经历小幅波动后开始递减，至 2018 年第一季度跌至 0.34。直至 2020 年第二季度，俄罗斯财经风险指数再次猛增至 0.61 的高位，相比于 2019 年底增加了近 0.11 个百分点。在俄罗斯一系列反危机措施之下，财经风险指数迅速下滑，2021 年中下降至 0.36 的波谷。然而，2022 年初俄乌冲突的爆发以及西方国家的猛烈制裁，再一次将俄罗斯财经风险指数推高至 0.61 的峰值。2023 年以来，俄罗斯财经风险指数不断下降，尤其进入 2024 年后大幅下跌。截至 2024 年第三季度降至 0.23，同比减少 0.22，达到近十年最低水平。将财经风险指数与 GDP 变化相比可以发现，俄罗斯财经风险指数与俄 GDP 季度增速呈明显的反向变动趋势（见图 6－14）。

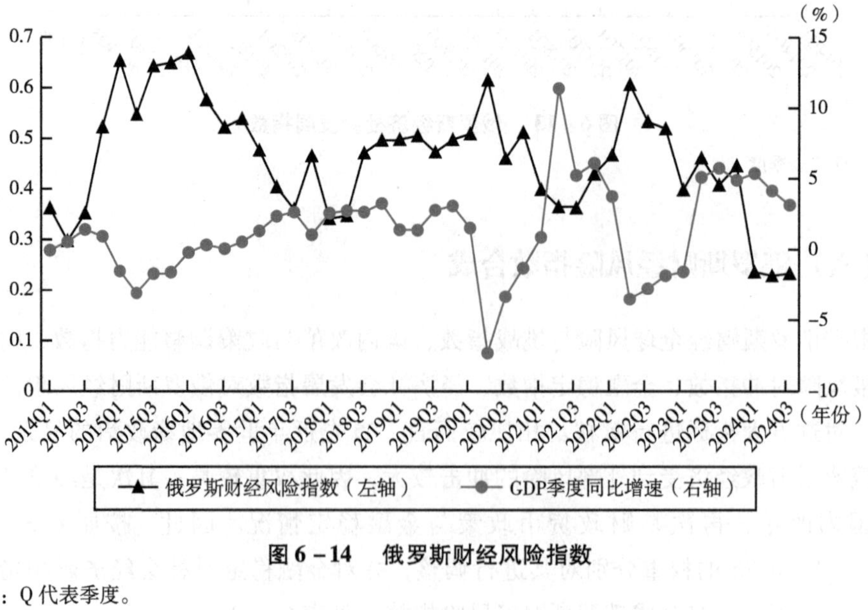

图 6－14　俄罗斯财经风险指数

注：Q 代表季度。

七、结论及影响分析

整体来看，近十年俄罗斯财经风险指数处于下降趋势。在经历了数次危机和多年制裁之下，俄罗斯一直较为重视财政风险的防范与应对，这种意识也使其在此次困境中，成功避免了财政与经济的剧烈波动。通过对俄罗斯财经风险指数分析，在减缓制裁冲击、强化逆周期调节与增强风险意识等方面得到启发，具体包括以下几点。

（一）密切关注国际金融制裁形势，减缓制裁对我国冲击

从俄罗斯财经风险指数的变化趋势可以发现，2022 年 2 月俄罗斯财经风险迅猛上升，几乎达到 2020 年疫情暴发时的风险水平。与战争并行的金融制裁对俄罗斯的财政经济造成较大冲击。西方国家对俄罗斯的制裁抬升了俄罗斯主权债务违约风险，造成俄外汇市场结构性失衡，进而严重影响了卢布汇率。2024 年 11 月底，卢布暴跌，美元兑卢布汇率突破 110 大关。尽管许多专家表示卢布汇率预计于 2025 年初趋于稳定，但仍不可避免地引起市场紧张情绪加剧。西方的制裁以及俄罗斯的反制裁处于动态博弈之中，俄罗斯逐渐开始推行“向东看”战略转向亚洲，尤其是中国。由此，需要密切关注金融制裁的最新动态，抓住机遇妥善处理中俄两国经贸关系。与此同时，应重视制裁和反制裁研究，健全制裁和反制裁相关政策，适时给予微观企业应对金融制裁的政策指导，并在开展国际业务时确保金融交易安全。

（二）重视反危机管理，加大财政逆周期调节力度

即使遭遇疫情危机与国际制裁，近两年俄罗斯的财经风险指数仍低于 2015 年的高位。并且，俄罗斯经济形势并没有像西方预测的那样面临崩溃，而是体现出较强的韧性。这与俄罗斯采取的积极应对措施密不可分。一方面，俄罗斯及时启动“反危机措施”与经济结构转型，有效应对了外部冲击；另一方面，俄罗斯预算稳定基金的充足也为俄罗斯对冲财政经济风险提供了较大缓冲。2024 年中央经济工作会议指出，要强化宏观政策逆周期和跨周期调节，继续实施积极的财政政策和稳健的货币政策。而中央预算稳定调节基金作为财政逆周期调节机制的重要工具，发挥的作用仍有限。由于没有形成长期稳定的筹资来源，基金规模偏小，使其不足以有效发挥储备和调节功能。由此，应进一步重视预算稳定机制建设。一是利用各地优势建立预算稳定基金的长期筹资渠道。二是在按比例计提预算稳定调节基金的基础上，将这部分基金按照用途进行分账户管理，在保障地方财政收支平衡以外，用于加大对就业、医疗、教育等的投入。三是可以尝试在考核中增加对保障当地“财政可持

续”发展方面的评估，以预防过度“透支”未来财政资金状况的发生。

（三）增强风险意识，统筹考虑平时财政与战时财政的关系

冲突爆发后，俄罗斯迅速启动战时经济动员，将国民经济与财政管理体制全部或部分从平时正常状态转入战时特殊状态，以充分挖掘、有效发挥国家财政经济潜力。然而，2024 年俄罗斯国内经济社会出现了新的风险点，军工综合体正从民用经济部门攫取越来越多的资源，国防部门的预算已占国内生产总值的 6%，需要更好地进行管理。对于俄罗斯来说，冲突已不仅仅是军事问题，而是一个较为严峻的经济问题。如何统筹安排国防预算，使俄罗斯军事体系在冲突期间既能发挥作用又不至于影响经济发展变得至关重要。当前国际形势复杂多变，面对诸多不确定性，甚至是西方国家的制裁与打压，国家的财政与经济运行应当提前充分考虑可能出现的战时状态与风险，一旦发生危急情形，财政经济应具备迅速转轨至战时状态的能力。由此，提高战时财政风险防范意识，加强战时财政动员能力，对于应对危机以及突发事件具有重要意义。一方面，筑牢安全可控的产业链体系。大力支持国内企业尤其是民营企业发展，以技术创新提升产品竞争力，驱动全球产业链升级，构建国家、区域和全球多圈层的产业链格局，增强抵御外部风险的韧性。另一方面，构建相对独立的财政金融体系。推动人民币国际化，逐步降低美元相关金融资产的持有量，不断完善人民币跨境支付系统建设，减少对美元以及西方金融机构与支付体系的依赖。

第七章 日本财经风险与指数分析

日本的经济正在缓慢地恢复正常，日本的优势包括稳健的外部状况（如经常账户盈余和低公共外债）、创新产业和高质量产品、非金融企业财务盈余较大、地处充满活力地区的发达国家、低通胀压力、相对政治稳定。日本面临的主要风险包括易受自然灾害影响、人口老龄化、巨额公共债务和巨额公共赤字、高度依赖能源进口、半导体产业面临邻国激烈竞争。

一、日本财经面临的全球风险与挑战

（一）日本金融稳定面临的外部挑战

房地产风险是全球讨论的风险之一。美国和欧洲的房地产市场一直在逐步调整，这可能会通过对这些市场有敞口的日本银行和拥有全球多元化投资组合的房地产基金影响日本的金融体系。到目前为止，日本房地产市场还没有出现明显的下行压力，但应该关注东京市中心商业区的变化。准确评估国内外房地产风险对金融体系的影响十分重要。其他外部挑战包括俄乌冲突和美国利率居高不下。

（二）日本在全球风险分配中的地位

日本在全球风险体中的地位处于服从地位。日本银行拥有充足的资本基础和稳定的融资基础，能够承受各种压力。然而，对尾部风险保持警惕仍然是必要的。随着全球货币政策持续收紧，以及由此引发的对外国经济增长放缓的担忧，压力期可能会进一步延长。从长期角度来看，银行吸收损失能力的下降可能导致金融中介活动收缩或经济过热，比如过度追求收益。考虑到这些，有必要适当地解决以下潜在的脆弱性，并确保日本金融体系在未来的稳定。

（三）全球性因素对日本金融稳定的影响

与此同时，美国的办公楼贷款拖欠率进一步上升。因此，应继续密切关注美国和其他外国房地产市场的变化通过全球分散投资的外国投资基金对日本房地产市场可能产生的影响。在此背景下，本书宏观压力测试的假设之一是，由于国外房地产市场的调整，一些有限的大都市地区的商业房地产出现了重新定价。结果表明，银行因房地产冲击造成的经济损失（国内外信贷成本以及证券估值和已变现损失）在宏观上是有限的。由于日本银行的海外房地产融资规模较小，即使假设美国房地产市场出现大幅调整，额外的经济损失也将有限。

二、日本国内改革与政策调整能力

（一）日本当前和未来中期面临的突出社会问题和矛盾

日本经济企业收益刷新了历史最高纪录，设备投资33年来首次超过了100万亿日元，企业部门保持了稳定，呈现出缓慢的恢复趋势。但家庭部门由于名义工资的增长还没有赶上物价的上涨，个人消费持续缺乏力量，经济的恢复力持续微弱。同时日元贬值达到历史水平，会通过进口物价推高国内物价，导致家庭购买力下降，消费进一步下行。中小企业如果不能进行价格转嫁，就有因原材料成本上升而收益受到压迫的风险。在2024年春季劳资协商中，33年来首次实现了工资水平上涨，物价和工资的良性循环有望实现，抓住了千载难逢的机会，以持续的工资上涨和活跃的投资为牵引，转变为民需主导的自律性增长型经济，日本经济正处于能否实现上述目标的关键时刻。

经济方面面临的主要问题是实现工资增长，促进经济良性循环，主要任务是实现“工资上涨战胜物价上涨”，在医疗和福利、医药护理费、长期护理和残疾人福利服务等领域率先提高工资，改善这些领域广大一线工作者的待遇。

社会方面，日本政府认识到出生率下降是日本最大的危机，将以紧迫感实施《儿童未来战略》下的“加速计划”。政府将着力加强相关的经济支持，如大幅提高儿童津贴和降低高等教育费用，以及提高儿童教育和护理质量，并扩大应对各种需求的举措，包括预防儿童贫困和虐待，支持残疾儿童。

（二）为解决上述问题和矛盾采取和可能采取的改革措施

一是保护人民群众生活不受物价上涨影响。支持因物价上涨造成的家庭和企业困难，地方政府重点支援补助金用于支援低收入家庭和扶持鼓励类项目，应对电力、天然气和燃料油价格突然波动的缓解措施，提高经济社会对能源成本上涨的抵御能力，促进家庭和住房的能源效率和可再生能源等。

二是实现可持续的工资增长和收入增长，包括当地企业和中小企业，以及区域经济增长。为中小企业创造涨工资的环境，解决劳动力短缺问题，支持涨工资，通过提高生产率实现加薪。中小企业省力投资补助计划，即以人工智能和机械设备代替人力的计划。中小企业大规模投资补贴、长期护工加薪等推进三位一体劳动力市场改革，实现结构性工资增长。将在2024财年实现2.5%的工资增长（医务人员的工资增长为4.0%，包括每年的工资增长）并在2025财年将工资标准提高2.0%（对医务人员来说，包括年薪在内的工资标准提高3.5%），除了强化加薪升职税收体制外，还将通过调整物价、扩大待遇改善制度等，形成从结构上改善一线劳动者待遇的机制。通过提升技能和再培训来支持职业发展，使复苏趋势向区域经济扩散，扩大经济互动。通过水田改旱田，使旱田作物成为主要作物，扩大农林渔业产品和食品出口，扩大入境旅游，通过促进措施吸引游客到当地，振兴和创造高附加值的旅游景点和旅游产业。

三是促进有利于增强和提升增长潜力的国内投资。进一步扩大国内投资，通过提高生产率和提高潜在增长率，强化供给能力。设计利用好“登月研发计划”、先进半导体专用基金、后5g ICT系统基础设施强化研发基金（下一代半导体）、稳供保障资金（常规半导体等）作为与半导体相关的支持措施。促进工厂、办公室、建筑物等的能源效率和可再生能源，生成式AI等计算资源开发，推进“GIGA学校计划”（终端单元更新等）。支持引领创新的创业公司5 068亿日元，如“太空间战略基金”、促进全球创业校园计划等。

四是克服人口下降，发起并推动转危为机的社会转型，如“数字花园城市国家愿景”；区域公共交通服务的维护与振兴；地方政府信息系统标准化、统一化；促进个人身份证作为医保凭证的使用和环境改善；促进电子处方的使用和环境改善；实现物流创新的措施；全面实施所有育儿家庭使用日托中心计划的试点方案等。今后，育儿休假的支援资金将会增加。在3.6万亿日元的“加速计划”中，预计2025财年将有大约四分之三的资金到位。

五是保障人民安全（加强国家抗灾能力建设和防灾减灾）。包括灾后恢复；自卫队等适当应对不断变化的安全环境；防灾减灾和国家抗灾措施；对“全球南方”国家（东盟、岛国、中东、非洲）的援助与合作；支持乌克兰和乌克兰周边国家等。

（三）国内改革对金融稳定的影响

日本金融体系在包括新冠大流行在内的一系列冲击中保持了弹性。在强大的资本和流动性缓冲以及广泛的政策支持下，日本庞大且全球一体化的金融体系经受住了疫情的考验。私营部门的信贷供应保持强劲，支持了经济的稳步复苏。

金融体系正处于关键时刻，面临着若干挑战。在经历了多年的通缩担忧和超低利率之后，持续的通胀压力已经显现，导致日本央行结束了负利率政策和收益率曲线控制。在不断变化的宏观经济环境中，宏观金融稳定的主要风险来自三个主要的脆弱性来源：金融机构在按市值计价的会计制度下持有大量的国内外证券，一些银行的外汇风险敞口以及部分房地产市场出现过热的迹象。这些风险可能会因气候变化、数字化和人口老龄化等正在进行的结构性转型而加剧。

基于情景的风险分析表明，金融体系对一系列不利的宏观金融冲击仍具有广泛的弹性，但有些领域易受影响。总体而言，银行能够在假设的不利情况下（包括国内外利率上升、经济增长和资产价格下降）保持其偿付能力，尽管一些银行可能容易受到压力的影响。由于日元（JPY）的流动性充足，流动性风险被发现包含在系统层面，但由于显著的负债侧 FX 敞口和未提取的 FX 承诺，一些银行似乎容易受到影响。

保险公司，尤其是寿险公司，对国内外利率的上升很敏感，尽管总体而言，它们的资本仍远高于监管要求。保险公司没有明显的流动性风险，但一些公司可能面临压力。投资基金似乎普遍处于良好的位置，以适应合理规模的投资者赎回冲击，尽管在更严重的冲击下，流动性较低的基金可能会导致市场波动。在非金融私营部门，在不利情况下，较小的公司特别容易受到违约风险增加的影响。家庭违约率将从一个非常低的水平上升，但影响可以通过行业惯例（5 年/ 125% 规则）来减轻，这可以缓解抵押贷款支付的急剧增加。系统性传染风险受到主要金融机构强大资本状况的限制，但一些机构似乎容易受到传染风险的影响。气候风险分析表明，到 2050 年，银行总体上能够适应向温室气体（GHG）净零排放的过渡。银行对排放密集型行业的敞口平均约占其资产的五分之一。尽管企业的排放强度存在不确定性，但在 2050 年净零排放情景下，银行总体上表现出弹性，尽管对样本中各银行资本状况的影响各不相同。

金融部门监管和危机管理框架得到了加强，但有必要采取进一步措施，以应对不断变化的风险环境。金融服务局采用了更现代的、基于风险的银行监管方法。巴塞尔协议Ⅲ的资本和流动性工具已分阶段适用于国际活跃银行和国内系统重要性银行。对保险公司采取了更有效的宏观审慎监管，制定了新的指导方针来实施国际保险监管协会的要求，并为四个在国际上活跃的保险集团建立了监管制度。投资基金的监管力度得到加强。在建设金融部门网络能力和加强危机管理框架方面取得了进展。

三、日本财政货币政策抗风险能力

（一）财政政策对冲和化解金融风险的能力

日本政府致力于提高支出效率。根据《经济财政管理和改革的基本方针》，政府将减少国债的新发行，同时保持支出改革的主动性，并从结构上规范支出。同时进一步改进预算质量，改进效率、提升数字化，致力于国防力量建设的效率化和合理化，为每个政策目标引入激励功能，并进行地方政府财政整顿。

（二）货币政策对冲和化解金融风险的能力

除重点关注房价影响和利率升息的影响外，日本央行将推动金融机构通过现场检查和非现场监测来解决下面三项潜在漏洞的举措。央行将继续从宏观审慎的角度，密切监测金融机构的各种冒险行为对金融体系的影响。

一是企业破产：尽管经济活动一直处于复苏趋势，但企业破产和违约的数量仍在增加。随着劳动力市场的紧缩，出现了因劳动力短缺而导致的破产。即使在这种情况下，银行的信贷成本仍然有限。这在一定程度上是因为小企业占了最近破产和违约的绝大多数。然而，最近有一些案例显示，银行在“共同风险敞口”上记录了巨额信贷成本，即多家银行向同一借款人发放的贷款，例如所谓的“跨都道府县”贷款。银行很难获得这些借贷公司的监控信息，这也是债务治理不太可能有效运作的原因之一。因此，银行必须尽量减少这些信息差距。

二是股票价格：股票价格上涨了。近期的上涨反映了市场对企业稳健经营业绩和公司治理改革的预期。对银行来说，股价上涨增加了与持股相关的市场风险，同时也增加了实现收益的空间。与此同时，上市银行一直在增加股息，提高股息支付率，以提高其市场估值。这种趋势也出现在吸收亏损能力较低（如盈利能力较低）的银行中。银行资本政策中的利润分配应基于银行的资本基础和盈利能力。热图显示股价指标变成了“红色”，这是过热的信号。股价上涨，反映了对企业经营业绩和公司治理改革的预期。迄今为止，股价上涨对金融周期的影响有限；此外，与之前金融失衡加剧的时期相比，股价的上升趋势是温和的。此外，股票价格的估值一直保持在过去的平均水平。

三是外资私募基金：近年来，外资私募基金市场发展迅速。私募资金以投资者的投资资金和银行的借贷资金为基础，对传统的金融中介起到补充和替代的作用。日本银行也对私人基金有敞口，尽管规模较小。在私募基金市场，随着资金流入的增长已经见顶，增长速度发生了变化。此外，私募基金和向其提供贷款的银行的信用风险也在增加，其投资企业的利息负担也在增加。

（三）财政货币政策对金融稳定的影响

新冠疫情后，日本经济继续增长，在经历了30年的低通胀后，价格普遍上涨。在强有力的政策支持下，2021—2023年实际GDP增长率平均约为2%。经过多年的通缩担忧，通胀压力已经出现，自2022年4月以来，总体和核心通胀（不包括新鲜食品）都超过了日本央行2%的目标。

日本央行结束了负利率政策和收益率曲线控制（YCC）。在持续通胀的背景下，随着时间的推移，日本银行逐渐放松了其收益率曲线控制框架，允许10年期日本政府债券收益率具有更大的灵活性。随着人们对通胀目标能够持续实现的信心逐渐增强，日本央行于2024年3月废除了收益率曲线控制和量化宽松及定性宽松（QQE）框架，并结束了负利率政策，同时大致维持目前日本政府债券的购买速度。

四、日本的金融稳定评估

（一）资产估值稳定性评估

近来，日本国内金融环境总体保持宽松。股票价格上涨，企业和银行间息差下降。在非金融企业和房地产行业贷款的推动下，私营部门的信贷保持强劲。疫情以来，虽然持有相当大的流动资产，但个人和家庭的总债务占GDP比例有所上升。日本主权债务与GDP之比显著上升，是发达经济体中最高的。

住宅房地产（RRE）价格在低迷的情况下因需求旺盛而上涨，商业房地产（CRE）价格也在稳步上涨，尽管自2022年底以来势头有所放缓。市场的价格走势因地区而异，城市地区的涨幅更为明显。商业房地产价格发展也因地区和细分市场而异，零售行业仍面临压力。日本与其他主要经济体的利差上升意味着日元面临着持续贬值压力。自2022年以来，日本的低利率和美国和欧元区激进的货币政策收紧意味着显著的收益率差异，从而导致日元的贬值压力。关键进口商品（如石油）的价格上涨也是日元贬值趋势的因素之一。与此同时，美国利率的上升提高了日本企业的美国融资成本。

（二）金融稳定性评估

截至2023年底，日本拥有世界上最大的金融体系之一，总资产接近GDP的7倍。银行业占金融体系的60%，其中三分之一的资产由三家具有全球系统重要性的银行持有。日本的保险业以寿险公司为主，占金融体系的12%，按承保保费总额

(以 USD 计算) 排名世界第四。投资基金的重要性日益提高,占金融体系的 8%。养老金部门由政府养老金投资基金(GPIF)主导,占金融体系的 8%。

日本证券市场是世界上最大的证券市场之一。截至 2023 年底,东京证券交易所的市值相当于 GDP 的 146%,是全球第五大证券交易所。到 2023 年,NFC 债券市场的市值将达到 GDP 的 16%,位居世界第四。日本拥有 3 家 CCPs,其中一家位居全球前十。

金融科技的基础很小,但增长迅速,尤其是在数字支付领域。2022 年,无现金支付占支付总额的 36%,高于 2017 年的 21%。在线金融服务的使用率为 20%,远低于其他 G7 国家。然而,一些数字银行账户的快速增长和开放银行的渗透表明,这种变化是稳定的。金融体系的特点是高度相互依赖。金融机构彼此之间以及非金融私营部门都有很大的风险敞口。银行和非银行金融机构持有的日本国债占其资产的很大份额,尽管在过去十年中,它们的风险敞口分别大幅下降了约 15% 和 10%。

金融机构扩大了海外敞口,以寻求更高的回报。在过去十年超低的国内利率和低迷的经济增长中,银行和非银行金融机构增加了外国资产在总资产中的份额,以寻求更高的回报。大多数银行的外国资产以贷款和债务证券的形式存在,而保险公司持有大量的外国债务和股票。为了获得外汇融资,银行主要依赖无担保批发融资和外汇掉期。这使得它们对国外利率的上升高度敏感。在此背景下,自 2022 年以来,由于美国利率和外汇融资成本大幅上升,日本金融机构对外债证券的敞口有所下降。

在强有力的政策支持下,金融体系经受住了疫情的考验。银行进入大流行危机时,资本和流动性状况普遍良好,在大流行期间,由于广泛的财政、货币和金融政策支持,这些状况仅轻微恶化。银行的资本充足率仍远高于监管最低要求,流动性缓冲仍然很高。由于持有海外证券的估值损失,近期银行的资本充足率出现了一些下降。自大流行以来,不良贷款比率一直保持在较低水平。尽管企业破产(尤其是小企业)在 2023 年有所上升,但仍保持在较低水平。银行保持了相当大的日元流动性缓冲,大约三分之一的资产是流动性的。银行之间的流动性状况一直稳定,到 2022 年 12 月,零售和保险存款约占总存款的 60%。

在低利率、低增长的环境下,银行业的盈利能力一直很弱。2016 年以来的超低利率给银行的净息差和盈利能力带来下行压力,尤其是国内银行和地区性银行。10FSA 已启动措施,支持地区银行的整合,以保持其生存能力。例如,《反垄断法特别措施法》允许地区银行之间的合并,条件是判断合并后的银行能够通过利用合并产生的能力更好地服务于当地社区。在国际上活跃的银行,特别是全球系统重要性银行(G-SIBs)的盈利能力,在 2022 年受到外国利率上升和日元贬值的提振,外国贷款的净息差提高。展望未来,国内利率的上升也可能通过增加银行的净利息收入,对银行的盈利能力做出积极贡献,从而提高其资本化水平。保险公司拥有强大的资本缓冲。压力测试样本中主要寿险和非寿险保险公司的平均偿付能力边际比率在 2023 年 3 月分别为 956% 和 840%，而基于经济价值的偿付能力比率分别为 226% 和 212%。

日本金融体系脆弱性的三个主要来源：一是金融机构在按市值计价的会计制度下持有大量的国内和国外证券。平均而言，约有五分之一的银行资产构成证券，但国内银行的这一比例更高。保险公司，特别是人寿保险公司，也持有相当大份额的证券资产。二是银行体系有显著的外汇敞口。银行以美元计价的负债占总负债的 30%，主要以外汇掉期和无担保批发融资的形式出现。银行以美元计价的流动性覆盖率（LCR）低于 100%，目前尚无最低要求。银行还通过信贷和流动性额度在未兑现的外汇承诺中占有相当大的份额（截至 2023 年 9 月底，占承诺总额的三分之二）。三是某些地区的房地产市场似乎被高估了。近年来，住宅房地产价格的增长高于趋势，房价收入比也处于历史高位。工业和住宅领域的商业房地产价格（按实际价值计算）也显著上涨，而零售业则面临压力。据估计，住宅和商业房地产市场都被高估了，平均分别为 17% 和 30%。大约 11% 和 15% 的银行未偿信贷构成商业房地产和零售抵押贷款，其中超过四分之三是浮动利率抵押贷款。虽然家庭的偿债收入比（DSTI）大致保持稳定，但 DSTI 超过 30% 的住房贷款比例有所增加。

这些脆弱性可能会放大当前经济面临的主要宏观金融风险的影响。这些风险包括可能加剧的地区冲突和地缘经济碎片化、全球供应链中断以及可能导致全球经济增长放缓和通胀压力的大宗商品价格冲击，并引发国内外利率突然上升和金融市场波动。这种假设的不利情景可能意味着日本金融机构面临市场和信用风险，原因包括按市值计价会计制度持有的证券估值损失、杠杆借款人违约率上升以及房地产市场价格大幅回调。国外利率的上升也会增加银行的海外信用风险和 FX 流动性风险。正在进行的结构转型可能会加剧传统的金融稳定风险。与气候相关的转型风险与日本高度相关，日本是全球最大的碳排放国之一，并承诺在未来十年内大幅减少温室气体排放。日益增长的数字化为金融部门提供了提高效率的机会，但也可能通过增加竞争给现有金融机构带来挑战，同时增加网络安全风险。人口老龄化对金融稳定构成了长期挑战，特别是对地区银行盈利能力的影响。

五、日本经济社会发展状况

（一）日本经济社会现状

在不确定性加剧的背景下，日本后疫情时期的复苏正在放缓。最新一轮年度春季工资谈判取得了 30 年来最高水平的强劲成果，可能标志着价格、增长和收入动态出现了转折点，这是日本政策的长期目标。全球货币和金融领域的发展以及持续的通胀正给货币政策框架带来压力，而金融领域的利率和信贷风险值得密切关注。鉴于公共债务高企，重建财政缓冲的财政整顿，以可信的中期财政框架为基础，减少基本赤字，使债务与GDP之比明显下降是关键。除非生产率提高，否则人口快速老龄化将拖累趋势增长。这将加剧财政压力，这就需要制定政策来控制医疗和长期护理支出。提高基础研究在研发支出总额中的份额和企业资助的大学研发绩效的份额，加强竞争，改善初创企业的融资渠道，促进企业活力和创新。长期可持续发展还需要根据政府目标减少温室气体排放，呼吁绿色投资和创新以及碳定价。

在新冠疫情之前，以“安倍经济学”为标题的经济政策旨在克服通货紧缩、加速经济增长和解决人口不利因素的影响。由于改革，安倍经济学确实提高了经济增长和劳动力市场的参与度，尤其是女性和老年工人的参与度，并带来了积极（尽管较低）的通胀。自2020年以来，政策更多地侧重于短期，以保护家庭和企业免受大流行和能源危机的双重冲击，而俄罗斯对乌克兰的侵略战争则加速了这一冲击。疫情还扰乱了人均产出增长向OECD平均水平的趋同，疫情后的反弹，在供应链改善、重新开放边境后游客人数增加、被压抑的需求得到释放以及宽松的财政和货币政策的支持下，最近在高度不确定性中失去了动力，地缘政治紧张局势和全球增长疲软凸显了增强日本经济抵御冲击能力的重要性。

解决长期结构性挑战是实现弹性和可持续增长的关键。2022年公共债务总额与GDP之比达到245%。此外，人口压力将加剧，预计到2050年，老年人抚养比将达到79%。提高生产率对于弥补因人口萎缩和老龄化而导致的劳动力预期下降至关重要。为了实现政府到2050年实现净零排放的目标，还需要进行雄心勃勃的改革。岸田文雄政府的新形式资本主义议程侧重于人力资本、创新、经济安全以及数字化和绿色转型。为了实现更具可持续性和包容性的增长，政府正在几个领域（人力资本、儿童和家庭、绿色）增加支出和规划改革。2023年4月成立了儿童和家庭机构，这反映了政府优先解决人口挑战，并将生育率从目前1.3左右的水平提高。

（二）日本经济社会展望

日本面临严重的人口问题。按照目前的生育率、就业率和移民率，到2100年，日本人口将下降45%，就业率将下降52%。考虑到人口萎缩和老龄化带来的挑战，政府承诺“创建儿童优先的经济社会，扭转出生率下降的趋势”。其中一个优先事项是加强年轻人脆弱的经济状况，这导致许多人推迟或放弃结婚和生孩子。让有报酬的工作和家庭更容易结合起来也很关键，这样女性就不会被迫在事业和孩子之间做出选择。政策也应该削减抚养孩子的成本，这是夫妻实现他们想要的孩子数量的主要障碍。鉴于扭转生育率趋势所面临的挑战，日本需要通过提高生产率和就业率，尤其是女性和老年人的就业率，为低生育率的未来做好准备。打破劳动力市场的二元论是当务之急，这种二元论对青年、妇女和老年人的影响尤为严重。废除公司设定强制退休年龄（通常是60岁）的权利，提高领取养老金的资格年龄也会促进就业。外国工人正在帮助缓解劳动力短缺，但在吸引外国人才方面还需要做更多的工作。需要采取综合措施来提高生育率、妇女和老年人的就业率以及外国工人的流入。

（三）日本金融稳定对本国经济社会的影响

金融体系的稳定带来了日本政府对经济的乐观预期，日本政府在多个文件中表示目前是彻底摆脱通货紧缩，迈向充满活力的日本经济新舞台的最佳时机和关键时期，要对经济进行多方面改革，以期达成目标。2023 年 10 月，日本内阁发布了《彻底摆脱通货紧缩的综合经济对策》的文件，准备具体从五大支柱着手。

文件认为，日本经济已经度过了“新冠危机”的 3 年，正在得到改善。2023 年 4—6 月期间的 GDP，名义和实际连续 3 个季度正增长，达到历史最高水平。30 年来最高水平的工资上调和企业的高投资欲望等，使经济前景出现了积极的动向，税收也在增加。一方面，由进口物价上涨引发的物价持续上涨，压迫着国民的生活，妨碍着随着经济恢复的生活感受的改善。现在正是将增长成果适当“返还”给国民的时候。这次的物价上涨，基本上是以国际原材料价格上涨和日元贬值所导致的进口物价上涨为起点的。另一方面，企业间的交易推进了价格转嫁，还成为提高工资的契机等，带来了价格、工资设定行为的变化。随着经济状况的改善，在长年的通货紧缩、低通货膨胀下固定下来的物价和工资不上涨的国民和事业者的意识发生了变化。

在“新资本主义”的旗帜下，岸田内阁在正面解决日本面临的社会问题的同时，推进了将这一措施本身转变为增长动力的增长战略。现在，迎来了以低物价、低工资、低增长为象征的“成本削减型经济”时隔 30 年实现变革的难得机遇。紧接着设备投资，物价和工资也在上涨，工资和物价良性循环的“新阶段”正在出现曙光。利用这一机会，通过克服物价上涨的结构性上调工资和扩大脱碳、数码等攻势投资，使消费和投资形成强有力的循环。为此，考虑到 3 年左右的“变革期”，以应对人口减少、少子高龄化等社会问题为引擎，同时集中采取措施，使其向充满活力的新阶段过渡。

2023 年 4—6 月的 GDP 在外需的带动下实现了正增长，但国民的消费和投资动向却处于乏力的状况。首先，在物价上涨的情况下，要全力采取保护民生和事业活动的对策。以此来支撑国民的收入，不让迈向新阶段的步伐倒退。其次，推进适当的价格转嫁，使提高工资的潮流波及地方、中坚、中小企业，以维持和扩大提高工资的积极性。包括提高生产效率在内的强化供给力的措施，持续产生收益，增长和分配持续运转，实现充分超过物价上涨的持续工资上涨的经济。最后，加强对资源和粮食价格上涨导致的输入性通货膨胀的耐性，防止收入流向海外，转换为收入在国内循环的结构。

在负 GDP 缺口逐渐消除的情况下，加强供给力，使日本经济走上更高的增长轨道，已成为紧迫的课题。在包括提高生产效率在内的加强供给力方面，将对社会问题的应对转换为增长的辅助，扩大提高经济社会可持续性的官民合作投资的观点是很重要的。今后，人口减少将会持续，人手不足、地区社会的维持等各种社会问题将会更加严重。在这种情况下，利用数字技术，提高政府和民众以及整个经济社会的效率和生产率，构建可持续发展的经济社会是必要的。同时，针对自然灾害的严重化、频繁化等，确保国民的安全、安心，是经济社会可持续发展的大前提。

在以上情况下，强力推进变革的“强化供给力”和巩固不稳定的脚，克服高物价的“回馈国民”，这两个是“车之双轮”。为使日本经济进入充满活力的新阶段，制定并实行综合经济对策，进一步加快实现“新资本主义”的步伐。为此，由以下五大支柱构成日本经济对策，动员了预算、税制、制度规制改革等所有政策手段。围绕五大支柱进行，提高政策之间的协同效果的观点出发，重视可能深刻变革经济社会的新技术、市场的飞跃性增长，以及被寄予厚望的领域等，也就是所谓的开拓疆界。促进数字技术等的社会应用，不仅可以在人口减少的情况下代替人工，还可以提供革新性服务。实施的财政措施、制度等，要实现各自的有机联系，以实现经济对策整体效果的最大化为目标。第一支柱是防止物价上涨，保护国民生活；第二支柱是对地方、中小企业等持续加薪，实现收入提高和地方增长；第三支柱是促进国内投资，以强化和提高增长力；第四支柱是克服人口减少，启动并推进以变化为力量的社会变革；第五支柱是国土强韧性、防灾减灾等确保国民安全安心的措施。文件还对日本银行提出了期待，政府将继续与日本银行紧密合作，共同致力于早日摆脱通货紧缩，在物价稳定的情况下实现经济的持续增长。希望日本银行在考虑经济、物价、金融形势的基础上，继续采取适当的金融政策，以持续稳定地实现 2% 的物价稳定目标，同时提高工资。

六、日本财经风险指数分析

由于日本央行持有国债的数据只有 2014 年之后的，因此所有数据时间段统一为 2014 年第一季度至 2023 年第四季度。

（一）全球性财经风险指数

日本的全球财经风险指数选用了前文合成的全球财经风险指数。从图 7－1 中可以看出，2014 年第一季度至 2024 年第三季度的指数在 0. 3—0. 64 波动，波动幅度为 0. 34，最低值出现在 2014 年第三季度，最高值出现在 2020 年第一季度。

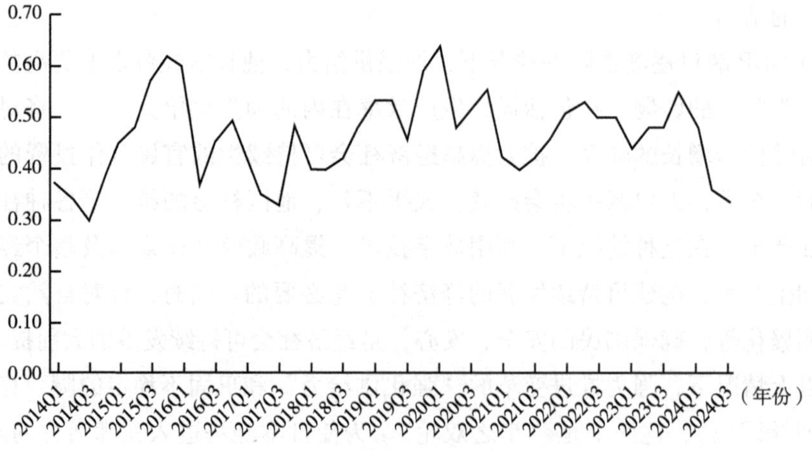

图 7 – 1　日本全球财经风险指数

注：Q 代表季度。

（二）国内改革与政策调整能力指数

日本国内改革与政策调整能力指数选取了经济政策不确定性指数为指标，为了构建日本总体经济政策不确定性指数（EPU），统计了日本四家主要报纸《读卖新闻》《朝日新闻》《每日新闻》和《日经新闻》在以下三种类别中至少包含一个术语的文章。经济类别的词语包括“economic”或“economy”；政策类别的词语包括“税收”“政府支出”“监管”“中央银行”或其他与政策相关的术语；不确定性方面的词语包括“uncertain”或“uncertainty”。根据同一份报纸和月份的文章数量对原始 EPU 计数进行缩放，将每篇文章的一系列缩放计数标准化，使其随时间变化相同，然后按月对文章进行平均，以获得总体 EPU 指数。

同时构建了日本货币政策、财政政策、贸易政策和汇率政策的不确定性指数。为了做到这一点，对那些包含有关经济、政策和不确定性的三个术语的文章规定了额外的标准。从 1987 年至今，所有的测量都是按月进行的。各指标归一化为 1987—2015 年的平均值 100。如图 7 – 2 所示，几个较明显的波峰是 2016 年消费税上调推迟、2020 年新冠危机、2023 年第一季度大额贸易赤字。

（三）财政货币政策风险对冲指数

日本财政货币政策风险对冲指数选择了日本央行持有国债金额和日本全国政府总负债率两个指标，因为央行持有国债数据从 2014 年开始，因此整体数据覆盖 2014 年第一季度至 2024 年第四季度。如图 7 – 3 所示，从分项图看，两个指标的风险对冲效果十分明显，因此最终合成的各年各季度的财政货币政策风险对冲指数均保持在 0. 6 以下，在 0. 21—0. 57 波动，最高值出现在 2014 年第一季度，最低值出

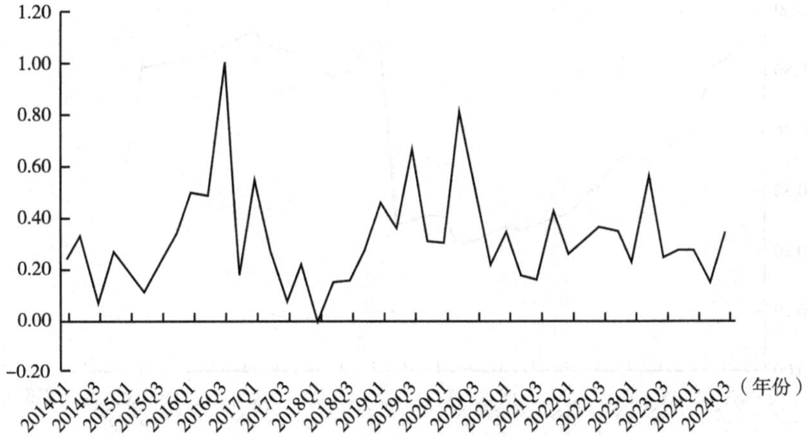

图 7－2　日本国内改革和政策调整能力指数

注：Q 代表季度。

数据来源：http：//www. policyuncertainty. com/japan_monthly. html.

现在 2018 年第一季度和第二季度（如图 7－4 所示）。全国政府债务率用年度数据代替了季度数据。从分项图中可以看出未来趋势，债务风险稳中有降的可能性较大，央行持有国债的数量预计会与政府负债率相配合。

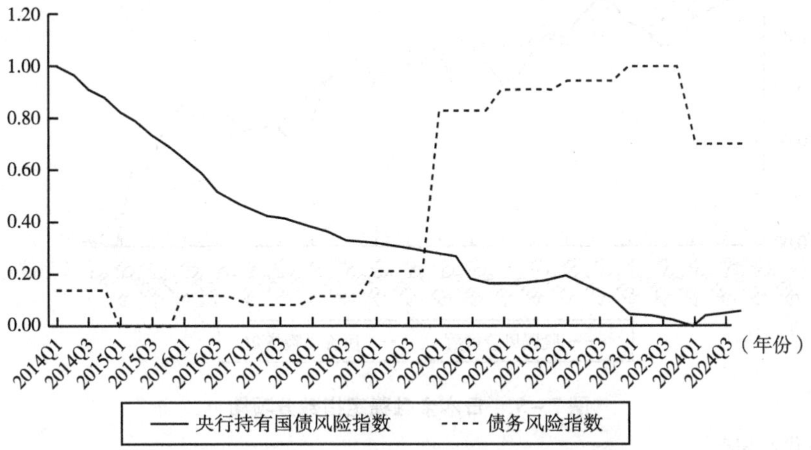

图 7－3　日本财政货币政策风险对冲指数分项图

注：Q 代表季度。

数据来源：日本央行 Bank of Japan Accounts，https：//tradingeconomics. com/japan/government－debt－to－gdp.

（四）金融稳定指数

日本金融稳定指数选取了日经指数和日本房价指数两个指标，两个指标均为负向，即数值越大说明风险越低，因此分项图和合成图均呈风险同步下降趋势

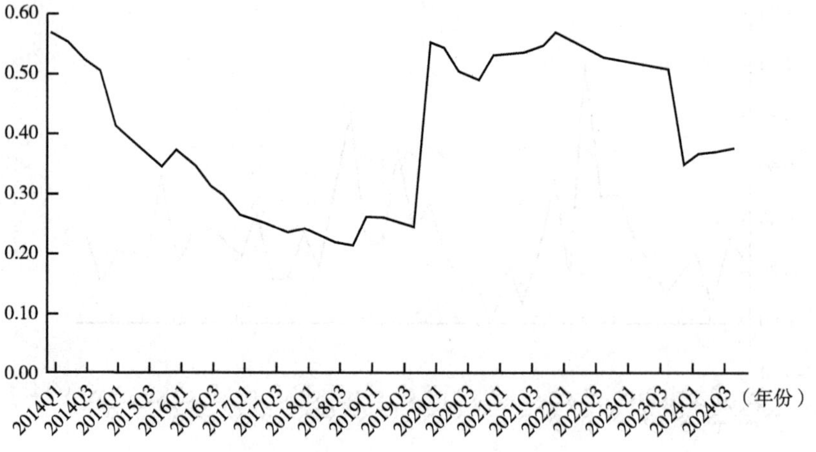

图 7 -4　日本财政货币政策风险对冲指数

注：Q 代表季度。

（如图 7 -5、图 7 -6 所示）。从分项图中可以看出，未来日本的股票风险和房价风险有望继续波动走低。

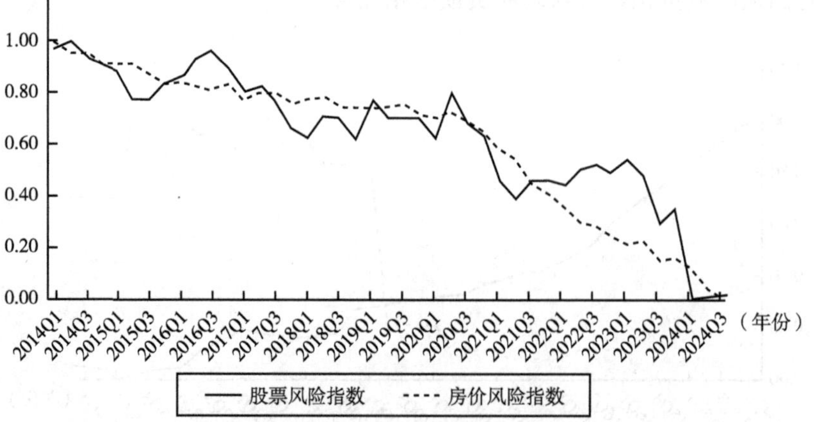

图 7 -5　日本金融稳定指数分项图

注：Q 代表季度。

数据来源：1. https：//tradingeconomics. com/japan/stock - market；2. https：//tradingeconomics. com/japan/residential - property - prices。

（五）经济社会发展指数

由于日本老龄化率较高，因此日本经济社会发展指数选取了老龄化率和劳动参与率两个指标。老龄化率为正向指标，劳动参与率为负向指标，如图 7 -7 所示，从分项图看，两个指标对冲效果明显。老龄化用年度数据代替了季度数据。如图 7 -8

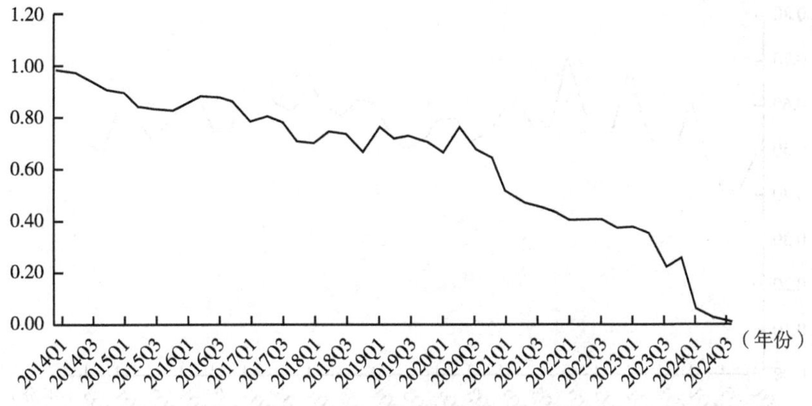

图7－6　日本金融稳定指数

注：Q代表季度。

所示，从合成图来看，由于对冲效果明显，指数保持在0.71以下，且较为平衡，数值在0.41—0.71的区间波动，波幅为0.3。最大值出现在2017年第一季度，最小值出现在2014年第二季度和第三季度，说明日本劳动力短缺方面的风险在可控范围之内。从分项图中可以看出，随着老龄化的不断加剧，日本劳动参与率不断提高，未来保持这一趋势的概率较大。

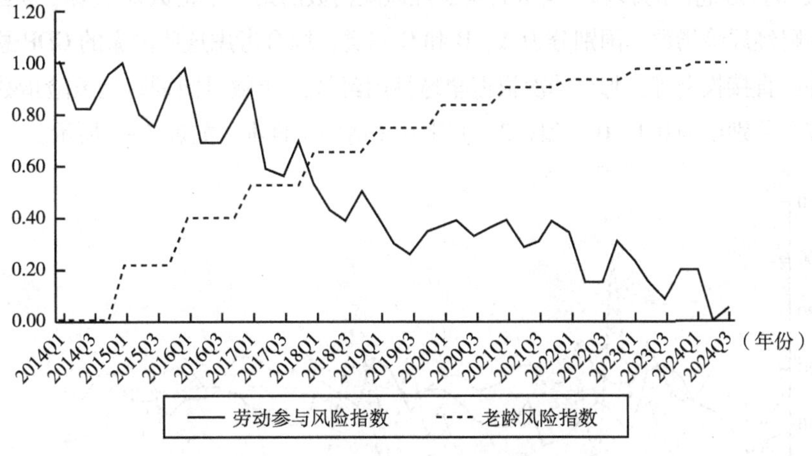

图7－7　日本经济社会发展指数分项图

注：Q代表季度。

数据来源：1. 日本统计局 labor force survey monthly2010—2023；2. 日本统计局 Current Population Estimates2009—2023。

（六）日本财经风险指数合成

由于日本央行持有国债的数据只有2014年之后的，因此最后合成的指数时间段为2014年第一季度至2024年第三季度。通过对上述5个指标未加权平均，得出了日本财

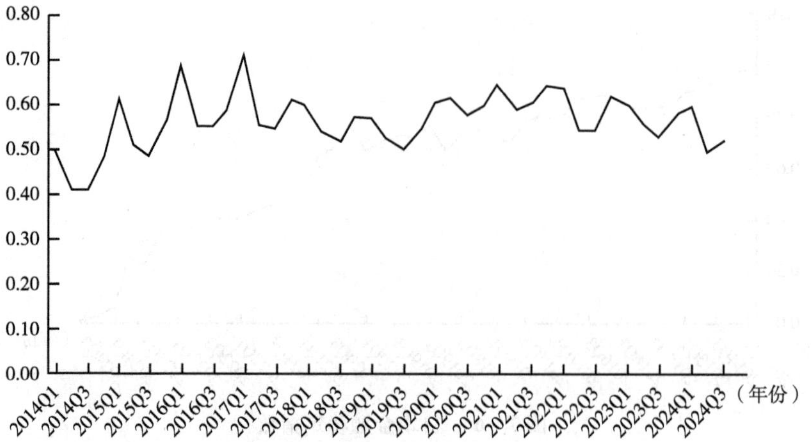

图 7－8　日本经济社会发展指数

注：Q 代表季度。

数据来源：日本统计局。

经风险指数，如图 7－9 所示，从分项图上看，国内改革和政策调整能力指数波动较大、风险较高。从合成的整体指数看，如图 7－10 所示，数值在 0.28—0.64 的区间波动，波动幅度为 0.36，最大值出现在 2016 年第三季度和 2020 年第二季度，说明了开征消费税和新冠危机的影响。构成日本财经风险指数的第一个指数采用第一章自行构建的全球性财经风险指数，国别分为 A、B 和 C 三类，综合考虑这些国家的 GDP 总量、贸易量和外国直接投资等，每个档次根据全球性财经风险指数对国别财经风险指数影响的程度将权重分别设为 0.1、0.2 和 0.3，其中 0.2 适用于日本，如表 7－1 所示。

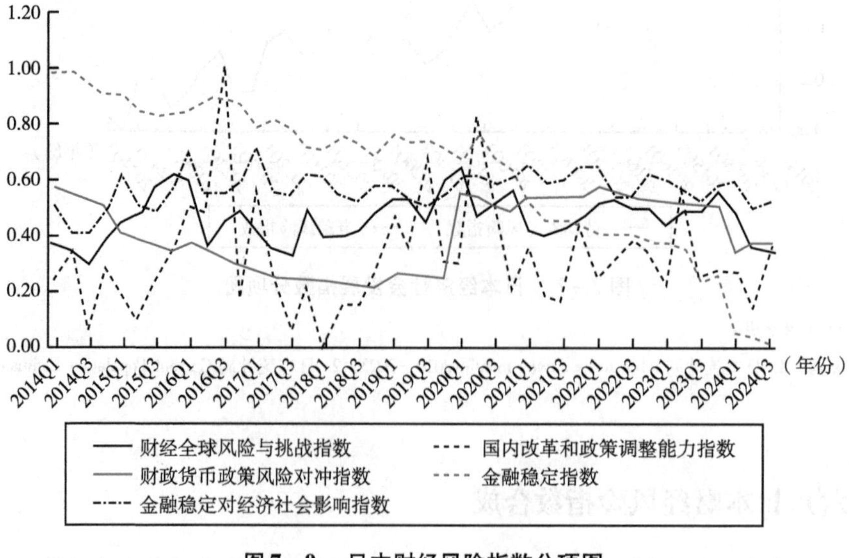

图 7－9　日本财经风险指数分项图

注：Q 代表季度。

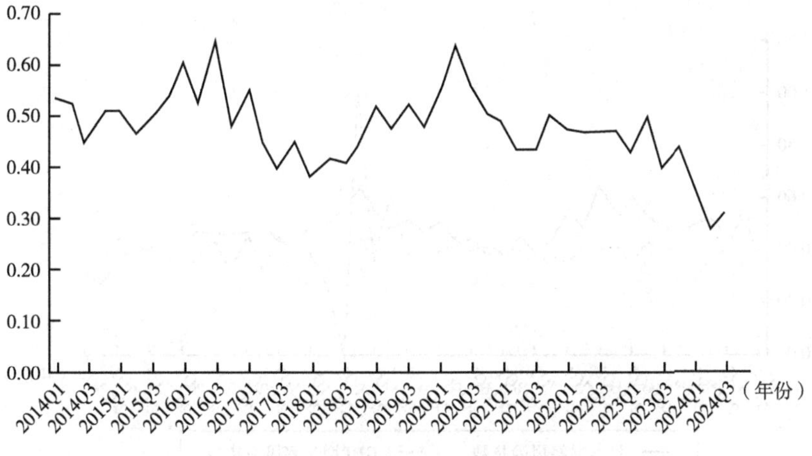

图 7－10　日本财经风险指数合成图

注：Q 代表季度。

表 7－1　　日本财经风险指数架构

一级指标	二级指标	权重	方向
1. 全球财经风险指数	全球财经风险指数	0.2	正向
2. 国内改革与政策调整能力指数	日本经济政策不确定性指数（EPU）	0.2	正向
3. 财政货币政策风险对冲指数	央行持有国债金额	0.2	负向
	全国政府总债务率		正向
4. 金融稳定指数	日经指数	0.2	负向
	日本房价指数		负向
5. 经济社会发展指数	15—64 岁年龄人口劳动参与率	0.2	负向
	老龄化率		正向

（七）小结和现实意义

因为疫情期间日本 GDP 增长率陡高陡低，与财经风险指数比较时效果不明显，因此将 GDP 增长率按前文的方法换算成了 0—1 之间的指数。从图 7－11 可以看出，日本财经风险指数与日本 GDP 增长率风险指数波动大致一致，尤其在新冠疫情期间。日本的财经风险指数的波动小于 GDP 增长率风险指数的波动，说明日本政府具备较强的风险应对能力，利用各种措施和工具熨平了 GDP 大幅波动带来的风险。

七、结论及影响分析

日本经济发展对中国经济的影响主要体现在以下三个方面，一是贸易影响：中日贸易在中国对外贸易中占据重要地位，日本经济的发展状况直接影响中国对日本

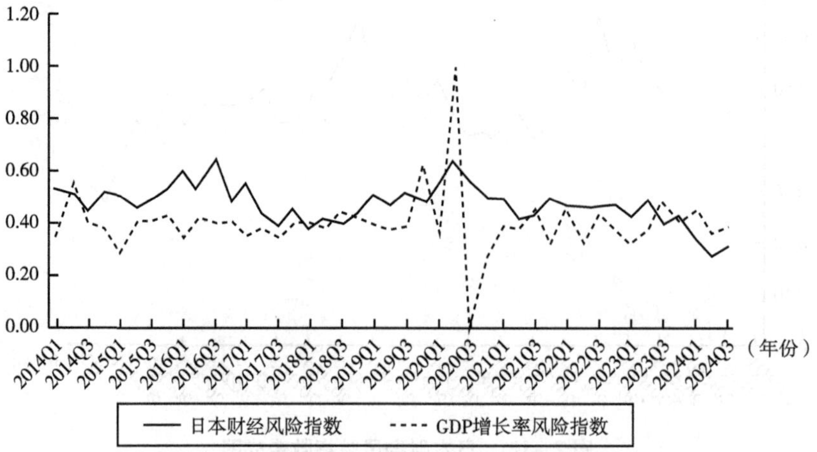

图 7-11　日本财经风险指数与 GDP 增长率风险指数比较图

注：Q 代表季度。

的进出口情况。二是投资影响：中日之间的双向投资也在不断增加，尽管目前仍处于较低水平，但未来有增长潜力。中国实际利用日本外商直接投资在 2022 年有所增加，达到 46.1 亿美元，但仍未恢复到 2012 年的高峰期。三是区域经济一体化：RCEP 的生效促进了中日供应链的深度融合，有助于提升中日经济合作的质量与水平，进一步推动区域经济一体化。

日本金融稳定对中国的影响主要体现在加息上。2024 年日本央行进行了两次加息。第一次加息发生在 3 月，将政策利率从 -0.1% 提升至 0—0.1%，结束了长达 8 年的负利率时代。第二次加息发生在 7 月，再次加息 25 个基点上调至 0.25%。有专家预计日本央行将继续使其宽松的货币政策正常化，到 2025 年将政策利率从目前的 0.25% 提高到 1.00%，即使这样仍低于我国央行目前的政策基准利率 1.5%，因此暂时不会造成大规模的资本外流。

2024 年日本经济发展对中国的影响主要体现在经贸合作、区域经济一体化以及全球市场动态等方面。中日经贸合作在多个领域具有广阔的发展空间。2023 年，中日贸易总额达 3 180 亿美元，尽管同比下降 10.7%，但日本仍是中国第四大贸易伙伴。中国对日本的出口额和进口额分别下降了 8.4% 和 12.9%。中日贸易在区域全面经济伙伴关系协定（RCEP）正式生效等利好因素下，仍保持企稳态势，连续多年稳定在 3 000 亿美元以上。

中日应重点加强产业链完善、科技创新、节能环保、医疗康养、数字经济和第三方市场的合作。这些领域的合作不仅能促进中日两国经济的发展，还能为全球经济复苏作出贡献。此外，RCEP 的落地生效为中日经贸合作开辟了更广阔的空间，有利于促进中日供应链深度融合，共同维护区域供应链稳定。

日本部分主要参考资料：

1.《彻底摆脱通货紧缩的综合经济对策——迈向日本经济的新舞台》日文版，日本内阁，2023 年 11 月 2 日。

2.《2023 财务补充预算概览》英文版（Overview of the Supplementary Budget for FY2023），日本财务省，2023 年 11 月 10 日。

3.《2024 财年预算草案要点》英文版（Highlights of the FY2024 Draft Budget），日本财务省，2023 年 12 月 22 日发布，2024 年 1 月 16 日修订。

4.《日本公共财政情况说明书》英文版（Japanese Public Finance Fact Sheet），日本财务省，2024 年 4 月。

5.《日本金融体系报告》英文全文版（Financial System Report），日本银行，2024 年 4 月。

6.《日本金融体系报告》英文摘要版，日本银行，2024 年 4 月。

7.《日本金融部门评估计划：金融体系稳定性评估》（JAPAN FINANCIAL SECTOR ASSESSMENT PROGRAM：FINANCIAL SYSTEM STABILITY ASSESSMENT），国际货币基金组织，IMF Country Report No. 24/109，2024 年 5 月。

8.《2024 年度财政经济报告——充满活力的新经济阶段》日文版，由经济财政担当大臣报告，日本内阁，2024 年 8 月。

9.《2024 年度财政经济报告》日文摘要版，日本内阁，2024 年 8 月。

10. 日本银行宽视角评论系列《央行财政与货币政策协调》（Central Bank Finances and Monetary Policy Conduct），日本银行货币事务部，2023 年 12 月。

11. 日本银行工作论文《论全球半导体供应链的重组》（On the Restructuring of Global Semiconductor Supply Chains），日本银行国际部，2024 年 6 月。

12. 日本银行工作论文《日本工资与物价通胀之间的联系》（Linkage between Wage and Price Inflation in Japan），日本银行研究统计部，2024 年 6 月。

13. 日本银行工作论文《反事实模拟：大规模货币宽松对日本金融体系的影响》（Counterfactual Simulation of the Effect of Large－Scale Monetary Easing on Japan's Financial System），日本银行金融制度与银行审核部、新潟分行、国际部、货币事务部，2024 年 7 月。

14. 日本银行工作论文《货币宽松对日本金融体系的影响》（The Effects of Monetary Easing on Japan's Financial System），日本银行金融制度与银行审核部，2024 年 7 月。

15. 德国安联全球投资公司——日本国家风险报告，2024 年 7 月。https：//www.allianz.com/en/economic_research/country－and－sector－risk/country－risk/japan.html.

16. OECD（2024），OECD Economic Surveys：Japan 2024，OECD Publishing，Paris.

第八章
印度财经风险与指数分析

一、印度财经面临的全球风险与挑战

（一）全球性挑战及其对印度的影响[①]

市场的预期和各国货币政策的立场更加趋于一致。增长的韧性缓解了人们对经济硬着陆的担忧，各国央行对通胀持续高于目标水平感到不安打消了尽早降息的预期。随着世界不同区域宏观经济的差异，预计各国政策路径将日益分化。

融资条件保持稳定，股市屡创新高，信贷利息差收窄。波动性基本上保持在低位，但间歇性的反转表明，投资者对潜在波动感到不安。

发达经济体央行正在缩表。尽管在持续的量化紧缩和财政支持的背景下，央行重新评估了银行的流动性需求，但发达经济体的央行仍在慎重和缓慢地缩表。

（二）印度在全球风险分配中的地位[②]

世界不确定指数（World Uncertainty Index）建立的世界不确定性溢出效应指数（WUSI）数据库分析了美国、英国、加拿大、德国、法国、意大利、日本、中国这八个国家对其他 142 个国家（地区）的溢出效应。从中可以判断，这八个国家的溢出效应较大，而印度的溢出效应要弱于这些国家。

---

① RBI. Financial Stability Report ［EB/OL］. ［2024 - 06］. https：//rbidocs. rbi. org. in/rdocs//PublicationReport/Pdfs/0FSRJUN2024_270620242B95CB128D1847A3ACAB5B5A4BEBF0DF. PDF.

② Word Uncertainty Index. Word Uncertainty Spillover Index ［DB/OL］. ［2024 - 04 - 14］. https：//worlduncertaintyindex. com/wp - content/uploads/2024/07/WUSI_Data. xlsx.

从受其他国家影响的角度看，根据世界不确定性溢出效应指数（WUSI），对于上述八个国家，印度受到美国、中国和英国的影响，其他五个国家对印度基本没有影响。其中印度受美国的影响最大和最普遍，其次是中国，2022 年四季度受到英国的影响，影响较大。

（三）全球性因素对印度金融稳定的影响[①]

虽然全球性风险减弱，但是全球金融体系仍然面临金融市场和金融机构短期展望不确定性的增加。这些又被公共债务水平的上升、资产价格的较大变动、商业房地产部门的压力、私人信贷风险、网络风险以及地缘政治风险持续存在所扩大。

1. 公共债务的上升。全球公共债务近些年来明显扩张，这增加了对债务可持续性的担忧。同时，利率上调和一些负担过重的经济体债务存在延期偿付的风险，更增加了对债务可持续的担忧。由于疫情期间的扩张性财政政策和疫情后期的援助性措施例如税收减免和补贴，2023 年底全球公共债务占 GDP 比重已经增至 93.2%，比新冠疫情发生前增长 9 个百分点。

2. 资产价格的高估。从 2023 年 12 月印度央行印度储备银行发布上次金融稳定报告以来，金融市场仍然保持繁荣看涨，总体上看是冒险的。股票市场和债券的收益率反弹，波动性下降，企业债券收益率的差距收窄。随着货币政策异常快速收紧，相对风险更高的资产的价格明显上涨。股市受到企业收益明显增长的支撑，市盈（P/E）率接近历史平均水平，企业债券收益率收窄的同时企业债务违约事件增加。无论是发达经济体（AEs）还是新兴市场经济体（EMEs），其股票、债券、信贷和商品指数之间的关联性高于历史 90% 的水平。就资产价格被高估的程度而言，突发的冲击可能会引发压力，并通过抛售和从众效应在金融市场的各个领域蔓延。

3. 商业房地产部门的压力。不同国家的商业房地产（CRE）价格都明显下降。IMF（国际货币基金组织）表示，全球商业房地产实际价格在过去的 12 年中下降 12%，商业房地产部门还容易受到空置率上升和融资成本增加的影响。一些国家的银行贷款中商业房地产贷款占据很大比重，银行对预期和没有预料到的商业房地产损失高度敏感。商业房地产风险的暴露主要集中在中小规模的银行，对大型和全球系统重要性银行（GSIBs）几乎没有影响。

4. 全球政治风险。军事冲突的加剧及其造成的持续动荡增加了地缘政治紧张局势导致的全球经济风险，特别是通过贸易、通货膨胀和信心这三个渠道的蔓延和传导致使风险增加。

---

① RBI. Financial Stability Report [EB/OL]. [2024-06]. https://rbidocs.rbi.org.in/rdocs//PublicationReport/Pdfs/0FSRJUN2024_270620242B95CB128D1847A3ACAB5B5A4BEBF0DF.PDF.

5. 私人信贷风险。私人信贷，基本上由非银行出借人（债权人）直接借钱给企业，在过去的10年中增长了4倍，成为盈利低或亏损并缺少高质量抵押物的中端市场化企业的一个主要的融资来源。

私人信贷不像银行融资那样受到金融监管和监督的约束。与银行和非银行金融机构之间的联系不断增强的私人信贷的快速发展和不透明导致的脆弱性可能会成为系统性问题。

6. 网络风险。随着金融服务数字化的不断发展，网络攻击的不断涌现引发了对金融稳定的担忧。全球公开报道的网络攻击数量以令人警惕的速度上升，对金融领域的攻击呈现快速上升势头。过去的20年间，金融部门报告的网络入侵和数字化冲击超过2万次，损失高达200亿美元。而且，网络攻击在政治和经济不确定期间有膨胀的迹象并引发混乱，例如在地缘政治紧张局势下。

二、印度国内改革与政策调整能力①

（一）印度当前和未来中期面临的突出社会问题和矛盾

面对全球性挑战，印度经济表现亮眼。2024财年印度经济有望增长8.2%，之前两个财年经济增长分别为9.7%和7.0%，经济持续高速增长。但是变化是永恒不变的。由于对贸易、投资和气候变化等关键全球性问题达成协议变得异常困难，因此印度国内必须加紧努力。

1. 外国直接投资下降。印度面临的一个难点是如何维持海外投资者对印度投资的兴趣。新投资的流入在2023财年为476亿美元，2024财年为458亿美元，有所下降。对投资收益的再投资也是如此。2023财年和2024财年，投资回流分别为293亿美元和445亿美元，投资回流有所增加。许多私人股权投资者利用印度股市高涨的机会获利退出。由于许多原因，未来几年印度外国直接投资的增长环境并不十分有利。首先，发达经济体利率比疫情期间和疫情发生之前有大幅上调，因此外国直接投资的机会成本更高了。其次，发展中经济体不得不与发达经济体积极的产业政策开展竞争，例如提供相当规模的补贴鼓励国内投资。再次，有关转让定价、税收、进口关税和非税政策的不确定性和解释仍有待解决。最后，地缘政治的不确定性正在上升，可能会对资本流动产生更大的影响。

2. 经济冲击影响就业。农业就业激增，其部分原因是人口反向流动以及妇女开始加入农业劳动力队伍。

① The Ministry of Finance of India. Economic Survey 2023 - 24 [EB/OL]. [2024 - 07]. https://www.indiabudget.gov.in/economicsurvey/doc/echapter.pdf.

对实体企业的年度调查（the Annual Survey）就业数据显示，2013/2014 财年到 2021/2022 财年之间，就业岗位数量年增长 3.6%，其中雇员超过 100 人的大企业的就业岗位增长率高于小企业。

对非公司形式的企业的年度调查（the Annual Survey of Unincorporated Enterprises）显示，非公司形式的非农企业的就业人数从 2015/2016 财年的 1.11 亿到 2022/2023 财年降至 1.096 亿。制造业就业人数下降 540 万，贸易和服务业就业人数有增加，这两个行业合并来看就业人数下降 164.5 万。

印度接连承受了两大严重的经济冲击。第一次冲击是银行体系坏账高和企业高负债。现政府在其第一个任期和之后更长的一段时间内才控制住了第一次冲击。新冠疫情是第二次冲击，这个冲击紧接着第一次冲击后发生。因此，还不能得出印度的就业问题是结构性的。但是，目前印度需要解决就业问题。

（二）为解决上述问题和矛盾采取和可能采取的改革措施

1. 推动私营部门创造就业。创造就业是私营部门的重要功能。另外，一些可以影响经济增长、就业和劳动生产率的活动是州政府的职责领域。印度比之前任何时候都更需要三方协同，实现印度更高和不断增长的发展愿景。企业创造的利润突破历史，但是雇员数量和雇员薪金并没有同步增长，增加雇员人数和雇员薪金符合企业利益。

2. 促进企业担当社会责任。新冠疫情表明，个人投资者是市场稳定的卫士。长期投资的文化需要培养和接续。此外，在企业利润增加的情况下，印度银行的净利润率升至新高。但是不能忘记上次金融周期下行的教训，银行必须加强管理。

企业由于需求旺盛而获利。金融部门因将私人储蓄转化为投资而获利。企业、个人和金融部门之间的这种良性互动需要更加迅速地持续发展，满足基础设施和能源转型投资的需要。

3. 发挥政府作用。在民主框架内治理和改造印度这种人口众多、幅员辽阔、社会和文化多元的国家十分复杂。政策很难做出选择，例如城市还是农村，增长还是公平或发展，制造业还是服务业。印度需要多元化的发展路径。但说起来容易，做起来难，没有前车之鉴。在政府、企业和社会部门之间建立和维持共识是成功实现这一目标的必要条件。

4. 使农业成为增长点。印度为农业用水、电和化肥提供补贴。政府几乎免费提供农业用水和用电。农民收入不用纳税。政府为 23 种农产品提供最低支持价格（MSP）。通过 PM－KISAN 计划每月为农民提供现金补助。印度政府（中央及中央以下政府）还会注销农民贷款。因此，政府为农民提供了充分的支持。但是，对现有政策和新政策进行一些重新定位可以更好地为农民提供服务。

此外，印度还准备采取措施释放小企业的活力、成功实现能源转型和政府放权等。

（三）国内改革对金融稳定的影响

前文也提到过，印度人口众多、幅员辽阔、社会和文化多元，因此国家治理复杂、难度大，面临前所未有的局面。对于印度的国家治理和改革，政府的责任是在政府、企业和社会部门之间建立和维持共识，这是国家治理和改革成功的必要条件。

2024 年 6 月，印度新政府开始执政。莫迪首相领导的全国民主联盟政府再次掌权，获得了历史性的第三个任期。前所未有的第三个广受欢迎的任期可以实现政治和政策的连贯性，这为国内改革营造了良好的政治环境。

三、印度财政货币政策抗风险能力

在财政和货币政策的帮助下，印度经济巩固了疫情后的复苏，确保了经济和金融的稳定。

（一）财政政策对冲和化解金融风险的能力①

1. 印度财政部具有促进经济发展的职能。2024/2025 财年，印度政府财政战略的第一个目标就是使国内经济更加包容、可持续和富有弹性，以便缓冲不可预计的冲击（如果冲击出现的话）。

2. 印度财政部管理公共债务。印度债务管理战略基于三大支柱，它们分别是低成本、降风险和发展市场。根据这三个支柱，债务管理战略塑造了印度债务的结构和组成，具体体现在利率、币种和期限上。印度政府中期债务管理战略是降低政府中期到长期的借款成本，办法是发行合适的借款产品以及通过延长借款期限和转换/回购证券来控制延期付款的风险。还通过将浮动利率债务保持在较低水平来降低利率风险，以及发行本币债务来管理汇率风险。

（二）货币政策对冲和化解金融风险的能力

印度央行印度储备银行（RBI）对金融机构的监管集中在资本充足率和流动性方面，通过对商业银行表内和表外资产负债风险进行审慎监管，努力减轻周期性风险，防范套利和系统性风险，促进信息的披露和增进透明度。同时，金融监管理事

① The Minister of Finance of India. Statements of Fiscal Policy as required under the FRBM Act, 2003 [EB/OL]. [2024-02]. https://www.indiabudget.gov.in/doc/frbm1.pdf.

会对印度储备银行的银行监管部、非银行监管部等职能部门进行内部监督，并对相关法律、法规和监管工作提出意见。①

1. 近年来采取的主要货币政策措施。2020 年，印度下调银行现金储备率（CRR）100 个基点至3%，为期一年，预计释放流动性 1. 37 万亿卢比。将银行流动资金覆盖率由 100% 下调至 80% 。向中小微企业提供总计 3 万亿卢比的无抵押贷款，由政府提供 100% 信用担保。向中小微企业发放总计 2 000 亿卢比的次级贷款。为具有发展潜力的中小微企业设立总规模为 5 000 亿卢比的特别基金。自 2020 年 3 月 1 日起，所有贷款机构的借款人获准延期偿还贷款及利息，为期 9 个月。印度储备银行 2020 年累计降息 115 个基点，基准回购利率降至 4%，为 2009 年以来最低值。2022 年 6 月，印度储备银行官方回购利率为 4. 9% ，逆回购利率为 3. 35% ，一年期存款利率最低为 2. 7% ，准借贷最低利率为 6. 6% —7. 3% 。②

2. 金融监管改革防范化解风险③。全球金融危机后，印度加强了对系统性风险的监测与预警，建立宏观审慎分析框架；强化金融监管协调，加大对系统重要性金融机构的监管力度；强化对综合经营和金融集团的监管。以加强宏观审慎监管为抓手，印度全面加强防范、控制系统性风险的制度建设。

（1）加强对系统性风险的监测与预警，建立宏观审慎分析框架。印度储备银行一方面通过建立宏观审慎政策框架，分析和监测经济和金融体系的系统性风险，并适时发出风险预警信号，扩大监管范围，提高监管标准。另一方面将不吸收存款的金融机构纳入金融监管范畴，防止监管套利。同时以实施巴塞尔Ⅲ为突破口，提高监管要求，加强对银行资本数量和质量的监管。

（2）强化金融监管协调，加大对系统重要性金融机构的监管力度。为加强监管协调，全球金融危机后印度政府成立“金融稳定与发展局”，该机构位于印度储备银行、证券交易委员会和发展局之上，以加强监管部门的协调与合作，监管系统重要性金融机构。金融稳定与发展局的主要职能包括监管大型金融集团、实施宏观审慎监管、加强内部监管合作、普及金融知识和制定金融扩展计划等。金融稳定与发展局通过设立专门委员会建立工作机制，由印度储备银行行长负责，讨论和决定关于金融部门发展和稳定的相关事宜，协调部门间监管事项。

（3）强化对综合经营和金融集团的监管。2013 年 3 月，印度各监管机构包括印度储备银行、证监会、保险监管及发展局、养老监督及发展局签订了金融集团监管合作谅解备忘录，加强对金融集团监管的协调。

---

① 许峰．印度储备银行架构及会计标准简介［J］．经济研究导刊，2013，(25)：274 -276.

② 商务部．对外投资合作国别（地区）指南——印度（2022 年版）［EB/OL］．http：//www. mofcom. gov. cn/dl/gbdqzn/upload/yindu. pdf.

③ 王刚．“金砖四国”金融监管架构的变迁与启示［N］．中国经济时报，2016 -06 -03（005）.

（三）财政货币政策对金融稳定的影响

1. 印度央行与财政部及中央政府的紧密合作有利于金融稳定。印度储备银行中央董事会成员由印度中央政府任命。印度储备银行设立中央董事会，该机构负责领导和管理银行事务，中央董事会成员由印度中央政府任命，人员组成为：（1）官方董事，设 1 名行长（Governor）和不超过 4 名副行长（Deputy Governor）；（2）非官方董事（Director），由政府指定 10 名来自不同行业的人士和 1 名官员，另外由 4 个地区董事会选出 4 名董事。①

印度储备银行年度盈余全部上缴印度中央政府。根据《印度储备银行法》第 47 条的规定，印度储备银行的收入经过建立储备、扣除支出和建立基金后的金额，即印度储备银行年度盈余全部上缴印度中央政府。②

2. 印度财政部通过履职缓冲各种冲击。2024/2025 财年，印度政府财政战略的第一个目标就是使国内经济更加包容、可持续和富有弹性，以便缓冲不可预计的冲击（如果冲击出现的话）。③

3. 印度财政部外债管理有利于降低金融稳定风险④。根据 2023/2024 财年预算，印度政府通过发行固定期限债券募集的总借款和净借款预算估计数分别为 15.43 万亿卢比和 11.81 万亿卢比。以当日汇率计算，2023 年 3 月 31 日，外债占 GDP 比重为 2.7%。2024 年 3 月底，外债（以当日汇率计算）预计将占中央政府总债务的 4.6%（调整估计数），占公共债务的 5.1%（调整估计数）。为发展项目筹措的外部借款仅限于来自精挑细选的合作伙伴的多边或双边贷款，因此不会受到资本流动逆转的影响。而且印度政府将继续更多地依赖从国内资本市场借款。

印度中央政府债务安全而且审慎，政府债务违约风险仍然很低。2023/2024 财年发行的主要固定期限证券的加权平均期限已升至 17.93 年，上一财年该指标为 16.05 年。而且，在未来五年内到期的证券仅占证券总额的 30%。而且，2024 年 1 月 8 日，加权平均利率从 2022/2023 财年的 7.32% 降至 7.25%。

四、印度的金融稳定评估

（一）资产估值稳定性评估

虽然印度经济增长亮眼，但是由于发达经济体利率比新冠疫情期间及之前有大

① 商务部．印度储备银行简介［EB/OL］．［2003－02－08］．http：//bombay.mofcom.gov.cn/article/ddfg/200302/20030200067430.shtml.

② 许峰．印度储备银行架构及会计标准简介［J］．经济研究导刊，2013，（25）：274－276.

③④ The Minister of Finance of India. Statements of Fiscal Policy as required under the FRBM Act，2003［EB/OL］．［2024－02］．https：//www.indiabudget.gov.in/doc/frbm1.pdf.

幅上调，因此外资投资的机会成本更高了，影响到印度国外直接投资的增长，对印度资产估值有负面影响。发达经济体推出竞争性产业支持政策，吸引高端制造业等高创新性和引领未来产业发展方向的行业的发展，对印度资产估值也有负面影响。国际税收方面的一些变化，例如关于数字经济的企业所得税问题、与碳排放相关的税收问题等的不确定性，影响到印度对外贸易部门，对资产估值也有负面影响。地缘政治的不确定性的上升，对资本流动、能源供需和价格等都产生影响，资产估值的稳定性减弱。结果导致，近两年许多私人股权投资者利用印度股市高涨的机会获利退出。

（二）金融稳定性评估

根据《1934 年印度储备银行法》，印度储备银行成立于 1935 年 4 月 1 日，成立时为私人所有，1949 年实行国有化政策后为印度政府所有，目前是印度的央行。印度储备银行的主要职能是：（1）制定、实施和监测货币政策；（2）管理、监督银行和金融系统的运营；（3）外汇管制和管理；（4）发行货币；（5）其他相关职能。[①]

印度储备银行的金融监管理事会成立于 1994 年 11 月，基本职责包括建立银行监管系统，增强强制性审计的作用并提高被监管机构的自律。该理事会通常每月举行一次会议，主要讨论有关银行监管事项。[②]

印度储备银行每半年发布一份《金融稳定报告》（FSR，the Financial Stability Report），分析印度金融稳定状况。2024 年 6 月发布的第 29 份金融稳定报告对印度金融稳定状况的主要结论是[③]：

1. 宏观金融风险。全球经济和金融体系的不确定性虽然有所上升，但是仍然保持韧性。虽然货币政策正常化仍然在过程中，但是金融条件仍然保持宽松。在短期风险消退的同时，例如资产估值过高、公共债务高企、地缘政治冲突旷日持久以及新兴技术带来的风险等脆弱性对中期金融稳定构成威胁。新兴市场经济体（EMEs）在保护金融稳定免受全球溢出效应、贸易政策不确定性增加和物流中断影响方面面临挑战。

在不确定的全球环境下，印度经济受稳固的宏观经济基础和强劲的国内经济增长所驱动，经济呈现稳定增长态势。受到银行和非银行金融机构资产负债表的支撑、强大资本缓冲的保护、强劲的收益和资产质量的改善，国内金融体系呈现出韧性。例如股票估值过高、小额信贷的压力和消费信贷部门以及外部溢出效应带来的风险所导致的脆弱性都需要密切关注和监督。

2. 金融机构：健康并有弹性。纳入列表的商业银行（SCBs，Scheduled Commercial

① 商务部．印度储备银行简介［EB/OL］．［2003－02－08］．http：//bombay. mofcom. gov. cn/article/ddfg/200302/20030200067430. shtml.

② 许峰．印度储备银行架构及会计标准简介［J］．经济研究导刊，2013，（25）：274－276.

③ Reserve Bank of India. Financial Stability Report Issue，No. 30［EB/OL］．［2024－12］.

Banks）的状况受到强劲的盈利能力、较低的不良资产、充足的资本金和流动性缓冲的支撑。资产回报率（ROA）和股权回报率（ROE）处于10年来的高位，同时总的不良资产比率（GNPA）已经降至多年新低。

不是基于预测而是基于不利的假设情景进行的宏观压力测试表明，即使在不利的压力情景下，大多数纳入列表的商业银行具有充足的资本缓冲，可以高于监管最低限度的要求。共同基金和清算公司的压力测试也证明了这些部门具有韧性。

3. 金融业管理创新。全球管理创新仍然集中于增加金融体系的稳定性。确认和减轻潜在的脆弱性，加强协调和增强适应性。最近的创新集中于减轻因技术进步、网络安全威胁和第三方依赖所引发的风险。解决非银行金融中介机构和跨境支付体系的脆弱性仍然是最优先的事项。

4. 系统性风险评估。印度储备银行每半年进行一次系统性风险调查（Systemic Risk Survey）。风险调查根据专家学者和市场参与者对印度金融体系面临的主要风险因素的认知得出结论。风险调查将风险分为四类：全球风险、宏观经济风险、金融市场风险、制度风险。让调查对象用0—10为风险等级打分，数字越高代表风险越大，0—2对应风险等级为“非常低”，2以上到4对应风险等级“低”，4以上到6对应风险等级“中等”，6以上到8对应风险等级“高”，8以上到10对应风险等级“非常高”。

印度储备银行最近一次系统性风险调查是在2024年11月。该次调查结果显示，全部四个类别的风险都处于“中等”这个等级。与全球风险溢出相关的风险被认为没有变化，同时宏观经济风险略有上升，金融市场风险略有下降，制度风险没有变化，如表8－1所示。

表8－1　　印度风险调查的主要风险来源及其评分（2024年11月）

主要风险分组	2024年5月	2024年11月	风险等级	风险变化
A. 全球风险	5.6	5.6	中等	无变化
B. 宏观经济风险	5.2	5.4	中等	上升
C. 金融市场风险	5.8	5.7	中等	下降
D. 制度风险	5.4	5.4	中等	无变化

资料来源：Reserve Bank of India. Financial Stability Report Issue，No. 30［EB/OL］.［2024－12］. P129.

五、印度经济社会发展状况①

（一）印度经济社会现状

尽管面临一系列全球和外部挑战，印度经济仍将其在2023财年建立的势头延续

① The Ministry of Finance of India. Economic Survey 2023－24［EB/OL］.［2024－07］. https：//www. indiabudget. gov. in/economicsurvey/doc/echapter. pdf.

到了2024财年。对维持宏观经济稳定的关注使得上述挑战对印度经济的影响最小化。因此，在稳定的消费需求和稳步改善的投资需求的推动下，印度实际GDP在2024财年增长8.2%，连续第三年增长率超过7%。

新冠疫情发生后，印度经济快速复苏，2024年实际GDP比疫情发生前高出20%。这说明即使新冠疫情导致2021财年经济负增长5.8%，但是2020财年以来复合年均增长率为4.6%。截至2020财年之前的10个财年，印度经济平均年增长率为6.6%，这或多或少可以反映出经济的长期繁荣。

2023财年印度经历多重挑战。欧洲爆发的冲突的溢出效应增加了印度国内价格上升的压力，由于油价的上升扩大了经常性账户赤字。一些国家的中央银行开始提高政策性利率以应对通货膨胀压力，极大增加了发达经济体和新兴市场经济体的不确定性。但是，面对国内和外部的脆弱性，在2023和2024财年，印度将重点放到实现宏观经济稳定上，这对确保经济增长至关重要。

即使全球供应链遭到破坏和面对不利的气候条件，2024财年印度国内通货膨胀压力仍然温和适中。零售价格从2023财年6.7%的平均值到2024财年降至5.4%。这要归功于政府和印度联邦储备银行联合采取的政策措施。

（二）印度经济社会展望

IMF预计2024年全球经济将增长3.2%，经济增速与疫情之前相比将明显下滑。虽然大多数经济体通货膨胀压力将得到缓解，但核心通货膨胀仍将持续处于高位。如果服务类通货膨胀下降得快些，中央银行放松货币政策的步伐会加快。如果发达经济体中央银行下调政策性利率，特别是美联储，那么新兴市场经济体中央银行可以跟随着下调利率从而降低融资成本。

2024年地缘政治局势的升级可能导致供应链的混乱、商品价格上涨、通胀压力上升和货币政策调整的暂缓。这可能也会影响印度储备银行的政策立场。2024年全球贸易展望是正面的，贸易量预计将增长。但是，地缘政治集团碎片化的加剧和贸易保护主义的重新抬头可能会扰乱商品贸易的增长，影响印度的对外部门。全球金融市场发展到了新的高度。而过高的金融市场估值的回调可能影响家庭贷款和企业估值，对增长产生不利影响。2024财年信息技术部门的就业大幅下滑，即使该部门的就业不再下降，也不可能明显回升。但是，借助于政府创新和新兴市场的潜力，企业出口、咨询和信息技术赋能的服务可能会扩张。即使核心通货膨胀已经处于3%左右，但是印度联邦储备银行仍然关注着美联储的货币政策，因此印度政策性利率在一段时间内依然保持不变，备受期待的利率下调被延迟了。

在2024财年，即使面临不确定的全球经济环境，印度国内增长驱动支撑了经济的增长。资产负债表的改善将帮助私营部门迎合强劲的投资需求，增加投资。随着发达经济体增长前景的改善，商品出口可能会增加，而服务出口也可能进一步增长。印度气象部门预测的正常降雨和目前为止令人满意的西南季风可能会改善农业部门的表现，支持农村需求的复苏。商品及服务税等结构性改革也已经成熟，并正在取得预期的效果。考虑到这些因素，印度 2023/2024 财年经济调查保守地预测，印度实际 GDP 增长率将在 6.5%—7%。

（三）印度金融稳定对本国经济社会的影响

银行和金融部门资产负债表更为简洁并具备充足的资本缓冲，因此有能力满足投资需求日益增长的融资需求。纳入列表的商业银行（SCBs）对中小微工业企业和服务业的信贷支持在基数已经处于较高水平的情况下继续实现两位数增长。同样，与住房需求的增长相适应，个人住房贷款激增。然而，大型企业的信贷增长速度尽管稳定，但是似乎增速较低。规模较大的工业企业似乎正在试图通过公司债券市场融资。2024 财年，公司债券发行量增长 70.5%，私募仍是企业首选的融资渠道。截至 2024 年 3 月底，待偿还公司债券同比增长 9.6%。

印度储备银行监督银行和金融体系，采取及时行动保证银行和金融体系可以抵御宏观经济或系统性冲击。2024 年 6 月印度储备银行发布的金融稳定报告显示，列表中的商业银行（SCBs）的资产质量上升，2024 年 3 月不良资产比重（GNPA）降至 2.8%，是 12 年来的低点。列表中的商业银行的盈利能力保持稳定，2024 年 3 月股权投资回报率和资产回报率分别为 13.8% 和 1.3%。宏观压力测试表明，列表中的商业银行在严峻压力情景下仍然可以满足最低的资本充足率要求。

企业由于需求旺盛而获利。金融部门因将私人储蓄转化为投资而获利。企业、个人和金融部门之间的这种良性互动对推动经济发展十分有利。但是，为了满足基础设施和能源转型投资的需要，这种互动还需要持续向前发展。此外，如果过高的金融市场估值回调，可能会影响家庭贷款和企业估值，对增长将产生不利影响。

六、印度财经风险指数分析

印度财经风险指数按照第一章主要经济体财经风险指数的框架构建，用五个指数最终合成印度财经风险指数。这五个指数在构建时选取的指标虽然是历史数据，但是在选取指标时特别挑选了对未来产生影响和反映未来风险的指标，因此能够反映未来的风险，详情请参考第一章。

（一）全球性财经风险指数

前文曾探讨印度财经面临的全球性挑战，如果把这些挑战量化形成指数有一定难度。本书第一章构建了全球性财经风险指数，具体构建方法请见前文。因此采用第一章构建的全球性财经风险指数衡量印度面临的全球财经风险（见图8-1）。由于各国虽然面临相同的全球性财经风险环境，但是风险对各国产生的影响不同，因此在合成国别财经风险指数时把全球性财经风险指数按照其对每个国家的影响不同而采用不同的权重，详情请参考第一章。

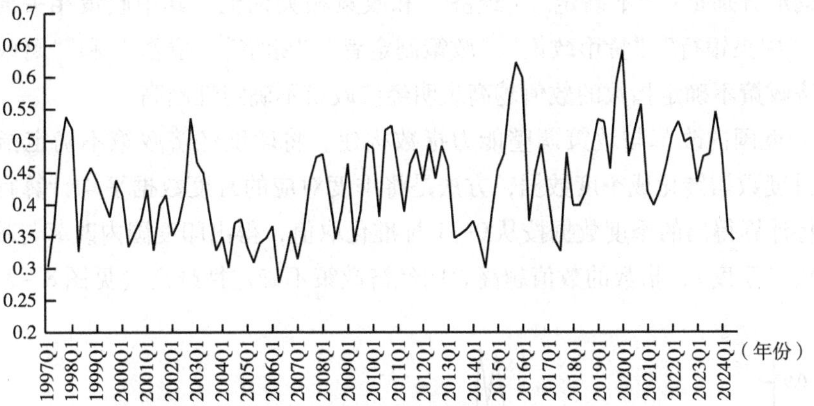

图8-1 印度面临的全球性财经风险指数（1997年一季度至2024年三季度）

注：Q代表季度。

（二）国内改革与政策调整能力指数

1. 指标选取：EPU。前文探讨过印度国内改革（政策调整）能力，这里试图将这些能力量化形成指数。经过分析现有的相关指标或指数，选用“印度经济政策不确定指数（月度）”（Indian Monthly Index）体现印度国内改革与政策调整能力（见图8-2）。

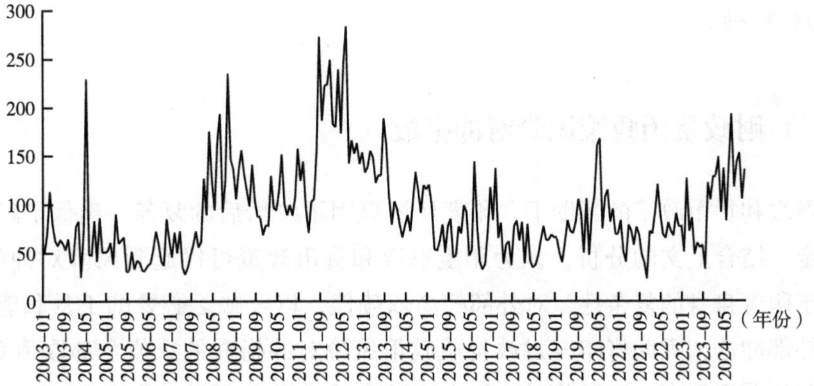

图8-2 印度经济政策不确定指数（月度）（2003年1月至2024年12月）

资料来源：Economic Policy Uncertainty. Indian Monthly Index [DB/OL]. http://www.policyuncertainty.com/media/India_Policy_Uncertainty_Data.xlsx.

经济政策不确定性指数（EPU Indices）反映全球和主要经济体经济政策的不确定性。该指数根据报纸关于政策不确定性的报道构建指数，衡量印度与政策相关的经济不确定性，依据的报纸为七家印度新闻媒体，这七家媒体分别为《经济时报》《印度时报》《印度斯坦时报》《印度报》《政治家》《印度快报》《金融快报》。对于上述七家媒体的报道，每份报纸统计至少包括下列三类词汇的新闻报道的数量，这三类词汇分别是："不确定""经济"和政策相关词汇，其中政策相关词汇例如"管理""中央银行""货币政策""政策制定者""赤字""立法"和"财政政策"。印度经济政策不确定指数的数值越高表明经济政策不确定性越高。

2. 印度国内改革与政策调整能力指数构建。将印度经济政策不确定指数（月度）的月度数据转化成季度数据，方法是将季度对应的月度数据平均计算得出季度数据。将计算得出的季度数据按从0—1标准化取值，得出印度国内改革与政策调整能力指数（季度），指数的数值越高表明经济政策不确定性越高（见图8-3）。

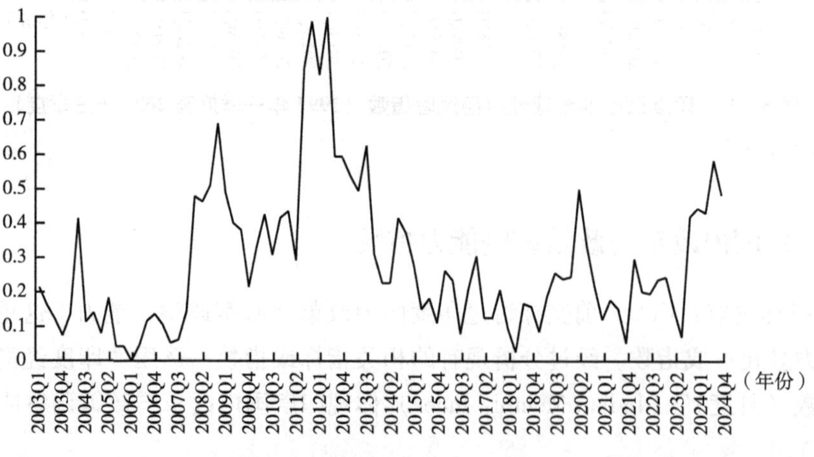

图8-3　印度国内改革与政策调整能力指数（2003年一季度至2024年四季度）

注：Q代表季度。

（三）财政货币政策风险对冲指数

在财政和货币政策的帮助下，印度经济巩固了疫情后的复苏，确保了经济和金融的稳定。结合上文的分析，认为印度财政和货币政策可以起到风险对冲的作用，但是由于印度自身的复杂性，对外部的高依赖性，以及缺乏必要的工具和能力控制和减轻外部冲击，因此将印度财政货币政策风险对冲指数的数值全部取值0.5，代表财政和货币政策有一定风险对冲能力，风险对冲能力中等（见图8-4）。印度财政货币政策风险对冲指数的数值越大表明财政货币政策风险对冲能力越强。

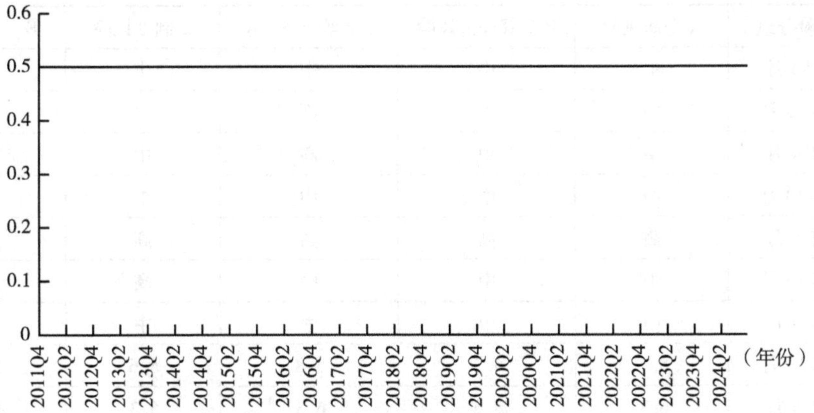

图 8－4　印度财政货币政策风险对冲指数（2011 年四季度至 2024 年四季度）

注：Q 代表季度。

（四）金融稳定指数

1. 指标选取：系统性风险调查的评分。前文分析了英国金融稳定状况，如果将英国金融稳定量化和指数化，则认为印度联邦储备银行的系统性风险调查（Systemic Risk Survey）对风险的评分可以反映印度金融稳定状况，数值越大表明金融稳定风险越高（见表 8－2）。印度风险调查的详情请参考前文，调查始于 2011 年 10 月，从 2022 年 11 月开始调查的风险类别从五个缩减到四个。

表 8－2　印度金融稳定风险评分（半年度）（2011 年 10 月至 2024 年 11 月）

主要风险分组	A 全球风险	B 宏观经济风险	C 金融市场风险	D 制度风险	E 一般风险
2011 年 10 月	中	高	高	中	低
2012 年 4 月	中	高	高	低	低
2012 年 10 月	高	中	中	低	低
2013 年 4 月	高	中	中	低	低
2013 年 10 月	高	高	中	中	低
2014 年 4 月	中	高	中	中	中
2014 年 10 月	高	高	中	中	低
2015 年 4 月	高	高	低	中	中
2015 年 10 月	高	中	高	中	低
2016 年 4 月	高	中	中	高	低
2016 年 10 月	中	中	低	中	低
2017 年 4 月	中	中	低	中	中
2017 年 10 月	中	中	低	中	低

续表

主要风险分组	A 全球风险	B 宏观经济风险	C 金融市场风险	D 制度风险	E 一般风险
2018 年 4 月	中	中	中	中	低
2018 年 10 月	中	中	高	中	中
2019 年 4 月	中	中	高	中	中
2019 年 10 月	中	中	中	中	中
2020 年 4 月	高	高	高	高	中
2020 年 10 月	中	中	中	高	中
2021 年 4 月	中	中	中	中	中
2021 年 11 月	5.7	5.2	5.8	5.6	5.2
2022 年 5 月	6.8	5.6	6.3	5.3	4.8
2022 年 11 月	6.9	5.4	6.5	5.3	—
2023 年 5 月	6.2	5.3	5.8	5.4	—
2023 年 11 月	6.0	5.4	5.8	5.4	—
2024 年 5 月	5.6	5.2	5.8	5.4	—
2024 年 11 月	5.6	5.4	5.7	5.4	—

资料来源：印度储备银行网站第 7—29 期的单数期和第 30 期金融稳定报告。

注：当多期金融稳定报告反映同一时间节点的金融稳定风险评估结果而结果不同时，采用最新的那份金融稳定报告的评估结果。

2. 印度金融稳定指数构建。由于印度系统性风险调查对金融稳定风险评分是分别对几类风险打分，而没有综合评分，历年来风险分类还略有调整，打分方式也有变化，因此采取了以下处理方法：一是仅取前四类风险的评分进行简单算术平均得出印度金融稳定综合评分；二是对 2021 年 4 月以前定的档次而不是评分，按照各档次对应的分值，“低”对应 2—4，“中”对应 4—6，“高”对应 6—8，将低、中、高分别按照该档次中间值 3、5、7 计算综合评分。计算得出的综合评分是 4 月或 5 月及 10 月或 11 月的半年度数据，将半年度数据转化成季度数据，方法是将 4 月或 5 月数据当作第 2 季度数据，把 10 月或 11 月数据当作第 4 季度数据，第 1 和第 3 季度数据为之前一个季度和之后一个季度数据的平均值。将计算得出的季度综合评分数据按照 0—1 标准化取值，得出印度金融稳定指数，指数的数值越大表示金融稳定的风险越高（见图 8 -5）。

（五）经济社会发展指数

1. 指标选取：消费者信心指数。前文探讨过印度社会经济状况，这里试图将这种影响量化形成指数。经过分析现有的相关指标或指数，认为印度央行印度储备银行消费者信心调查的现状指数可以较好反映印度社会经济影响，指数的数值越高代表消费者信心越大（见图 8 -6）。

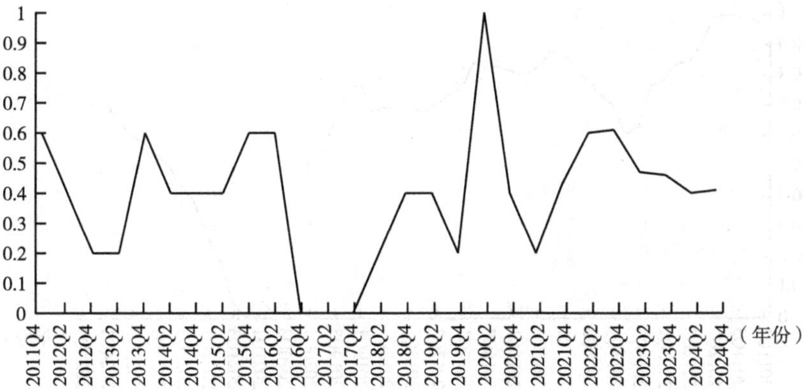

图 8－5　印度金融稳定指数（2011 年四季度至 2024 年四季度）

注：Q 代表季度。

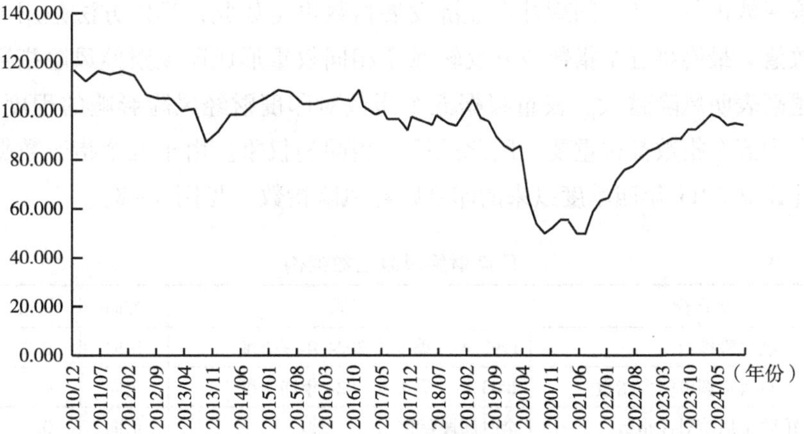

图 8－6　印度储备银行消费者信心调查的现状指数（非连续月度）（2010 年 12 月至 2024 年 11 月）

资料来源：CEIC. 表 IN. H022：消费者信心调查：印度储备银行［DB/OL］.［2025－01－07］. https：//insights. ceicdata. com. cn/login.

2. 印度金融稳定对社会经济影响指数构建。将印度储备银行消费者信心调查的现状指数（非连续月）的非连续月度数据转化为季度数据，方法是按照数据在月度间平滑变化先补齐月度数据，再将月度数据平均得出季度数据。计算得出的季度数据按 0—1 标准化取值，得出印度社会经济影响指数，数值越高表明对社会经济的正面影响越大（见图 8－7）。

（六）印度财经风险指数合成

将上文的五个指数或其反转建立印度财经风险指数，具体构建方法如表 8－3 所示。由于财政货币政策风险对冲指数的数值越大，代表对冲能力越强而风险越低，

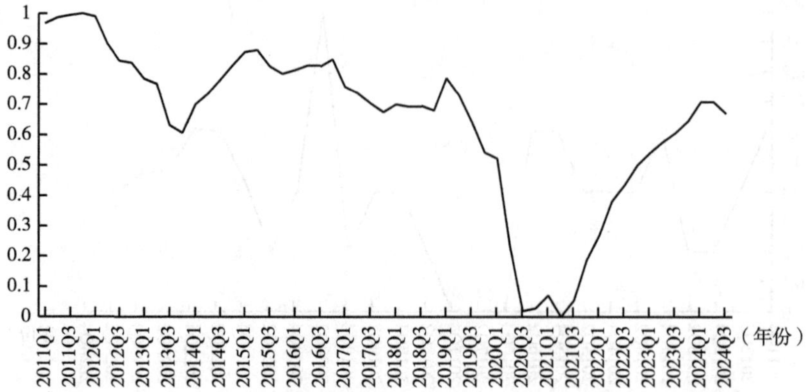

图 8－7　印度经济社会发展指数（2011 年一季度至 2024 年三季度）

注：Q 代表季度。

因此对该指数进行反转，同理社会经济发展指数也是如此，具体方法是用 1 减去该指标的数值。最终将五个指数或其反转赋予相同权重形成印度财经风险指数，指数的数值越高表明风险越大。权重根据五个指数对印度财经风险影响的程度而确定，因为考虑到五个指数都很重要，因此采用了相同的权重。由于五个指数数据时限不同，因此建立 2011 年四季度以来的印度财经风险指数（见图 8－8）。

表 8－3　印度财经风险指数架构

一级指标	时间	方向	权重	处理
1. 全球性财经风险指数	1997 年一季度至 2024 年三季度	正向	0.2	
2. 国内改革与政策调整能力指数	2003 年一季度至 2024 年四季度	正向	0.2	
3. 财政货币政策风险对冲指数	全时间段赋值	负向	0.2	反转
4. 金融稳定指数	2011 年四季度至 2024 年四季度	正向	0.2	
5. 经济社会发展指数	2011 年一季度至 2024 年三季度	负向	0.2	反转

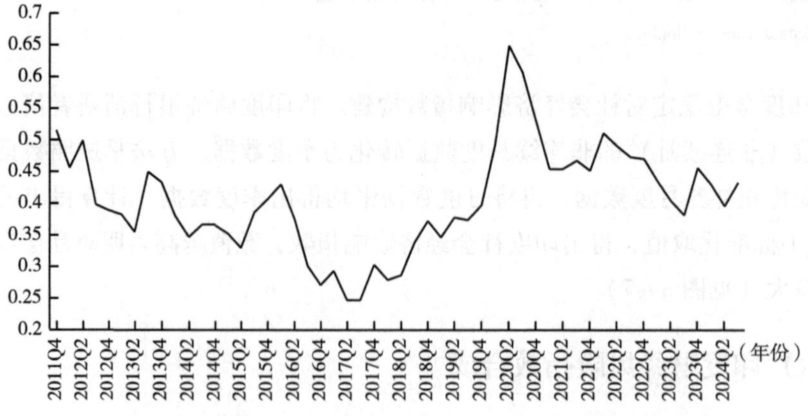

图 8－8　印度财经风险指数（2011 年四季度至 2024 年三季度）

注：Q 代表季度。

从合成的财经风险指数来看，2011 年四季度以来，印度财经风险有一个阶段性高点，出现在 2020 年二季度新冠疫情国内暴发时段。虽然 2022 年二季度能源危机期间出现小高峰，但整体仍呈现下行态势。到 2024 年二季度降至平均水平（0.40）以下，但三季度又升至平均水平之上（0.43）。将印度财经风险指数与印度 GDP 增长率（季度同比）进行比较（见图 8－9），可以发现整体呈现明显的反向关系，GDP 增长率是风险的具体结果，这进一步表明本书构建的印度财经风险指数可以反映和指示印度的财经风险。

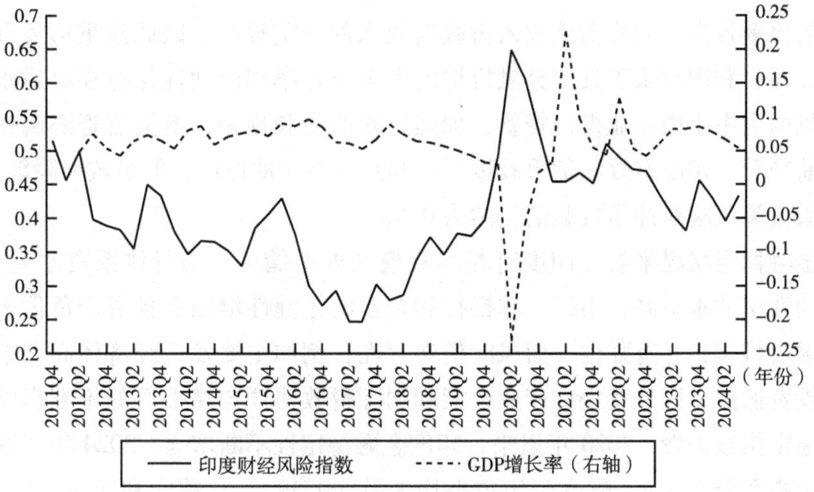

图 8－9　印度财经风险指数与印度 GDP 增长率的比较

（2011 年四季度至 2024 年三季度）

资料来源：CEIC. 表 IN. A003：基于 2011—2012 年：按支出和收入分类的国内生产总值：2011—2012 年价格（季度）［DB/OL］.［2024－12－20］. https：//insights. ceicdata. com. cn/login.

注：（1）Q 代表季度。（2）图中为 GDP 季度同比增长率，根据资料来源的 GDP 数据计算得出。

七、结论及影响分析

（一）结论

印度财经面临全球性财经风险，全球性资产价格的普遍高估使突发的冲击可能会引发压力，并通过抛售和从众效应影响印度金融市场；地缘政治紧张局势可能通过贸易、通货膨胀和信心这三个渠道蔓延和传导到印度，网络攻击也可能增加并导致混乱。但是，全球性财经风险整体有所下降，2024 年 2 季度全球性财经风险指数已经降至平均水平（0.43）之下，3 季度继续降至 0.34。

从印度国内改革与政策调整能力来看，由于经济增长强劲印度整体形势较好，但是也面临国外直接投资下降和就业问题。对此，印度中央政府联合州政府共同推动私营部门创造就业，促进企业担当社会责任，实现企业、个人和金融业的良性互动，加强政府治理，推动政府、企业和社会达成共识，改善支农政策更好为农民服务。但是，印度作为发展中大国，人口众多、幅员辽阔、社会和文化多元，国内改革与政策调整难度大。从印度国内改革与政策调整能力指数来看，2024 年二季度印度政策不确定性（0.43）略低于一季度，三季度增至 0.58，四季度略降至 0.48，2024 年四个季度都明显高于历史平均水平（0.29）。

印度财政政策的目标是推动经济更加包容、可持续和富有弹性。利息支出占政府支出的比重较高，同样借款收入占政府收入的比重较高，因此注重债务管理。货币政策方面，利用政策工具使金融机构的资本充足率和流动性保持在合适水平，支持金融机构为中小微企业提供贷款，加强风险监测和预警，增强监管协调和制度建设。目前来看，印度财政和货币政策可以起到风险对冲作用，但是抗风险能力一般，财政货币政策风险对冲指数赋值仍然为 0.5。

从金融稳定状况来看，印度有相当规模的外汇储备，银行体系资本充足率高，资本流动性缓冲水平高，银行、非银行和企业的稳健性增强而且资产负债表更加健康，金融机构健康并有弹性。而风险仍然存在，例如主要发达经济体高利率导致国外直接投资撤离，国外竞争性产业政策和国际税收协调与摩擦等的不利影响。从印度金融稳定指数来看，2023 年以来，印度金融稳定性不断增强，2024 年二季度印度金融稳定指数降至 0.4，略高于历史平均水平（0.39），三季度和四季度略有上升，四季度升至 0.41。

从经济社会发展来看，印度经济增长势头好，在主要经济体中增长最为强劲，较长期间一直保持高速增长，通货膨胀与历史相比温和适中。因此，从 2021 年二季度开始，消费者信心不断上升，经济社会发展指数不断增加，风险不断下行，2024 年二季度经济社会发展指数升至 0.71，高于历史平均水平（0.65），也就是说经济社会发展风险低于历史平均水平。2024 年三季度，经济社会发展指数略有下降，降至 0.67，仍略高于历史平均水平。

综合上述指数，印度财经风险指数在 2024 年上半年呈现下行态势，二季度降至 0.396，略低于历史平均水平（0.405）。2024 年三季度升至 0.43，高于历史平均水平。

（二）对中国的影响分析[①]

中国和印度都是拥有十几亿人口的发展中国家和新兴经济体，都面临艰巨的发

① 中国商务部．对外投资合作国别（地区）指南——英国（2022 年版）［EB/OL］．http：//www.mofcom.gov.cn/dl/gbdqzn/upload/yingguo.pdf.

展任务和广阔的发展前景。中国和印度陆上接壤，两国和睦相处、携手合作，不仅事关世界三分之一人口的未来和福祉，也对亚洲乃至全球和平繁荣具有重要意义。

中国和印度在金砖国家、上海合作组织等多边机构框架内保持着密切合作，也在双边框架下签署合作协议。中国是印度重要贸易伙伴，2021/2022 财年，印度前十大进口来源地排在第一位的是中国，前十大出口市场中国排在第三位。两国互相投资，根据中国商务部统计，截至 2021 年年底，中国对印度直接投资存量 35.19 亿美元，印度对华累计投资 9.5 亿美元。①

中国和印度坚持独立自主，保持团结合作，具有全球影响和战略意义。2024 年，两国就改善和发展中印关系达成重要共识，逐步恢复机制性对话及经贸、文化等领域的交流合作，推动两国关系重回稳定发展轨道。时隔五年重启两国边界问题特别代表会晤，对于推动双边关系向前发展具有重要意义。因此，印度财经风险下行并低于历史平均水平为中印关系向前发展提供了良好的财经环境。

① 中国商务部．对外投资合作国别（地区）指南——印度（2022 年版）［EB/OL］．http：//www.mofcom.gov.cn/dl/gbdqzn/upload/yindu.pdf.

第九章
巴西财经风险与指数分析

自 1997 年约翰·肯尼斯·加尔布雷斯（John Kenneth Galbraith）的《不确定性时代》（the Age of Uncertainty）出版以来，媒体和学术界报道的许多重大事件都强调，不确定性是金融世界的一个重要问题。

一、巴西财经面临的全球风险与挑战

（一）巴西金融稳定面临的外部挑战

根据巴西中央银行 2024 年 5 月发布的《金融稳定报告》，与两个季度前相比，全球形势风险已成为最重要的风险。从国际角度看，地缘政治风险和核心经济体的通胀持续性尤为突出，这可能导致全球金融资产出现极端重新定价和长期紧缩性货币政策。在全球经历显著的货币紧缩周期之后，高利率期和长期均衡利率水平的延长、中心经济体总体流动性水平的正常化、日本退出负利率政策等不确定性，加上对财政可持续性的担忧以及市场对地缘政治冲突导致的供应失调的敏感性，都增加了资产价格风险成为现实的可能性。此外，从 2025 年 1 月起，巴西的所有银行都必须按照国际会计准则委员会（IASB）的要求采用国际财务报告准则（IFRS），即引入前瞻性预期信用损失（ECL）模型、金融资产分类变化以及新套期会计原则。这要求更早地确认某些资产类别的信用损失，使规模较小的银行面临重大挑战。

（二）巴西在全球风险分配中的地位

根据国际货币基金组织（IMF）的最新排名，巴西将在 2024 年结束时成为世界第八大经济体，其在国际金融体系中具有重大影响力。一方面，巴西央行通过遵守国际标准和准则来加强与其他国家的经济金融一体化，促进国际贸易和投资流入巴西。另一方面，巴西央行和其他巴西当局代表巴西参与金融一体化倡议，引导国际金融系统向预期方向发展。自 1999 年 G20 成立以来，巴西同其他南方伙伴一道积极推动世行及 IMF 等国际机构的改革。如 2024 年 1 月巴西担任 G20 轮值主席以来，陆续提出征收超级财富税、成立一个更大更好更有效的多边开发银行等倡议，以减轻发展中国家承担的债务负担，并释放财政空间，用于发展、应对气候变化和能源转型等方面的关键投资。①

（三）全球性因素对巴西金融稳定的影响

近年来，国际金融体系不得不面对和吸收疫情相关的影响，特别是与非金融公司的流动性和偿付能力困难、一些非银行机构的压力事件、中国大型房地产公司的偿付能力问题、长期更严格的货币政策、主要央行缩减资产负债表等有关的影响，以及自 2023 年以来美国银行体系的重点事件，还有涉及两家欧洲全球系统重要性银行（G－SIB）的决议以及主要经济体利率走势等不确定性导致的波动。总体而言，尽管银行和非银行金融机构都存在累积的脆弱性，可能升级为系统性金融危机，但是巴西等新兴市场经济体在外部不利形势下也表现出韧性。根据巴西央行围绕金融稳定性的调查，金融机构认为，地缘政治冲突和 2024 年美国总统大选等事件，可能会增加全球市场的不确定性和波动性，减少贸易和投资流动，并影响全球生产链和大宗商品价格的正常运转；全球经济增长放缓，尤其是中国、美国等巴西主要贸易伙伴经济增速放缓，可能会影响国内商品的外部需求及经济增长；财政风险则凸显为对公共债务可持续性的担忧。与此同时，由于对欺诈、网络攻击以及涉及金融活动数字化扩展等风险的担忧日益增加，运营风险可能会变得更加严重。

二、巴西国内改革与政策调整能力

（一）巴西当前和未来面临的突出社会问题和矛盾

1. 经济韧性较强，但各种挑战挥之不去。21 世纪前十年，巴西 GDP 增长强劲，年均增长率为 3.9%。然而，在新冠疫情大流行前，由于 2015—2016 年严重衰退后持续的复苏努力，该国面临着脆弱的经济增长和财政前景。因此，在 2011—2020 年

① G20—Brazil 2024, A stronger and more responsive financial system: UN expresses support for Brazilian positions at G20, https://www.g20.org/en/news/a－stronger－and－more－responsive－financial－system－un－expresses－support－for－brazilian－positions－at－g20, 2024－08－11.

GDP 平均增长率仅为 0. 3% 。但是在积极的财政政策、服务部门的重新开放以及有利的商品价格的支持下，巴西从疫情中迅速复苏。2021 年、2022 年、2023 年实际 GDP 增长率分别为 0. 5% 、2. 9% 、2. 9% 。然而，目前的增长速度略有放缓，预计 2024 年 GDP 增长率为 1. 9% ，2025 年为 2. 1% 。①

综合来看，巴西的经济轨迹由多种因素共同决定。强劲的农业表现和收入，加上劳动力市场的提振，为 2023 年经济增长提供了重大贡献。然而，受高利率挥之不去的影响，私人消费放缓和投资的下降，整体经济增长前景有所放缓。从中期来看，预计 2025—2028 年的平均增长率将维持在 2% 左右，如果该国继续推进旨在提高生产率的重大改革，就有可能出现进一步上升趋势。例如，2023 年巴西批准了其历史性的税制改革，通过合并所有消费税和引入综合增值税，预计将促进生产效率大幅提高。同时，预计该项改革将减少地方政府之间的税收竞争，降低司法纠纷的风险，提升潜在增长幅度。随着巴西通胀压力的放缓，巴西央行于 2023 年 8 月开始了货币宽松周期，并连续下调基准利率 2 个百分点，预计降息将持续至 2024 年下半年，暂停在 9% 的水平（低于 2023 年 12 月底的 11. 75% ）。②

2. 财政不确定性和公共债务可持续性是主要风险。2020 年，巴西面临严峻的财政挑战，赤字率达到近 20 年来的最高水平，赤字占 GDP 的比例达到负 11. 9% ，主要是由应对新冠疫情的财政举措所致。尽管 2021—2022 年财政状况有所改善，但卢拉新政府在 2023 年的扩张性政策导致赤字占 GDP 的 7. 1% 。公共债务在 2020 年达到 96. 05 的峰值，在 2022 年降至 85. 3% ，但预计到 2025 年将再次上升至 92. 4% 。尽管有了新的财政框架和 2023 年修订的支出规则，人们仍然对乐观的收入预测和潜在的支出很担忧。2024 年实现平衡预算仍面临挑战性，政府总债务占 GDP 比重从 2023 年的 74. 4% 上升至 76. 8% ，到 2028 年公共债务占 GDP 比率将达到 86% ，尽管外债相对较低，但也构成了宏观经济风险。未来巴西仍面临扩张性政策、乐观的收入预测和公共债务负担等风险。

3. 政治环境有所改善，但基础脆弱，商业环境充满挑战。卢拉总统领导着巴西左翼政党劳工党，在进入其四年任期的第二年之际，由于失业率下降和反通货膨胀，他的人气很高。2023 年 1 月第三次当选总统后，他积极推出了扩张性政策和重启了增长加速计划（PAC），然而由于经济将走软，预计他的下一步改革建议将更加谨慎。政治复杂性源于政党和行政当局之间就地方项目预算分配的持续争议，又增加了一层不确定性。他的国会联盟中的政党要想在 2026 年大选之前争夺更多的席位，

① Bank of Brazil，Brazil's Copom further lowers Selic interest rate in line with market expectations：https：//en.mercopress. com/2024/03/21/brazil - s - copom - further - lowers - selic - interest - rate - in - line - with - market - expectations，2024 - 03 - 21.

② Copom reduces the Selic rate to 10. 75% p. a. ：https：//www. bcb. gov. br/en/pressdetail/2519/nota，2023 - 03 - 20.

预计政治格局将变得更加动荡。在一个以右倾为主的国会中，这种分裂可能会对推进卢拉的改革议程构成挑战，包括拟议的所得税改革。另外，卢拉总统致力于改善亚马逊雨林的非法砍伐和采矿情况，预计他在环境政策方面将带来积极的变化。2023 年巴西的环境可持续性指标在全球 227 个经济体中排名第 86 位。就整体商业环境而言，根据美国传承基金会（Heritage Foundation）2022 年经济自由指数调查（Index of Economic Freedom Survey 2022）结果，巴西在全球 177 个经济体中排名第 133 位，被认为是一个“不大自由”的国家。该国货币自由度相对较好，但是它的财政健康状况是全世界上最差的。与此同时，由于政治稳定性差和对腐败的控制不力，巴西在世界银行学院（World Bank Institute）年度全球治理指标中的排名比过去有所下降。

（二）巴西采取的主要改革举措

1. 引导通胀预期回归目标。自 2023 年 8 月以来，巴西央行基于通胀目标框架，稳步下调政策利率，并将其保持在限制性范围内。2024 年 6 月，巴西总统卢拉颁布的第 12079/2024 号法令确立从 2025 年 1 月 1 日起建立持续通胀目标体系，并授权国家货币委员会确定通胀目标为 3% 和容忍区间为正负 1.5 个百分点，授权巴西央行实施实现既定通胀目标所需的政策。[①] 截至 2024 年 7 月，名义政策利率已在 5 月份下调了 325 个基点至 10.5%。

2. 维护金融稳定，促进金融包容性和创新。一是保持金融系统韧性，强化系统性风险控制。自 2022 年以来，巴西央行通过新审慎框架，密切监测非银行金融系统的资产。具体举措如下，强化小微企业相关信贷风险的监测；通过实施债务偿还与收入比的方式，解决家庭债务负担和总信贷成本高的问题；谨慎管理公共银行的溢出效应，减轻其对财政状况、货币政策传导和市场效率的潜在风险；逐步完善破产、担保、资产市场和处置等的法律框架，推动现有预算资源的重新分配。二是竭力推出即时支付系统 Pix（含自动支付和跨境支付），不断促进金融包容性、效率和竞争。三是计划在 2025 年推出 Drex 平台，即央行数字货币（CBDC）项目，将数字雷亚尔用于银行间结算，但 Drex 投入运营之前，仍有许多技术和法律挑战需要解决，如用户隐私问题。

3. 确保财政可持续性和税制改革。一是重申改善财政状况的承诺。在《2025 预算草案》中，巴西政府重申 2024 年基本赤字为零的目标，确保 2025—2026 年赤字容忍度介于 GDP 的正负 0.25% 范围内。据当局估计，修改后的财政目标将在 2028 年前稳定公共债务，并逐年下降。二是解决支出僵化问题仍是当务之急。为抑

---

① DECRETO N° 12.079, DE 26 DE JUNHO DE 2024, https://www.planalto.gov.br/ccivil_03/_ato2023-2026/2024/decreto/D12079.htm, 2024-08-05.

制强制性支出的增长，优先事项包括公共行政改革，以降低联邦公共部门和私营部门之间的工资溢价，实现支出项目与最低工资增长脱钩；改革2024年重新生效的教育和医疗最低支出标准；推动养老金制度改革，促使公务员制度与一般制度（RGPS）保持一致，确保制度长期可持续性；提高社会保护计划和社会转支付的有效性，确保持续为弱势家庭提供有针对性的福利支持。三是推动增值税改革，解决巴西间接税制中深层次的效率问题。通过改革，逐步用双重增值税（包括联邦部分CBS和地方部分IBS）取代现行的消费税，促使产出提高6%—11%。预计通过此项改革将引入现金返还制度，令税收负担从商品转移到服务，以及降低法定税率，降低消费税的累退性。在2026—2033年的过渡期内，联邦和地方增值税部分都适用宪法规定的同一税基，预计从2028年到2033年，各州市的税收将逐步并入IBS，而地区补偿基金将在50年的过渡期内保持不变。

4. 继续推进旨在弥合结构性差距的改革。一是继续推进区域一体化计划，包括降低关税和非关税壁垒，并在贸易便利化和监督合作方面做出深入改革，支持更具竞争力的经济。同时，这种一体化与劳动力市场政策（如求职援助和培训、收入支持和社会保险计划）相结合，激励劳动力流动并降低调整成本等。二是通过强化反腐败框架以及司法系统的效率和独立性来改善商业环境。巴西当局通过公布高级公职人员的资产申报，并将非法致富定位为刑事犯罪等手段，强化行政治理环境。三是解决反洗钱或反恐怖融资漏洞，解决相关金融部门的脆弱性。2024年6月14日巴西民间组织在《联合国反腐败公约》的框架下，推动修订完善反洗钱立法提案，保护反洗钱系统免受外部干扰，并加强反腐败机构的整合；制定和实施对环保产品的具体反洗钱规定等。

（三）国内改革对金融稳定的影响

1. 货币政策转向保守。巴西央行的政策立场和对3%目标的明确承诺预示着通胀预期将进一步下降，但前提是财政和货币政策框架的可信度持续提高。截至2024年5月，巴西通胀率为3.9%，在3%的目标1.5个百分点的容忍区间内，但是央行暂停降息周期，在国内外不确定性增长的情况下，将基准利率保持在10.5%。[①] 此外，通胀预期已上调至2025年底和2026年底的3.5%—4%，加之央行行长和董事会成员即将更替，使得财政政策和货币政策的不确定性更加不明朗。

2. 政府批准的新财政框架和税收改革等举措，有助于抑制信贷风险上升。截至2023年年底，B3 - Ibovespa股票市场指数创下历史新高（为132 000点），以美元计算上涨了34%，比MSCI新兴市场指数高出约24点。与此同时，在套利交易流的支

① Fitch Affirms Brazil at 'BB'; Outlook Stable, https://www.fitchratings.com/research/sovereigns/fitch-affirms-brazil-at-bb-outlook-stable-27-06-2024, 2024-08-20.

撑下，雷亚尔兑美元汇率上涨了近10%。此外，政府成功地批准了新的财政框架和一项税收改革，确保了住房计划、抗击饥饿计划及家庭福利增加等的落实。尤其是，家庭债务重组方案（Desenucla Brasil）的部署和企业支持方案的更新（Pronampe）等协同遏制了信贷风险的上升。

3. 结构性改革的不确定性导致实际利率过高。根据惠誉预测，巴西2025年实际GDP增长率为2.1%，2026年为2%。近几届政府推行的结构性改革对潜在增长有好处，但他们尚未转变低水平投资（占GDP的16%）的现实，这些不确定性可能会导致实际利率过高。卢拉总统推出的税制改革法案，对潜在增长有重大上行空间，但由于新旧制度过渡本身的不确定性以及过长的过渡期，前景如何无法预测。

4. 巴西政治治理中的腐败问题相对较高，导致主权债务的信用评级受损。根据世界银行治理指标（WBGI），巴西现行的政治治理能力、法治水平及监管质量等仍较薄弱，但腐败程度相对较高，这对其主权债务的信用状况产生了负面影响。根据ESG评分结果，巴西目前的债务偿还意愿与所有主权国家一样，且近20年未进行过公共债务重组，这对其信贷状况和信用状况均产生了积极影响。

三、巴西财政货币政策抗风险能力

（一）财政政策对冲和化解金融风险的能力

自20世纪90年代末，巴西建立了一个以初级盈余为目标的财政制度体系，旨在维持公共债务稳定并赋予政府信誉，最终促使公共借款利率下降。之后，为应对1998—1999年货币危机等，2000年5月巴西政府出台了国家债务再融资计划和具有里程碑意义的《财政责任法》和《财政犯罪法》，强化了财经纪律，约束了各级政府债务。为应对2008年全球金融危机，巴西打破了通过财政货币政策框架的制度改革应对危机的历史传统，启动了扩张性财政政策，摆脱金融危机困扰的同时，促使经济加速增长。但是，2012年巴西政府重新修订了另一轮财政刺激措施，从信贷补贴到免税，这一系列政策操作导致2014年以来的财政状况快速恶化，财政赤字率上升，但金融体系一直保持稳定。2023年1月以来，卢拉新政府采取了积极的财政政策，如2023年8月的新增长加速计划和2024年1月的再工业化计划等，鼓励更多的民间部门投资。可见，财政政策要适度，通过实施灵活的财政政策，弱化来自其他来源的不确定性，进而确保资产价格的稳定性。

（二）货币政策对冲和化解金融风险的能力

20世纪80年代后半期和90年代前半期，巴西政府试图控制通货膨胀，陆续推出了克鲁萨多计划（1986年）、布雷赛计划（1987年）、维朗计划（1989年）和科洛尔计划（1990年）等①，但均以失败告终。在此基础上，巴西政府于1994年推出了雷亚尔计划，抑制了恶性通胀，为减轻贫困和收入分配不平等奠定了基础；于1999年引入了通胀目标制度，搭建起了涵盖浮动汇率、通胀目标制以及主要盈余目标的“宏观经济三脚架”，强化了巴西央行对货币政策的控制权，扭转了严重和长期通货膨胀对巴西经济的摧毁。此后，基准利率（SELIC）成为巴西中央银行控制通胀的主要工具。2008年金融危机期间，巴西央行采用一些措施，以避免危机和流动性短缺等对本国金融体系稳定性的影响。例如通过拍卖美元、贷款储备和货币互换合约等形式，巴西央行向金融市场额外注入了132亿雷亚尔的强制资金；还通过释放强制储备金，改变再贴现业务和信贷担保基金（FGC）的若干规则，确保国家金融体系免受国际金融体系中流动性危机的影响。②值得注意的是，逆金融周期的货币政策能够抑制信贷过快增长，但是货币政策无法独立解决系统性风险的横截面问题，只有将货币政策和宏观审慎政策结合起来，才能避免金融脆弱性，进而确保宏观经济和金融的稳定。

（三）财政货币政策协同对金融稳定的影响

为应对20世纪70年代石油危机引发的巴西新一轮通货膨胀③，巴西政府采用了渐进式通胀控制措施，如财政紧缩、货币、信贷和工资收缩等协同性举措，促使通货膨胀率基本得到控制。同时，储蓄账户、公共债务、租赁合同和工资合同等各类资产的指数化过程，减少了代理人对未来经济环境的不确定性，进而减轻了基准利率的压力。在2019新冠疫情期间，巴西财政刺激计划与货币和汇率政策协同发力，促使其经济活动、就业和收入保持在较合理水平。④ 2020年3月至5月期间，为应对新冠疫情的严重影响，巴西政府动用了其在央行的专用账户，而巴西央行则采取了妥协性操作，如通过提供低风险金融资产的方式，促使私营部门能够在财务压力很大的情况下调整其财富组合。上述操作有效遏制了基础货币的扩张，从而将基准利率控制在较低水平。截至2020年，巴西的GDP只收缩了4.1%，比许多其他新兴和发达经济体的表现要好得多。可见，在应对内外经济金融重创情况下，巴西

---

① José Roberto Afonso，Eliane Cristina Araújo，Bernardo Guelber Fajardo，The role of fiscal and monetary policies in the Brazilian economy：Understanding recent institutional reforms and economic changes，https：//portalibre. fgv. br/sites/default/files/2021 －03/1 －s2. 0 －s1062976916300527 －main. pdf，2024 －06 －15.

② Benjamin M. Tabak，Marcela T. Laiz，Daniel O. Cajueiro：Financial Stability and Monetary Policy －The case of Brazil，https：//www. bcb. gov. br/pec/wps/ingl/wps217. pdf，2024 －8 －16.

③ MÁRCIO HOLLAND，Fiscal crisis in Brazil：causes and remedy，https：//doi. org/10. 1590/0101 －35172019 －2918，2024 －05 －10.

④ Margarida Gutierrez，Antonio Luis Licha，Raul Gouvea，Assessing Brazil's Fiscal Deficit Financing Strategy during the COVID －19 Pandemic，https：//www. scirp. org/pdf/me_2023112114315485. pdf，2024 －08 －20.

政府通过实施财政货币一体化政策来稳定资产估值，助推巴西经济恢复增长。

四、巴西的金融稳定评估

（一）资产估值稳定性评估

金融部门评估项目（the Financial Sector Assessment Program，FSAP）成立于1999年，是一项针对国家金融部门的全面深入评估。[①] 其中，发达经济体的由国际货币基金组织实施，重点评估金融部门的韧性、监督框架的质量以及化解金融危机的能力；发展中国家和新兴经济体的FSAP由相关国家与世界银行联合实施，在金融体系稳定性评估方案基础上开展调查评估，并形成金融体系稳定性评估（Financial System Stability Assessment，FSSA）报告。该报告是基金组织监督具有系统重要性金融部门（Systemically Important Financial Sector，SIFS）成员国的关键工具，是双方第四条磋商条款的重要依据，一般每5年或10年开展一次。根据国际货币基金组织2018年6月发布的《巴西金融系统稳定性评估报告》[②]，自2012年首次开展金融部门评估以来，巴西金融体系基本保持稳定，公共部门继续在金融部门及其相互联系中发挥主导作用，银行普遍能够抵御严重的宏观金融冲击，微观和系统层面的监管得到了加强。但是，未来要优先建立具有宏观审慎政策和危机管理授权的高级机构，以确保金融部门免受潜在风险的影响；巴西央行定期存款可用作小规模微调冲销工具，但对结构性冲销的作用有限，建议调整立法，允许央行通过发行证券冲销结构性，并引导大规模投资者进入外汇市场。此外，为提高金融中介效率、改革公共银行的作用和发展长期固定收益市场，提高金融部门的效率和提高生产率至关重要。

（二）金融稳定性评估

巴西央行金融稳定委员于2024年12月6日发布的《金融稳定报告》[③]，主要侧重评估经济和金融状况以及其他风险维度，包括信贷、流动性和金融市场等风险分析。截至2024年11月底，所有风险的平均预期影响总体保持稳定，但金融机构承担风险的意愿（从34%上升至44%）、财政风险实体化的概率等均有所增加，而活动风险和拖欠风险的概率有所降低。与2024年2月的调查相比，70%的受访者认为

① International Monetary Fund，Financial Sector Assessment Program，https：//www. imf. org/en/Publications/fssa?sortBy = CountryName&sortVal = B#PublicationSearchListByType，2024 – 08 – 11.

② International Monetary Fund，Brazil：Financial System Stability Assessment，https：//www. imf. org/en/Search#q = Brazil% 3A% 20Financial% 20System% 20Stability% 20Assessment&first = 20&sort = relevancy，2024 – 08 – 13.

③ BANCO CENTRAL DO BRASIL，Financial Stability Report，https：//www. bcb. gov. br/en/publications/financialstabilityreport，2024 – 12 – 12.

巴西经济处于积极阶段；92%的受访者认为家庭杠杆率较高；72%的受访者认为企业杠杆率偏高，84%的金融机构对金融系统的弹性非常或者完全有信心。此外，巴西央行对信贷和流动性敞口进行了充分管理，其中信息交换所维持的流动资源足以确保债务净额最大的两个参与者及时清偿债务，外汇清算所持有的流动资产足以支付以雷亚尔和美元计价的最大债务参与者。

五、巴西经济社会发展状况

（一）巴西经济社会现状

1. 经济维持稳步增长势头，但财政失衡有可能引发通胀并提高利率。根据巴西国家地理统计局2024年第二季度数据，巴西月度国内生产总值较上年同期增长2.1%，其中服务业增幅最大为2.5%、农业产量下降了3.1%。在活跃的劳动力市场和商业投资的推动下，巴西经济增长正在朝着向好的方向发展。但是，影响巴西经济未来走向的核心决定因素是政府支撑财政的能力，一旦财政失衡，很可能会引发通胀。① 据预测，截至2024年底巴西政府基本赤字规模将达145亿雷亚尔，7月份预测值则上调至288亿雷亚尔，尽管这勉强在财政框架的容忍范围内，但是政府仍需冻结150亿雷亚尔的支出。② 如果无法将基本赤字转为盈余，会令投资者担忧。因此，10年期国债利率从2023年年底的10.3%上升至2024年7月份的12%以上，基本赤字扩围使得债券收益率走高，进而推高了债务水平；雷亚尔兑美元汇率贬值5.56%，这可能会提高进口商品成本，从而引发通货膨胀并进一步提高利率（见图9－1）。

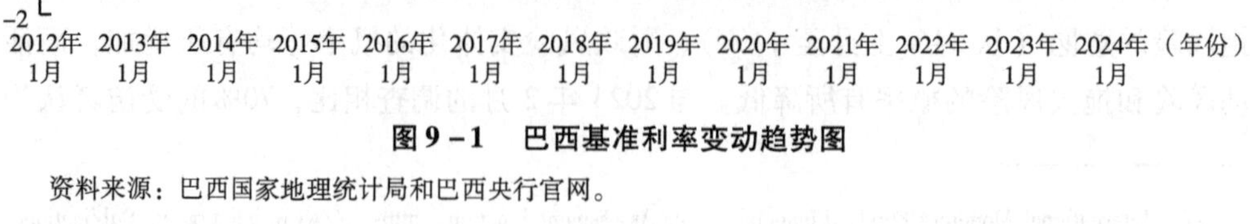

图9－1　巴西基准利率变动趋势图

资料来源：巴西国家地理统计局和巴西央行官网。

① The Economist, "Under Lula, Brazil is walking on the financial wild side," July 18, 2024.

② Martha Beck and Beatriz Reis, "Brazil raises 2024 budget deficit estimate to $5.2 billion," BNN Bloomberg, July 22, 2024.

2. 就业市场活跃，提振了消费和投资市场。截至 2024 年 5 月，巴西失业率首次降至 6.9%，为 2014 年以来的最低水平；就业率同比增长了 2.9%，高于 2023 年 10 月份 0.5%。[①] 其中，私营部门就业（不含家政人员）率同比上涨了 4.5%。经通胀调整后，5 月份平均月薪比 2023 年同期上涨了 5.6%，明显高于 2023 年年底的 3.1%。消费者对劳动力市场的改善做出了积极反应（见图 9－2）。例如，5 月份零售额比 2023 年同期增长了 7%，其中食品、机动车和药品支出增长最快。此外，企业正在加大投资力度。截至 2024 年 3 月份的 6 个月内，巴西固定资产形成增长了 8.3%，因受 5 月份洪水影响，4 月和 5 月的资本货物平均产量较 2023 年同期增长了 10%；进口货物数量比 2023 年同期增长了 15.4%。但是，工资增长过快，而生产率增长疲软，可能会引发通胀。据统计，巴西月均通胀率从 4 月份的 3.8% 增至 2023 年同期的 4.2%，其中食品价格膨胀明显，从 2023 年 10 月份的 0.4% 上升至 6 月份的 4.5%，但服务业通胀相对温和，6 月份环比增长不到 0.1%。

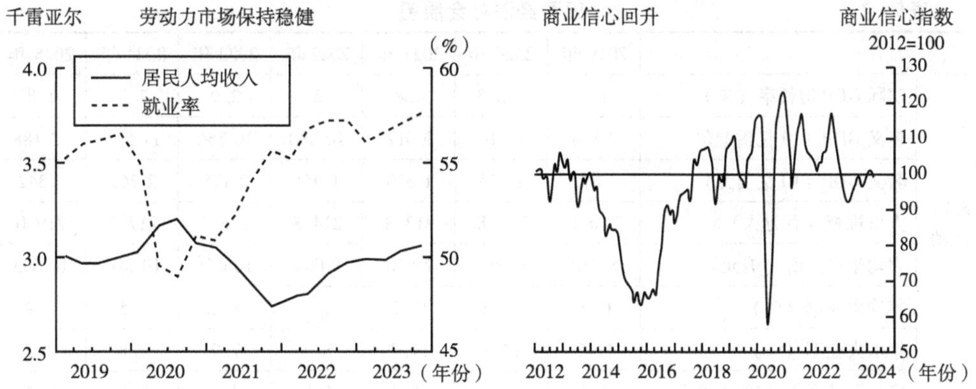

图 9－2　巴西劳动力市场和信心指数

资料来源：Brazil，https：//www. oecd – ilibrary. org/docserver/4b1f8e31 – en. pdf？ expires = 1725993683&id = id&accname = guest&checksum = A29EBD69F2F0CB3C450F1B1EBE2C048A，2024 – 08 – 12.

（二）巴西经济社会展望

经济合作组织于 2024 年 5 月发布的《经济展望》预测，巴西实际 GDP 增长为 1.9%，2025 年增长 2.1%。在强劲的就业增长、最低工资上涨和通胀下降的推动下，预计家庭支出将成为经济增长的主要引擎。[②] 同年 7 月，国际货币基金组织预

① Michael Wolf，Brazil's economy seems to be in good shape，driven by tight labor markets and investments，but risks like the fiscal deficit and restrictive monetary policy remain，https：//www2. deloitte. com/us/en/insights/economy/americas/brazil – economic – outlook. html，2024 – 08 – 20.

② OECD，OECD Economic Outlook，Volume 2024 Issue 1，https：//www. oecd – ilibrary. org/economics/oecd – economic – outlook – volume – 2024 – issue – 1_4b1f8e31 – en，2024 – 07 – 20.

测，受货币政策紧缩、财政赤字下降、南里奥格兰德州洪水灾害以及农业产出正常化等因素影响，2024 年巴西经济增长将放缓至 2.1%，总体通胀率将在 2026 年上半年回到 3% 的目标水平。① 根据巴西国家地理统计局预测，2024 年巴西实际 GDP 增长为 2.3%，政府总债务占 GDP 的 77.5%，年末失业率为 7.8%（见表 9 - 1）。自 2023 年第四条磋商以来，巴西经济增长的潜在风险水平有所改善，但是仍存在不确定性风险。从国际角度看，下行风险主要来自主要经济体可能出现的货币政策偏差、大宗商品价格波动和全球金融不确定性。从国内看，2024 年洪涝灾害造成供应链中断可能比预期更加严重。财政措施的不确定性可能降低政策的可信度，进而导致借贷成本上升，通胀预期去锚化的风险增加。上行风险来自家庭消费强于预期、提高生产率的结构性改革好于预期以及绿色增长的机会投资，加上充足的外汇储备、对外债的低依赖度和庞大的政府现金缓冲计划等，将继续支撑巴西金融系统的灵活性和韧性。

表 9 - 1　巴西经济社会展望

		2019 年	2020 年	2021 年	2022 年	2023 年	2024 年	2025 年
经济活动	实际 GDP 增长率（%）	1.2	-3.3	4.8	3	2.9	2.3	1.8
	名义 GDP（10 亿雷亚尔）	7 398	7 610	9 012	10 080	10 856	11 524	12 188
	名义 GDP（10 亿美元）	1 872	1 475	1 670	1 951	2 175	2 263	2 342
	人口规模（百万人）	210.1	211.8	213.3	214.8	216.3	217.7	219.0
	人均生产总值（美元）	8 910	6 964	7 830	9 084	10 055	10 394	10 693
	年均失业率（%）	12.0	13.8	13.2	9.3	8.0	7.5	7.9
	年末失业率（%）	11.7	14.8	11.7	8.4	7.9	7.8	8.0
通货膨胀	广义消费者指（IPCA,%）	4.3	4.5	10.1	5.8	4.6	3.8	3.7
	市场综合物价指数（IGP - M,%）	7.3	23.1	17.8	5.5	-3.2	3.0	3.0
利率	基准利率（%）	4.50	2.00	9.25	13.75	11.75	10.50	10.50
国际收支	雷亚尔兑美元期末汇率	4.03	5.19	5.57	5.28	4.86	5.15	5.25
	雷亚尔兑美元年均汇率	3.95	5.16	5.40	5.17	5.00	5.09	5.20
	贸易均衡（10 亿美元）	35	50	61	62	99	85	70
	经常账户占 GDP（%）	-3.6	-1.9	-2.8	-2.5	-1.3	-1.9	-2.3
	直接投资占 GDP（%）	3.7	3.0	2.8	4.7	2.9	3.1	3.7
	国际储备（10 亿美元）	367	356	362	325	355	340	360

① International Monetary Fund, IMF Executive Board Concludes 2024 Article IV Consultation with Brazil, https://www.imf.org/en/News/Articles/2024/07/11/pr24268 - brazil - imf - exec - board - concludes - 2024 - art - iv - consult, 2024 - 08 - 22.

续表

		2019 年	2020 年	2021 年	2022 年	2023 年	2024 年	2025 年
公共财政	基本预算均衡占 GDP（%）	-0.8	-9.2	0.7	1.2	-2.3	-0.6	-0.9
	名义预算余额占 GDP（%）	-5.8	-13.3	-4.3	-4.6	-8.9	-7.1	-7.4
	总公共债务占 GDP（%）	74.4	86.9	77.3	71.7	74.4	77.5	80.9
	净公共债务占 GDP（%）	54.7	61.4	55.1	56.1	60.9	63.7	67.3

资料来源：IBGE，FGV，BCB and Itaú.

（三）巴西金融稳定对本国经济社会的影响

金融稳定是指金融体系帮助经济体系配置资源、管理风险和吸收冲击的能力，[①]而金融不稳定的特征又可表现为资产（如股票和房地产）价格泡沫、银行过度杠杆等。从长远来看，资产价格稳定与金融稳定之间存在协同效应，但是仅在长期内存在，这表明不能保证货币政策足以防止金融稳定。[②] 这意味着，低通胀可能对银行的资产负债表产生负影响，尤其是对资产水平较低的银行，而货币政策冲击对金融稳定的影响更大；反之，货币政策意外收紧，银行可能会陷入信贷风险，并使经济社会严重受损。

六、巴西财经风险指数分析

根据安联贸易公司 2024 年 1 月公布数据，巴西目前处于 B2 级风险期，经济温和增长，财政风险快速上升。其中，商业环境风险为 4 级，政治风险 3 级，商业风险 3 级，金融风险 2 级。[③]

（一）全球性财经风险指数

本书选用自行构建的全球性财经风险指数，反映全球性风险和挑战对巴西的冲击，详见第一章第四节。如图 9-3 所示，受全球金融危机、新冠疫情及俄乌冲突等国际突发事件的影响，巴西经济社会不确定性增强，全球性财经风险指数波动明显。

---

① Houben，A.，van der Molen，R.，Wierts，P.（2012）Making Macroprudential policy operational. Revue de Stabilité Financière，Banque Centrale du Luxembourg. Available at：http：//www. bcl. lu/fr/publications/bulletins_bcl/RSF_2012/RSF_2012_Chapitre_1. pdf.

② K. Haugland and B. Vikoren. Financial stability and monetary policy - theory and practice. Economic Bulletin，77（1），2006.

③ Moderate growth，with rising fiscal risk：https：//www. allianz - trade. com/en_global/economic - research/country - reports/Brazil. html，2024 - 03 - 15.

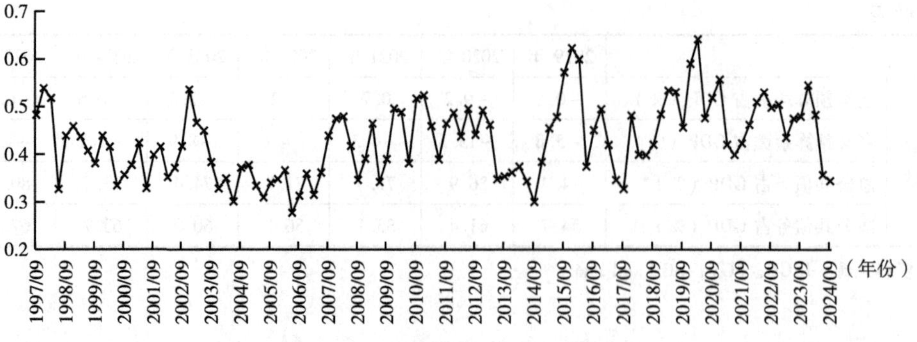

图 9－3　巴西全球性财经风险指数

资料来源：作者绘制。

（二）国内改革与政策调整能力指数

1. 指标选取：IIE－Br。1991 年 1 月至今，巴西引入了一个新的经济政策不确定指数（Economic Policy Uncertainty，EPU），该指数是参照 Baker 等人在《衡量经济政策不确定性》[①] 中的方法，按照基于报纸报道频率与政策相关的美国 EPU 指数构建而成，并在政策不确定性门户网站上按期发布（见图 9－4）。巴西现行经济政策不确定性指标（IIE－Br）[②] 是由 Ferreira 等（2019）开发的，该指数扩展了 Baker 等人基于巴西新闻和商业的预测，并将当时发生的腐败丑闻、财政经济危机、2008 年金融危机等高度不确定性时刻纳入预测方程中，主要用于衡量经济不确定性的总水平。IIE－Br 由瓦加斯基金会（Fundao Getulio Vargas，FGV）巴西经济研究所（IBRE）每日上午 10 点会在彭博终端发布经济不稳定性指数（IIE－Br），包括媒体不确定指数（Media Uncertainty Indicator，EUIBr－Media）和预期离散指数（Dispersion of Expectations Indicator，EUIBr－Expectation）。[③] 其中，媒体不确定指数反映该国 7 家主要报纸发表的文章中提及不确定性相关词汇的频次，每月分析大约 3 万条新闻。该指标在综合指标中的权重为 80%。预期离散指数是专家根据中央银行发布的《焦点报告》，对未来 12 个月的基准利率（Selic）、居民消费价格指数（IPCA）、雷亚尔兑美元的汇率以及未来 12 个月的累计通胀率预测值的离差编制所成。该指标在综合指标中的权重为 20%。经济不确定指数计算公式如下：

EUI－BR＝EUIBR－Media×0.8＋EUIBr－Expectation×0.2

① Scott R. Baker，Nicholas Bloom，Steven J. Davis，"Measuring Economic Policy Uncertainty"：*The Quarterly Journal of Economics*，Volume 131，Issue 4，November 2016，Pages 1593－1636，https：//doi.org/10.1093/qje/qjw024.

② Ferreira，P. C.，Vieira，R. M. B.，Silva，F. B.，& Oliveira，I. C. L.（2019）. Measuring Brazilian Economic Uncertainty. Journal of Business Cycle Research，15（1），25－40. https：//doi.org/10.1007/s41549－018－00034－3.

③ Indicador de Incerteza da Economia－Brasil（IIE－Br）：https：//portalibre.fgv.br/indicador－de－incerteza－da－economia，2024－03－15.

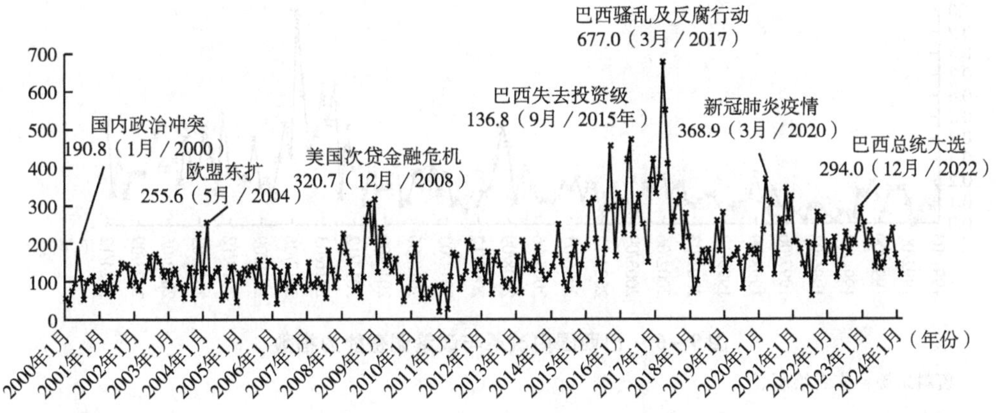

图 9－4　巴西经济政策不确定指数

资料来源："Measuring Economic Policy Uncertainty" by Scott Baker，Nicholas Bloom and Steven J. Davis：www. PolicyUncertainty. com.

月指标和日指标的唯一区别是信息收集周期不同。计算日指标所获得的信息是在最近 28 天、7 天和 3 天三个不同时期内收集的。媒体不确定性指标每日发布，采用前 3 天收集的数据，以使不确定性感知的频率更高，而预期离散指标不以每日版本发布。根据瓦加斯基金会最新公布数据[①]，2024 年 2 月 IIE－Br 下降了 4.6 点至 104.5 点，为 2023 年 7 月（103.5 点）以来的最低水平。下跌的主要原因是媒体不确定指数下降了 6.4 点至 105.8 点，也是自 2023 年 7 月（101.9 点）以来的最低水平；预期离散指数上升了 4.5 点至 97.5 点，为 IIE－Br 贡献了 1.0 点的积极作用。这一趋势显示巴西国内经济形势持续向好，尽管当前国际地缘政治局势紧张，但就业、收入和通货膨胀均得到改善，且通货膨胀得到控制。

2. 巴西国内改革与政策调整能力指数。本书将巴西经济政策不确定指数月度值做 0－1 的标准化处理，得出巴西经济政策不确定性与契约规则（改革）滞后指数（见图 9－5）。

（三）财政货币政策对冲指数

1. 指标选择 1：基准利率（SELIC 值）、通胀率、存款准备金率和汇率。货币政策是中央银行调节经济活动的重要手段，通过对货币供应量和利率的调控，影响银行和其他金融机构的信贷行动，进而影响实体经济。然而，对冲型货币政策大致可分为数量型工具和价格型工具，其中数量型工具主要包括公开市场操作和存款准备

① 4，6 pontos em fevereiro，para 104，5 pontos，diz FGV：https：//economia. uol. com. br/noticias/estadao－conteudo/2024/02/29/indicador－de－incerteza－iie－br－cai－46－pontos－em－fevereiro－para－1045－pontos－diz－fgv. htm，2024－03－15.

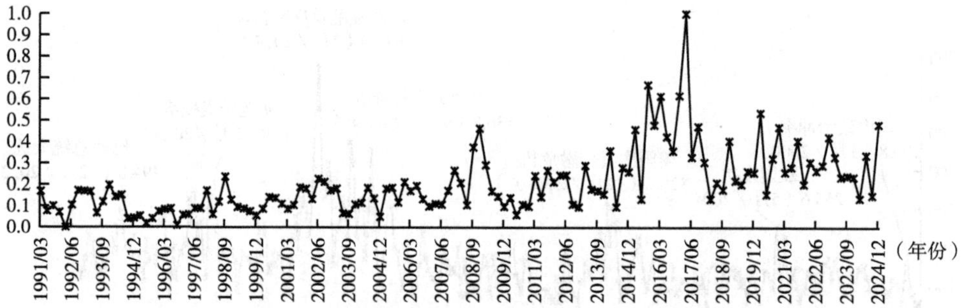

图9－5　巴西国内改革与政策调整能力指数

资料来源：作者绘制。

金率，价格型工具主要包括利率政策和汇率政策。此外，通胀目标制也是巴西政府衡量金融系统稳定性的关键指标。因此，本书拟将基准利率、通胀率、存款准备金率、汇率标准化处理后，合成货币政策对冲指数。

根据巴西中央银行报告，2018年1月到2020年5月，通货膨胀率在1.88%和4.94%之间波动，2020年4月达到峰值12.13%（见图9－6）。巴西的政策利率（基准利率）数据每月更新一次，1999年3月到2024年8月间年平均值为12.25%；该数据于1999年3月达到42%的历史最高水平，于2021年2月达到2%的历史最低水平；美元兑雷亚尔的平均汇率在2023年6月为4.85，（见图9－7、图9－8）。巴西的存款准备金率每月更新一次，截至2024年7月存款准备金率为21%，货币供应量M2为10 386亿美元，外汇储备为3 256亿美元（见图9－9）。

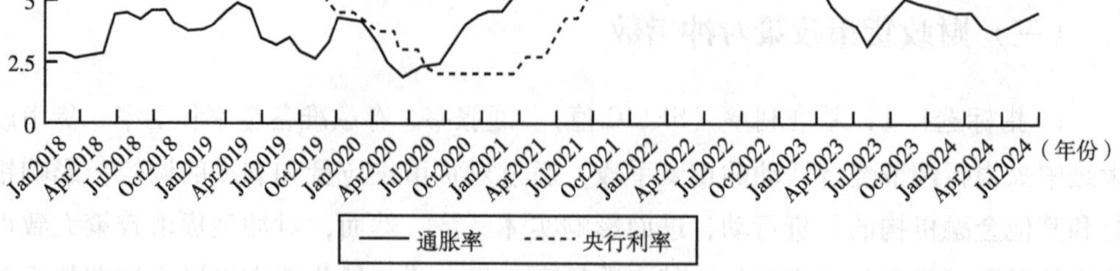

图9－6　巴西月度通胀率和央行利率

资料来源：Statista，Monthly inflation rate and central bank interest rate in Brazil from January 2018 to July 2024，https：//www.statista.com/statistics/1312454/brazil－inflation－rate－central－bank－interest－rate－monthly/，2024－08－18.

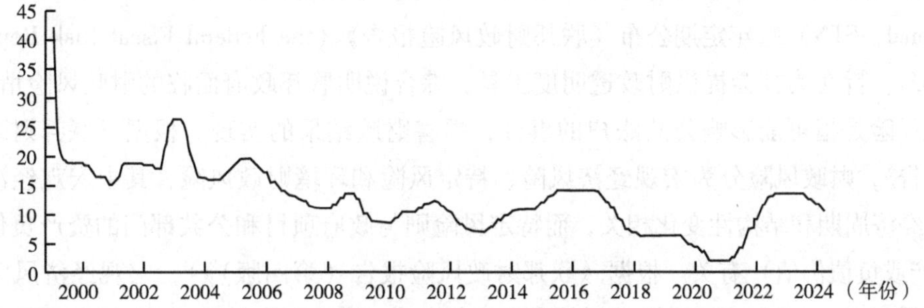

图9－7　巴西政府政策利率月度值—1999年3月至2024年8月

资料来源：Statista，Monthly inflation rate and central bank interest rate in Brazil from January 2018 to July 2024，https：//www.ceicdata.com/en/indicator/brazil/policy－rate，2024－08－18.

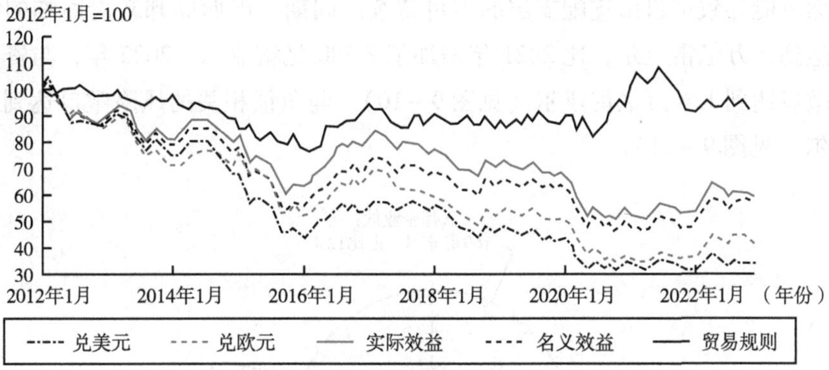

图9－8　巴西雷亚尔汇率—2012年1月至2024年6月

资料来源：International Economics and Euro Area Department，Main Macro－financial Indicators－Brazil，https：//www.bde.es/f/webbde/SES/Secciones/Publicaciones/InformeEconomiaLatinoamericana/2022/S2/Files/EconomiaLatinoamericana_indicadores_brasil_Ing.pdf，2024－08－20.

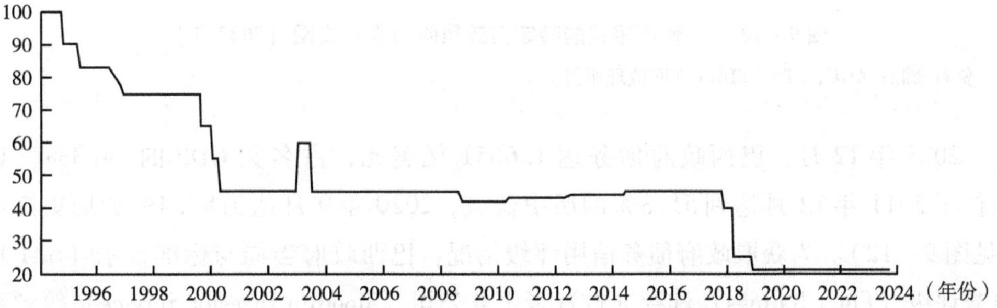

图9－9　巴西存款准备金率—1994年7月至2024年6月

资料来源：Statista，Brazil Reserve Requirement Ratio，https：//www.ceicdata.com/en/indicator/brazil/reserve－requirement－ratio，2024－08－18.

2. 指标选择 2：巴西赤字率和债务率指标。巴西财政部（Secretariat do Tesouro Nacional，STN）每年定期公布《联邦财政风险报告》（the Federal Fiscal Risk Report，RRFU），旨在为社会提供财政透明度工具，综合说明联邦政府面临的财政风险情况。财政风险是指可能影响公共账户的事件，损害财政结果的实现。根据《联邦财政风险报告》，财政风险分为宏观经济风险、特定风险和环境财政风险，其中宏观经济风险与经济周期和结构性变化相关，而特定风险则与政府项目和公共部门的资产负债表（资产或负债价值）有关。根据《联邦财政风险报告（第四版）》①，宏观经济风险测算结果显示，2022—2025 年巴西基准利率每上升 1%，则会导致 2025 年底一般政府债务总额（the Gross General Government Debt，GGDB）增加 1.4 个百分点。在利率、GDP 增长率和主要财政结果受到不利影响的冲击时，到 2025 年 GGDB 的增幅可达到 10 个百分点。关于支出上限规则，即使可以控制扩大或创新的支出，但宏观经济冲击仍然可能导致可自由支配支出的不可持续。同期，巴西联邦政府面临的特定财政风险达到 5 万亿雷亚尔，比 2021 年增加了 7 780 亿雷亚尔。2022 年，与资产相关的风险敞口达到 1.4 万亿雷亚尔（见图 9－10），与负债相关的风险敞口达到 3.6 万亿雷亚尔（见图 9－11）。

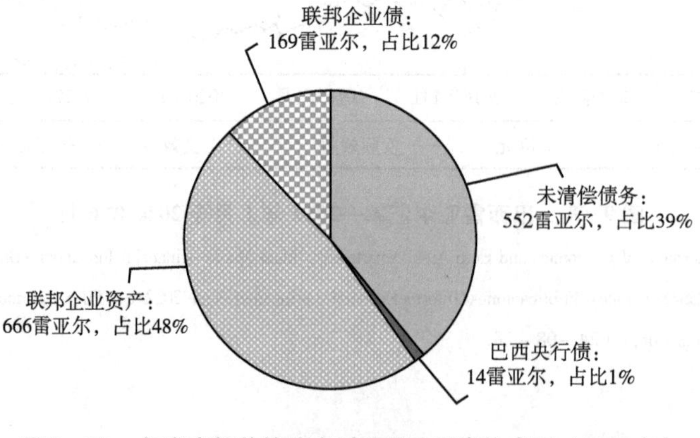

图 9－10　与资产相关的特定财政风险因素构成图（2022 年）

资料来源：AGU，STN，SIAFI 官网梳理所得。

2023 年 12 月，巴西政府债务达 1.6651 亿美元，占名义 GDP 的 74.3%。该数据于 2011 年 12 月达到 51.3% 的历史低点，2020 年 9 月达到 87.4% 的历史高点（见图 9－12）。为获取政府债务信用评级情况，巴西政府当局与标准普尔（S&P）、惠誉评级（Fitch Ratings）和穆迪投资者服务公司（Moody's Investor Service）等评级机构签订评级合同。其他国际机构定期检测该国的信用评级，如道明尼债务债券评

① Federal Fiscal Risks Report（RRFU）－Inglês https：//www. tesourotransparente. gov. br/publicacoes/federal－fiscal－risks－report/2022/114，2023－02－10.

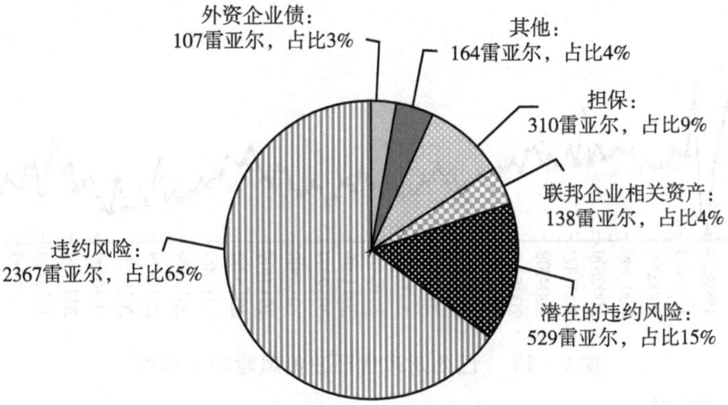

图 9－11　与债务相关的特定财政风险因素构成图（2022 年）

资料来源：AGU，STN，SIAFI 官网梳理所得。

级服务公司（DBRS－Canada）、日本信用评级机构（JCR）、评级和投资信息公司（R&I－Japan）、NICE 投资者服务公司（韩国）和大公国际信用评级公司（中国）。基于此，本书将选用赤字率和债务率作为衡量财政政策对冲指数。

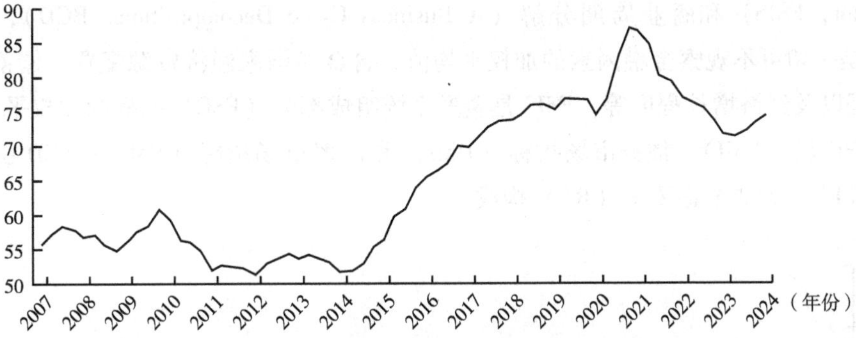

图 9－12　巴西政府债务占名义 GDP 的比重

资料来源：Brazil Government Debt：% of GDP：https：//www.ceicdata.com/en/indicator/brazil/government－debt－-of－nominal－gdp，2024－03－24.

3. 财政货币政策风险对冲指数。在财政货币一体化背景下，巴西政府的财政货币政策具有协同对冲风险的能力，且可用国债在央行总资产中的比重衡量财政货币一体化程度。在此基础上，本书将综合指标 1、指标 2 和国债占央行总资产比重的指标数据，并按照 4∶4∶2 的权重构建财政货币政策对冲指数，如图 9－13 所示。

（四）金融稳定指数

1. 指标选择：金融条件指数和金融压力指数。就巴西而言，证券交易委员会（à Comissão de Valores Mobiliários，CVM）每年 1 月、4 月、7 月和 10 月会发布一份

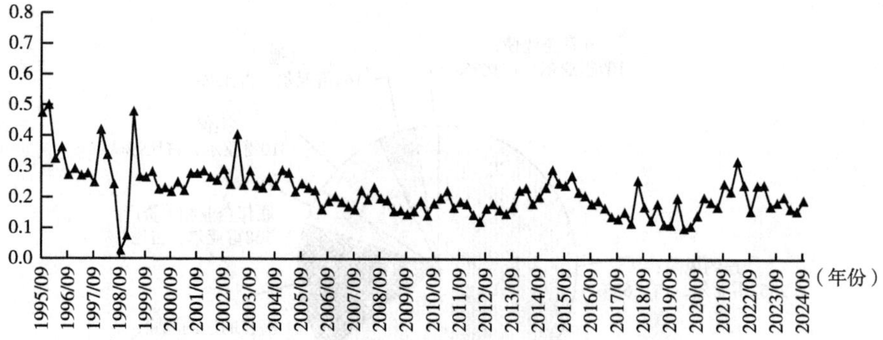

图 9－13　巴西财政货币政策风险对冲指数

资料来源：作者绘制。

经济报告，涵盖一级市场、二级市场、宏观经济风险、市场风险、风险偏好、流动性风险和信用风险等 11 类 29 个经济金融指标。其中，风险地图指标会展示巴西经济面临的主要金融风险情况（见图 9－14）。学术界对巴西金融稳定性的衡量也做了很多尝试，如 Adriana Soares Sales 等①（2012）使用广义金融稳定指数（Broad Financial Stability Indicator，FSIB）、专项金融稳定指数（Specific Financial Stability Indicator，FSIS）和商业周期分解（A Business Cycle Decomposition，BCD），其中 FSIB 是一切可不观察金融因素的加权平均值，含金融国家经济资源配置、储蓄和投资过程以及经济增长程度等；FSIS 是金融系统组成部分（FSC）指标的加权平均数，即信贷市场（CMI）、债务市场指标（DMI）和汇率市场指标（EMI）；SCD 由金融要素（FF）和非金融要素（RF）构成。

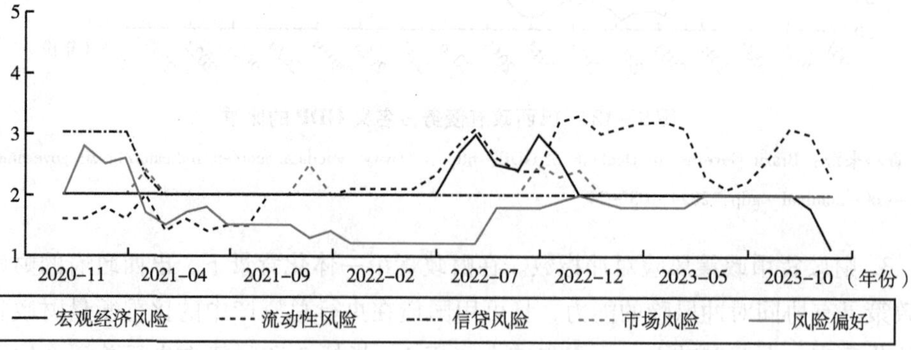

图 9－14　巴西金融风险报告

资料来源：Comissão de Valores Mobiliários，Economic Report：Edition 11：https：//www.gov.br/cvm/en/database－query/economic－report/economic－report－edition－11/view，2024－03－24.

① Adriana Soares Sales，Waldyr D. Areosa，Marta B. M. Areosa，Some Financial Stability Indicators for Brazil：https：//www.bcb.gov.br/pec/wps/ingl/wps287.pdf，2024－03－23.

根据巴西货币委员会第56次会议纪要，巴西金融系统（SFN）已做好应对风险的准备，信贷投资组合持续保持正回报，信用风险在中小企业经营中持续显著。① 具体来看，在通胀情景和通胀预期的上行风险中，全球通胀压力更持久；由于产出缺口收紧，服务通胀的韧性强于预期。在下行风险中，全球经济活动放缓趋势大于预期，进而国内政策收紧对全球通胀的影响大于预期。② 考虑到与经济活动以及家庭和小型企业债务相关的风险，银行继续保持贷款优惠的质量非常重要。

2. 金融稳定指数测算。2008年金融危机和欧洲主权债务危机表明，需要实时评估金融状况的综合指数，这些指标可作为早期预期系统，及时提醒人们危机发生的可能性。文献梳理发现，金融条件指数（FCI）和金融压力指数（FSI）都是可以衡量一国金融状况对不同宏观经济变量影响的工具。③ 其中，金融条件指数（FCI）通常用来监测金融对货币政策经典目标（如经济活动和通货膨胀）的影响，侧重评估获得融资的条件，会综合考虑融资可获得性和成本等因素。事实上，巴西正在发展一个运作良好的金融条件，但是在金融发展、资本市场深化和长期投资融资方面仍面临许多挑战（见图9－15，图9－16）。④

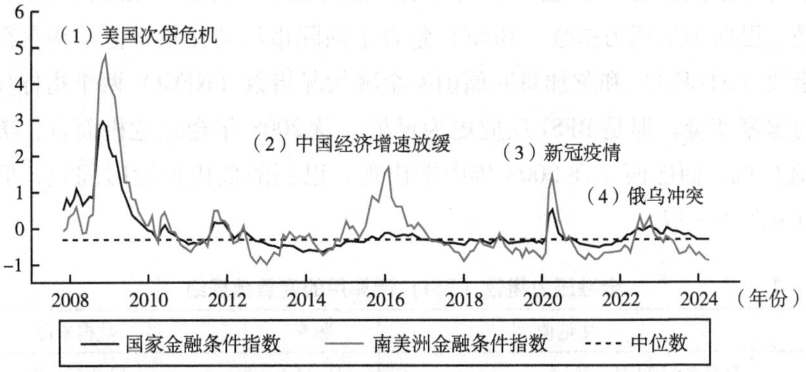

图9－15　国家金融条件指数与南美洲金融条件指数

资料来源：Financial Stability Report：file：///C：/Users/wangmt/Downloads/fsrFullRep%20（1）. pdf，2024－03－15.

金融压力指数（FSI）是监测金融不稳定性的核心指标，FSI指标值越高，意味着发生危机的可能性越大。1967年至2018年国际货币基金组织为110个国家（人

① Comef Communiqué 41. 267 – February 21st，2024：https：//www. bcb. gov. br/en/financialstability/financialstabilitycommittee?modalAberto = comef_communique，2024－03－15.

② Minutes of the Meeting of the Monetary Policy Committee—Copom：https：//www. bcb. gov. br/en/publications，2024－03－23.

③ Conrado Brum – Civelli，Alejandro Fried – Gindel，Alfredo Garcia – Hiernaux，IFCI – SA：International financial conditions index for South American economies，https：//doi. org/10. 1016/j. ribaf. 2024. 102507，2024－09－11.

④ Wagner Piazza Gaglianone，Waldyr Dutra Areosa，Financial Conditions Indicator for Brazil，https：//www. econstor. eu/bitstream/10419/173880/1/IDB – WP – 826. pdf，2024－09－01.

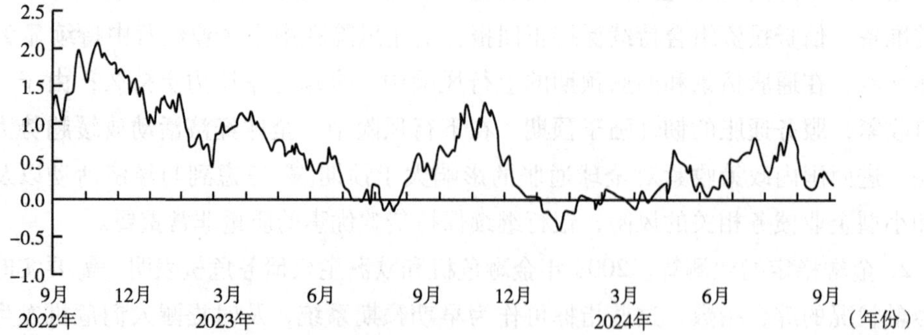

图 9-16　巴西金融条件指数（日均指数的标准差）

资料来源：IBGE and BCB，Inflation Report - September 2024：https：//www. bcb. gov. br/content/ri/inflationreport/202409/ri202409c2i. pdf，2025-01-01.

口规模超 200 万的国家）构建了金融压力指数（FSI）。目前，多数文献尚未对构成金融不稳定指数的变量达成共识，但是为使用最合适的变量来制定金融不稳定指数，部分专家将变量数据分为三组，即风险组、银行组和外部组（见表 9-2）。[①] 值得注意的是，巴西金融压力指数（BFSI）整合了国际市场的变量，但圣路易斯联储金融压力指数（STLFSI）和芝加哥联储国家金融状况指数（NFCI）两个指标仅观察北美市场的国家变量。但是 BFSI 反应更为灵敏，就 2008 年金融危机而言，美国是在 2007 年底显现，而巴西是在 2008 年中期出现，巴西的危机持续时间短，但影响比美国大（见图 9-17）。

表 9-2　金融压力指数（FSI）测算用的变量数据组

	变量值	频率	数据来源
风险数据组	息差 1×120 月	日（5）	巴西交易所
	黄金交易价（对数收益率）	日（5）	巴西交易所
	圣保罗证交所指数（对数收益率）	日（5）	巴西交易所
	巴西圣保罗股市	日（5）	Economatica，RMA/GARCH
	贝塔企业部门	日（5）	Economatica，Kalman Filter
	汇率波动率	日（5）	BCB，ARMA/GARCH
银行数据组	总资产	月	BCB
	分散风险	月	BCB
	银行板块波动	日（5）	Economatica，RMA/GARCH
	贝塔银行板块	日（5）	Kalman Filter

① Meng，X. -L.，& Wong，W. H.（1996）. Simulating ratios of normalizing constants via a simple identity：A theoretical exploration. Statistica Sinica，6（4），831-860.

续表

	变量值	频率	数据来源
外部数据组	跨境债权	季度	BIS
	收益率差（120 个月）	日（5）	FED
	标准普尔 500 波动率指数	日（5）	CBOE
	泰德息差	日（5）	FRED
	NASDAQ 新兴市场指数	日（5）	NASDAQ
	NASDAQ 发达经济体指数	日（5）	NASDAQ

资料来源：Meng，X. －L.，& Wong，W. H.（1996）. Simulating ratios of normalizing constants via a simple identity：A theoretical exploration. Statistica Sinica，6（4），831－860.

图 9－17　巴西金融压力指数

资料来源：International Economics and Euro Area Department，BRAZIL：MAIN MACRO－FINANCIAL INDICATORS：https：//www. bde. es/f/webbde/SES/Secciones/Publicaciones/InformeEconomiaLatinoamericana/2022/S2/Files/EconomiaLatinoamericana_indicadores_brasil_Ing. pdf，2024－09－01.

因此，本书将以金融条件指数和金融压力指数为基准，测算巴西金融稳定指数。根据国际货币基金组织测算，金融稳定指数也与金融压力指数呈正相关，如国际货币基金组织开发的金融状况指数（FCI），相关性约为 0.45（2017 年）。在此基础上，将金融条件指数和金融压力指数按照 0.45∶0.55 的比例整合形成巴西金融稳定指数（见图 9－18）。

（五）经济社会发展指数

1. 指标选择：消费者信心指数和商业信心指数。受美国和其他工业化国家消费者信心指数的启发，巴西应用经济学院瓦加斯基金会（FGV IBRE）于 2002 年开始调查消费者信心，通过访问调查贝洛奥里藏特、巴西利亚、阿雷格里港、累西腓、萨尔瓦多、里约热内卢和圣保罗七个主要州的 2 000 多名受访者，了解消费者对当前和未来总体经济状况和个人财务状况的看法，预测短期内经济走势。如图 9－19 所示，自 2023 初以来，FGV 调查的消费者信心指数一直呈明显上升趋势，市场信心的持续改善将转化为零售贸易的加速增长。

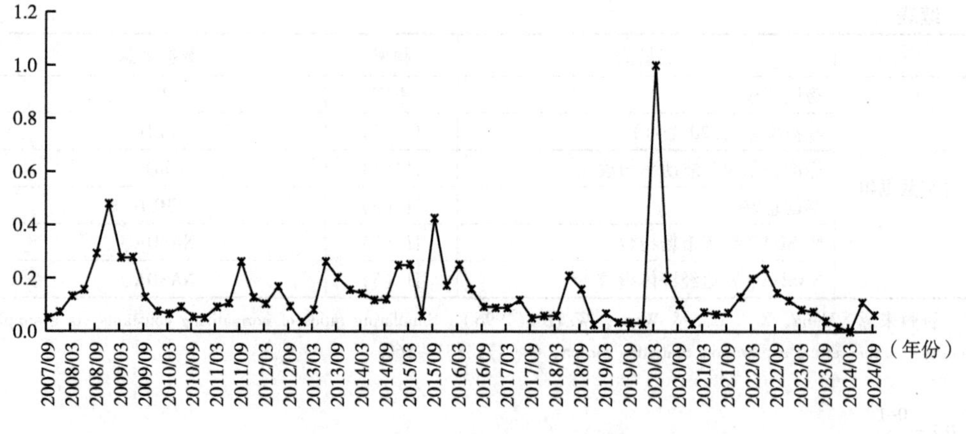

图 9－18　巴西金融稳定指数

资料来源：作者绘制。

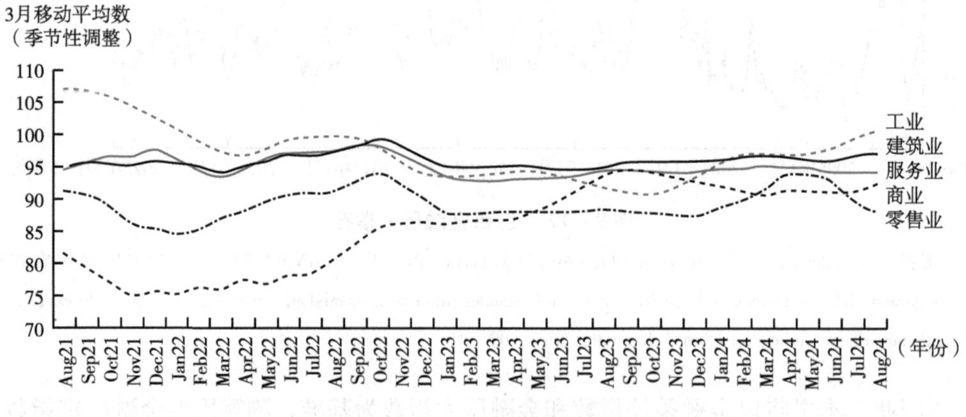

图 9－19　巴西经济信心指数

资料来源：Macroeconomic Outlook—September 2024，https：//www. gov. br/fazenda/pt－br/central－de－conteudo/publicacoes/conjuntura－economica/panorama－macroeconomico/2024/panmacro_slides_ingles_september2024. pdf，2025－01－01.

商业信心指数（DCI）也是 FGV IBRE 创建的，旨在通过定期调查汇总制造业、服务业、贸易和建筑业的数据（约占国民经济的 60%），可用于监测产出增长和预测经济活动的拐点。商业信心指数（DCI）是上述四类产业数据按经济权重占比整合构成。据统计，巴西 2024 年 9 月的商业信心指数为 53.3，是自 2022 年 10 月以来的最高水平，表明被调查的企业家对其公司的乐观情绪日益增强，对巴西整体经济的悲观前景有所缓解（见图 9－20）。

2. 经济社会发展指数测算。对 FGV IBRE 巴西消费者信心指数和商业信心指数做 0－1 标准化处理后，并按照 4∶6 的权重综合测算巴西社会经济影响指数（见图 9－21）。

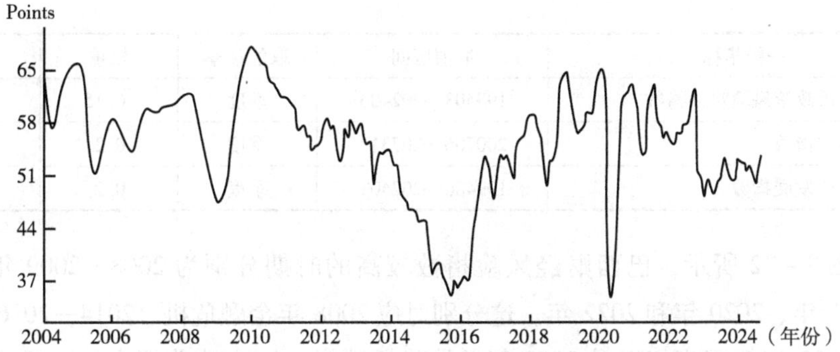

图 9－20　巴西商业信心指数

资料来源：Trading Economics，Brazil Business Confidence，https：//tradingeconomics. com/brazil/business－confidence，2024－08－22.

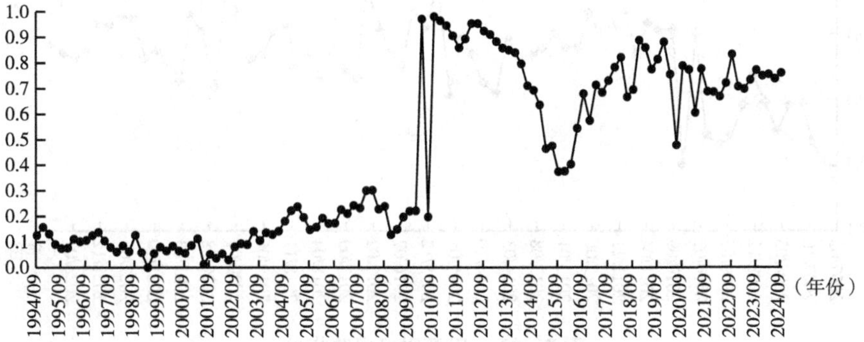

图 9－21　巴西经济社会发展指数

资料来源：作者绘制。

（六）巴西财经风险指数合成

综上，本来利用上述五个指数，构建巴西财经风险指数，各指标权重设置原则如下：一是基于巴西 GDP 总量、贸易量以及外国直接投资在全球经济中的比重，将全球财经风险对巴西财经风险的影响设置为 0. 3；二是 1988 版巴西宪法确定政府刚性支出约占预算支出的 90%，则各级政府通过财政货币政策调节经济的能力相对有限，故将国内改革与政策调整能力指数、财政货币政策风险对冲指数的权重设置为 0. 15；三是金融稳定指数和经济社会发展指数则根据重要程度，权重设置为 0. 2。具体构建方法和权重如表 9－3 所示。

表 9－3　　　巴西财经风险指数及其构建方法

一级指标	取值区间	取值频率	权重	方向
1. 全球性财经风险指数	199703—202406	季度	0. 3	正向
2. 国内改革与政策调整能力指数	199103—202312	季度	0. 15	正向

续表

一级指标	取值区间	取值频率	权重	方向
3. 财政货币政策风险对冲指数	199503—202406	季度	0.15	负向
4. 金融稳定指数	200706—202312	季度	0.2	正向
5. 经济社会发展指数	199406—202403	季度	0.2	负向

如图 9－22 所示，巴西财经风险指数较高的时期分别为 2008—2009 年、2015 年、2017 年、2020 年和 2022 年。这分别对应 2008 年金融危机、2014—2016 年经济衰退、2020 年新冠疫情以及 2022 年总统换届选举。这意味着拟合的财经风险指数和巴西所面临的国内外重大事件较为吻合。

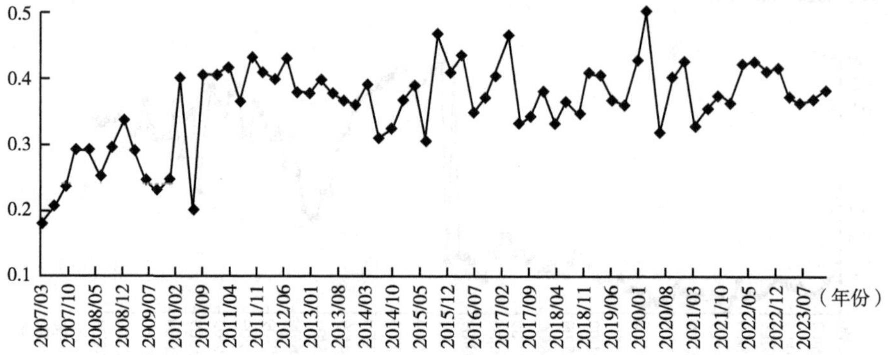

图 9－22　巴西财经风险指数

资料来源：作者绘制。

七、结论及影响分析

（一）巴西财经风险指数与 GDP 增长率之间存在逆相关关系

如图 9－23 所示，1996—2024 年间巴西财经风险指数模拟图与巴西经济增长趋势图之间存在明显的逆相关关系，当财经风险指数较高时，经济增长率会在滞后 1—2 期内陷入低谷。与此同时，GDP 增长率波动幅度要大于财经风险指数波动幅度。可见，通过观察巴西财经风险指数变化，可预测 GDP 增长率的变动趋势。

（二）巴西政府一揽子计划未达预期，不断恶化的财政状况仍需警惕

根据巴西经济研究所瓦加斯基金会（FGV Ibre）预测，自 2024 年 4 月以来巴西联邦财政持续缓慢恶化，金融状况一直处于收缩状态。巴西政府削减开支的提案对遏制公共债务扩张几乎无效，截至 2024 年 10 月，一般政府债务额占 GDP 达

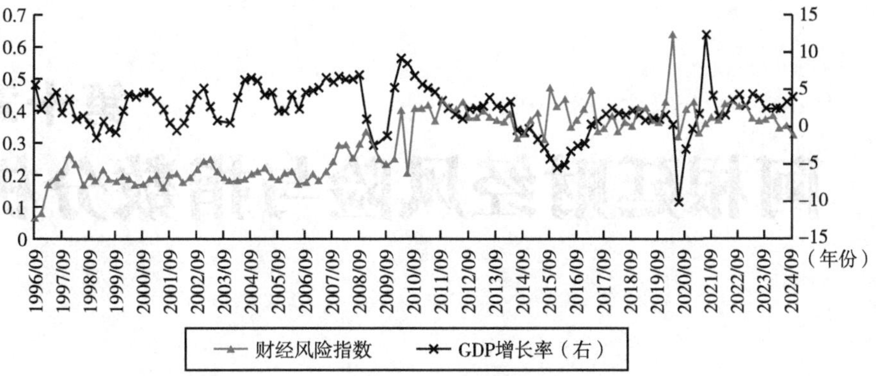

图 9－23　巴西财经风险指数与 GDP 增长率的变动趋势图

资料来源：作者绘制。

78.6%，比卢拉政府上任前的 2022 年 12 月上升了约 7 个百分点。① 巴西政府的财政调整方案，以及对月收入不超过 5 000 雷亚尔的个人免征所得税的提议，使得巴西金融状况进一步恶化。巴西每年的预算缺口高达 10%，投资者持续担心巴西政府控制公共支出不断增长的能力，2024 年 11 月美元兑雷亚尔汇率跌至 5.99，跌破 2020 年 5 月疫情期间的汇率低点（即 1 美元兑 5.97 雷亚尔）。② 未来，巴西雷亚尔可能面临"投机性攻击"，因财政担忧加剧而引发货币抛售。

资料来源：

［1］Department of Economic and Social Affairs，World Economic Situation and Prospects 2024：https：//www.un.org/development/desa/dpad/wp－content/uploads/sites/45/WESP_2024_Web.pdf，2024－07－10.

［2］Norberto Montani，Paula Sarno，Carmem Feijó，Household financial fragility in Brazil（2005－2023）：a Minskyan analysis，https：//www.ie.ufrj.br/images/IE/TDS/2023/TD_IE_017_2023_MONTANI_SARNO_FEIJO.pdf，2024－06－16.

［3］RESISTING THE PULL OF A DOWNTURN：https：//economic－research.bnpparibas.com/pdf/en－US/Brazil－Resisting－pull－downturn－5/3/2024，49570，2024－07－20.

① Estevão Taiar，Brazil's financial conditions worsen after government package，https：//valorinternational.globo.com/markets/news/2024/12/10/brazils－financial－conditions－worsen－after－government－package.ghtml，2024－12－18.

② Alex Ribeiro，Disappointment with fiscal package stokes fears of fiscal dominance，https：//valorinternational.globo.com/economy/news/2024/12/09/disappointment－with－fiscal－package－stokes－fears－of－fiscal－dominance.ghtml，2024－12－18.

第十章 阿根廷财经风险与指数分析

阿根廷拥有丰富的能源和农业自然资源，是拉丁美洲地区第二大国家和第三大经济体，仅次于巴西和墨西哥，也是南方共同市场的创始成员。在过去的一个世纪里，该国在经济增长和政治功能失衡之间摇摆不定，从世界上最富有的国家之一，变成了一个陷入长期金融危机、巨额债务和三位数通货膨胀的国家。与此同时，该国民粹主义和军事统治的遗产让其政治文化陷入深深的分裂。尽管阿根廷拥有丰富的经济资源，但该国已发生过 9 次主权债务违约事件。该国经常依赖国际机构的资助，近年来则依赖中国的资助。截至 2024 年 8 月底，阿根廷目前是 IMF 最大的债务国，贷款额高达 320 亿美元，占该机构全球债务总额的 28.8%，约占该国 GDP 的 80% 以上。[①] 2023 年 8 月 13 日，激进自由主义者哈维尔·米雷（Javier Milei）上台后，削减了一半的政府部门，实施了大规模的经济和政治改革，重新调整了国家外交政策，强调与美国和西方国家的合作。2023 年阿根廷 GDP 增速从 2022 年的 5% 降至 2.5%，国际货币基金组织预计 2024 年将回升至 2.8%，而 OECD 预计将进一步收缩至 1.3%。随着宏观经济环境的加强和出口恢复，预计 2025 年阿根廷经济将逐步改善。[②]

一、阿根廷财经面临的全球风险与挑战

（一）阿根廷金融稳定面临的外部挑战

根据阿根廷中央银行于 2023 年 12 月颁布的《金融稳定报告》，2023 年期间阿

① Argentina Is the IMF's Biggest Debtor: https: //www. cfr. org/backgrounder/argentinas - struggle - stability, 2024 - 03 - 24.

② Argentina: Economic and Political Outline: https: //santandertrade. com/en/portal/analyse - markets/argentina/economic - political - outline, 2024 - 03 - 24.

根廷金融体系的风险敞口适度，但是中国经济增长放缓（尤其是对中国房地产市场的担忧）、地缘政治紧张局势（如俄乌冲突以及中东局势升级）等风险因素可能对全球金融稳定产生潜在影响[①]。就相对风险较高的资产而言，美国股市出现上涨，欧盟和日本股市出现有限收缩。对阿根廷而言，考虑到巨额美元计价的外部负债，投资者抛售阿根廷债券，利率不可持续地飙升。在此背景下，以美元计价的新兴国家股票交易将出现大幅反弹，预计新兴国家货币兑美元将贬值2%。

（二）阿根廷在全球风险分配中的地位

阿根廷是南方共同市场、20 国集团和金融行动特别工作组（FATF）的成员，它于2022 年2 月正式加入了“一带一路”倡议。但是，在过去的一个世纪里，该国在经济增长和政治功能失衡之间摇摆不定，经济形势岌岌可危，为解决贫困（贫困人口占总人口的60%左右）及经济发展等多重问题，只能通过发行货币或举借外债来维持国家运转。2001 年，阿根廷政府拖欠了超过1 320 亿美元的联邦主权债务。2019 年底，阿根廷欠国际货币基金组织（IMF）、巴黎俱乐部和私人债券持有人等约3 230 亿美元联邦主权债务。[②] 截至2024 年6 月底，阿根廷外债规模仍维持在2 899. 69 亿美元，占GDP 比重上升至58%。可见，阿根廷金融稳定直接威胁着债权国资产安全问题。但是，Çalışkan Terzioğlu（2023）[③] 通过研究2006 年至2020 年20 国集体成员国间的金融压力传递关系发现，在金融危机期间，英国、美国和法国为金融压力的主要传导国，而阿根廷、土耳其和印尼则为最重要的金融压力接收国。综上，阿根廷是全球金融风险的主要接收国之一，但其大规模的外债问题也对债权国有一定的风险外溢性，但影响范围的相对有限。

（三）全球性因素对阿根廷金融稳定的影响

尽管近几个月来国内和全球层面均出现了不确定性因素，但阿根廷金融体系仍持续展现出高度的韧性和良好的表现。从国际角度看，美国经济软着陆，欧元区经济周期性复苏，中国经济结构性减速等全球性因素，会影响国际物流服务、农业及能源商品等的价格。在美元化的情况下，阿根廷的经济增长将依赖于经常账户盈余

---

① Marcos Dal Bianco，Federico Forte，Adriana Haring，Argentina – Economic – Outlook_June24，https：//www.bbvaresearch. com/en/publicaciones/argentina – economic – outlook – june – 2024/，2024 – 09 – 18.

② Roberto E Silva，Martín Campbell，Agustina M Ranieri，Lessons from Argentina's Default on its International Sovereign Debt，https：//latinlawyer. com/guide/the – guide – restructuring/third – edition/article/lessons – argentinas – default – its – international – sovereign – debt，2024 – 09 – 18.

③ Çalışkan Terzioğlu，H.（2023）. Measuring Financial Stress and Investigating Financial Stress Spillover Effect for G20 Countries. Özgür Publications. DOI：https：//doi. org/10. 58830/ozgur. pub120.

和资本流入。从国内角度看，阿根廷政府内部的政治分歧影响了市场信心和增长预期，表现为经济活动弱于预期、金融市场波动加剧。当前，阿根廷国内高度不确定性和剧烈波动性，会对金融传导渠道（如汇率、利率和金融中介发生的环境）产生更大的影响。此外，数字技术创新会使金融系统更容易受到欺诈和网络攻击，使金融系统在更大范围内受到影响。

二、阿根廷国内改革与政策调整能力

（一）阿根廷当前和未来中期面临的突出社会问题和矛盾

1. 通货膨胀居高不下，债务违约风险高。如图 10－1 所示，持续的财政赤字和长期的通货膨胀是阿根廷长期存在的问题。1944 年至 2023 年，通货膨胀平均为 190%，政府主权债务违约 9 次，其中 3 次发生在过去 20 年。另外，自 2009 年以来，阿根廷一直存在财政赤字，到 2023 年赤字占 GDP 比重达 4.4%。为了防止货币贬值，政府诉诸于价格和资本管制、多重汇率、负实际利率、定额进口限制和出口税。上述政策又加剧了相对价格扭曲，扩大了官方和非官方市场汇率之间的差距，并导致央行资产负债表的恶化。汇率操纵人为地扭曲了贸易流动，促使进口商提前进口，而出口商因预期未来货币贬值而虚报出口发票。这使得央行耗尽其国际储备，增加有息负债，即为吸收货币创造带来的过剩流动而发行的票据和债券。米莱总统上任前，阿根廷央行持有的有息负债占 GDP 的 11.3%，负净国际储备超过 110 亿美元。

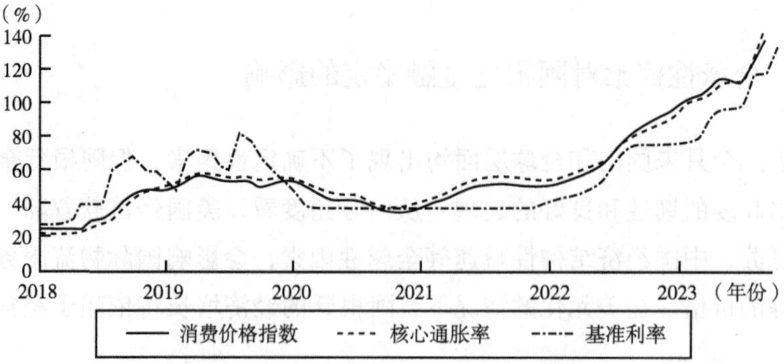

图 10－1 阿根廷通货膨胀和政策利率

资料来源：Another Month of Political Uncertainty for Argentina：https：//think. ing. com/articles/argentina－political－uncertainty/，2024－03－24.

自 2022 年中期以来，阿根廷还面临不断上升且普遍存在的通货膨胀，从 2021 年的平均同比 48.1% 飙升至 2023 年的 211%，这是 1991 年恶性通货膨胀以来的最高通胀率[①]。阿根廷中央银行（BCRA）持续为公共债务提供资金，官方汇率和平行汇率（如蓝色汇率）之间存在较高的利差。自 2023 年初以来，美元兑阿根廷比索汇率已翻倍，并自 2023 年 8 月中旬以来一直固定在每美元兑 350 比索，之后被新政府贬值至每美元 800 比索，随着货币贬值，货币竞争力增强了。哈维尔·米莱总统可能会将维持比索疲软状态，作为提高国家竞争力的手段之一。当前，阿根廷通胀形势仍不明确，但预计 2024 年通胀水平会超过 250%。在正统经济政策开始对通胀产生压力之前，比索的进一步贬值以及政府补贴政策的退出，可能会增加通胀压力。通货膨胀需要几年时间才能稳定在较低水平，预计到 2025 年底为 70%，到 2026 年底为 40%。除了三位数的通胀外，阿根廷还在努力应对不断加剧的贫困和蓬勃发展的非正规货币市场。

2. 财政失衡问题是核心挑战。哈维尔·米雷（Javier Milei）政府正试图通过引入财政紧缩措施和努力改善国家的外部状况，来解决阿根廷面临的长期财政失衡问题。尽管 2020 年市场债务进行了重组，但债务水平仍然很高。债务水平从 2021 年占 GDP 的 80.8% 上升至 2023 年占 GDP 的 89.5%。根据国际货币基金组织的数据，2023 年底阿根廷预算赤字占 GDP 的比重高达 10%，国家债务超过 4 000 亿美元，超过名义 GDP 的 80%。[②] 鉴于以外币计价的债务占比较大，阿根廷主权债务对外汇的敞口仍然很大。从中期来看，阿根廷债务偿还仍将是一个挑战，其进入资本市场的机会仍然受到高收益率的限制，而且该国与官方债权人的关系也不是很确定。总体而言，近期数据显示贸易平衡正在恶化，继 2023 年出现负 0.6% 的赤字之后，经常账户将在 2024 年出现顺差（占 GDP 的 1.2%）。哈维尔·米雷总统希望通过实施“财政冲击”政策，实现宏观经济指标重回正轨，加之厄尔尼诺现象结束导致的农产品出口反弹，应该会支撑该国的经常账户。然而，阿根廷的经常账户和资本账户因广泛的贸易、金融、资本、价格和外汇管制而严重扭曲。在此基础上，阿根廷国际收支的稳定在很大程度上是相对的。

3. 政治不确定性仍然很高，且营商环境较差。阿根廷目前的营业环境相当差。尽管目前的风险较低，但资本管制相当严格，并且对该国的对外头寸和征用记录极其敏感。《2022 年全球治理指标调查》指出，阿根廷经济自由指数在全球 177 个国家中排名第 144 位，在地区中排名第 27 位。该国在产权和货币自由方面较低。哈维尔·米雷总统的上台可能会扭转局面，因为他的极端自由主义立场、对财政整顿和私有化的意愿可能会吸引投资者。随着 2023 年经济形势变得严峻，政治紧张局势达到顶峰。2023 年 12 月 10 日哈维尔·米雷总统上台，在他上任的第一个月里，就颁

① Argentina：Economic and Political Outline：https：//santandertrade.com/en/portal/analyse – markets/argentina/economic – political – outline，2024 – 03 – 24.

② Diana Roy，Argentina's Struggle for Stability：https：//www.cfr.org/backgrounder/argentinas – struggle – stability，2024 – 03 – 24.

布一项重大法令（Necessity and Urgency Decree，DNU），计划改变或废除366条经济规则，并于12月29日生效。① 同时，他主张大幅削减开支（占GDP的15%），对医疗和教育体系进行大规模私有化，整合取消一半以上的中央部委，逐步将经济美元化以及加强中央银行资产负债表管理，解决长期存在的增长障碍。

（二）为解决上述问题和矛盾采取的改革措施

为控制严峻的财政赤字问题和居高难下的通货膨胀，米莱新政府上台未满月，就实施了一系列财政改革和货币新政策，包括将阿根廷比索大幅贬值50%以上，政府部分由18个减少至9个，降低政府对能源和交通的补贴，停止新建公共工程招标和取消尚未开始的开发项目等，被称为强制性“休克疗法”。具体如下：

1. 连续下调基准利率，促使月度通货膨胀率大幅下降。2024年5月3日，阿根廷央行启动新一轮降息，将比索基准利率下调10个百分点至50%，此次降息为该行在本年度内的第四次降息。此前，2023年12月，阿根廷央行开启降息周期，将基准利率由133%下调至100%。2024年1月，阿根廷通胀率从每月40%降至14%以下，实现了预算盈余，并开始建立外汇储备。根据4月12日阿根廷国家统计局公布的通胀数据，阿根廷3月通胀率为11%，较2024年1月的20.6%和2月的13.2%继续下降，为米莱政府上任以来的最低水平。阿根廷央行预计全年通胀水平为161.3%②。整体来看，米莱新政府的“休克疗法”略显成效，阿根廷的通胀压力有所缓解，宏观经济的不确定性有所下降，如图10-2所示。

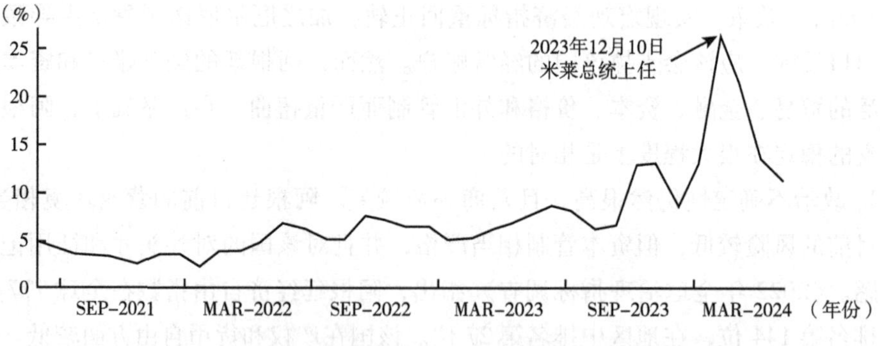

图10-2 米莱总统削减政府开支后阿根廷通胀率直线下滑

资料来源：Bloomberg，U. S. Global Investors.

① Argentina's Senate rejects Milei's ‘mega decree’ of reforms：https：//www. dw. com/en/argentina-javier-mileis-mega-decree-of-reforms-rejected-by-senate/a-68528547，2024-03-24.

② BBVA Research Argentina，Argentina | Inflation was 11% in March and decelerated more than expected once again，https：//www. bbvaresearch. com/en/publicaciones/argentina-inflation-was-11-in-march-and-decelerated-more-than-expected-once-again/，2024-07-20.

2. 推动政府部门重组，实现财政赤字为零的目标。阿根廷政府承认长期的过度支出是通胀的主要驱动因素，因此通过一系列财政改革，消除巨额财政赤字。一方面，政府计划到2024年底将赤字占GDP的比重削减5个百分点，即2.5%的财政目标。另一方面，大幅削减可支配支出，促使资本支出和对各省的转移支付占整个财政调整的32%。2023年12月10日，阿根廷总统米莱就职当天直接将18个政府部门裁减到9个，即国防部、内政部、外交部、司法部、经济部、安全部、基础设施部、卫生部和人力资源部。同时，削减了5万个公共服务岗位，暂停所有新的公共工程合同，取消燃料和运输费用。2024年8月5日，米莱总统签署的第695/2024号法令发布了《基础法案》①，该法案第一部分细则明确“要优化公共管理，消除机构冗杂，减少财政支出”，并明确国家食品质量卫生局（SENASA）、阿根廷核电公司（NASA）、阿根廷自来水公司等9家企业要实施私有化；明确修订公务员制度，通过职务调整或取消方式，压减18万公务员。在此基础上，阿根廷的财政赤字大幅削减了，实现了自2008年以来的首次预算盈余，引起了各界的关注。

3. 推动比索先贬后升，将官方汇率作为抑制通胀的锚定点。一是推动货币美元化，将比索发行量控制在最低水平。2023年12月，米莱政府宣布将比索兑美元官方汇率一次性大幅贬值54%的“休克疗法”，同期阿根廷央行计划引入了“爬行盯住”，一种每月贬值2%的货币制度，并持续维持资本管制。将比索兑美元汇率从365比索降至800比索。在货币方面，米莱政府正在努力恢复阿根廷央行的资产负债表，包括减少以比索计价的巨额负债和外国资产，并有效管理货币供应。

4. 宣布实施一系列经济政策，维持外汇管制。在进口领域，政府颁布了第29/2023号法令，自2023年12月13日起将“阿根廷团结和包容税”（PAÍS）的税率从7.5%提高至17.5%，促使美元汇率上升至940比索。同时，根据2023年的第5463号总决议，对应用于所得税和个人财产税预留税的团结税操作进行了统一和降低，从之前的100%和25%下调和上调至30%。在出口领域，政府通过第28/2023号法令对出口商的结汇政策进行了一系列调整，如将出口结汇按照80∶20的方式结算，其中80%按官方汇率结算，其他20%按照交易方式以当地货币结算。再如完全取消公共工程招标，并取消已经招标但工程尚未开始的项目，导致阿根廷工业和建筑业出现衰退迹象。至今，米莱政府新经济举措，已经削减了27%的公务员工资、64%的经济补贴（主要是能源补贴）和86%的公共工程。

---

① Martin Barreiro, Juan Pablo Menna, Argentina: Fiscal Package Regulation, https://insightplus.bakermckenzie.com/bm/attachment_dw.action?attkey=FRbANEucS95NMLRN47z%2BeeOgEFCt8EGQJsWJiCH2WAWE%2FeOkjb67%2BtuxpKl%2Bzk1K&nav=FRbANEucS95NMLRN47z%2BeeOgEFCt8EGQbuwypnpZjc4%3D&attdocparam=pB7HEsg%2FZ312Bk8OIuOIH1c%2BY4beLEAe1vXV4i76WhE%3D&fromContentView=1, 2024-09-18.

（三）国内改革对金融稳定的影响

米莱采取的“休克疗法”改革举措，产生了一些成效，如主权利差大幅下降，从2023年12月4日至2024年4月22日下降了700多个基点；月通胀利率从2023年12月开始下降，2024年3月为11%；官方汇率与非官方汇率比稳定在20%左右。但是，这些紧缩性政策也给阿根廷造成了巨大的经济和社会成本①。在短短三个月的时间里，CPI翻了1.7倍（年化通胀率为800%），住房和公用事业成本翻了1.6倍，医疗成本翻了1.8倍，交通成本翻了2.0倍；近60%的阿根廷人现在生活在贫困中，高于2023年12月的44%。如此巨大的价格水平冲击导致BCRA货币实际价值减少，进而导致流动性短缺。此外，这种流动性的急剧减少会导致经济衰退加速。

三、阿根廷财政货币政策抗风险能力

（一）财政政策对冲和化解金融风险的能力

2008年金融危机爆发后，阿根廷虽然没有受到金融渠道的直接影响，但是面临着大宗商品价格和出口量下降的问题。为减轻全球金融危机的影响，政府实施了扩张性财政政策，助推GDP强劲复苏，2010年增长10.1%，2011年增长6%，2008年至2011年平均增长3.4%。2023年，除了宏观经济失衡外，前所未有的干旱使该国再次陷入衰退。2024年，阿根廷也可能陷入衰退（预计GDP增长率为负2%），原因是政府宣布了重新平衡宏观经济形势的措施，如财政支出削减计划。

（二）货币政策对冲和化解金融风险的能力

阿根廷有着长期的政治不稳定、金融危机和相对经济水平下降的历史。1991年至2001年，阿根廷实施的货币发行局或“可兑换”制度安排，在短期内成功地降低了通货膨胀，但该制度安排也使政府缺乏应对外部冲击的工具，进而带来较低的经济增长。私营部门资产组合美元化加速，导致阿根廷收紧资本管制，减少外汇市场压力。为应对2020年3月经济面临的金融和汇率剧烈波动，阿根廷中央银行对外汇市场进行干预，以降低波动性，并帮助维持国际储备水平。在此基础上，与私人债权人的外币债务（约1 070亿美元）进行重组，促使地方债务市场逐步正常化。

---

① Ernesto Talvi，Sofía Harguindeguy，Unravelling Argentina's economic maze：raising prices to stop inflation，https：//media. realinstitutoelcano. org/wp – content/uploads/2024/04/ari41 – 2024 – talvi – harguindeguy – argentina – economic – maze. pdf，2024 – 09 – 20.

（三）财政货币政策对金融稳定的影响

为应对2019年新冠疫情，阿根廷政府在短时间内设计和实施了向家庭和公司的直接转移支付，用以维持基本消费和收入流动性，结果导致财政赤字飙升至GDP的6.4%。有限的财政空间令阿根廷中央银行不得不通过直接贷款和向国家政府转移利润的方式，增加对财政部的融资，用以支持家庭收入、防止企业倒闭。2022年初，阿根廷与国际货币基金组织达成的新延长基金安排（EFF）协议中，包括一项多年的财政整顿，即在经济复苏的基础上逐步且可持续地减少初级赤字，以及一项旨在通过将货币工具与财政和收入政策、工资—价格协调、谨慎管理货币总量和冲销任何流动性盈余相结合的综合方法，逐步降低通胀的货币政策。

四、阿根廷的金融稳定评估

（一）资产估值稳定性评估

阿根廷有着悠久的政治和经济不稳定及政策波动历史①，加之货币和资本管制，这给外国直接投资者带来了压力。就相对风险较高的资产而言，主要经济体的估值喜忧参半，对市场的相对乐观提出了更高的警告。在此背景下，以美元计价的阿根廷股票交易利差扩大30多个基点，比索兑美元大幅贬值。同时，二级债券市场各细分市场的价格波动越来越大，通过国内资本市场向私营部门提供的融资规模有所收缩，表现为以公司债券、支票形式的融资规模有所下降，但通过本票和金融信托形式取得的贷款增加。相反，以美元挂钩债券的发行规模有所增加，占总资金的22%②。

（二）金融稳定性评估

根据2024年底发布的《金融稳定报告》③，阿根廷资产面临信用风险，信贷风险指数仍处于中等水平，在逐步增加金融体系对私营部门风险敞口的框架下，保持

---

① 不确定性是一个模糊的概念，反映了消费者、管理者和决策者对未来事件（可能发生也可能不发生）的不确定性。这也是一个广泛的概念，因为它涉及GDP增长等宏观现象和企业增长率等微观现象，以及选举、战争和气候变化等其他事件。

② the Central Bank of Argentina, Financial Stability Report (December 2023), https://www.bcra.gob.ar/PublicacionesEstadisticas/Informe_de_estabilidad_financiera.asp, 2024-07-08.

③ Banco Central de la República Argentina, Informe de Estabilidad Financiera Diciembre de 2024, https://www.bcra.gob.ar/Pdfs/PublicacionesEstadisticas/IEF0224.pdf, 2025-01-01.

了有限的信贷违约率和高拨备覆盖率①。截至2024年9月底，金融系统对企业和家庭的融资总额达到GDP的8.1%，其中私营部门实际贷款余额占总资产的30.2%，同比增长了7.9个百分点。同期，整个金融系统的私营部门不良贷款率保持在1.6%左右，其中企业融资不良率为0.7%，家庭融资不良率为2.6%；金融体系的拨备总额占私营部门信贷余额的2.7%，占非正规融资的174.3%。2024年初，就金融交易中固有的风险暴露分析来看，与信贷风险相关的潜在脆弱性仍然是金融机构总体的主要风险来源。关于金融稳定性分析，比索存款的期限略有缩短，发行工具的波动性加剧。截至2024年9月，广义流动资产占存款总额的49.7%，同比增长23%，而外币流动性占存款总额的83.5%，高于拉美地区其他国家的平均水平。鉴于社会经济的脆弱性以及政府在国会和省级的有限权力，社会支持的下降可能会阻碍财政整顿（宏观经济政策的支柱），这反过来可能会减缓通货紧缩并引发汇率不稳定。

五、阿根廷经济社会发展状况

（一）阿根廷经济社会现状

2023年12月20日，米雷总统向国会提交了包含664条的“综合法案”（Omnibus bill），作为DNU计划的补充，重点是大规模私有化，放松对一些部门的管制和劳动力市场规则。然而，DNU计划的加强版已经在法庭上多次受到挑战，工会认为这些措施（特别是劳动力市场改革措施）违宪。与此同时，米雷希望综合法案通过国会审议，但其所在的政党在众议院和参议院都没有过半数，右翼政党的支持也不够。米雷与代表们陷入了一场非常不可预测的对峙。2024年1月24日及其后续的总罢工，也显示了公众对DNU法案的敌意。因此，阿根廷政治和社会风险飙升，很可能会引发金融不稳定性。

在总统哈维尔·米莱（Javier Milei）的领导下，阿根廷的政治风险前景表明，政府通过改革议程的能力将略有改善。然而，由于失业率和生活成本的潜在增加，紧缩措施的实施可能会导致2024年下半年的政治风险加剧。对某些措施的立法和司法挑战也可能在短期内造成政治上的不确定性。该国反自由市场领导的历史和反复出现的经济危机造成了复杂的政治风险环境，政策转变和公众抗议可能会频繁发生。此外，2024年5月，阿根廷地缘政治风险指数为0.074%。

根据国际货币基金组织的数据，阿根廷实际预算赤字高达GDP的10%，国债规

① 注释：拨备覆盖率，又称拨备充足率，是衡量商业银行贷款损失准备金计提是否充足的重要指标，用于反映银行面对不良贷款的风险承受能力。拨备覆盖率 = 贷款损失准备金/不良贷款余额 ×100%。

模超过4 000亿美元，约占名义GDP的80%以上。[①] 基本支出的急剧下降（按实际价值计算为-31.7%）改善了今年头几个月的财政平衡。由于经济活动萎缩，实际收入下降了3%，但与外部部门相关的税收支持了税收。除了比最初估计的更为激进的支出调整外，政府还推迟了一些支出，以实现消除财政赤字的目标。我们将今年的主要财政预测从GDP的-0.8%调整为0.1%，基于PAIS税税基扩大带来的收入增加以及支出调整强于预期。

（二）阿根廷经济社会展望

自米莱总统上任以来，阿根廷经济首次出现飙升。在2024年前5个月，政府实现了占GDP1.1%的基本财政盈余，这是自2008年以来从未有的壮举。未来的挑战是维持前期财政整顿，取消扭曲的税收，巩固支出削减，预计今年基本盈余占GDP的0.1%。如表10-1所示，预计2024年下半年阿根廷GDP将收缩4%，在投资和私人消费的推动下，2025年将反弹6%。[②] 另外，通货膨胀的降速快于预期，强于财政货币调整和更稳定的官方汇率，到2024年底通胀预测修正为140%，2025年的预测值为45%，短期扩库券的月收益率为4.25%。根据彭博社报道[③]，阿根廷的经济活动自2024年4月增长了1.3%，6月记录的通货膨胀率为4.6%，低于2023年底的25.5%。根据世行预计，由于阿根廷新政府实施的相对价格调整和消除财政和外部失衡的稳定计划，预计到2024年实际GDP将再收缩2.8%。受天气条件改善、能源领域投资和农业生产正常化的推动，预计2025年经济增长5%。[④] 据OECD预计，阿根廷2024年GDP将收缩3.8%，2025年和2026年将分别增长3.6%和3.8%。[⑤]

表10-1 阿根廷宏观经济预测

	2020	2021	2022	2023	2024e	2025e
GDP（%）	-9.9	10.7	5.0	-1.6	-4.0	6.0
通货膨胀率（%）	36.1	50.9	94.8	211.4	140.0	45.0
兑美元汇率（%）	84	102	177	808	1200	1620
货币政策利率（%）	37.1	36.7	75.0	100	30	24

① Fernando Garcia, Lucila Venturi, Argentina under a new government: what are the big economic challenges? https://www.economicsobservatory.com/what-economic-challenges-does-argentina-face-today, 2024-09-18.

② BBVA Research, Argentina Economic Outlook. June 2024, https://www.bbvaresearch.com/en/publicaciones/argentina-economic-outlook-june-2024/, 2024-09-18.

③ Jenna Moon, Argentina's economy is growing beyond expectations, https://www.semafor.com/article/07/19/2024/argentinas-economy-is-growing-beyond-expectations, 2024-09-23.

④ The World Bank, The World Bank in Argentina, https://www.worldbank.org/en/country/argentina/overview, 2024-09-20.

⑤ OECD (2024), OECD Economic Outlook, Volume 2024 Issue 2, OECD Publishing, Paris, https://doi.org/10.1787/d8814e8b-en., 2025-01-01.

续表

	2020	2021	2022	2023	2024e	2025e
个人消费（%）	-12.2	10.4	9.7	1.1	-2.9	5.1
公共消费（%）	-2.0	6.3	1.9	1.2	-9.0	1.5
投资（%）	-13.1	33.8	11.1	-1.9	-13.6	17.2
基础盈余（占 GDP%）	-6.4	-3.0	-2.4	-2.7	0.1	0.4
财政收支平衡（占 GDP%）	-8.4	-4.5	-4.2	-4.4	-2.0	-1.7
经常账户（占 GDP%）	0.7	1.4	-0.7	-3.3	0.4	-0.5
公共债务（占 GDP%）	103.8	80.6	85.0	157.9	89.0	77.4

资料来源：Banco Bilbao Vizcaya Argentaria Research，Argentina Economic Outlook，https：//www.bbvaresearch.com/en/publicaciones/argentina - economic - outlook - june - 2024/，2024 - 09 - 18.

（三）阿根廷金融稳定对本国经济社会的影响

截至 2024 年 6 月，米莱政府在改善财政平衡方面取得了重大进展，这反过来又导致货币发行减少和通货膨胀减速。目前的挑战是巩固财政盈余，取消外汇市场限制，以促进可持续增长。根据 2024 年 7 月 23 日惠誉评级，阿根廷最新的经济调整措施加剧了其积累国际储备和恢复进入全球资本市场能力的不确定性。米莱政府推出的“莱伊基地”（Ley Bases）法案，短暂地提振了市场信心，但是人们对政策组合中的紧张关系更加关注了。如比索每月 2% 的缓慢升值幅度远落后于通货膨胀，抵消了 2023 年 12 月比索贬值带来的好处；外汇管制和负实际利率仍然存在，没有明确取消的景象；同时平行汇率已经上升至比官方利率高出 50% 以上，债券息差接近 1 600 个基点。[①] 为限制比索的供应，货币当局只允许在信贷中介的货币需求增加的情况下增加，比如阿根廷中央银行与财政部合并的比索证券按实际价值计算而增加。但是，实际利率从负向正的转变，可能会进一步增加债务存量；要缩减赤字，可能需要更大的财政盈余，这可能会扼杀经济复苏。截至 2024 年 7 月中旬，阿根廷中央银行储备总额为 276 亿美元，净额为负 19 亿美元。值得注意的是，上述干预措施违背了 IMF 的建议，预计 FC 债券支付额将从 2024 年的 40 亿美元增加至 2025 年的 90 亿美元。

六、阿根廷财经风险指数分析

根据 2023 年 12 月世界不确定指数国别报告，阿根廷被评为高风险国家，其经济

① Fitch Ratings，Argentina's Debt Service Prospects Remain Unclear After Latest Policy Moves，https：//www.fitchratings.com/research/sovereigns/argentinas - debt - service - prospects - remain - unclear - after - latest - policy - moves - 23 - 07 - 2024，2024 - 09 - 20.

风险为6级、营商环境风险5级、政治风险5级、商业风险4级、金融风险4级。①

（一）全球性财经风险指数

不确定性一直是阿根廷政治经济的标志。本章根据第一章第一节全球性财经风险指数，核定阿根廷的全球财经风险指数（见图10-3）。

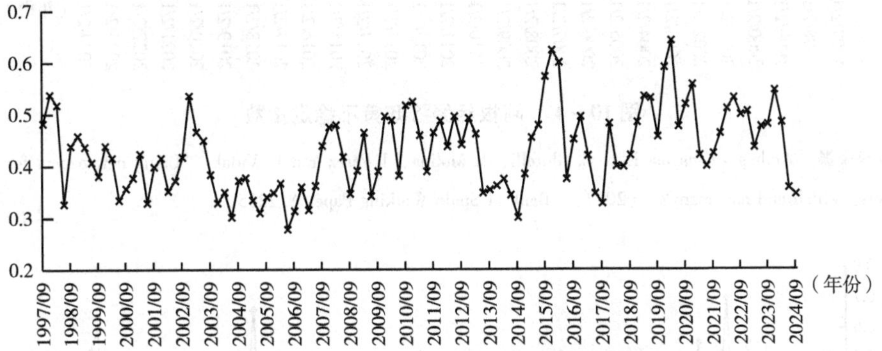

图10-3　阿根廷全球性财经风险指数

资料来源：作者绘制。

（二）国内改革与政策调整能力指数

基于Ghirelli，Pérez y Urtasun（2021）② 和Andres-Escayola，Ghirelli，Molina，Pérez y Vidal（2022）③ 的研究基础，西班牙央行的研究人员为了比较巴西、阿根廷、秘鲁等拉美国家的不确定性，构建了三种类型的EPU指数，包括本地媒体EPU、外媒EPU、综合EPU（见图10-4）。其中，阿根廷通过梳理《国民报》和《号角报》中“不确定性”一词（及其变体）的频率来构建指标。结果显示，不确定性冲击对GDP、股价和当地货币有实质性的收缩效应，与发达经济体（ae）相比，新兴市场经济体的衰退效应要强得多。在此基础上，本书将相关指标做标准化处理后，构建形成了国内改革和政策调整能力指数（见图10-5）。

---

① Argentina—A leap into the unknown：https：//www.allianz.com/en/economic_research/country-and-sector-risk/country-risk/argentina.html，2024-03-24.

② Ghirelli，Pérez y Urtasun，the spillover effects of economic policy uncertainty in Latin America on the Spanish economy，https：//www.sciencedirect.com/science/article/pii/S2666143821000090，2024-09-18.

③ Andres-Escayola，Erik and Ghirelli，Corinna and Molina，Luis and Perez，Javier J. and Vidal Muñoz，Elena，Using Newspapers for Textual Indicators：Which and How Many?（October 19，2022）. Banco de Espana Working Paper No. 2235，Available at SSRN：https：//ssrn.com/abstract=4252588 or http：//dx.doi.org/10.2139/ssrn.4252588.

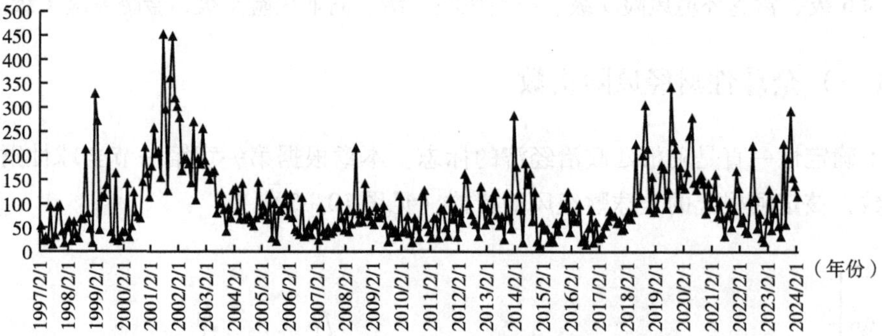

图 10－4　阿根廷经济政策不稳定指数

资料来源：Andres－Escayola E.，C. Ghirelli，L. Molina，J. Pérez and E. Vidal. “Using newspapers for textual indicators：which and how many?”（2022）. Bank of Spain Working Paper N. 2235.

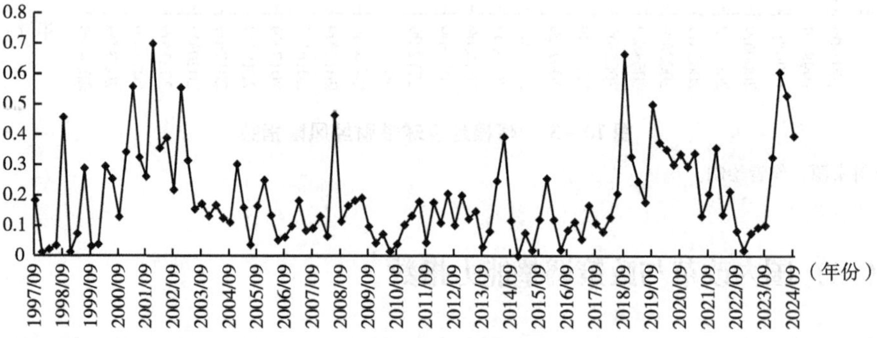

图 10－5　国内改革与政策调整能力指数

资料来源：作者绘制。

（三）财政货币政策风险对冲指数

1. 财政政策风险对冲。2023 年，哈维尔·米雷新政府基本赤字将占 GDP 的 3%，比 2022 年增加了 1 个百分点，加上 2.2% 的利息负担，预算赤字总额占 GDP 的比重达 5.2%。根据环球资源合作伙伴的计算，阿根廷中央银行（BCRA）的利息负担在 2023 年翻了一番，约占 GDP 的 9%，将公共赤字推高到 GDP 的 14%（如图 10－6 所示）。① 基于此，2023 年阿根廷政府预算赤字的直接（向财政部预支）和间接（购买政府债券）货币融资迫使 BCRA 发行冲销债券（28 天 LELIQ），相当于 GDP 的 8%，利率也从 2022 年底的 75% 上升至 2023 年 12 月 2 日的 133%，目前减少 BCRA 的负债也是联邦政府的首要任务之一。

① Argentina：Shock Therapy：https：//economic－research. bnpparibas. com/html/en－US/Argentina－Shock－therapy－2/13/2024，49345，2024－03－20.

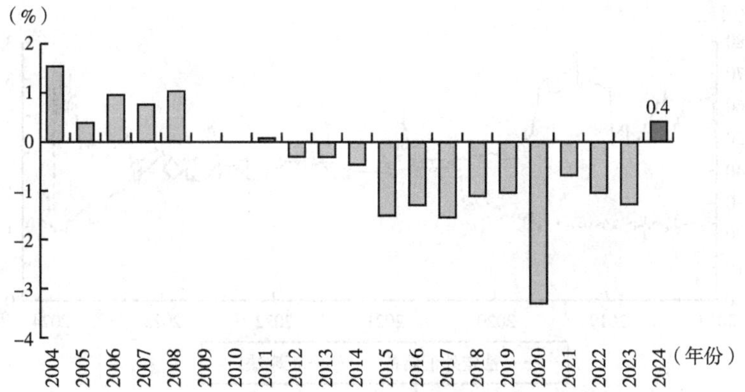

图 10－6　2004—2024 年阿根廷财政盈余状况占 GDP 比重变动图

资料来源：Ministry of Economy，INDEC and BBVA Research.

2023 年底，阿根廷联邦政府债务为 3 680 亿美元，其中 2 640 亿美元为外币(主要是美元)。在货币贬值基础上，联邦政府债务比率相当于 GDP 的 154%，外汇储备只覆盖了外币债务的十分之一（见图 10－8)。[①] 按照债权人构成来看，阿根廷公共债务总额的主要债权人（64% 的国内债务和 36% 的外部债务）是地方公共部门机构（占总额的 46%)，其次是私营部门（当地和非居民债务占总额的 35%)，最后是多边和双边组织（19%)。当地货币债务占公共债务总额的 33%，其中大部分与美元或通胀挂钩，[②] 如图 10－7 所示。

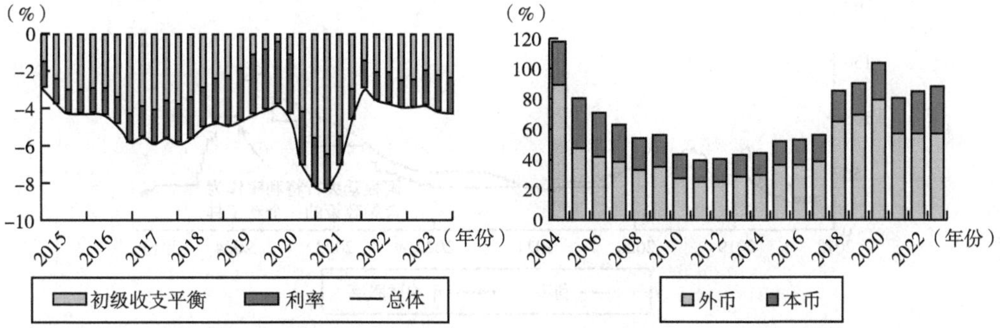

图 10－7　阿根廷公共部门收支均衡及政府债务占 GDP 的比重

资料来源：Chris Turner，James Wilson，Another Month of Political Uncertainty for Argentina：https：//think. ing. com/articles/argentina－political－uncertainty/，2024－03－20.

2. 货币政策风险对冲。根据阿根廷中央银行的数据，1944—2024 年阿根廷的平均年化通货膨胀率为 190. 48%。2023 年 12 月，米莱总统上台后，阿根廷年化通货

① In % of GDP on year average. With GDP estimated at end－year，the ratio is much lower but still elevated（102%)。

② BTI 2024 Country Report—Argentina：https：//bti－project. org/fileadmin/api/content/en/downloads/reports/country_report_2024_ARG. pdf，2024－03－24.

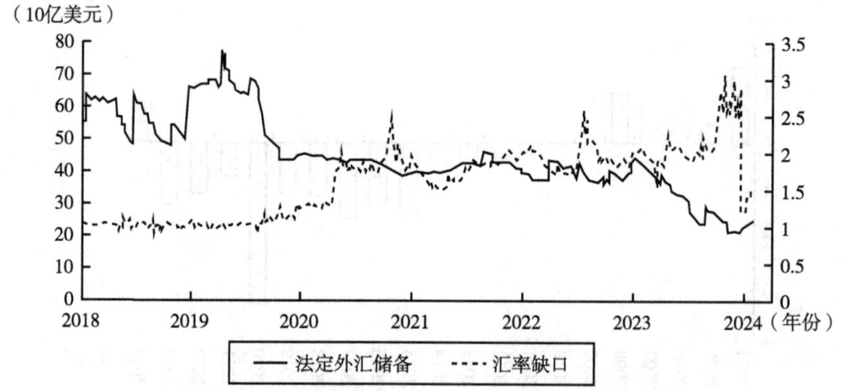

图 10－8　阿根廷：汇率和官方外汇储备趋势图

资料来源：Argentina：Shock Therapy：https：//economic－research. bnpparibas. com/html/en－US/Argentina－Shock－therapy－2/13/2024，49345，2024－03－20.

膨胀率从 2024 年 4 月 292.4% 的峰值降至 12 月的 166%，通货膨胀率一直稳步下降（见图 10－9）。[①] 西班牙对外银行（BBVA）和国际货币基金组织预测，剩余的相对价格调整将减缓未来通货膨胀率的下降，预计 2025 年全年阿根廷通货膨胀率将达到 140%。

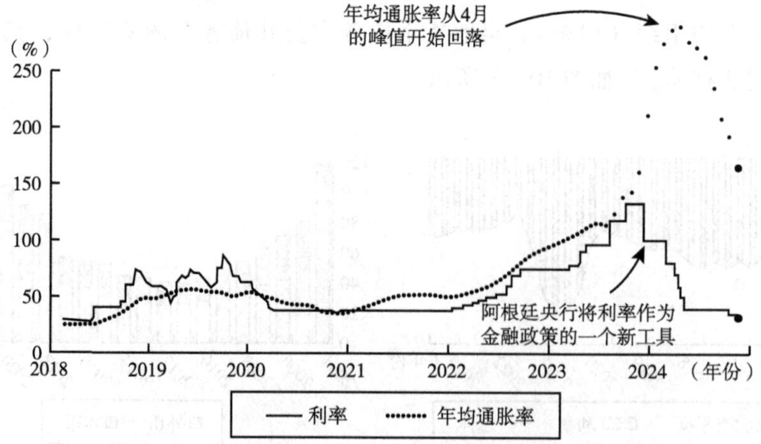

图 10－9　阿根廷年化通货膨胀率和利率变动图

资料来源：Alex Irwin－Hunt，Is Milei's shock therapy to Argentina working? https：//www. fdiintelligence. com/content/news/is－mileis－shock－therapy－to－argentina－working－84376，2025－01－01.

3. 财政货币政策风险对冲指数构建。按照财政货币一体化原则，通过国债占央行总资产的比重，了解两者一体化程度，如图 10－10、图 10－11 所示。

---

① Horacio Fernando Soria，Miguel Lo Bianco，Argentina inflation hits four－year low as locals dare to hope the worst is over，https：//www. reuters. com/world/americas/argentina－inflation－dips－locals－dare－hope－worst－is－over－2024－12－11/.

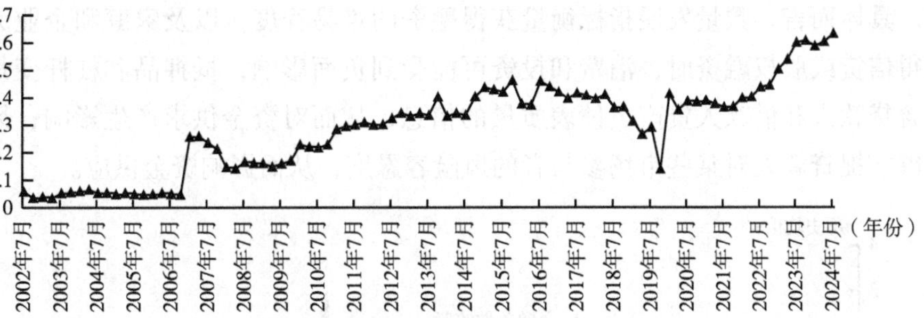

图 10－10　国债占央行总资产的比重

资料来源：阿根廷央行官网数据整理所得。

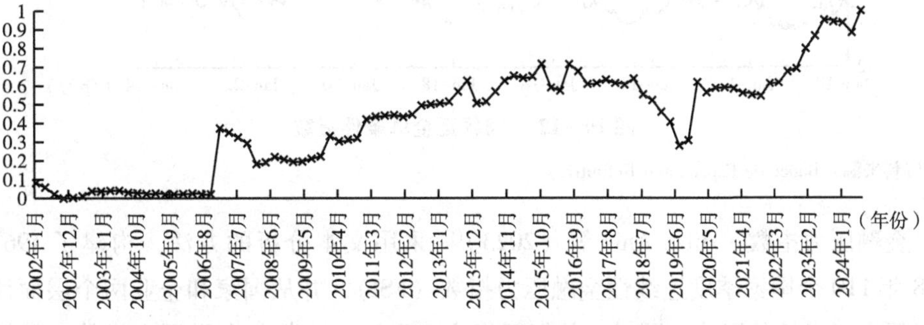

图 10－11　财政货币政策风险对冲指数

资料来源：作者绘制。

（四）金融稳定指数

1. 指标选择：金融条件指数（FCI）和金融压力指数（FSI）。根据 Korobilis（2013）[①]、Koop 和 Korobilis（2014）[②] 的研究，Luis Brandao Marques 和 Esther Pérez Ruiz（2017）[③] 开发了金融条件指数（FCI），研究比较了拉美六大经济体金融一体化程度（见图 10－12），并指出金融稳定指数受商品周期、全球金融周期以及具体国家金融危机事件的影响。鉴于金融体系的复杂性，他们选用数量发展指标（如贷款、股票发行、预期违约率、不良贷款率等）、抵押品和杠杆变量（如股票指数、房价、市盈率和资本资产率）、风险变量（如银行间息差、主权与 EMBIG 息差、股票回报率和外汇波动率）三类金融变量来反映金融稳定与实体经济活动的多维相互

① Korobilis, Dimitris, 2013, "Assessing the Transmission of Monetary Policy Using Time－varying Parameter Dynamic Factor Models." Oxford Bulletin of Economics and Statistics 75, no. 2: 157－179.

② Koop, G. and D. Korobilis, 2014, "A new index of financial conditions," European Economic Review, 71, p. 101－116.

③ Luis Brandao Marques and Esther Pérez Ruiz, How Financial Conditions Matter Differently across Latin America, IMF Working Paper, WP/17/218, file: ///C: /Users/wangmt/Downloads/null－001. 2017. issue－218－en. pdf, 2024－09－20.

作用。具体而言，数量发展指标衡量获得融资的难易程度，以及家庭和企业无法轻易获得信贷或股权融资时，消费和投资可能受到负面影响；抵押品和杠杆变量的发展包含贷款人和借款人资产负债表质量的信息，从而对资金供求产生影响；风险变量能够捕捉贷款人对某些市场参与者的风险容忍度，从而影响资金供应。

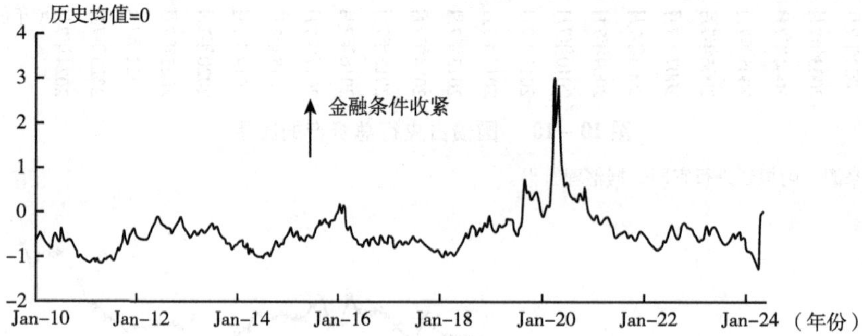

图 10 – 12　阿根廷金融条件指数

资料来源：Banco de España and Refinitiv.

金融压力指数。Hites Ahir 等（2023）① 采用文本分析的方法，构建了 1967—2018 年 110 个国家季度连续性金融压力指数（FSI），并从国家和企业两个层面评估金融压力对经济的影响。同时，他们还指出金融稳定指数与金融压力指数之间呈正相关，相关性约为 0.45，如图 10 – 13 所示。

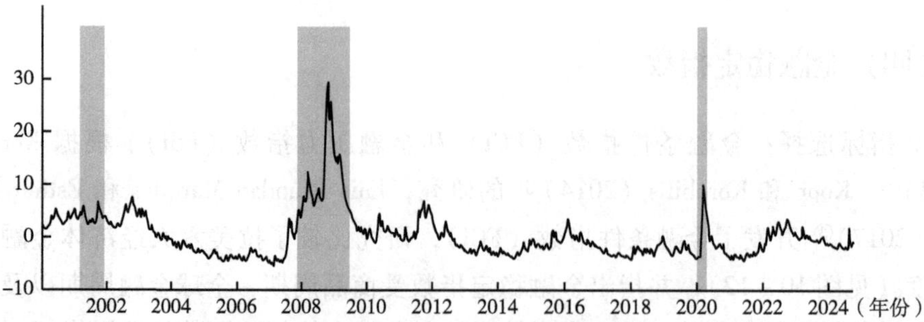

图 10 – 13　金融压力指数

资料来源：Banco de España and Refinitiv.

2. 金融稳定指标构建。基于金融条件指数和金融压力指数，本书按照 0.55 : 0.45 的权重构成了标准化的金融稳定性指数。如图 10 – 14 所示，图中趋势与阿根廷前期面临的各阶段金融危机相吻合。除了重大的全球事件外，由金融稳定指数变动图也能够反映出阿根廷内部危机风险点。

① Hites Ahir，Giovanni Dell'Ariccia，Davide Furceri，Chris Papageorgiou，and Hanbo Qi，Financial Stress and Economic Activity——Evidence from a New Worldwide Index，https：//doi. org/10. 5089/9798400257636. 001，2024 – 09 – 18.

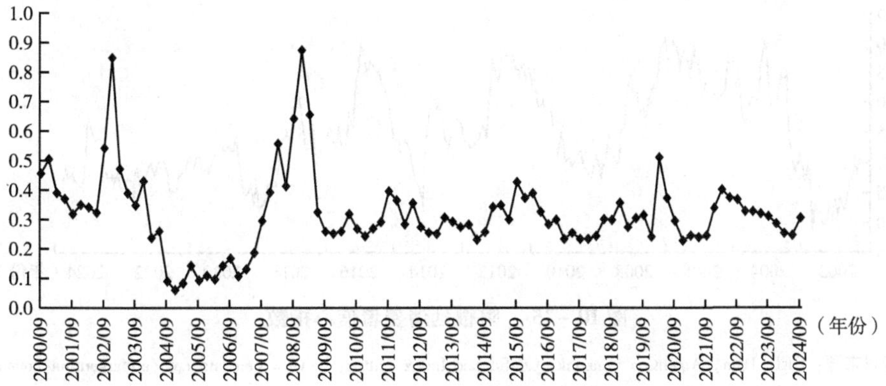

图 10 – 14　金融稳定性指数

资料来源：作者绘制。

（五）经济社会发展指数

1. 指标选择：消费者信心指数、工业生产指数。阿根廷于 1998 年推出了消费者信心指数，由托尔卡托迪泰拉大学（Universidad Torcuato Di Tella）负责调查，主要涉及个人财务状况和国家经济状况的预期、短期和长期经济状况以及对家庭用品和耐用消费购买的期望等指标。阿根廷消费者信心指数为首都联邦区（15.9%）、农村地区（30.7%）和大布宜诺斯艾利斯地区（53.4%）的加权平均值。根据托尔卡托迪泰拉大学最新调查，2001 年至 2024 年阿根廷消费者信心指数于 2007 年 1 月达到历史最高值 60.970 点，2002 年 9 月达到历史最低值 28.440 点。米莱总统上台以来，阿根廷消费者信心指数自 2023 年 12 月的 39.8 下降至 2024 年 1 月份的 35.6，后又上升至 8 月的 41.46，但比 2023 年同期下跌了 5.92%。这意味着消费者在悲观与乐观之间来回波动，他们对未来宏观经济形势的预期略有改善、对个人未来财务状况的评估上升、耐用品购买意愿提高（见图 10 – 15）。

在阿根廷，工业生产衡量的是制造业、采矿业和公用事业等工业经济部门的企业产出。据阿根廷统计局数据显示，从 1995 年至 2024 年，阿根廷的工业生产指数平均为 0.27%，在 2020 年 6 月达到历史最高水平 20%，同年 3 月达到历史最低水平 –22.5%。其中，2024 年 7 月，阿根廷工业产值环比增长 6.9%，但同比下降了 5.4%，连续第 14 个月出现收缩，相对 6 月 20.1% 的急剧下降略有改善（见图 10 – 16）。16 个工业所属行业中，有 13 个行业生产活动同比下滑，其中造纸业、非金属矿、橡胶及塑料制造分别下滑 17.2%、25.4%、18.9%，但食品和饮料等行业从下降中开始反弹。[①]

---

① Instituto Nacional de Estadística y Censos，Índice de producción industrial manufacturero，Industria manufacturera Vol. 8，n° 22，https：//www. indec. gob. ar/uploads/informesdeprensa/ipi _ manufacturero _09 _242917F5301B. pdf，2024 – 09 – 18.

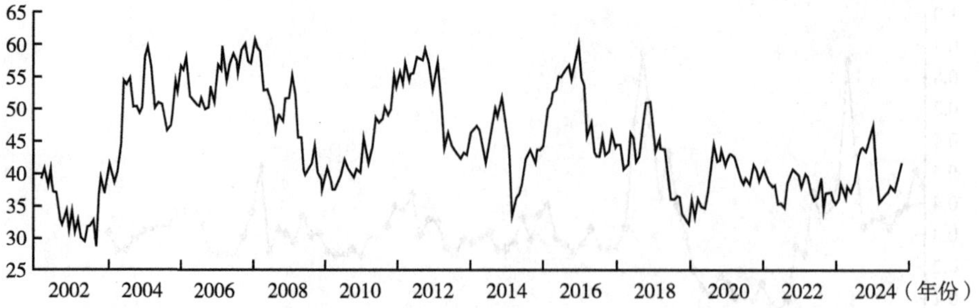

图 10－15　阿根廷消费者信心指数

资料来源：CEIC Data，Argentina Consumer Confidence Index，https：//www.ceicdata.com/en/argentina/consumer－confidence－index/consumer－confidence－index－cci，2024－09－18.

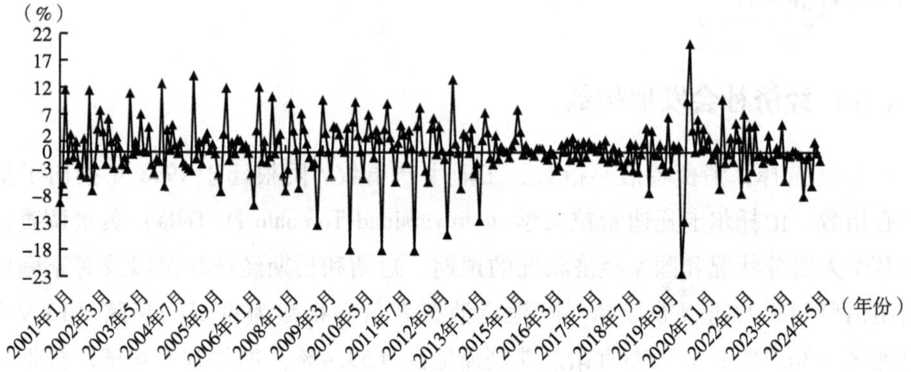

图 10－16　阿根廷工业生产指数

资料来源：Instituto Nacional de Estadística y Censos，Argentina's Industrial Production Index，https：//www.indec.gob.ar/indec/web/Nivel4－Tema－3－6－14，2024－09－18.

2. 经济社会发展指标构建。本书拟从消费和实体经济等方面入手，利用消费者信心指数、工业生产指数 2 个指数，按照 1：1 比重构建阿根廷经济社会发展指数（见图 10－17）。

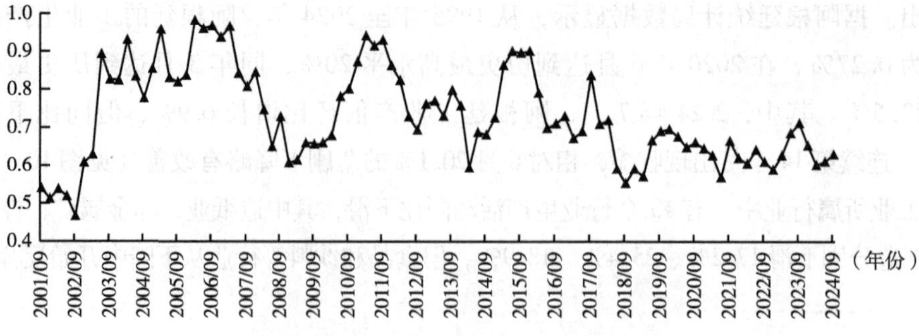

图 10－17　阿根廷经济社会发展指数

资料来源：作者绘制。

（六）阿根廷财经风险指数合成

通过对上述5个指标进行量化加权，本书合成了阿根廷的财经风险指数，时间取值范围为2002年1月至2024年9月（见表10－2）。根据图10－18所示，2002年至今，阿根廷整体经济状况呈大起大落的趋势，且与国内外重大事件发生相吻合。

表10－2　　阿根廷财经风险指数构建方法

名称	一级指标	权重	方向
阿根廷财经风险指数	1. 全球性财经风险指数	0.3	正向
	2. 国内改革与政策调整能力指数	0.2	正向
	3. 财政货币政策风险对冲指数	0.2	负向
	4. 金融稳定指数	0.15	正向
	5. 经济社会发展指数	0.15	负向

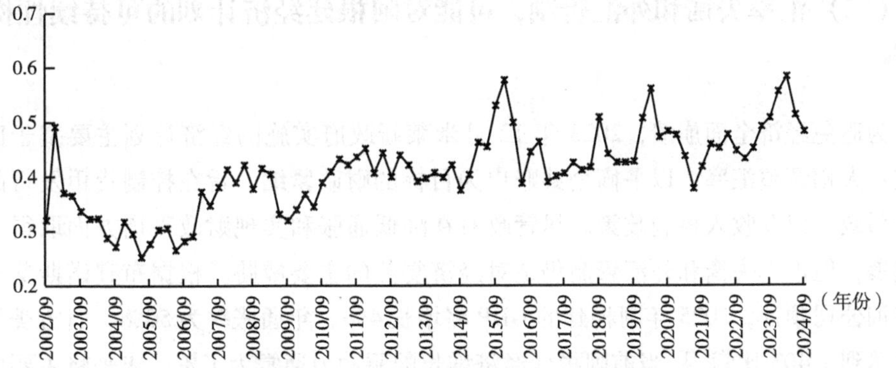

图10－18　阿根廷财经风险综合指数

资料来源：作者绘制。

七、结论及影响分析

（一）阿根廷财经风险指数与GDP增长率负相关

如图10－19所示，阿根廷财经风险指数与GDP增长率负相关，且GDP增长率波动幅度大于财经风险指数波动幅度，可通过财经风险合成指数粗略推测GDP变动趋势。但是，阿根廷政治风险较高，每次政党更迭会对财政货币政策大洗牌，这将影响预测的精准性。目前，在经历了一段时间的衰退后，展现出复苏的迹象、多家机构预测2025年GDP将增长3.8%。

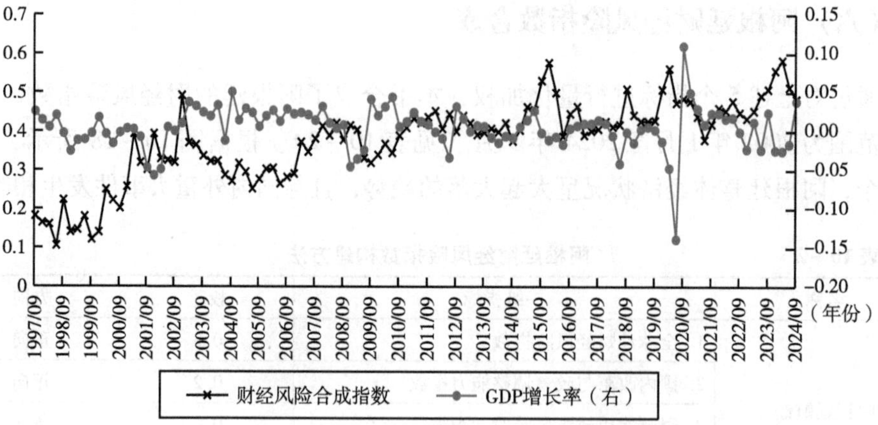

图 10－19　阿根廷财经风险指数与 GDP 增长率的变动趋势图

资料来源：作者绘制。

（二）汇率失衡和外汇管制，可能对阿根廷经济计划的可持续性构成威胁

为避免经济全面崩溃，2023 年 12 月米莱新政府实施的经济计划主要基于四大支柱：大幅调整汇率、以平衡公共账户为目标的财政紧缩、旨在控制货币发行的紧缩货币政策以及收入控制政策。尽管政府在降低通胀和实现财政平衡方面取得了重大进展，但汇率失衡和外汇管制仍是对经济复苏的主要威胁。根据布宜诺斯艾利斯的咨询公司预计，2025 年阿根廷的 GDP 将增长 4%，年通胀率为 50%，官方美元汇率将达到 1 403 比索。① 当前阿根廷经济增长的驱动力通常为工资，未来将主要由碳氢化合物、矿业和农业出口的潜在增长驱动，但是这些行业的 GDP 占比很小。未来，如何管制贬值预期、管理取消外汇管制和汇率政策等，仍是政府面临的主要宏观经济风险。

自 1997 年约翰·肯尼斯·加尔布雷斯（John Kenneth Galbraith）的《不确定性时代》（the Age of Uncertainty）出版以来，媒体和学术界报道的许多重大事件都强调，不确定性是金融世界的一个重要问题。

① Argentina Economic Outlook. December 2024，https：//www. bbvaresearch. com/en/publicaciones/argentina－economic－outlook－december－2024/，2024－12－20.

第十一章 乌克兰财经风险与指数分析

一、乌克兰财经面临的全球性挑战

（一）乌克兰外部援助落实面临延期风险

长远来看，俄乌战争仍将持续，俄乌冲突逐渐演变为两国财力的较量。西方国家对乌克兰的财政和军事援助落实延期风险不断累积。据德国基尔世界研究所数据，以美国、欧盟为代表的西方国家对乌克兰的援助承诺落实普遍存在延期现象，承诺数额得不到保证。

美国对乌克兰的援助分为军事、财政和人道主义援助三种类型。自 2022 年美国颁布对乌克兰的拨款法案后，承诺援助数额一度达到了 703.8 亿欧元的峰值。图 11－1 展示了美国承诺援助金额与每月实际支付金额的变化，虚线表示每月的总承诺，而阴影区域表示每种援助承诺类型每月的总落实情况。由于美国国会没有通过新的乌克兰拨款法案，美国的承诺援助资金几乎已经停止。例如，2023 年上半年，美国军事拨款平均每月 29 亿欧元，但从 2023 年 8 月至 12 月，平均降至每月 0.57 亿欧元。

欧盟对乌克兰的援助承诺主要来源于欧盟成员国和欧盟委员会。如图 11－2 所示，截至 4 月 30 日，欧盟对乌克兰的援助承诺总额为 1 520 亿欧元，承诺援助仍在增加。援助落实 870 亿欧元，承诺援助与落实之间存在着巨大的差距，承诺的援助中只有不到 60% 被支付。这意味着抵达乌克兰的援助远远小于承诺数字所显示的规模，欧盟仍有很大的财政空间来落实未来向乌克兰提供的援助。

一些国家以设立长期“基金”的方式为乌克兰提供持续多年的援助。表 11－1 列举了丹麦、欧盟、德国、立陶宛、挪威、瑞士、瑞典 7 个主要长期援助承诺提

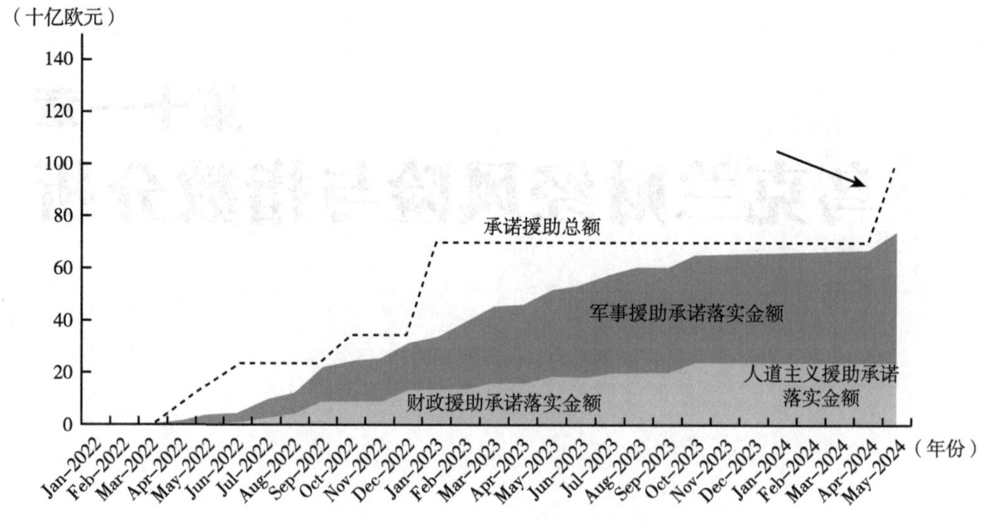

图 11 -1　美国对乌克兰提供的援助承诺与落实情况

资料来源：德国基尔世界经济研究所。

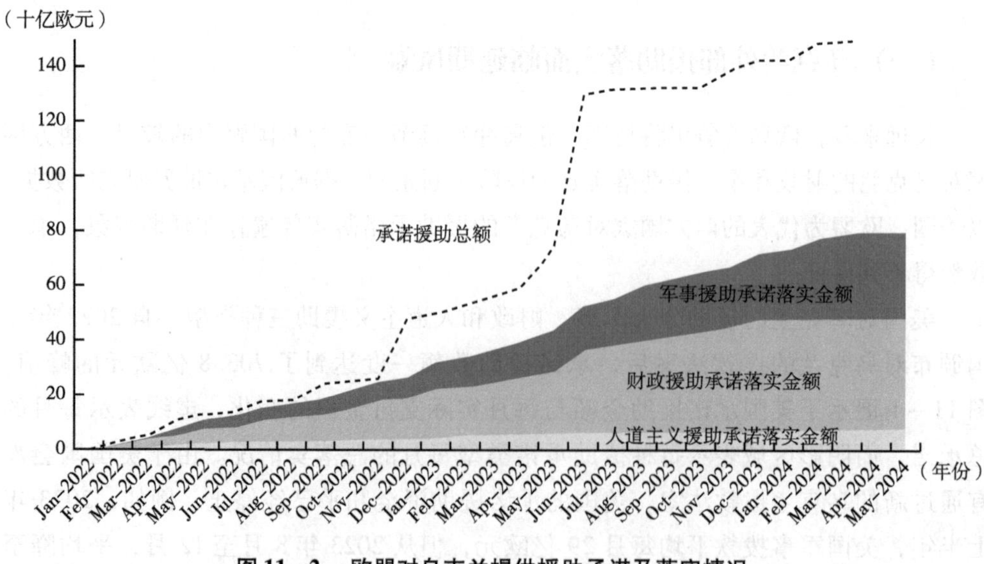

图 11 -2　欧盟对乌克兰提供援助承诺及落实情况

资料来源：德国基尔世界经济研究所。

供国家的承诺总额及落实情况，从截至 4 月 30 日的落实情况看，承诺援助总额 789. 2 亿欧元，实际已落实 94 亿欧元，落实比重仅为 11. 9%，承诺援助的实际支付金额不足。其中包括丹麦通过“乌克兰基金”提供的承诺 80 亿欧元、欧盟委员会提供的 500 亿欧元用于恢复“乌克兰设施”、德国承诺提供 105 亿欧元的军事援助等。

表 11－1　对乌克兰长期援助承诺主要项目及落实情况　单位：十亿欧元

国家	援助承诺宣布日期	落实期限	承诺总额	已落实总额	未落实总额
丹麦	2023.5	2023—2028 年	8	4	4
欧盟	2023.6	2024—2027 年	50	0	50
德国	2023.5	2024—2027 年	12	4.1	7.9
立陶宛	2023.7	2024—2026 年	0.2	0.02	0.18
挪威	2023.2	2023—2027 年	6.6	1.2	5.4
瑞典	2023.7	2023—2027 年	0.52	0.08	0.44
瑞士	2023.4	2025—2028 年	1.6	0	1.6

资料来源：德国基尔世界经济研究所。

（二）全球性因素对乌克兰金融稳定的影响

1. 全球大宗商品价格下降导致乌克兰国际贸易额大幅下降。由于乌克兰主要出口产品价格较 2023 年大幅下跌，导致其出口收入受到负面影响。战时状态难以保障生产也是乌克兰出口产品面临的主要问题。2023 年，俄罗斯恐怖空袭集中在出口基础设施，主要是粮食转运设施。由于粮食供应充足，全球粮食价格已有所下降。未来，加拿大和澳大利亚小麦收成较差，巴西玉米收成下降，价格将缓慢下跌。但由于供应增长快于需求，食品价格在中期不会上涨。另一个影响乌克兰出口收入的因素是某些农产品向邻国出口受到限制。石油价格由于欧佩克减产协议得到了稳固；由于美国和非洲液化天然气产量的增加，天然气价格一定程度下跌；受非洲和中国铁矿石供应预期增加的影响，铁矿石价格将下跌。

2. 俄乌冲突导致乌克兰进出口逆差迅速扩大。2019—2021 年，乌克兰货物和服务出口逐步增长，由 398.5 亿美元增加至 541.8 亿美元，增长了 36%；同期，货物和服务进口由 474.3 亿美元增加至 556.8 亿美元，增长了 17.4%；贸易逆差总体缩减。2022—2023 年，乌克兰出口额大幅缩减，进口额迅速增长，2023 年贸易逆差达到了 333.2 亿美元，比 2019 年增长了 3.4 倍，如表 11－2 所示。

表 11－2　2019—2023 年乌克兰对外贸易进出口　单位：亿美元

	货物和服务出口	货物和服务进口	贸易逆差
2019 年	398.5	474.3	75.8
2020 年	398.8	409.5	10.7
2021 年	541.8	556.8	15
2022 年	448.3	660.6	212.3
2023 年	455.2	788.4	333.2

资料来源：乌克兰财政部官网。

二、乌克兰国内改革与政策调整能力

（一）乌克兰当前和未来中期面临的突出社会问题和矛盾

1. 乌克兰国内经济状况面临严峻挑战。如表 11－3 所示，根据乌克兰国家财政部数据，2023 年乌克兰 GDP 恢复增长，涨幅 10.4%，但较俄乌冲突前的年增长 28.4% 仍存在差距。乌克兰的经济愈加依赖西方援助，但面临重重障碍，国家预算的四分之一需要西方的援助来填补。乌克兰国家银行数据显示，2023 年乌预算赤字创历史新高，相当于国内生产总值的 20%。乌克兰总理表示，自冲突以来乌经济总量下降 30%，失去了 350 万个工作岗位。这些数据反映了乌克兰在经济上面临的巨大压力和挑战。

表 11－3　　2019—2023 年乌克兰国内生产总值　　单位：亿美元

	GDP	增长率
2019 年	1 537.8	17.5%
2020 年	1 555.8	1.2%
2021 年	1 997.7	28.4%
2022 年	1 619.9	－18.9%
2023 年	1 787.6	10.4%

资料来源：乌克兰财政部官网。

2. 乌克兰民众遭受巨大苦难，外溢影响日益加剧

能源价格飙升、通胀高企，导致企业遭受巨大损失，民众实际工资缩水，购买力下降。欧洲经济继续处于俄乌冲突的阴影笼罩下，2023 年陷入低增长泥潭。俄乌冲突的延宕还在粮食、能源安全以及生态等领域带来外溢效应。

（二）为解决上述问题和矛盾采取和可能采取的改革措施

乌克兰央行采取措施放宽外汇管制的措施支持经济复苏。包括取消对商品和服务进口、支付机场和港口费用等货币限制，放宽代表机构向母公司划转外汇的限制、简化居民购买外币的条件等。这些措施旨在为国内企业提供进入新市场的机会，支持经济复苏并促进新投资流入。

面对国际社会的挑战调整能源政策。乌克兰重新审视并适当调整能源领域的国家政策。这包括加快市场转型，适应欧盟法律要求，应对气候变化挑战，减少温室气体排放。

扩大基础设施预算支出应对投资降低。乌克兰经济下滑的主要原因是投资减少。

疫情发展的不确定性阻碍企业投资，可替代能源领域的问题也对投资造成影响。为了促进经济复苏，需要增加在社会支持、医药和道路基础设施方面的预算支出。

三、乌克兰财政货币政策抗风险能力

（一）乌克兰财政收支与债务情况

战争导致乌克兰财政收支不平衡加剧，债务迅速飙升。如表 11 －4 所示，2019—2023 年乌克兰债务逐年增长，外债总额由 489.4 亿美元增长至 1 017.1 亿美元，增长了 1 倍。债务总额由 1 217.4 亿美元增长至 1 615.3 亿美元，增幅 33%。债务占 GDP 的比重不断提高，2023 年这一比值为 63%。这些债务只是在 5 年间形成的，国债的增加使国家财政每年用于偿还债务和支付利息以及国债服务的费用不断增加。

表 11 －4　　2019—2023 年乌克兰债务情况表

	外债（亿美元）	债务总额（亿美元）	债务占 GDP 比重（%）
2019 年	489.4	1 217.4	40.2
2020 年	537.2	1 256.9	42.7
2021 年	571.9	1 297.1	44.1
2022 年	713.9	1 319.9	54.1
2023 年	1 017.1	1 615.3	63.0

资料来源：乌克兰财政部官网。

如表 11 －5 所示，乌克兰财政部数据显示，2019 年乌克兰国家财政赤字为 20 亿美元，该年度国家财政收入为 273 亿美元，财政支出为 352 亿美元。2021 年，财政赤字小幅增加至 53 亿美元。俄乌冲突爆发后，由于税收收入大幅降低，国防支出迅猛增长，使得 2022 年财政赤字增加至 251 亿美元，占 GDP 的比重达到 17.9%。2023 年，财政赤字进一步扩大，达到 343 亿美元，占 GDP 的比重上升至 20%。若根据《马斯特里赫特条约》所规定的财政赤字占 GDP 比重不超过 3% 这一标准衡量，乌克兰财政赤字占 GDP 的比重明显偏高，表明乌克兰财政面临巨大风险。

表 11 －5　　2019—2023 年乌克兰预算执行情况表　　单位：亿美元

	财政收入	财政支出	赤字
2019 年	273	293	20
2020 年	294	352	58
2021 年	355	408	53
2022 年	489	740	251
2023 年	363	706	343

资料来源：乌克兰财政部官网。

战争导致乌克兰财政收支不平衡加剧。2022年乌克兰税收收入同比下降14.4%，但财政收入较前一年却增长37.8%，达到489亿美元（见表11－6），增加的财政收入主要来源于外国和国际组织的资金，即外国援助。2023年财政收入651亿美元，较上年增加33%。支出方面，国防支出"吃"掉了大部分。2022年乌克兰防御支出由2021年的34.9亿美元上升至312.5亿美元，占国家预算支出的比重由8.65%增加至42.24%（见表11－7）。2023年乌克兰财政支出预算977亿美元，其中，约510.8亿美元支出用于安全和国防领域。这意味着乌克兰现已将几乎所有财政收入全部压到了军事领域，其他社会领域开支将更加依赖西方援助。

表11－6　2022—2023年乌克兰国家预算收入

项目	2022年收入		2023年收入	
	金额（亿美元）	比重（%）	金额（亿美元）	比重（%）
收入总额	489	100	651	100
税收	259	53.14	293	45.04
对收入、利润和市场价值增长增税：	72.6	14.85	85.4	13.13
个人所得税	40.6	8.3	50.4	7.74
企业所得税	32	6.55	35	5.38
自然资源特殊用途的租金和付款	23.3	4.78	14.7	2.26
国内商品和服务税	155.7	31.85	182.2	28
乌克兰生产的应税商品消费税	16.6	3.4	22.5	3.46
进口到乌克兰的应税商品消费税	11.4	2.33	18.2	2.8
国内商品增值税（包括预算退税）	58.5	11.97	52.7	8.03
进口货物增值税	69.2	14.16	89.1	13.7
国际贸易和对外交易税	7.2	1.47	9.8	1.52
其他税费	0.9	0.19	0.9	0.14
非税收入	94.8	19.38	241.5	37.1
财产和商业活动所得收入	23.9	4.88	30.1	4.64
行政费用和收费、非营利经济活动的收入	2.2	0.46	3.5	0.53
其他非税收入	4.4	0.9	9.9	1.54
预算机构的收入	64.3	13.14	197.8	30.4
资本交易收入	0.16	0.03	0.2	0
外国和国际组织的资金	131.6	26.92	105.6	16.2
信托基金	0.03	0.01	0.01	0.02
官方（政府间）转让	2.6	0.53	1	1.61

资料来源：乌克兰财政部官网。

表 11-7　　2022—2023 年乌克兰国家预算支出表

	2022 年支出		2023 年支出	
	金额（亿美元）	比重（%）	金额（亿美元）	比重（%）
支出总额	740	100	977	100
全州职能	55.2	7.47	72.1	7.38
防御	312.5	42.24	510.8	52.25
公共秩序、安全、司法	121.2	16.39	139.9	14.31
经济活动	26.1	3.53	32.7	3.35
保护环境	1.3	0.17	1.3	0.13
住房和公共服务	0.14	0.02	0.2	0.21
保健	50.4	6.81	43.7	4.47
精神和身体发展	3	0.41	2.9	0.29
教育	16	2.16	14.7	1.51
社会保护和社会保障	116.5	15.75	114.3	11.69
预算间调剂使用	37.4	5.06	43.2	4.42

资料来源：乌克兰财政部官网。

（二）乌克兰财政货币政策难以化解风险，高度依赖外国援助

基于上述对乌克兰财政收支及债券情况的分析，乌克兰的财政经济状况陷入了前所未有的深度危机：财政赤字率高于警戒线，财政风险加大；国防支出大幅提升，财政亏空依赖于外国援助弥补；债务负担给乌克兰政府带来巨大压力。然而，战争仍在持续，在乌克兰税收收入无法保证的情况下，外国援助仍将成为乌克兰的重要收入来源。大部分援助需要偿还，反过来又加剧了乌克兰的财政压力。无休止地援助乌克兰对西方国家而言已经成为巨大的经济负担，导致其国内怨声载道。未来，在俄乌冲突看不到和谈的情况下，西方对乌克兰的军事援助将逐渐力不从心，其内部裂隙可能也将越来越大。

外国对乌克兰援助承诺在俄乌冲突爆发后的几周内激增，但随后新的承诺数量大幅下降，2022 年夏天新增承诺降至几乎为零，自 2022 年 10 月后，新增承诺再次增加。然而，2023 年 7 月后，新增承诺援助再次大幅下跌（见表 11-8）。根据德国基尔世界经济研究所数据，2022 年 1 月至 2024 年 4 月，外国对乌克兰援助承诺 2 969.1 亿欧元，但实际落实援助仅为 1 920.7 亿欧元，实际落实的比重不足 65%。

表 11-8　　2022 年 1 月至 2024 年 4 月外国援助承诺与实际落实情况　　单位：十亿欧元

	外国援助承诺	外国实际落实援助
2022 年 1—6 月	46.81	31.55
2022 年 7—12 月	86.25	44.59

续表

	外国援助承诺	外国实际落实援助
2023 年 1—6 月	96.13	53.84
2023 年 7—12 月	16.24	35.35
2024 年 1—4 月	47.75	26.24
总计:	296.91	192.07

资料来源：德国基尔世界经济研究所。

（三）乌克兰外援财政对金融稳定的影响

外国援助虽缓解了乌克兰的财政压力，但提升了乌克兰在财政上对西方的依赖。外国对乌克兰的财政援助包括赠款，亦包括贷款。其中，贷款资金将形成后期债务。截至 2023 年末，乌克兰外债余额 1 017.1 亿美元，占当年 GDP 比重约为 57%。根据乌克兰财政部数据 2023 年乌克兰应偿还 179 亿美元的国家内债和外债，相当于预算收入的一半需用以偿还债务。其中，146 亿美元将用于支付国债利息和本金，33 亿美元将用于偿还国家外债。2024 年，乌克兰应偿还 178 亿美元的国家债务，其中 78 亿美元将用于偿还国债利息和本金，100 亿美元将用于偿还国家外债。即使是保持现有债务规模不变，以现有债务余额测算，乌克兰未来 5 年年均还债额将达 120 亿美元左右。一边是赤字亟待援助填补，一边是偿还债务面临财政崩溃的局面，财政陷入严重危机。为弥补资金缺口，乌克兰将进一步强化对西方贷款和援助的依赖，随着财政依赖性的放大，乌克兰对国内局势的掌控权将进一步降低。

四、乌克兰的金融稳定评估

（一）资产估值稳定性评估

房地产价格增长放缓（见图 11－3）。房地产市场的需求正在增强，但交易数量明显低于战前。由于战前项目的完成，待售的住宅物业数量略有增加。但是，由于新项目起步缓慢，从长远来看，供应将是有限的。一级市场的房价已经停止增长，而二级市场的房价增长已经放缓。与此同时，租金的成本也增加了。因此，价格与租金之比在一年半来首次接近其长期平均水平。

乌克兰大宗商品价格普遍下降。由于粮食供应充足，全球粮食价格已有所下降。展望未来，由于加拿大和澳大利亚小麦收成较差，巴西玉米收成下降，价格下跌将更慢。然而，由于供应增长快于需求，食品价格在中期不会上涨。

目前的油价将得到欧佩克同意的到 2024 年底前的减产，以及生产区域和石油供应路线附近的冲突的支持。天然气价格在供暖季节可能会上涨，但将从春季开始下

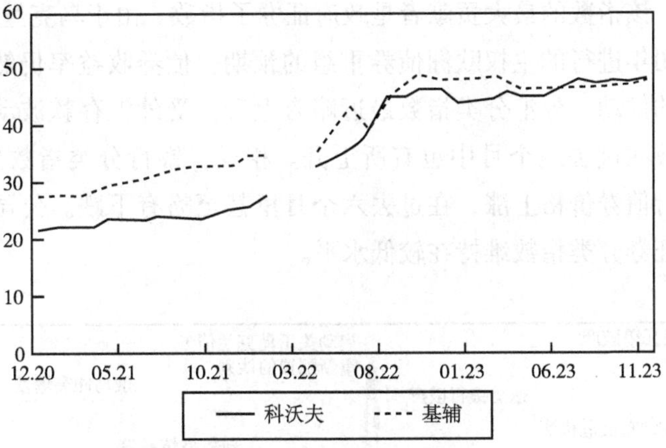

图 11-3　科沃夫和基辅新建住房价格波动

资料来源：乌克兰央行《金融稳定报告》。

降，部分原因是美国和非洲液化天然气产量的增加。受非洲和中国铁矿石供应预期增加的影响，铁矿石和铁矿石价格也将下跌，具体如图 11-4 所示。

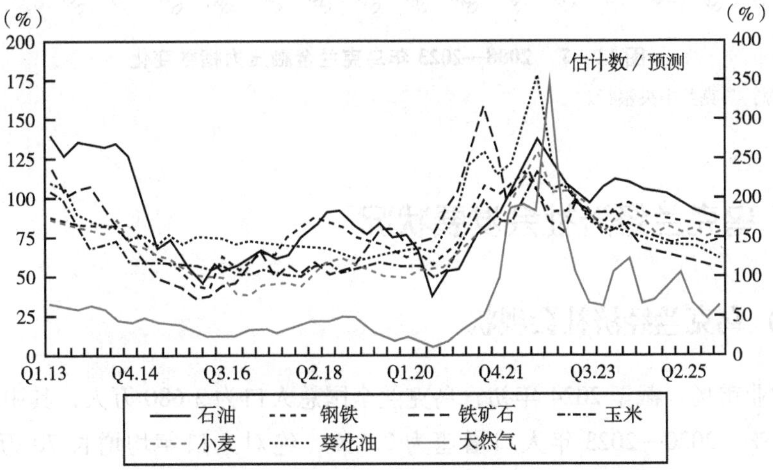

图 11-4　2023 年第一季度全球商品价格波动

资料来源：乌克兰中央银行。

（二）金融稳定性评估

金融压力指数（FSI）最近几个月来已经稳定下来，但水平仍然较高（见图 11-5）。金融压力指数是由一系列反映金融体系各个子系统压力状况的指标合成的综合性指数，可以通过因子分析法、信用权重法等方法构建。金融压力指数能够较好地反映整个金融体系由于不确定性和预期损失变化所承受的总体风险压力水平，其极端情形表现为金融经济危机。乌克兰的金融压力指数即使与前一年相比出现了大幅下降，其水平仍略高。该指数的最大贡献者是政府证券子指数。由于乌克兰财政风险较高，以及对计划于明年进行的主权欧洲债券重组的预期，债券收益率仍然很高。受外汇干预措施增长的推动，外汇分类指数最近略有上升。受外汇存款波动的推动，家庭行为的分类指数在过去六个月中也有所上升。相反，银行分类指数处于较低水平，由于乌克兰银行债券价格上涨，在过去六个月里甚至略有下跌。公司债券的稳定收益率帮助公司证券分类指数维持在较低水平。

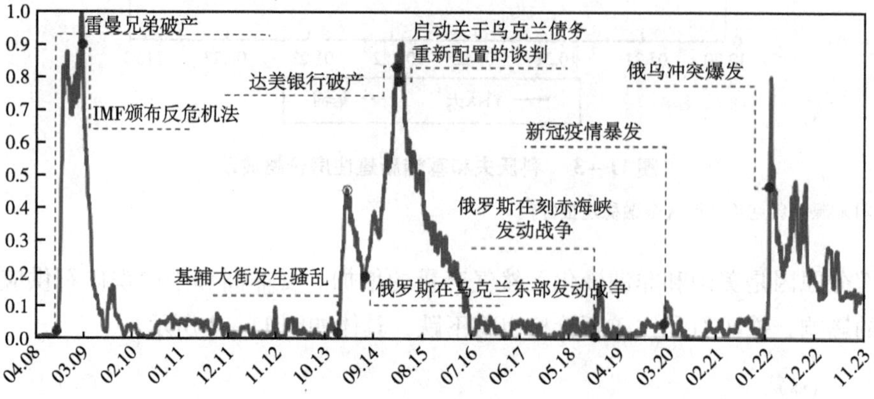

图 11－5　2008—2023 年乌克兰金融压力指数变化

资料来源：乌克兰中央银行。

五、乌克兰经济社会发展状况

（一）乌克兰经济社会现状

1. 就业市场。截至 2024 年初，乌克兰全国总人口为 3 680 万人，其中适工年龄群体占 57%。2020—2023 年人口增速为 2.1%，绝对人口年均增长 70 万—80 万，劳动力资源持续增长。2023 年第三季度平均名义工资达 440 万苏姆，同比增长 18%。不同行业工资增长率差异较大，信息技术业增长 44%、住宿和餐饮服务业增长 38%、交通增长 37%、贸易增长 32%、金融业增长 30%。

2023 年乌失业率降至 8.1%，预计 2024 年将降至 7.5%—8%。2023 年上半年就业人数 1 390 万人，同比增长 0.7%。分析指出，劳动力市场与求职者需求间存在很大差异，截至 2023 年 12 月底，尚有 4.9 万个职位空缺，主要集中在零售业（5 800 个）、制造业（5 100 个）、食品服务业（4 300 个）和建筑业（4 000 个）。

2. 物价水平。乌克兰的物价在俄乌冲突后经历了复杂的变化，其中食品价格和部分商品价格有所波动。乌克兰食品价格自 2022 年初以来平均上涨了 25%。这一上涨主要是由于战争引发的能源价格上涨、贸易额下滑、全球出现的比预期严重的旱情以及新冠疫情对相关的供应链冲击等因素。乌克兰的猪肉价格下降了1.7%，鸡排价格下降了20.3%，鸡身价格下降了16.1%，鸡蛋价格下降了15.6%。此外，乌克兰政府在2023年批准的预算显示，其赤字水平相当于GDP的20%，这表明乌克兰在财政上面临着较大的压力。这些经济因素无疑对乌克兰的物价产生了影响，尤其是在食品和其他基本商品的价格方面。

3. 经济增长。乌克兰经济在2022年经历了严重的衰退，当年GDP大幅下降了29.1%。这一下降是由战争导致的破坏、资源的重新分配以及国际贸易的中断造成的。然而，得益于一系列成功的政府计划和国际社会的支持，乌克兰经济在2023年稳定下来，并实现了5.3%的增长，超过了许多经济学家的预期。国家统计局的报告指出，2024年第一季度的实际GDP与上一季度相比增长了1.2%。这一数据表明，乌克兰经济的复苏势头在新的一年继续保持强劲。尽管2024年的经济表现令人鼓舞，但乌克兰经济仍面临巨大挑战。与2022年第一季度俄罗斯全面入侵时相比，2023年第一季度乌克兰的GDP下降了10.3%。这一降幅反映了战争初期对经济的严重影响。

（二）乌克兰经济社会展望

国际货币基金组织（IMF）在2024年初发布的一份报告中对乌克兰经济的复苏表示了认可。报告指出，乌克兰经济在2023年继续表现出显著的韧性。尽管面临诸多困难，但乌克兰依然努力维持了经济的稳定增长。不过，报告也警告称，由于战争持续的不确定性以及供应限制日益加剧，预计乌克兰经济在2024年的增长速度将放缓至3%至4%。

尽管乌克兰经济取得了一定的增长，但面临的挑战依然不容忽视。在农业方面，邻国波兰带头要求阻止乌克兰的部分粮食销往欧盟，以保护本国农民的利益。这一举措无疑给乌克兰的农产品出口带来了新的压力。

与此同时，乌克兰的盟友们在援乌一事上也逐渐显露出疲惫之态，彼此之间的分歧也日益明显。美国和欧盟对外援助的延迟不仅考验着乌克兰的自卫能力和预算资金，也给乌军队维持人力、继续抵抗俄军攻势带来了巨大挑战。此外，随着战争的持续，企业雇主们也正面临着日益严重的劳动力短缺问题，这无疑给乌克兰经济的复苏蒙上了一层阴影。

六、乌克兰财经风险指数分析

（一）全球性财经风险指数

本书拟用第一部分构建的全球性财经风险指数来衡量乌克兰面临的外部风险冲击，如图11－6所示。

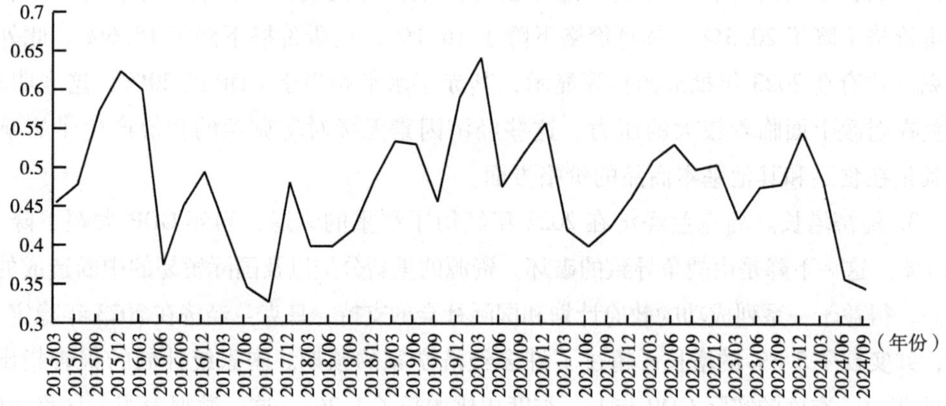

图 11－6　乌克兰全球性财经风险指数

（二）国内改革与政策调整能力指数

乌克兰在全球风险分配中处于被动地位，经济政策及国内经济状况受世界主要国家经济政策影响较大，因此本书选择全球经济政策不确定性指数来衡量乌克兰改革措施和风险状况的匹配情况（如图 11－7、图 11－8 所示）。全球经济政策不确定性指数是澳大利亚、巴西、加拿大、智利、中国、哥伦比亚、法国、德国、希腊、印度、爱尔兰、意大利、日本、墨西哥、荷兰、俄罗斯、韩国、西班牙、瑞典、联合王国和美国 21 个国家的国民生产总值加权平均数。该指数计算各国报纸文章对提到“经济”“政策”“不确定性”三个数据的频率。换句话说，每个月的国民 EPU 指数值与当月讨论经济政策不确定性的本国报纸文章所占份额成正比。然后，对每篇论文的结果序列进行归一化等处理。

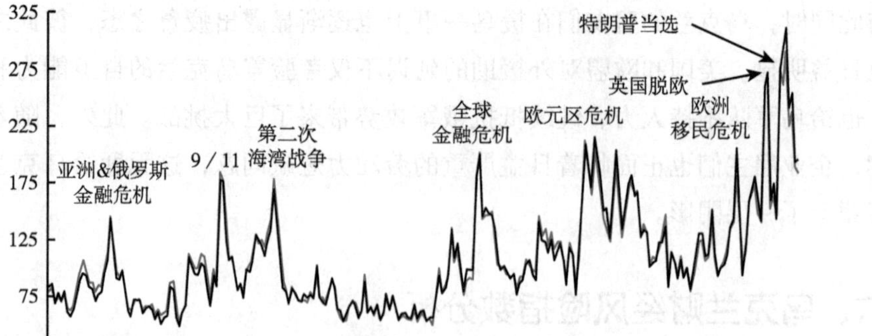

图 11－7　世界经济不确定性指数

数据来源：世界经济不确定性指数数据库，https：//www. policyuncertainty. com/global_monthly. html。

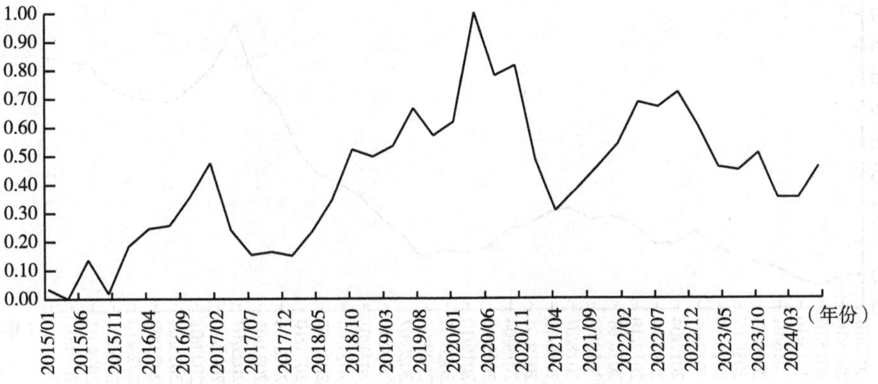

图 11－8　乌克兰国内改革与政策调整能力指数

（三）财政货币政策风险对冲指数

如果以通货膨胀率和乌克兰货币市场核心利率作为财政货币防风险能力指数，可以发现，乌克兰在 2015 年至 2022 年财政货币政策对冲风险能力提升，风险有所降低（如图 11－9 所示）。2022 年俄乌冲突爆发后，乌克兰主要依靠外援维持财政，风险进一步提升。

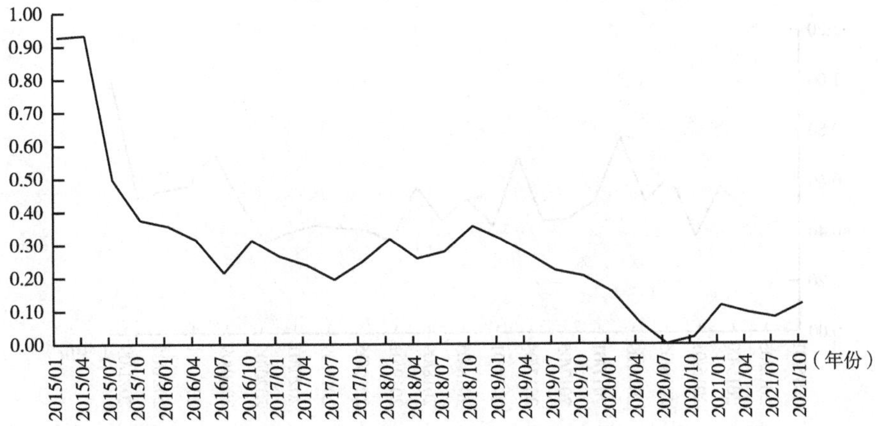

图 11－9　乌克兰财政货币政策风险对冲指数

数据来源：乌克兰央行。

（四）金融稳定指数

乌克兰金融状况受大宗商品价格变化影响较大，本书拟用世界大宗商品价格变化指数、美元兑乌克兰格里夫纳汇率两个指数构建乌克兰的金融稳定指数（如图 11－10 所示）。

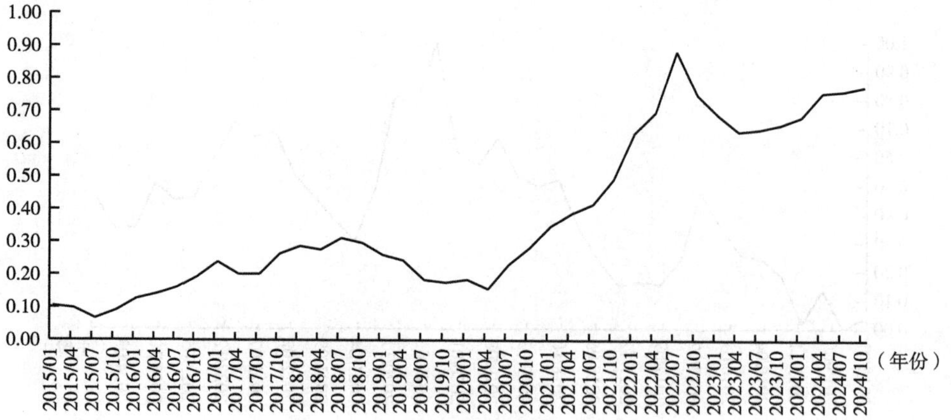

图 11－10　乌克兰金融稳定指数

数据来源：乌克兰央行、IMF 数据库。

（五）经济社会发展指数

拟从消费、经济增速等方面入手，构建金融稳定对社会经济影响指数。具体来说，利用乌克兰就业指数、实际工资指数、生产者物价指数构建乌克兰社会经济发展指数（如图 11－11 所示）。

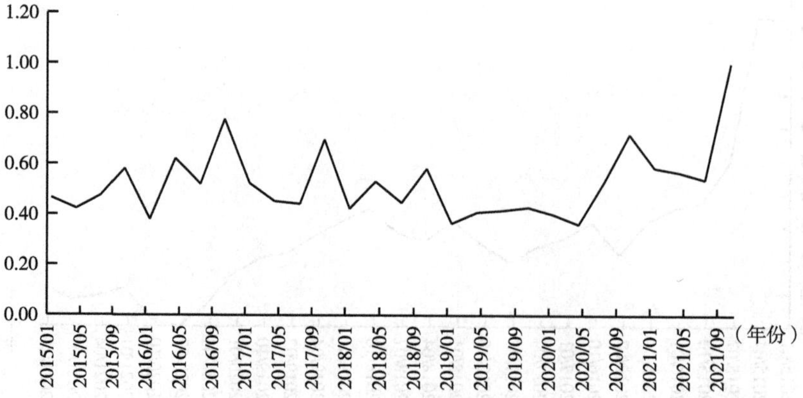

图 11－11　经济社会发展指数

数据来源：乌克兰央行、乌克兰财政部官网。

（六）乌克兰财经风险指数合成

最后，利用上述构建的五个指数，合成乌克兰财经风险指数构建，具体构建方法和权重如表 11－9 所示。其中，乌克兰在全球风险分配中处于被动地位，受外部因素影响大，内部调节能力较弱。因此，将外部风险冲击（财经全球风险与挑战）

指数的权重设定为0.3。同时，俄乌冲突之后，乌克兰基本依靠外援维持财政，因此，将财政政策和货币政策风险对冲指数的权重设定为0.1。

表 11－9　　乌克兰财经风险指数构建方法和权重

名称	一级指标	权重	方向
乌克兰财经风险指数	1. 财经全球风险与挑战指数	0.3	正向
	2. 国内改革与政策调整能力指数	0.2	正向
	3. 财政货币政策风险对冲指数	0.1	负向
	4. 金融稳定指数	0.2	正向
	5. 经济社会发展指数	0.2	负向

由图 11－12 可以看出，乌克兰财经风险指数上升的时期分别是 2015 年和 2021 年。这分别对应 2015 年俄罗斯在乌克兰东部发动战争，2022 年俄乌冲突爆发。乌克兰财经风险指数和其面临的实际情况较为符合。同时，就乌克兰财经风险指数绝对大小来看，2015 年乌克兰财经风险指数低于 2021 年。这也比较合理，因为和 2014 年克里米亚危机爆发相比，2022 年俄乌冲突爆发后，乌克兰国内政权岌岌可危，财经风险快速上升。

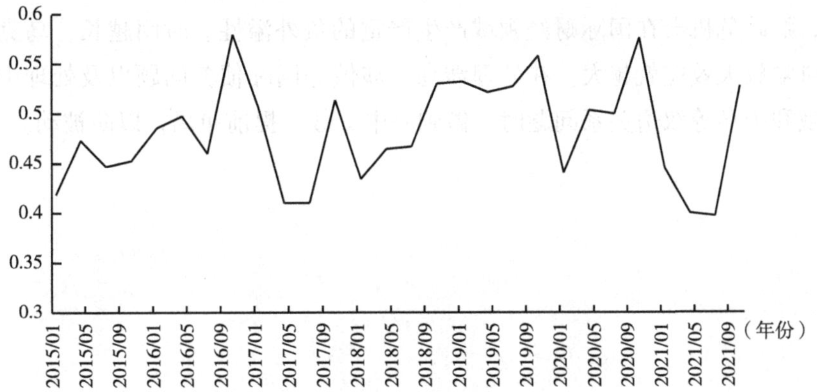

图 11－12　乌克兰财经风险指数

将乌克兰财经风险指数变化趋势与同期实际 GDP 同比变化趋势相比较可以发现，二者变化趋势呈反向相关，实际 GDP 增长率变化幅度更为明显（如图 11－13 所示）。

七、结论及影响分析

基于上述乌克兰财经风险指数的构建，乌克兰的财政经济状况陷入了前所未有的深度危机：财政赤字率高于警戒线，财政风险加大；国防支出大幅提升，财政亏

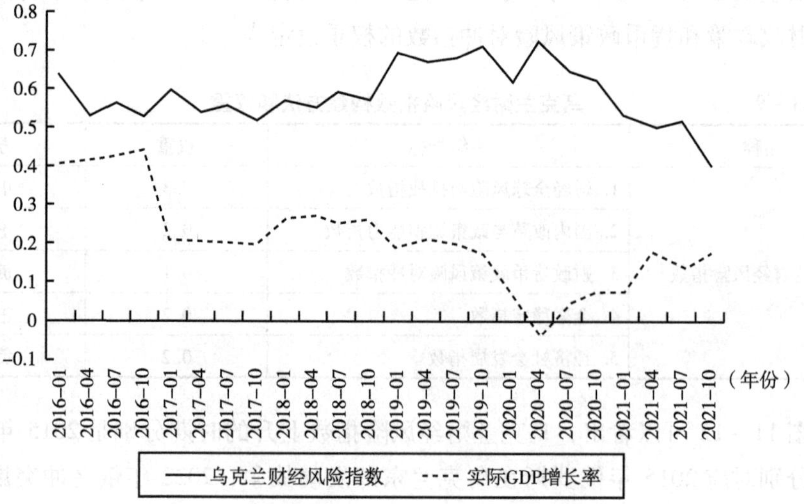

图 11－13　乌克兰财经风险指数与同期 GDP 增长率比较

空依赖于外国援助弥补；债务负担给乌克兰政府带来巨大压力。国内金融不稳定因素、国内财政货币政策无力协调财经风险、战争给经济社会带来的负面影响使得乌克兰财经风险进一步放大。从乌克兰财经风险指数的变化趋势可以推导，乌克兰无力偿债，财政危机会在国际财经领域产生严重的负外溢性。时间越长，乌克兰财政危机的风险放大效应就越大。在处理涉乌、涉俄等国际债务问题以及处理中美、中欧、中俄和中乌等双边关系问题时，做到心中有数、提前布局，以防被动。

第十二章 南非金融稳定风险

南非目前面临着应对结构性挑战和全球贸易机遇，南非的优势包括是非洲工业化程度最高的经济体，拥有最大和最具流动性的资本市场，减少了外部脆弱性，破产趋势下降，尽管由于电力供应减少、物流状况不佳和就业率仍然不高而导致成本上升，但其宏观经济环境改善，财政整顿工作持续进行，此外还有充足的国际储备，可满足6个月的进口需求。如果结构性改革和基础设施投资（特别是电网）得到优先考虑，将存在巨大的增长潜力。南非面临的风险包括低效的公用事业、繁文缛节和社会动荡导致业务频繁中断；大量政府收入被用于短期债务偿还，主权债券收益率仍高于同行；两极化和严重不平等的社会等有可能阻碍商业活动。

一、南非财经面临的全球风险与挑战

（一）南非金融稳定面临的外部挑战

近期，越来越多的证据表明，全球金融市场正在朝着持续反通胀的方向稳步前进，这提振了全球金融市场。资产价格上涨和风险溢价下降进一步促进了投资者的积极情绪。然而，持续的地缘政治紧张局势及其对能源价格的潜在影响，以及下半年选举结果的不确定性等因素可能导致市场波动加剧。全球70多个国家的一半以上人口将在2024年的全国选举中投票。可能伴随政府换届而来的政策变化、地缘政治紧张局势加剧以及政策降息时机的不确定性，抵消了全球经济稳步但存在分歧的复苏前景。

迄今为止，全球金融体系很好地经受住了加息的冲击。除其他因素外，高储蓄缓冲、加息前锁定的低利率以及发达经济体具有竞争力的劳动力市场缓冲了高利率的初步影响，全球金融体系已被证明具有弹性。然而，随着利率维持在高位的时间延长，借款人的压力预计会增加。

在全球范围内，财政赤字、政府债务水平和偿债成本仍居高不下。由于全球金融环境趋紧，加上各国政府倾向于在选举年减税同时增加支出，这种脆弱性预计将在2024年增加。从历史上看，与非选举年相比，选举年财政赤字超过预测的值占国内生产总值（GDP）的0.3%。这种“财政下滑”可能导致财政整顿在短期内得不到优先考虑，对中期债务可持续性的影响越来越大。事实证明，通胀比预期更加棘手，降息的预期已被推迟到今年晚些时候。在2023年11月FSR时，发达经济体（AE）的政策利率处于或接近峰值，预计AE利率将在2024年第一季度开始下降。然而，最新的预测显示，对选定AE的降息预期已被移至2024年下半年。这一点，再加上高额的政府借款，可能导致政策利率在更长时间内保持在高位，并加剧市场的不确定性。特别是美国的政策利率预计将在2024年初比预期的更长时间内保持在高位以及今年迄今为止美元的走强，将导致美国和欧元区预期利率之间的分歧。

（二）南非在全球风险分配中的地位

作为开放小型经济体，南非仍然容易受到全球市场和发展的溢出效应的影响。然而，南非也面临着一些可能与全球风险相互作用的特殊风险。南非金融体系近期一直保持弹性，尽管国内选举结果以及全球70多个国家2024年选举结果的不确定性加剧。在全球范围内，主导金融市场的风险因素包括：中东和乌克兰冲突引发的地缘政治紧张局势加剧；可能要求发达经济体在比预期更长时间内保持高利率的粘性通胀以及政府债务水平居高不下。在这些高度不确定和经常相互矛盾的因素中定价的困难导致市场波动加剧。在国内，金融稳定前景面临的主要风险仍然是疲弱的财政状况、高水平的政府债务、政府偿债成本的增加以及金融部门对主权债务的高敞口。这些因素加剧了国内金融体系的互联性和集中度，进而抑制了其吸收金融冲击的能力，最终降低了金融体系的抵御能力。

自2023年11月FSR发布以来，通过继续实施加强后的决议框架和引入明确的存款保险计划，南非在加强国内金融安全网方面取得了稳步进展。为减轻潜在系统性事件的影响，政府也正在作出重大努力。金融机构在预期信贷风险增加的情况下增加拨备，在审慎监管局（PA）的密切监督下，总体上继续超出审慎要求。南非储备银行评估金融机构弹性的方法之一是测试它们在严重不利情况下继续经营的能力。过去，压力测试仅限于银行业。然而，在2023/2024年度，金融监管局对主要保险公司进行了首次全面压力测试。这一次保险业压力测试的结果将在本期FSR中分享。总体而言，保险压力测试的结果证实，参与测试的公司有足够的资本，能够承受所考虑的严重但看似合理的不利情况。总体而言，金融机构不间断地提供金融服务的能力证明，南非金融体系仍然具有弹性，预计这种弹性将在预测期内持续到 2025 年 5 月。

（三）全球性因素对南非金融稳定的影响

随着市场反映出更高的实际利率和更持久的通胀，AE 主权债券收益率上升。随着新兴市场（EM）债务与美国国债收益率之间的息差收窄，风险更高的新兴市场债务的相对吸引力减弱。这可能导致流入新兴市场的资本减少、货币贬值以及新增债务和再融资债务的成本上升。

一些发达经济体私人信贷扩张的强劲增长日益成为金融稳定面临的新风险。民间信贷是指非银行机构通过双边协议向家庭和企业提供的信贷。近年来，信贷供应越来越多地从受监管的银行和金融市场转移到更不透明的私人信贷提供者，这些私人信贷提供者可能不一定受到同样严格的监管和监督。虽然这种风险尚未被视为全球性的系统性风险，但由于缺乏有关其规模、来源以及对受监管的金融部门可能产生的溢出效应的数据和信息，因此令人担忧。全球商业地产（CRE）行业的压力继续加大。虽然各司法管辖区受到不同程度的影响，但商业地产市场脆弱性积累的共同原因包括高利率、严格的贷款标准以及新冠疫情后的结构性变化。这些因素导致交易量减少，房地产估值下降。金融部门对商业地产行业的敞口程度可能导致损失，从而影响金融稳定的前景。

二、南非国内改革与政策调整能力

（一）南非当前和未来中期面临的突出社会问题和矛盾

OECD 预计 2024 年实际 GDP 将增长 1%，2025 年增长 1.4%。供电限制将通过减少停电和铁路货运和港口瓶颈而减少。较低的贷款利率将支持投资的适度增长。能源和食品价格的下降将推动通货膨胀进一步下降。购买力、实际工资和就业的增加将支持消费增长的逐步加快。

在消费者价格通胀进一步下降的条件下，货币政策可以在 2024 年和 2025 年逐步放松，这将支持经济增长。计划中的财政整顿是受欢迎的，但不足以防止公共债务负担进一步增加。更强的潜在增长和财政可持续性将受益于在基础设施投资中更多地利用公私伙伴关系，并进一步改革国有企业，特别是在能源供应和物流瓶颈方面。

经济活动仍然受到制约。2023 年经济增长放缓至 0.6%。电力短缺以及港口和铁路货运瓶颈限制了国内经济活动和出口，尽管最近几个月有所缓解。2023 年出口价格继续下降。近几个月来，制造业采购经理人指数（pmi）显示出收缩迹象。投资低迷，商业信心仍低于历史平均水平。家庭消费在 2023 年下半年停滞不前。2023 年就业增长超过 6%，但失业率仍居高不下。3 月，年度总体消费者价格通胀率达到 5.3%。3 月的核心通胀率为 4.9%，下降速度较慢。

2023 年，由于贸易条件下降、本币疲软以及电力短缺和货运瓶颈导致的出口受限，经常账户赤字扩大至 GDP 的 1.6%。由于新产能的维护和发展不足，电力短缺在 2023 年达到 287 天的峰值，这对货币和国内活动都造成了压力。高企的债务水平和低增长推高了外国投资者所要求的风险溢价，增加了政府的偿债成本。

债务水平居高不下，围绕财政整顿的风险也很高。预计财政赤字将在 2024 年进一步缓解，这得益于支出的巩固以及通过冻结所得税起征点和提高消费税来增加收入。财政整顿应能收窄主权债券息差。然而，尽管在未来两个财政年度从央行转移到政府账户的金额（通过黄金和金融应急储备账户）约占 GDP 的 1.7%，但整合将不足以防止公共债务的进一步增加。国有电力运营商 Eskom 正在进行债务减免，预计未来两个财政年度的债务减免约占 GDP 的 2.3%，进一步的转移可能会损害减少债务的努力，因此整合受到限制。随着通货膨胀接近目标区间的中点，预计央行将开始将政策利率从 2024 年下半年的 8.25% 下调至 2025 年的 7.5% 左右。

缓解电力短缺为经济温和复苏提供了条件。随着电力短缺和货运铁路和港口瓶颈的缓解，增长率将逐步提高到 2024 年的 1% 和 2025 年的 1.4%。货币政策宽松将支持投资。通胀下降、实际收入增加、就业增长将逐步拉动居民消费增长。预计将于 2024 年底生效的养老金制度改革将使更多人能够获得部分养老金缴费，并支持家庭消费。随着运输瓶颈的减少，出口增长将逐步增加。然而，经常账户赤字将继续扩大，反映出大宗商品出口价格下降。随着食品和能源价格通胀持续缓解以及电力短缺和物流瓶颈减少降低运营成本，预计通胀将从 2023 年的 5.9% 放缓至 2025 年的 4.6%。国有企业改革进展迟缓，特别是那些正在减少关键供应制约因素的改革，对经济复苏构成风险。在计划于 5 月底举行的全国大选之后，经济政策的不确定性可能会缓解，从而支持经济活动。

加快财政整顿将提振投资者信心。公共债务增加限制了促进增长措施、社会支出以及碳减缓和适应政策的财政空间，同时增加了金融风险。维持财政整顿战略将有助于使债务回到可持续的轨道上，包括提高公共服务效率、减少政府工资支出规模、改革国有企业（国有企业），同时增加政府收入。改善国有企业绩效，建立确保透明度和问责制的有效治理框架，将减少国有企业对债务可持续性构成的风险，提高其有效性，并支持竞争。继续推进提高电力供应的改革将越来越多地减少停电，同时支持可再生能源生产并加强能源安全。减少监管政策将降低经营成本，并支持中小企业的进入和发展。

（二）为解决上述问题和矛盾采取和可能采取的改革措施

十多年来，南非有限的公共资源一直承受着巨大的压力。自2012年以来，南非的平均经济增长率仅为0.8%，远低于解决高失业率和贫困问题所需的水平。同期，政府借贷激增，以支持快速增长的支出。其结果是，偿债成本拖累了经济和公共财政。这些成本现在消耗了五分之一的财政收入，并且比基础教育、社会保障或医疗支出占据了更大的预算份额。2024年预算在国家发展的迫切需求和公共财政的可持续性之间取得了谨慎的平衡。在国内生产总值增长持续低迷的背景下，政府正在保护关键服务，通过改革和公共投资支持经济，并稳定公共债务。

至关重要的是，政府正在坚持财政路线，为子孙后代保护公共财政。2024年4月南非自2008/2009年度以来首次实现基本预算盈余，这意味着收入超过非利息支出。随着时间的推移，随着债务的减少，维持这一关键基准将创造财政空间。稳定债务只是解决问题的一部分。为了实现更快的增长和创造就业，南非需要大量投资，其中大部分将来自私营部门。为此，预算优先考虑宏观经济稳定、结构性改革以减少对增长的约束性约束和提高国家能力。能源、铁路、港口和水务部门正在进行广泛的改革。要扭转主要国有企业在运营、维护和治理方面无数失误的后果，还需要时间。

预算将每10兰特中的6兰特用于社会工资——用于卫生、教育、社会保护、社区发展和就业项目。与此同时，预算在适度增税的支持下，减轻了对关键服务提供方案的压力。在《2023年中期预算政策声明》中宣布的削减开支中，约有580亿兰特被取消，增加了支付教师、护士、医生、警察和其他人员工资的资金。从中期来看，随着政府更多地利用公私伙伴关系，新的制度安排将吸引私人资金用于公共基础设施，资本投资将会增长。

为加快经济增长、刺激创造就业和促进广泛改善民生，需要进行结构性改革，以减少对增长的约束性制约。这些改革仍然是政府中期计划的核心，重点是建立有竞争力的电力市场和高效的港口和铁路物流系统。

1. 促进增长的结构性改革。经济增长战略的前提是明确稳定的宏观经济政策、结构性改革和恢复国家能力。支持投资和创造就业的一系列经济改革正在取得进展。通过加快对基础设施的私人投资和稳定南非电力公司（Eskom）和南非国家交通运输集团有限公司（Transnet）的措施，正在解决能源供应和物流故障问题。其他改革包括一系列影响经济关键方面的运营和监管职能，例如加快处理大型用水户的用水许可证申请，从而支持农业和旅游业。

根据严格的条件，南非电力公司的债务减免安排仍将按计划于2025/2026年完成。这将支持南非电力公司重组运营和进行关键维护的能力。与此同时，电力监管的改善已经带来了超过 1 000 亿兰特的新私人能源发电项目。2023 年预算中宣布的太阳能屋顶税收优惠政策促进了太阳能电池板的安装，目前为家庭和企业提供 5 200 兆瓦的电力。南非国家交通运输集团有限公司在 2023/2024 年度获得了 470 亿兰特的担保，以满足其借款需求。使用担保的条件是执行董事会最近批准的全面周转计划。政府正与南非国家交通运输集团有限公司密切合作，确保其实施必要的变革，以提高运营效率并实现财务可持续性。

2. 改善公共财政管理。为了替公共财政规划一条可持续的长期道路，政府将在广泛磋商后提出一个有约束力的财政锚。这将确保财政整顿的好处，并确保永久性财政失衡不会以一种需要在未来进行痛苦调整的方式再次出现。从中期来看，稳定债务的初级预算盈余将成为财政政策的支柱。政府已决定利用黄金和外汇应急储备账户（GFECRA）估值收益的一部分，在中期减少借款，进一步降低财政风险。因此，与 2023 年中期预算政策报告估计相比，2024 年中期财政框架期间的偿债成本将下降 302 亿兰特。财政政策继续把稳定债务和偿债成本放在首位。政府仍有望在 2023/2024 年度实现基本预算盈余，并在 2025/2026 年度将债务与 GDP 之比稳定在 75.3%。

3. 支持公共基础设施投资。未来三年政府计划的基础设施投资总额为 9 438 亿兰特。其中国有企业和公共实体投资 4 861 亿兰特，市政投资 2 138 亿兰特，省和国家政府投资 2 248 亿兰特。未来三年，建筑和其他固定结构的综合支出将平均增长 15.9%。

4. 推进体制改革，促进资本投资。在对公私伙伴关系（PPP）监管框架进行审查后，政府正在实施改革，以减少浪费和低效率，提高质量，增加公共投资对增长的影响。改革的主要内容包括：将大型项目的融资、准备和规划安排整合到一个实体中，以吸引私营部门的资金和专门知识。在基础设施项目中更多地使用公私合作模式。

5. 减少政府各部门的分散和重复。在 2024/2025 财年期间，将建立基础设施融资和实施支持机构，以协调大型项目的规划和准备工作，直接与私营金融机构合作。该机构将整合项目准备、PPP 技术支持和数据管理等职能。各部门、公共实体和市政当局将能够利用其服务来准备、规划和执行项目。征求公众意见的拟议修正案旨在鼓励更经常地使用公私合作伙伴关系，利用私人融资和利用私营部门的效率。对于价值低于 20 亿兰特的项目，政府将给予豁免，使其无需获得多项审批，从而减少繁文缛节。限制会计主管取消已通过可行性阶段的重点项目的能力，将为投资者提供更大的保障。

（三）国内改革对金融稳定的影响

南非金融体系一直保持弹性，尽管国内选举结果以及全球 70 多个国家 2024 年投票结果的不确定性加剧。在全球范围内，主导金融市场的风险因素包括中东和乌克兰冲突引发的地缘政治紧张局势加剧，可能要求发达经济体利率在比预期更长时间内保持高位的粘性通货膨胀，以及政府债务水平持续高企。这些高度不确定且往往相互矛盾的因素难以定价，导致市场波动加剧。在国内，金融稳定前景面临的主要风险仍然是财政状况疲弱、政府债务水平高企、政府偿债成本随之增加以及金融部门对主权债务的高度敞口。这些因素导致国内金融体系的互联性和集中度增加，进而抑制其吸收金融冲击的能力，最终降低金融体系的抗风险能力。

在过去十年中，约翰内斯堡证券交易所（JSE）新发行债券的构成发生了重大变化。2013 年，国有企业新发行的民间债券中，直辖市和地方政府合计占比超过 30%，到 2023 年这一比例降至 11.9%（国有企业占 11.9%，因为 2023 年没有地方政府债券发行）。有能力在上市市场上举债的国有企业数量的减少，限制了公共部门实体通过获取私营部门资金来支持其资本支出计划的能力。考虑到政府普遍为国有企业债务提供担保，对国有企业的部分敞口可能会转化为额外的国家政府债务。

资本外流和市场深度和流动性下降。南非的资本市场在过去几年变得更浅，流动性更差，这减少了借款人和投资者的多元化选择。政府越来越多地主导国内债券市场的发行，其在未偿债券总额中的份额从 2008 年的 60% 左右增加到 2024 年 2 月底的 81%。同时，在约翰内斯堡证券交易所，自 2016 年以来，每年都有净公司退市。近年来，国内债券和股票市场的成交额也有所下降，这会影响到有效定价、投资者回报和融资成本。有几个因素导致较低的资本市场深度和流动性。其中一些主要因素是南非的低增长率和国内储蓄率，政府挤出私营部门债务，外国证券投资者减少以及国内投资者日益向全球市场多元化。

非居民在 2023 年第四季度净购买债券至 112 亿兰特后，在 2024 年第一季度净卖出了价值 124 亿兰特的约翰内斯堡证券交易所上市债券。股票市场的持续资金外流体现在非居民持有国内股票的比例上，2024 年 3 月底达到了 27.6% 的新低（低于 2023 年 12 月的 29.7%）。2022 年 2 月 23 日，根据南非财政部的决定，南非储备银行发布了一份通知，将所有南非机构投资者的离岸审慎限制提高到 45%，其中包括 10% 的非洲配额。在此之前，所有保险、退休和储蓄基金的离岸审慎限额将统一为管理下零售资产总额的 45%，适用于所有合格的机构投资者。之前的限制针对不同的投资者设定为 30% 或 40%，单独的非洲配额最高为 10%。

做出这一决定的理由是，在经济萎缩、约翰内斯堡证券交易所持续退市和结构性经济增长放缓的情况下，提高离岸审慎限额应能为国内投资者提供更多的多元化机会。此前针对境内机构投资者的离岸审慎限上调是在 2018 年。在 2018 年和 2022 年宣布上调之后，境内投资者的境外资产配置明显增加，以牺牲境内股票和境内房地产投资组合为代价，大幅增加了对境外股票的敞口。截至 2023 年底，国内机构投资者的海外资产配置总额几乎相当于南非名义 GDP 的规模，自 2012 年以来增长了一倍多。随着离岸资产配置总量的增加，国内机构投资者未利用的离岸产能减少，自 2022 年 2 月最近一次限额上调以来，这一趋势明显加速。离岸审慎限制的增加对金融稳定既有正面影响，也有负面影响。虽然它可能对国内资本市场产生分配效应，并导致深度和流动性的丧失，但它为国内投资者提供了多样化的机会和更高收益的可能性。随着总新限制的接近（考虑到并非所有投资授权都允许外国风险敞口），它成为一个稳定因素，因为所有推动风险敞口超过限制的回报都必须汇回国内。

三、南非财政货币政策抗风险能力

（一）财政政策对冲和化解金融风险的能力

政府已决定利用黄金和外汇应急储备账户（GFECRA）估值收益的一部分，在中期减少借款，进一步降低财政风险。黄金和外汇应急储备账户分配是南非储备银行持有的账户。它捕捉外汇储备交易的损益，保护储备银行免受汇率波动的影响。当兰特兑美元和其他储备货币的汇率走强时，账户余额下降；当兰特贬值时，账户余额改善。这个账户的最后一次结余是在 2003 年，以中央银行为受益人的余额为 280 亿兰特。从那时起，由于兰特大幅贬值，该账户的价值已增长到 5 000 多亿兰特。在确保必要的缓冲和应急储备得到充分资助后，南非财政部和南非储备银行之间将正式达成一项拟议的结算协议，以结算部分估值收益。因此，在 2024/2025 和 2026/2027 之间，政府将从黄金和外汇应急储备账户余额中提取 1 500 亿兰特。这将通过立法正式确定。政府将利用这些资金减少借款，从而减少偿债成本的增长。

（二）货币政策对冲和化解金融风险的能力

为加强国内金融稳定而南非央行采取的政策行动和举措包括以下几点。

1. 透过存款保险公司的运作，加强金融安全网。存款保险公司（CODI）于 2024 年 4 月 1 日开始运作，这意味着如果合格存款人的银行倒闭，合格存款人在合格产品账户中的存款最高可获得 10 万兰特的保护。CODI 的实施是加强国内金融安全网和增强系统抵御能力的重要一步。作为南非储备银行的一个附属机构，CODI 支持南非储备银行保护和加强金融稳定的任务。CODI 的主要职能是；（1）建立和管理一个名为存款保险基金（DIF）的基金，CODI 将利用该基金向存款人提供在其银行破产并被清算的不太可能发生的情况下获得其承保存款的渠道；（2）提高公众，特别是银行存款人对通过 CODI 可获得的存款人保护的认识。

2. 解决标准的持续进展。自 2023 年 6 月 1 日根据修订后的《金融稳定法案》被指定为决议机构以来，南非储备银行一直致力于实施《金融稳定法案》中规定的决议框架。这包括为指定机构制定处置计划，并制定详细要求，以提高其可处置性。为了支持这一目标，目前正在制定若干审慎标准，这些标准正处于批准和随后实施的不同阶段。其中包括关于保持和暂停决议的规定、决议中资产和负债的转移、Flac 规定、估价师和决议估值、决议组和决议中的资金。各项处置标准的制定和实施稳步推进，进一步增强了国内金融体系的稳健性。

3. 引入正周期中性逆周期资金缓冲。南非储备银行继续监测反周期资本缓冲（CCyB）在 2025 年 1 月 1 日从 0% 增加到 1% 的相关发展。请参阅下一节的专门文章，讨论从银行收到的关于正循环中性（PCN）CCyB 指令草案的反馈以及南非储备银行在其最终决定的准备过程中考虑的政策权衡。

4. 缓解主权与金融部门之间的联系。南非储备银行继续密切关注主权—金融部门关系的发展，特别是考虑到政府债务水平高企以及国内金融部门对债务的敞口。

5. 提高金融部门应对全国电网关闭的弹性。南非储备银行通过 FSCF 继续为国家电网关闭和其他潜在的系统性事件等极不可能发生但并非不可能发生的情况制定计划。FSCF 目前正在考虑如何在发生系统性事件时最好地保持系统的互操作性、连接性和通信。

6. 与 FSOC 成员合作。南非储备银行与 FSOC 成员合作，讨论了金融稳定的一些主要风险，特别是财政状况疲软对金融稳定的影响以及市场深度和流动性持续下降的趋势。

7. 提高宏观审慎政策透明度。公布了更新的宏观审慎政策框架和决策过程，以及更新的金融稳定监测和评估框架。这两份政策文件的发布旨在提高南非储备银行如何履行其金融稳定职责的透明度。

8. 加强金融部门的网络抵御能力。2024 年 5 月 21 日，南非储备银行发布了关于国家支付系统网络安全和网络弹性的指令。此外，金融行业行为监管局（FSCA）和 PA 在同一天发布了关于同一主题的联合标准。该指令和联合标准的发布有望提高金融体系对网络风险的抵御能力。

9. 增强金融部门抵御气候风险的能力。PA 于 2024 年 5 月 10 日为银行和保险公司发布了关于气候相关信息披露、治理和风险实践的指导说明。

（三）财政货币政策对金融稳定的影响

南非的财政状况在过去十年中稳步恶化，在疫情和通胀冲击之后，偿债成本和已发行主权债务存量的增长加速。由于预计全球利率将在更长时间内保持高位，政府必须偿还的未偿债务增加，南非的偿债成本预计将在中期维持在主要预算收入的 20% 以上，远高于其 13.0% 的长期平均水平。与其他新兴市场相比，南非的债务状况尤为突出。南非的债务与 GDP 之比为 73.7%，远高于新兴市场国家的平均水平

58.9%，利息与GDP之比为4.7%，而新兴市场国家的平均水平为3.1%。

政府对黄金和外汇应急储备账户的1 500亿兰特的缩减预计将在一定程度上缓和政府债务。政府债务目前预计将达到GDP的75.3%的峰值，而不是之前的77.7%。尽管如此，南非的财政账户仍然面临着持续支出非增长优先事项，例如偿债成本和对国有企业的财政支持以及经济增长缓慢的压力。南非的高负债率，加上高借贷成本，意味着偿债成本仍然是政府支出中增长最快的部分之一。政府偿债成本在财政支出中所占比例的增长对社会不稳定有潜在影响。近年来实际社会支出的最初停滞和随后的下降，削弱了政府为医疗、教育、住房和社会保障等公共服务提供资金的能力。考虑到南非的不平等程度，公共服务和社会安全网的可用性和质量的下降加剧了本已升高的社会凝聚力风险。

南非金融体系高度依赖政府债务。政府的借款需求是通过增加长期政府债券的发行来融资的，近年来，随着非居民投资者的相对持有量稳步下降，国内金融部门越来越多地吸收了长期政府债券。政府债券在金融机构的资产负债表中所占的比例很高，而且还在不断增长，这可能会挤出对私营部门的贷款或投资，在政府债务大幅重新定价的情况下，使金融体系面临市场风险，并随着金融体系越来越多地面临一种共同风险，削弱市场的弹性。

政府债券在国内金融机构资产负债表上的高度集中，也抑制了国内金融体系吸收金融冲击的能力。它还可能导致国内债券市场高波动性、低流动性事件的增加，这将损害价格发现，并代表南非政府债券（SAGBs）交易条件的恶化，这可能会蔓延到金融市场的其他部分。反过来，国内金融体系的整体抗风险能力也会降低。

政府相对较大的融资需求给国债收益率带来上行压力，并增加了整个金融体系的融资成本。由于经济中的借贷成本与收益率曲线相关联，收益率曲线的向上移动和变陡导致公共和私营部门借款人的融资成本上升。反过来，这可能会使更多的长期投资项目变得不可行的，并在债务水平上升和偿债成本之间形成负反馈循环。这将对潜在的经济增长产生持久的抑制影响。

四、南非的金融稳定评估

（一）资产估值稳定性评估

南非股市以其多样性、全球联系、技术进步和监管改善等特点，正成为全球投资组合中不可或缺的一部分。南非股市，作为非洲大陆的重要金融中心，其表现不仅反映了国内经济的动态，也受到国际市场波动的影响。在过去的一年中，南非股市经历了诸多挑战与机遇，其表现反映了国内经济的动态，也受到国际市场波动的影响。南非的主要股票指数，如约翰内斯堡证券交易所（JSE）的综合指数，是衡量股市表现的关键指标。在2022年，由于全球经济复苏的不确定性以及国内政治经济的多重压力，南非股市呈现出波动性较大的特点。尽管如此，一些关键行业，如采矿业和金融服务业，由于其在全球供应链中的重要地位，依然表现出了较强的韧性。南非的采矿业受益于全球对基本金属和贵金属的需求增加，尤其是在新能源和电动汽车行业的推动下，相关公司的股价得到了支撑。而金融服务业，尽管面临低利率环境的挑战，但由于其稳健的资产质量和良好的风险管理，也保持了相对稳定的增长。

南非股市的涨势不仅反映了国内经济的动态，也受到了全球市场的积极影响。近期，南非富时/JSE非洲领先40可交易指数稳步上涨，成分股普遍收涨，其中Naspers和Prosus集团的表现尤为突出，其股价分别上涨4.24%和4.18%。这一涨势为南非这个拥有深厚文化和历史背景的国家增添了几分亮色，同时也为投资者提供了新的投资机会。此外，南非股市的监管环境也在不断改善，以吸引外资和保护投资者利益。例如，南非的金融部门监管机构（FSCA）和南非证券交易委员会（SEC）都在努力提高市场的透明度和公平性，以增强投资者的信心。这些措施有助于提高南非股市的吸引力，促进其健康发展。

南非房地产市场的现状显示出一些改善的迹象，尤其是在建筑业信心方面。根据南非商业科技网站的报道，2024年第三季度FNB/BER建筑信心指数有所改善，从第二季度的35点上升至第三季度的40点。这表明，尽管仍有60%的受访者对当前商业状况不满意，尤其是住宅房地产行业，但分包商的信心上升了3个百分点至41点，而主要承包商的信心虽然降低了6个百分点，但也达到了41点。此外，南非统计局的数据显示，2024年第二季度南非住宅建筑投资实际价值同比下降了7.3%，而非住宅建筑投资实际价值同比下降了3.7%。这些数据反映出南非房地产市场的复杂状况，尽管有一些积极的信号，如建筑信心指数的上升，但投资价值的下降也表明市场仍面临挑战。

南非房地产市场的历史背景显示，在过去几年里，由于经济疲软、通货膨胀飙升以及利率上升，南非的房地产市场一直处于脆弱状态。特别是在2022年，尽管中型公寓价格指数有所上涨，但经通货膨胀调整后，房价实际上同比下降了。这表明，尽管有一些价格上涨的表象，但实际价值却在下降。此外，失业率高、家庭财务状况不佳以及抵押贷款市场不发达是导致市场萎靡的主要原因。总的来说，南非房地产市场在经历了一段时间的挑战后，显示出一些改善的迹象，尤其是在建筑信心方面。然而，投资价值的下降和市场历史背景显示，市场仍然面临诸多挑战，需要时间来恢复和稳定。

南非兰特兑美元汇率达到2023年2月初以来的最高水平。这一成就背后有多重原因，包括南非政府采取的一系列政策来刺激经济增长，如提高利率、加强财政纪律以及推动结构性改革，这些政策增强了投资者对南非经济的信心，吸引了外国投资，推高了兰特的表现。此外，南非作为全球主要的矿产资源出口国，黄金和铂金等贵金属价格的走高直接增强了南非的出口收入，全球对这些矿产品的需求增加时，南非的外汇储备也随之增加，从而支撑了兰特的汇率。随着全球经济的逐步复苏，尤其是中国等主要经济体的经济活力回暖，南非作为重要的贸易伙伴受益匪浅，这种贸易联系为南非带来了更多的出口机会，有效提升了兰特的价值。

然而，尽管兰特的强势给南非经济带来了短期的利好，但长期来看，这一走势也可能面临挑战。外部环境的变化，如国际利率政策的调整、地缘政治风险的加剧等，都可能对南非经济造成一定压力。此外，过度依赖商品出口的经济结构使得南非在全球市场价格波动面前显得脆弱，经济增长的可持续性值得关注。对于普通消费者而言，兰的升值可能在短期内改善进口商品的价格、降低生活成本，但庞大外债的兑付压力仍然是南非面临的挑战之一，若不加以控制，可能会对未来的经济稳定构成威胁。综上所述，南非兰特的汇率变动不仅是市场的一次波动，更是全球经济、政治因素以及南非内部政策共同作用的结果。在评估兰特汇率的长期影响时，需要综合考虑各种因素，包括但不限于外部经济环境的变化、国内政策的调整以及全球经济复苏的速度和方向。

（二）金融稳定性评估

南非金融体系面临着金融稳定的一些风险。然而，在降低国内金融体系对重点风险的脆弱性方面取得了稳步进展，特别是通过加强国内金融安全网和减轻潜在系统性事件的影响。

1. 南非的金融稳定风险和脆弱性。南非储备银行依靠广泛的定量指标和定性评估来识别可能在短期、中期和长期内威胁金融体系的风险和脆弱性的积累。这些风险和脆弱性可分为：结构上根深蒂固的慢性或永久性的；与当前的发展或事件有关的具体的、偶然（间接）情况；尚未被评估为系统性风险，但有可能成为系统性风险，因此必须加以监测的新兴风险。

2. 南非储备银行风险和脆弱性矩阵（RVM）。风险和脆弱性的评估在南非储备银行的 RVM 中进行了沟通。在考虑了现有的缓解因素和政策行动后，RVM 显示了金融体系的剩余脆弱性。RVM 中的颜色表示金融体系对每种风险的剩余脆弱性。如果存在缓解因素，并且金融体系相对较好地承受了冲击，而不会在整个体系中造成更广泛的困境溢出，那么剩余脆弱性就会降低。如果没有采取或只有有限的缓解行动，对风险事件的剩余脆弱性就会更高，导致金融不稳定的可能性也会更大。

3. 疲弱的财政状况与主权—金融部门的关系。南非的财政状况在过去十年中不断恶化，在大流行病和通货膨胀冲击之后，偿债成本和已发行主权债务的存量加速增长。由于全球利率预计将在更长时间内保持高位，而且政府必须偿还的未偿债务有所增加，南非的偿债成本预计将在中期保持在主体预算收入的20%以上，远高于其13.0%的长期平均水平。与其他新兴市场相比，南非的债务问题尤为突出。南非的债务与GDP之比为73.7%，远高于新兴市场的平均水平58.9%，其利息与GDP之比为4.7%，而新兴市场的平均水平为3.1%。

政府从黄金和外汇应急储备账户（GFECRA）中提取的1 500亿兰特预计将在一定程度上缓和政府债务。政府债务目前预计将达到GDP的75.3%的峰值，而不是2023年中期预算政策声明（MTBPS）中宣布的占GDP的77.7%。尽管如此，南非的财政账户仍然受到持续支出非促进增长优先事项（例如偿债成本和对国有企业的财政资助）和经济增长缓慢的压力。南非的高负债率，加上高借贷成本，意味着偿债成本仍然是政府增长最快的支出组成部分之一。政府偿债成本在财政支出中所占比例的上升可能会导致社会不稳定。近年来，实际社会支出的最初停滞和随后的下降削弱了政府为提供医疗、教育、住房和社会保护等公共服务提供资金的能力。鉴于南非不平等的程度，公共服务和社会安全网的提供和质量的下降加剧了已经增加的社会凝聚力风险。

南非金融体系高度依赖政府债务。政府的借款需求是通过增加长期政府债券的发行来满足的。近年来，随着非居民投资者的相对持有量稳步下降，国内金融部门越来越多地吸收了长期政府债券。政府债券在金融机构的资产负债表中所占的比例很高，而且还在不断增长，这可能会挤占对私营部门的贷款或投资，使金融体系在政府债务大幅重新定价的情况下面临市场风险，并随着金融体系越来越多地面临共同风险，削弱市场的弹性。政府债券在国内金融机构资产负债表上的高度集中也抑制了国内金融体系吸收金融冲击的能力。它还可能导致国内债券市场高波动性、低流动性事件的增加，这将损害价格发现，并代表南非政府债券（SAGBs）交易条件的恶化，更可能会蔓延到金融市场的其他部分。反过来，国内金融体系的整体弹性也会降低。政府相对较大的融资需求给政府债券收益率带来了上行压力，并增加了整个金融体系的融资成本。由于经济中的借贷成本与收益率曲线挂钩，收益率曲线向上移动和变陡将导致公共和私营部门借款人的融资成本上升。反过来，这可能使更多的长期投资项目无法生存，并在债务水平升高和偿债成本之间造成负反馈循环。这对潜在的经济增长产生了持久的抑制影响。

在过去十年中，约翰内斯堡证券交易所（JSE）发行的新债务的构成发生了重大变化。2013年，国有企业和地方政府在新发行的民间债券中占比超过30%，到2023年，这一比例降至11.9%（由于2023年没有地方政府债券发行，国有企业占11.9%）。这限制了公共部门实体通过获得私营部门资金来支持其资本支出计划的能力。考虑到政府普遍为国有企业债务提供担保，部分国有企业风险敞口可能会转化为额外的国家政府债务。

4. 资本外流，市场深度和流动性下降。在过去的几年里，南非的资本市场变得越来越浅，流动性也越来越差，这减少了借款人和投资者的多样化选择。政府在国内债券市场的发行越来越占主导地位，其占未偿债券总额的比例从2008年的60%左右增加到2024年2月底的81%。与此同时，自2016年以来，JSE每年都有净公司退市。近年来，国内债券和股票市场的成交量也有所下降，这可能会影响有效定价、投资者回报和融资成本。

有几个因素导致较低的资本市场深度和流动性。其中一些主要因素是南非的低增长率和低国内储蓄率、政府挤出私营部门债务、外国证券投资减少以及国内投资者日益向全球市场多元化。非居民在2024年第一季度净卖出了价值124亿兰特的jse上市债券，而在2023年第四季度净买入了价值112亿兰特的债券。股票市场的持续流出反映在非居民持有的国内股票份额上，该份额在2024年3月底达到了27.6%的新低（低于2023年12月的29.7%）。

2022年2月23日，根据国家财政部（NT）的决定，南非储备银行发布了一份通知，将所有南非机构投资者的离岸审慎限制提高到45%，其中包括10%的非洲配额。在此之前，南非政府在2022年的预算演讲中宣布，所有保险、退休和储蓄基金的离岸审慎限制将统一为所管理零售资产总额的45%，适用于所有合格的机构投资者。此前，不同投资者的投资限额为30%或40%，非洲投资者的投资限额最高可达10%。做出这一决定的理由是，在经济萎缩、约翰内斯堡证券交易所持续出现退市、经济增长结构性放缓的情况下，提高离岸审慎限制应能为国内投资者提供更多多元化投资机会。上一次对境内机构投资者的境外审慎限制上调是在2018年。在宣布2018年和2022年的增加之后，国内投资者的海外资产配置显著增加，以牺牲国内股票和国内房地产投资组合为代价，大幅增加了对外国股票的敞口。

截至2023年底，国内机构投资者的海外资产配置总额几乎相当于南非名义GDP的规模，自2012年以来增长了一倍多。随着离岸资产配置总量的增加，国内机构投资者未利用的离岸产能减少，自2022年2月最近一次限额上调以来，这一趋势明显加速。

离岸审慎限制的增加对金融稳定既有积极的影响，也有消极的影响。虽然它可能对国内资本市场产生分配影响，并造成深度和流动性的丧失，但它为国内投资者提供了多样化的机会和获得更高收益的可能性。当新的总限额接近时（考虑到并非所有的投资授权都允许外国投资），它将成为一个稳定因素，因为所有使投资超过限额的回报都必须汇回国内。

5. 紧缩的金融状况将持续更长时间。高政策利率加剧了金融环境的限制性，因为家庭、企业和政府获得信贷的难度和成本都增加了。从银行的角度来看，银行最初受益于利率上升带来的禀赋效应，因为其很大一部分存款基础没有随着利率上升而迅速重新定价。然而，随着存款利率开始做出反应，利率长期保持在高位，这种影响就会逐渐消失。较高的贷款利率也增加了信贷风险和借款人的困境。

重要资产类别的不良贷款率高于其长期平均水平并在上升。不良贷款率最高的是无担保零售贷款，这通常是第一个表现出越来越大压力的资产类别。尽管企业贷款是不良贷款率最低的贷款类别之一，但自2023年第三季度以来，该贷款类别的不良贷款率平均增长超过50%。自2023年9月以来，有担保的零售贷款（即以房屋和汽车等抵押品为抵押的贷款）的不良贷款平均增长了30%以上，这表明消费者在当前的高利率环境下承受着越来越大的压力。为了缓解不良贷款的上升，银行一直在增加对潜在信贷损失的准备金。银行增加拨备的速度一直快于信贷扩张的速度，正如所增加的减值所反映的那样，这表明它们应该能够消化违约的进一步增加。

6. 地缘政治风险加剧。自2023年11月FSR发布以来，地缘政治风险和地缘经济碎片化加剧，对南非的金融稳定有潜在影响。在军事冲突不断升级、经济和政治联盟不断变化、国际政策不确定的世界里，像南非这样的小型开放经济体面临着几个风险。除其他风险外，这些风险包括现有贸易和资金流动水平和方向的变化、进出口商品价格的波动、供应链限制和国际运输系统的中断。与不断升温的地缘政治紧张局势相关的持续不确定性也可能影响投资者情绪，导致资本流动和资产价格波动。在政治层面上，70多个国家的选举带来的政策不确定性、全球民族主义和民粹主义的高涨、围绕乌克兰和中东冲突以及中美关系的两极分化加剧，可能会在资本流动、贸易关系和进入国际金融市场方面产生意想不到的后果。

7. 2025年6月以后仍在金融行动特别工作组灰名单上。由于南非于2023年2月被列入金融行动特别工作组（FATF）灰名单，欧盟（EU）于2023年6月将南非列入其高风险国家名单。随后，在2023年12月初，英国也将南非列为高风险第三方国家，欧洲证券和市场管理局（ESMA）自2023年12月29日起不再承认JSE Clear为合格的中央对手方（CCP）。英格兰银行授予JSE Clear为期15个月的决选期，将于2025年3月28日结束，并有可能根据未来的发展延长。FATF全体会议结束后，于2024年2月23日发布了关于南非的最新情况。在2023年2月被列入灰名单后，南非和FATF通过了一项共同商定的行动计划。该行动计划列出了22项与南非反洗钱和打击恐怖主义融资（AML/CFT）制度中所发现的战略缺陷相关的行动项目，如果南非要在下一次评估后从灰名单中除名，所有这些问题都必须在2025年1月之前解决。

8. 电力供应不足和不可靠。在经历了2023年创纪录的用电限制水平之后，自2024年4月以来，用电限制的规模和强度都要温和得多。Eskom的能源可用系数（EAF）在2024年第一季度平均约为52%，在4月底显著提高至58.2%。

替代能源的迅速采用很可能有助于减少对Eskom供应的电力的需求。据Eskom估计，截至2024年4月30日，屋顶太阳能装机容量约为5.5吉瓦（GW），而2023年1月为3.1吉瓦。此外，在南非国家能源监管机构（NERSA）注册的新发电项目（主要是私营部门）在2023年总计为4.49吉瓦，而整个2022年为1.66吉瓦，截至

2024年4月30日，注册项目的累计发电量达到7.2吉瓦。Eskom的剩余电力需求明显低于前几年。上述因素的综合作用，再加上更广泛的能源部门改革和Eskom为稳定其燃煤发电站的性能所做的持续努力，表明电力供应和电网稳定性可能会继续逐步改善。随着时间的推移，这种改善应该会减少用电限制对经济活动的拖累。

电网全面故障的风险已经降低，但还不能完全排除。南非储备银行继续通过金融部门应急论坛（FSCF）计划和准备应对可能需要突然关闭金融市场的情况，例如电网故障。目前的工作重点是制定、协调和测试应急计划，以尽可能减轻对金融体系和经济的影响。

9. 长期永久风险。有一些长期的、永久的风险，不能轻易地纳入RVM，但它们对金融稳定构成了持续的风险。本书讨论的主要永久性风险是导致低增长和不公平增长的结构性障碍、气候变化的影响以及重大网络攻击的风险。

一是结构性障碍导致低和不公平的经济增长。长期的低增长可以通过各种渠道对金融稳定产生缓慢燃烧的影响。这些因素包括（除其他渠道外）更高的风险溢价和融资成本、更低的资本流入和外国投资、对金融体系产生溢出效应的社会动荡的可能性更大、金融机构为保持盈利能力而承担的风险更高以及利润较低的产品的供应减少。糟糕的经济表现继续影响着南非作为投资目的地的吸引力。2009年以来，南非经济增长一直落后于全球、新兴市场和发展中经济体以及撒哈拉以南非洲地区。截至2024年3月底，南非的失业率为32.9%（高于2023年12月的32.1%），明显高于其他新兴市场。青年失业率也从2023年12月的44.3%上升到2024年3月的45.5%。高失业率是造成经济不平等的主要因素。

以财富和收入分配衡量，南非仍然是世界上最不平等的国家之一。2022年，最富有的10%的南非人拥有超过85%的家庭财富，比2010年下降了5%。然而，收入不平等在同一时期恶化，到2022年，收入最高的10%的家庭收入占总收入的65%以上，高于2010年的61.4%。该国相当一部分人口仍然依赖政府的基本收入，这给本已紧张的财政状况和相对狭窄的税基带来了结构性负担。

高度的财富和收入不平等与更大的金融稳定风险相关。持续的高度不平等可能使社会更容易受到社会不稳定的影响，这可能随后对金融部门产生溢出效应（例如，如果出现社会动荡，保险索赔就会增加）。

二是网络风险。对金融稳定来说，成功的网络攻击带来的系统性后果仍然是始终存在的风险。金融部门每天都要应对和抵御网络攻击。对关键金融基础设施的成功攻击有可能破坏支付、清算和结算系统，并可能产生深远的后果。2023年期间，勒索软件攻击威胁着关键基础设施和企业，78%的南非组织在2023年1月至3月期间报告了勒索软件攻击；高于2022年的51%。网络攻击导致系统性事件的能力在莱索托被观察到，该国央行于2023年12月12日宣布，前一天的网络事件导致其暂停了一些系统，导致银行间和国际支付中断。网络攻击是无国界的，可以来自任何地方。值得注意的是，国家支持的网络攻击有所增加。国家支持的攻击可能更有害，因为它们可能具有政治动机，旨在破坏金融系统，而不是以经济利益为目标。

由于网络风险的连续性，持续的警惕和网络防御的改进仍然至关重要。这包括实现基本的安全杀毒实践，例如启用多因素身份验证、采用零信任原则、使用扩展的检测和响应以及反恶意软件保持最新；例如在所有系统上进行补丁版本控制、实施数据保护和管理。关于针对国内金融机构的网络攻击的数据仍然很少。然而，金融机构和监管机构正在就事件报告、监测和响应结构进行合作，一旦实施，应能更清楚地了解国内威胁情况。为了降低网络风险，南非储备银行于2024年5月21日发布了一项关于国家支付系统网络安全和网络弹性的指令。此外，FSCA和PA在同一天发布了关于网络安全和网络弹性的联合标准。该指令和联合标准规定了相关机构权限下的实体必须遵守的要求，包括定义网络风险治理结构、实施网络安全战略和框架以及网络弹性措施。

三是气候风险。气候风险可分为物理风险和转型风险两种主要风险类型。物理风险是指气候变化引起的极端天气事件可能造成的潜在经济损失。极端天气事件发生的频率越来越高，影响也越来越大，给财产造成了更大的损失，往往还会给受影响行业或资产的保险公司、银行和其他金融机构带来损失。转型风险来自更广泛的全球向更绿色、更可持续和更低碳经济的运动，这将减少不合格金融资产和风险敞口的价值。

尽管所有金融机构都受到气候变化的影响，但近年来保险业受到的打击尤其严重。在频率和严重程度上，气候变化继续导致南非极端天气事件越来越多。这些事件在2022年和2023年主导了国内保险行业的索赔统计。除其他影响外，这些与气候有关的变化使保险公司面临与天气有关的索赔数量的周期性增加、再保险保费的提高和消费者保费的增加。

在全球范围内，恶劣的天气条件引发了人们对气候保险保护缺口的担忧，气候保险保护缺口指的是与气候有关的自然灾害造成的经济损失中未投保的部分。随着天气模式的变化，这一差距预计会扩大，给保险公司带来挑战。第一，更频繁和更严重的天气相关索赔带来的承保和流动性风险增加，可能削弱保险公司的偿付能力。第二，由于过去数据的不可靠性，极端气候和与天气相关的变化可能会阻碍保险公司预测损失的能力。第三，由于区域间事件的随机性，承保组合的多样化可能会降低。

气候保险保障缺口对各个部门的金融稳定产生了影响。它对家庭、公司、政府、银行和其他金融机构（ofi），如房地产投资信托基金（REITs）都有影响。对于家庭和企业来说，产品供应的缺乏和/或更高的保费阻碍了灾后建设融资，其形式是生产率和产出的降低，对GDP产生负面影响。政府可能面临债务负担增加，给财政带来额外压力，可能对债券收益率施加上行压力，这将影响作为主权投资者的银行、保险公司和其他金融机构。由于合格抵押品池的减少，银行可能会面临更高的信用风险，而房地产价值的下降可能会严重影响 REITs 的财务业绩。为了提高南非金融部门对气候风险的长期抵御能力，PA 于 2024 年 5 月 10 日为银行和保险公司发布了关于气候相关信息披露、治理和风险实践的指导说明。

五、南非经济社会发展状况

（一）南非经济社会现状

南非货币政策委员会（MPC）每两个月就货币政策发布一份报告，2024 年 7 月 18 日的报告表示当前回购利率保持 8.25% 不变，当前通胀率为 5.2%，符合目标区间 3%—6%，但比中点目标 4.5% 略高。

进入 2024 年下半年，全球通胀继续缓解。2022 年和 2023 年的快速价格上涨已经消退。然而，大多数经济体的通胀尚未稳定在目标水平。例如，6 月，美国的消费者价格通胀率为 3%，欧元区为 2.5%，仍高于这些经济体 2% 的目标。事实证明，在主要经济体强劲的经济活动和低失业率的支撑下，服务和工资价格通胀一直很顽固。显然，对抗通胀的战斗尚未取得胜利，因此，全球利率仍处于高位。与此同时，也存在一些政策分歧，这反映了不同国家的情况。自上次会议以来，加拿大、瑞士和欧元区下调了政策利率，但美国、英国和日本保持不变。在新兴市场中，降低通胀幅度较大的国家，尤其是拉美国家，已经能够更多地下调政策利率。然而各国央行担忧较低的通胀结果并不总是能够持续下去。

至于南非，2024 年上半年的经济表现令人失望。经济在第一季度略微收缩了 0.1%，最近的数据，包括上周的矿业和制造业数据，使第二季度的增长预期略微下调至 0.6%。从中期来看，在更可靠的电力供应和物流改善等因素的支持下，预计增长速度会有所加快。尽管如此，我们修正后的增长预测仍低于 2% 左右的长期历史平均水平。这一预测面临的风险被评估为大体平衡，结构性改革有足够的空间在中期内进一步提振增长。

在通胀方面，5 月最新的总体通胀为 5.2%，与 4 月持平，仍处于目标区间的上半部分。然而，前景有所改善。2024 年的总体消费价格通胀率预计为 4.9%，而上次会议的预期为 5.1%。在接下来的几个季度里，主要受燃料和食品价格的影响，预计总体通胀率将低于 4.5% 的中间值。这一前景得到了兰特走强的支持。预测的隐含起点现在是 1 美元兑 18.35 兰特。从中期来看，通胀有望稳定在 4.5%，核心通胀始终接近这个中点目标。

虽然预测有所改善，但风险的平衡被评估为上行。在此背景下，货币政策委员会决定将回购利率维持在 8.25% 不变。四名委员倾向于维持不变立场，两名委员倾向于降息 25 个基点。在讨论立场时，货币政策委员会成员一致认为，将通胀稳定在 4.5%仍然是合适的。委员会评估认为，考虑到通胀风险，保持不变的立场仍然是合适的。然而，一些委员认为，通货膨胀前景已经改善到足以减少限制的程度。

全球利率仍然很高，特别是在美国，利率可能会比市场目前预期的更长时间保持在较高水平。这给货币前景带来了风险。从国内来看，通胀预期尚未反映出 4.5%的中点目标。虽然预期正朝着正确的方向发展，但它们继续显示出近期通胀飙升的影响。政府仍然关注价格管理问题。在这一轮预测中，不得不上调电力通胀，尽管其他类别的通胀水平有所下降。服务价格通胀也令人不安地保持在中点以上。预测认为 2025 年通胀率将回落至更为中性的区间。

货币政策委员会的决定将继续取决于数据，并对经济前景的风险平衡很敏感。致力于将通胀稳定在目标区间的中点。实现这一目标将改善经济前景，降低借贷成本。最后，关于采取进一步措施改善经济状况的意见措施包括达到稳健的公共债务水平，改善网络行业的功能，降低管理价格通胀，并使实际工资增长与生产率增长保持一致。

货币政策委员会决定，货币政策委员会维持回购利率在 8.25%不变。5 月的通胀率为 5.2%，与 4 月持平。尽管通胀率仍高于我们设定的目标区间的中间点 4.5%，但前景有所改善。尽管全球通胀持续缓解，但对抗通胀的战斗尚未取得胜利。因此，全球利率仍处于高位。然而，存在一些政策分歧，这反映了不同国家的情况。尽管南非的通胀预测有所改善，但风险的平衡被评估为上行。全球利率仍然很高，尤其是在美国，这给货币前景带来了风险。服务业通胀也有所上升，电力通胀也有所上升。2024 年上半年的经济表现令人失望，第一季度经济收缩了 0.1%。经济预测面临的风险被评估为大体平衡，有足够的空间进行结构性改革，以在中期内进一步提振增长。

（二）南非经济社会展望

1. 预计未来经济增长缓慢。在经历了 2024 年的低迷开局后，南非的经济增长似乎正在获得动力。大选后，消费者和商业信心上升，可能是由于对民族团结政府（GNU）及其潜在改革的信任增加。然而，占出口很大一部分的采矿业仍然疲软。预计 2025 年中国 GDP 将同比增长 2%，主要得益于新的改革措施和电力供应的改善。非洲人国民大会（ANC）和民主联盟（DA）之间的联盟带来了对企业友好的政府，并引入了一层新的制衡机制。

作为非洲大陆最多元化的经济体，南非历史上一直受到基础设施薄弱的阻碍，采矿业表现不佳就是明证。整个 2023 年，在澳大利亚和巴西等其他矿业强国蓬勃发展的时期，矿业活动滞后。糟糕的火车和港口连通性阻碍了出口和整体产出。同样，由于频繁停电和供应不可靠，电力部门也严重影响了经济活动。然而，2024 年上半年电力供应的改善导致制造业和零售业的产出增加。尽管有这些改善，但该国的电力问题根深蒂固，不太可能在短期内得到完全解决。GNU 新任基础设施部部长承诺增加投资，以解决供应方面的挑战，包括港口、道路、电网和水利基础设施，这些可以提高经济产出和生产力。然而，政策制定不力和政治利益可能会阻碍改革。

通货膨胀率在 2023 年初达到 8% 的峰值，已逐渐降至 5% 以下的平均水平，预计到 2024 年将略高于 5%。然而，如果启动新的基础设施支出，2025 年通胀可能会再次上升，在更长的时间内保持在 5% 以上。央行目前采取的是鸽派立场。在此背景下，我们预计下半年企业破产呈下降趋势，经济表现积极。外部脆弱性已经减少，外债占 GDP 的比例目前不到 40%，低于 2019 年的 53% 和 2020 年的 56%。

2. 财政整顿将继续。由于大量短期收入用于偿还债务利息和主权债券收益率上升，截至 2023 年底，南非在我们的公共债务可持续性风险评估中排名最差的五分之一。预计到 2024 年，基本收支平衡将保持在 GDP 的 -1% 以内，个人所得税(PIT)、企业所得税、地方和进口增值税（VAT）以及进口关税是收入增长的主要贡献者。工资和奖金的增加导致了更大的 PIT 流入，而最近的通货膨胀增加了 VAT 的收入来源。然而，债务利息支出将占 GDP 的 4.5%—5%。虽然政府债务水平仍然较高，但包括政府对国有企业（国有企业）债务的担保在内，这一比例预计将稳定在略高于 GDP 的 70%。利息支付是有利债务结构价格的一部分，债务结构主要以本币计价，平均摊销期限较长（12 年）。

在过去的 12 个月里，国际储备保持稳定和充足（2024 年 5 月为 620 亿美元，约占 GDP 的 15%），覆盖了大约 6 个月的进口，是新兴市场通常认为至关重要的水平的两倍。财政整顿将继续进行，增加税收和有纪律地增加工资，为满足日益增长的社会需求提供一定的灵活性，并在必要时适度支持国有企业。尽管该国对外国资本的依赖使其容易因国际关系而突然停止，例如涉嫌向俄罗斯出售武器或最近因巴勒斯坦人的待遇而反对以色列的立场，但迄今为止，外部平衡对冲击具有弹性。缓冲包括灵活的汇率、有限的外币外债和大量的外部资产，这些资产使南非成为非洲大陆最大的净投资者，净头寸约为 600 亿美元。在 2022 年表现出色之后，2023 年外国直接投资（FDI）流入下降至 43 亿美元，但 FDI 流出增加（随着居民返还外国资产），使 FDI 净流入达到 64 亿美元。

南非缓慢增长的出口市场和不稳定的出口市场导致其高进口倾向占 GDP 的 28%，对其外部账户产生负面影响，并给兰特带来压力。兰特的价值受到价格差异、大宗商品价格波动、经常账户赤字以及积累外汇储备的需要的影响。上行压力包括外国投资者对发展中经济体的兴趣增加、央行立场保守以及大宗商品价格上行，这应能缓冲其较长期的贬值趋势。

3. 改革势头依然艰难。自上任以来，西里尔·拉马福萨在实施有效改革方面面临挑战。通货膨胀、人口压力和世界上最高的不平等水平使南非的社会契约越来越不稳定，特别是自 2019 年新冠疫情以来。虽然眼前的卫生危机已经过去，但其社会后果仍然严重。失业率超过 33%，并在逐步上升，接近大流行期间达到的 35% 的历史峰值。同样，辍学率和失学儿童人数在大流行后最初下降后又有所上升。尽管南非在新兴市场的教育支出方面处于领先地位，但教育质量仍然令人担忧，导致生产力持续低下。

执政党 ANC 实施改革的能力对国家的成功至关重要。此外，它从一个拥有绝对多数席位的政党过渡到一个拥有多种利益的联盟中的高级合作伙伴的能力，将是提高政府行动的可预测性和有效性的关键。与保持中立的 ANC 相比，民主联盟党（DA）对俄罗斯入侵乌克兰采取了更为严厉的立场。相反，ANC 一直站在全球努力的最前沿，就以色列在加沙的行动向其施压。

中东冲突为南非提供了一个成为全球贸易中心的机会，因为通过苏伊士运河的交通已经中断。好望角已成为连接欧洲和亚洲的主要海上通道，自 2023 年 12 月以来，南非港口的集装箱船抵达量增长了 328%。港口运输量的激增也推动了港口收入的增长。实施贸易便利化措施，如改善港口运营和货物处理，可以将南非的港口转变为连接亚洲、欧洲和拉丁美洲的主要物流枢纽。

（三）南非金融稳定对本国经济社会的影响

紧张的财务状况将持续更长时间。高政策利率导致了限制性金融环境，因为家庭、企业和政府发现获得信贷变得更加困难和昂贵。从银行的角度来看，银行最初受益于利率上升带来的禀赋效应，因为其存款基础的很大一部分不会像利率上升那样迅速重新定价。然而，随着存款利率开始做出反应，这种效应会随着利率保持在高位的时间越长而逐渐消失。更高的贷款利率也增加了信贷风险和借款人的困境。银行业最大资产类别的不良贷款处于 10 年来的最高水平，远高于过去 10 年的平均水平。这可能表现为信贷损失的上升，可能会降低银行的资本和盈利能力。

重要资产类别的不良贷款比率高于其长期平均水平并在上升。不良贷款比率最高的是无担保零售贷款，这通常是第一个表现出压力增加的资产类别。虽然企业贷款的不良贷款率最低，但自 2023 年第三季度以来，该贷款类别的不良贷款增长率平均超过 50%。自 2023 年 9 月以来，有担保零售贷款（即以房屋和汽车等抵押品为抵押的贷款）的不良贷款平均增长了 30% 以上，这表明消费者在当前的高利率环境下承受着越来越大的压力。为了缓解不良贷款的上升，银行一直在增加对潜在信贷损失的拨备。银行增加拨备的速度一直快于信贷扩张的速度，这反映在增加的减值价值上，表明它们应该能够吸收违约的进一步增加。

六、南非财经风险指数分析

由于南非电力公司能源可用系数只有2019年之后的数据，因此所有指标都统一为2019年第一季度至2024年第三季度的数据。

（一）全球性财经风险指数

南非的全球性财经风险指数选用了前文合成的全球财经风险指数。从图12－1中可以看出，南非全球性财经风险指数的值在0.34—0.64波动，波动幅度为0.3，最低值出现在2024年第三季度，最高值出现在2020年第一季度。

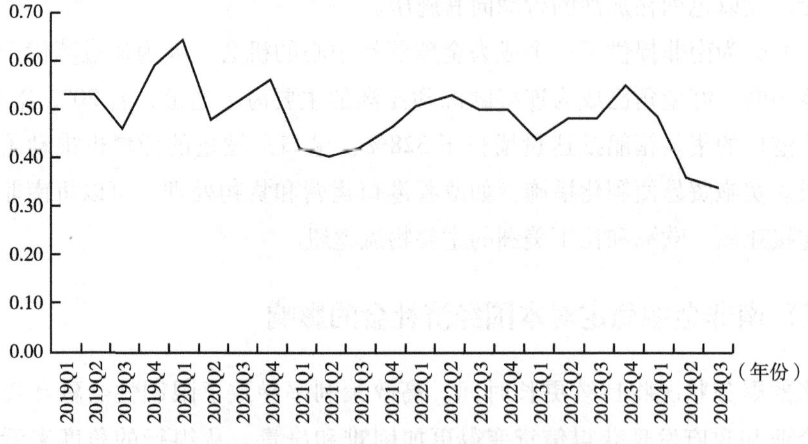

图12－1 南非全球性财经风险指数

（二）国内改革与政策调整能力指数

由于南非经济社会的最大不确定性是供电，电力短缺是南非最大的短板，因此南非国内改革与政策调整指数选取了南非电力公司（ESKOM）能源可用系数作为指标，从该指数看，南非电力供应很不稳定。从图12－2中该指数的趋势看，未来风险在高位波动的可能性较大。

（三）财政货币政策风险对冲指数

南非财政货币政策风险对冲指数选取了央行持有国债金额和债务率两个指标，债务率用年度数据代替了季度数据。两指标对冲效果明显。从未加权平均合成的指数看，数据在0.31—0.84波动，波动幅度较大为0.53，最高值出现在2020年第一季度，最低值出现在2021年第一季度和第三季度（见图12－4）。从分项图的未来趋势看，债务风险呈上升趋势，央行持有国债的数额预计将与之相配合（见图12－3）。

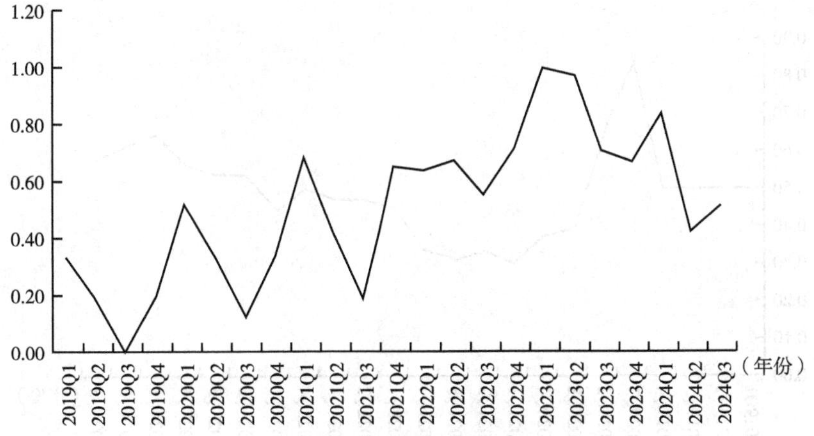

图 12－2　南非国内改革与政策调整能力指数

注：Q 代表季度。

数据来源：《南非金融稳定评论》（FINANCIAL STABILITY REVIEW），南非储备银行，June 2024。

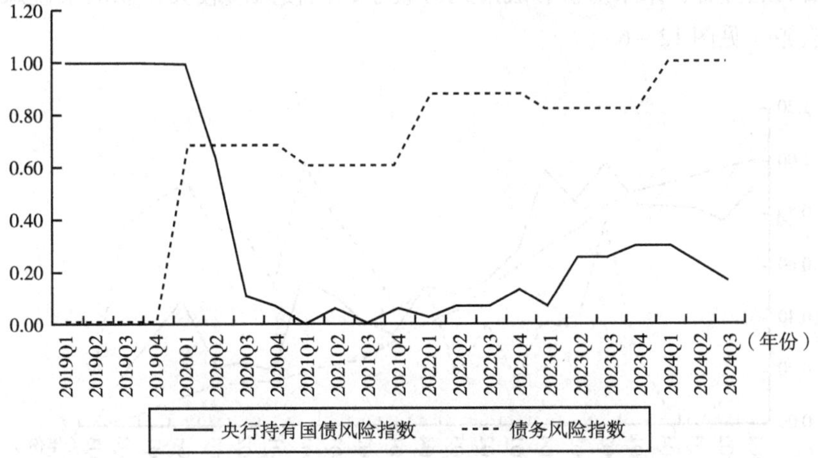

图 12－3　南非财政货币政策风险对冲指数分项图

注：Q 代表季度。

数据来源：https：//www. resbank. co. za/en/home/publications/publication – detail – pages/assets – and – liabilities，https：//tradingeconomics. com/south – africa。

（四）金融稳定指数

南非金融稳定指数选取了南非股票市场指数、10 年期国债收益率、南非房价指数三个指标。如图 12－5 所示，从分项图看，房价风险稳定下行，股市风险波动下行，国债收益率风险波动上行。经未加权平均合成的指数数据在 0. 06—0. 87 波动，波幅较大为 0. 81，最大值出现在 2020 年第二季度，最小值出现在 2024 年第三季度。

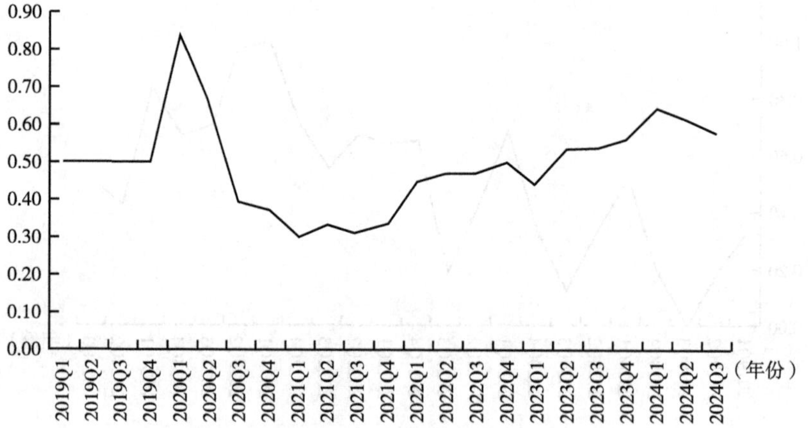

图 12－4　南非财政货币政策风险对冲指数合成图

注：Q 代表季度。

从分项图的趋势看，未来房价和股市风险较小，国债风险较大，总的来说风险呈波动下行趋势（见图 12－6）。

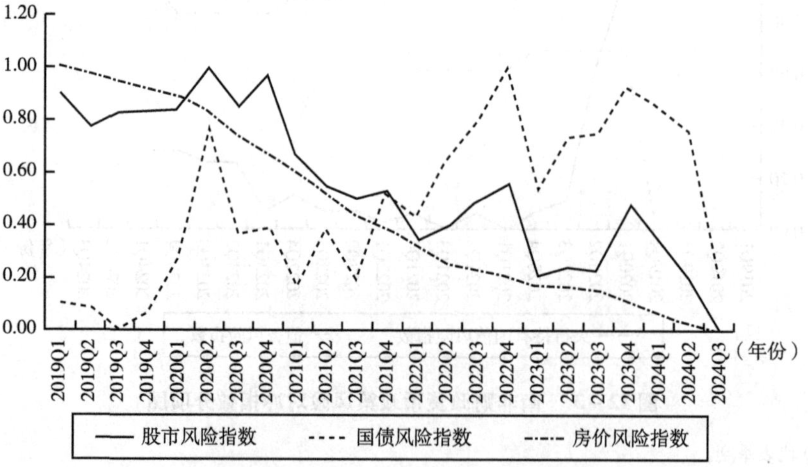

图 12－5　南非金融稳定指数分项图

注：Q 代表季度。

数据来源：https：//tradingeconomics. com/south－africa/housing－index，https：//afx. kwayisi. org/jse/。

（五）经济社会发展指数

南非经济社会发展指数选取失业率、青年失业率和劳动参与率三项指标，南非青年失业严重，青年失业率常年高达 60% 左右，因此增加了青年失业率的指标。从分项图看，失业率和青年失业率风险在 2020 年第二季度触底后继续保持在高位，原

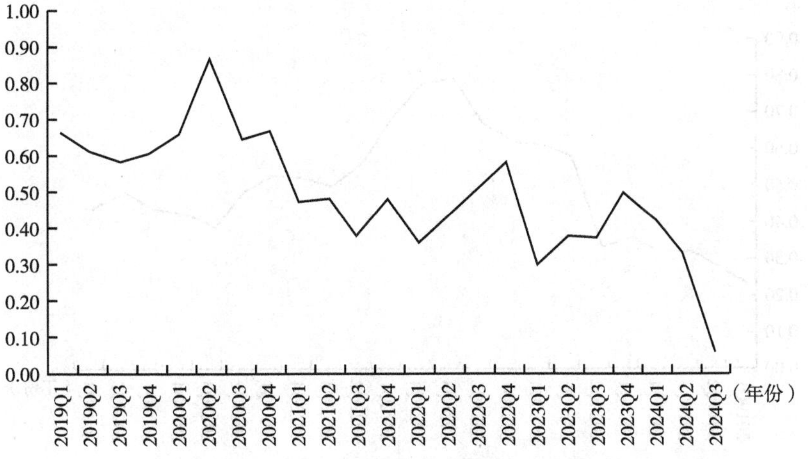

图 12－6　南非金融稳定指数合成图

注：Q 代表季度。

因是因疫情劳动参与率降低。最终合成的指数数据在 0. 23—0. 79 波动，波动幅度较大为 0. 56，最大值出现在 2021 年第三季度，之后逐步回落（见图 12－8）。从分项图趋势看，未来整体失业率和青年失业率仍将在中高位波动，引起风险的可能性较大（见图 12－7）。

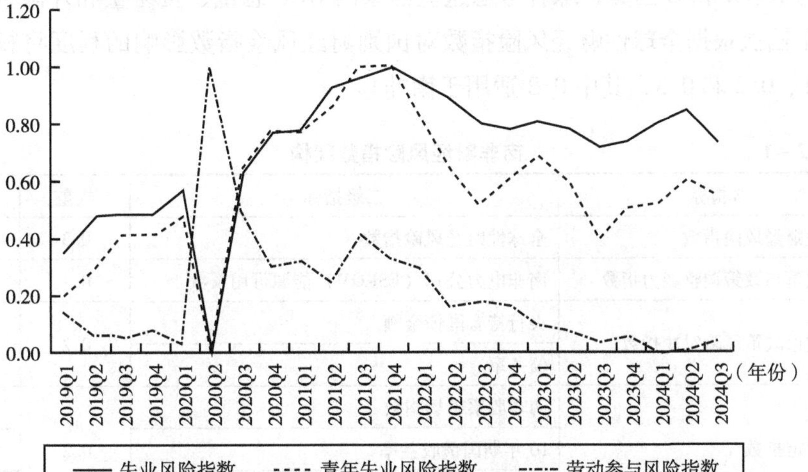

图 12－7　南非经济社会发展指数分项图

注：Q 代表季度。

数据来源：https：//tradingeconomics. com/south－africa。

（六）南非财经风险指数合成

通过对上述 5 个指标按表 12－1 中权重进行加权平均，得出了南非财经风险指

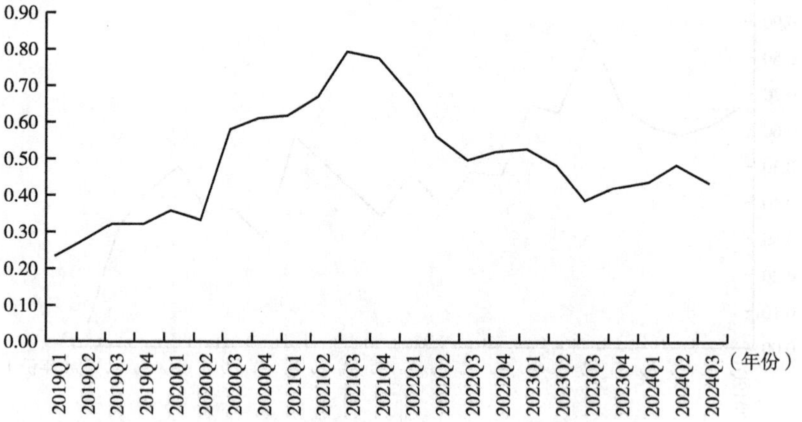

图 12 –8　南非经济社会发展指数合成图

注：Q 代表季度。

数，从分项图上看（见图 12 –9），5 项指数均波动较大，与现实相符，电力供应存在的风险最大。从合成的整体指数看（见图 12 –10），数值在 0.37—0.62 的区间波动，波动幅度为 0.25，最大值出现在 2020 年第一季度，反映了新冠疫情的影响。构成南非财经风险指数的第一个指数采用第一章自行构建的全球性财经风险指数，国别分为 A、B 和 C 三类，综合考虑这些国家的 GDP 总量、贸易量和外国直接投资等，每个档次根据全球性财经风险指数对国别财经风险指数影响的程度将权重分别设为 0.1、0.2 和 0.3，其中 0.3 适用于南非。

表 12 –1　南非财经风险指数架构

一级指标	二级指标	权重	
1. 全球性财经风险指数	全球性财经风险指数	0.3	正向
2. 国内改革与政策调整能力指数	南非电力公司（ESKOM）能源可用系数	0.1	负向
3. 财政货币政策风险对冲指数	央行持有国债金额	0.2	负向
	债务率		正向
4. 金融稳定指数	南非股票市场指数	0.2	负向
	10 年期国债收益率		正向
	南非房价指数		负向
5. 经济社会发展指数	失业率	0.2	正向
	青年失业率		正向
	劳动参与率		负向

南非储备银行使用一系列广泛的金融稳定指标，旨在作为金融体系周期性变化可能积聚的早期预警信号，如果不加以关注，这些变化可能导致脆弱性。所有物质发展的“快照”通过金融稳定热图传达。图 12 –11 直观地描绘了一系列金融稳定指标相对

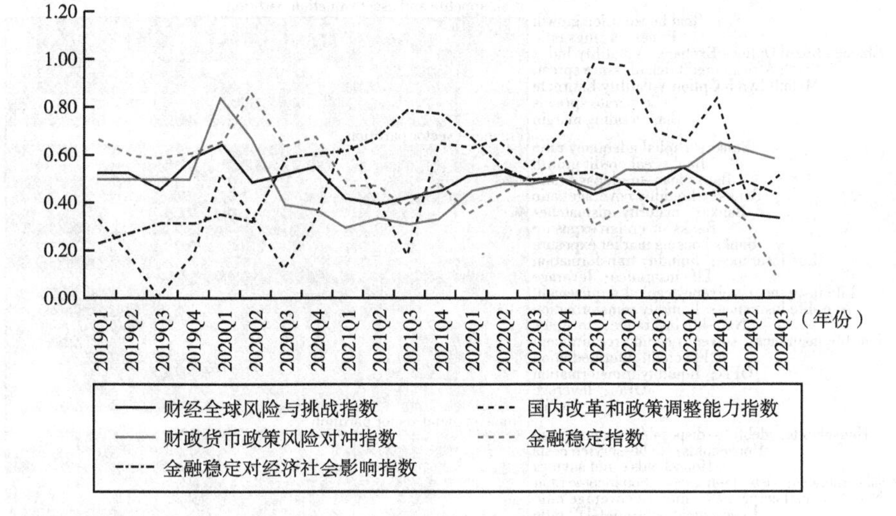

图 12－9　南非财经风险指数分项图

注：Q 代表季度。

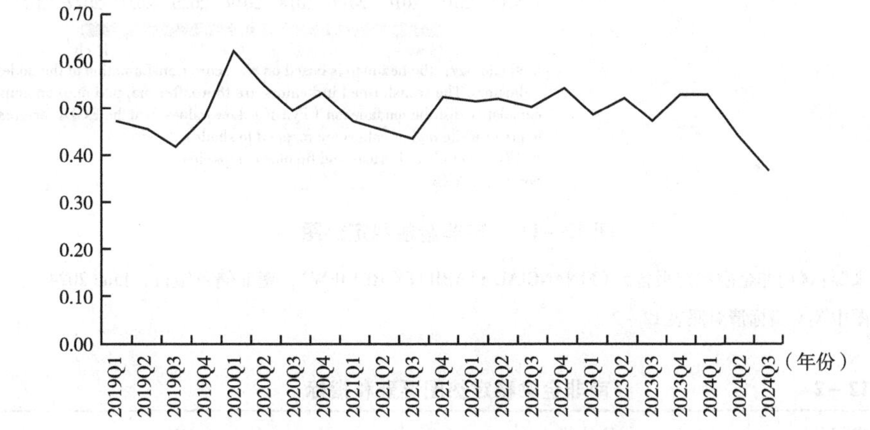

图 12－10　南非财经风险指数合成图

注：Q 代表季度。

于其历史平均水平的统计变化。它是数据驱动的，以历史信息为基础，不包含任何对金融稳定风险的评估。它可以作为一种沟通工具，标记需要进行更深入分析的领域。并不是在构建热图时使用的每个指标都在 FSR 中进行了讨论。相反，重点是可能与南非金融稳定风险和脆弱性相关的关键全球和国内因素。在根据 SARB RVM 确定的关键风险和漏洞的报告中，详细讨论了热图中反映的不平衡的潜在累积。

金融稳定热图由以下内容组成：（1）识别各种金融稳定要素；（2）使用预定义的指标为已识别的元素分配加权颜色等级。表 12－2 列出了构成金融稳定热图的要素以及热图颜色所代表的相应金融稳定指标。

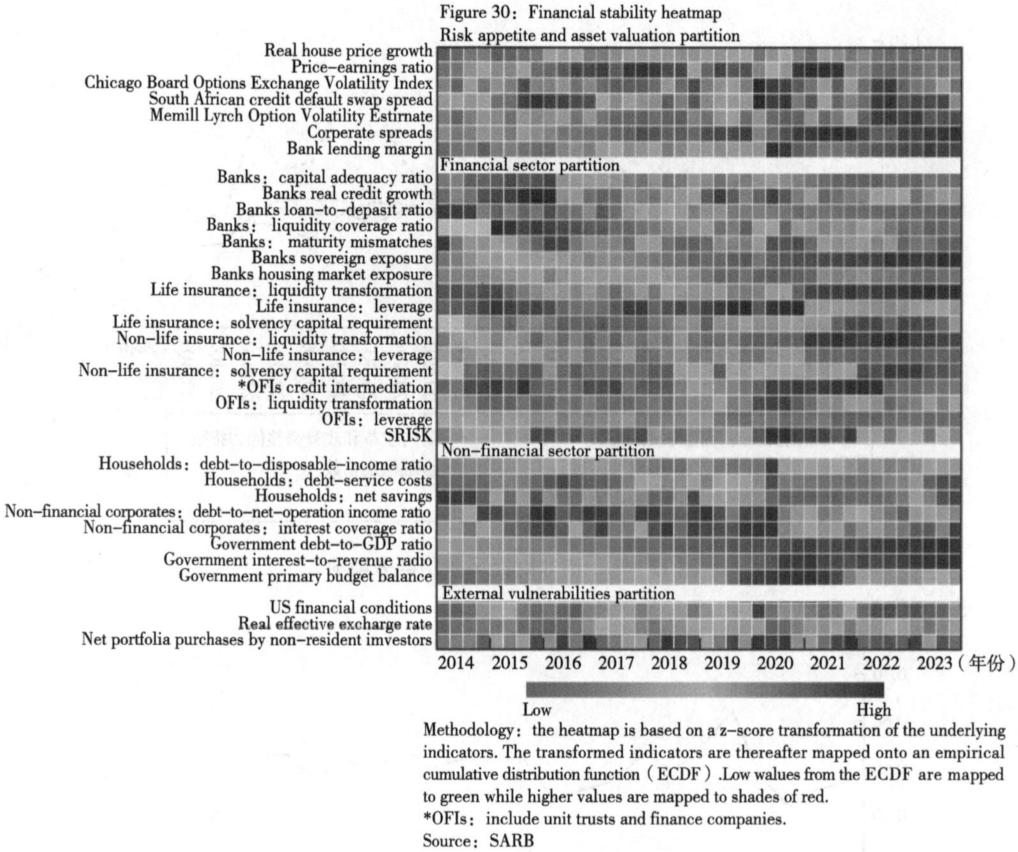

图 12-11　南非金融稳定热图

资料来源：《南非金融稳定报告》（FINANCIAL STABILITY REVIEW），南非储备银行，June 2024。

注：图中英文指标请对照表 12-2。

表 12-2　南非金融稳定热图要素和指标

组成部分	具体指标	方法
风险偏好与资产估值		
住宅房地产	实际房价涨幅	国际清算银行（BIS）房价指数除以消费者价格指数（CPI）
股票市场	价格收益比率	约翰内斯堡股票交易所（JSE）全股票市盈率
	芝加哥期权交易所（CBOE）波动率指数（VIX）	CBOE 波动率的对数
政府债券市场	南非信用违约掉期（CDS）息差	南非五年期政府债券的 CDS 息差
	美林期权波动率估计（MOVE）	MOVE 的对数
企业债券市场	公司点差	摩根大通公司新兴市场债券指数
银行业——风险偏好	银行贷款边际盈余率	加权平均贷款利率减去加权平均存款利率

续表

组成部分	具体指标	方法
金融部门		
银行业	资本充足率（CAR）	资本净额除以总风险加权资产（RWA）
	实际信贷增长	贷款和预付款总额（GLA）的实际增长
	流动性覆盖率（LCR）	高质量流动资产（HQLA）除以净现金预期流出
	银行期限错配率	表内期限错配除以总资产
	贷款与存款比率	贷款总额和预付款除以存款加上经常账户加上其他债权人
	房地产市场风险敞口	住房抵押贷款除以总贷款和预付款
	对主权部门的风险敞口	国库券加政府债券/总资产
人寿保险	流动性转换	非流动资产除以总资产
	杠杆率	总金融资产除以权益
	偿付能力资本要求（SCR）	自有资金除以偿付能力要求
非人寿保险	流动性转换	非流动资产除以总金融资产
	杠杆率	总金融资产除以权益
	偿付能力资本要求（SCR）	自有资金除以偿付能力要求
其他金融机构（OFIs）	信贷中介成本	贷款除以总金融资产
	流动性转换	流动资产除以总金融资产
	杠杆率	总金融资产除以权益
行业全面	系统性风险指标（SRISK）	纽约大学斯特恩商学院
非金融部门		
家庭	家庭偿债成本	偿债成本与可支配收入之比
	家庭债务/可支配收入	家庭债务与家庭可支配收入之比
	家庭储蓄净额	家庭净储蓄
非金融企业（NFCs）	NFC 负债与净营业收入比率	债务除以营业收入
	NFC 利息保障比率（ICR）	息税前利润（EBIT）除以利息支出
政府	政府债务与 GDP 之比	贷款债务总额占 GDP 的百分比
	利息收入比	利息支出除以总收入
	基本预算余额	财政基本收支余额占 GDP 百分比
外部脆弱性		
全球金融周期	美国金融状况指数	美联储和/或芝加哥联邦储备指数
资本流动	非居民投资者投资组合净购买额	非居民在约翰内斯堡证券交易所的股票和债券（回购和直接）净购买总额
实际有效汇率（REER）	REER	兰特实际有效汇率：期间平均值－20 个贸易伙伴－制成品贸易

资料来源：《南非金融稳定报告》（FINANCIAL STABILITY REVIEW），南非储备银行，June 2024。

（七）小结和现实意义

因为疫情期间南非 GDP 增长率陡高陡低，与财经风险指数比较时效果不明显，因此将 GDP 增长率按前文的方法换算成了 0—1 的指数。从图 12－12 中可以看出，南非的财经风险指数的波动与 GDP 增长率风险指数的波动相比幅度要小很多，说明南非政府具备一定的风险应对能力，利用各种措施和工具熨平了 GDP 大幅波动带来的风险，尤其是在新冠疫情期间。

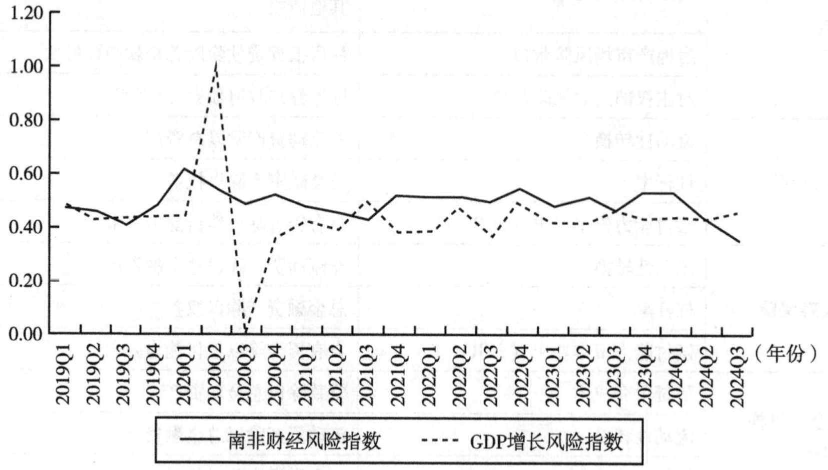

图 12－12　南非财经风险指数与 GDP 增长率风险指数比较图

七、结论及影响分析

南非与中国的贸易关系在不断加强，特别是在可再生能源和采矿领域。南非的采矿业继续推动物流和制造业的创新与发展，而中国在资助和实施可再生能源项目方面发挥了关键作用。这种合作关系有助于促进双方的经济增长和技术交流。

2023 年，南非经济总量为 3 777.8 亿美元，人均 GDP 约为 6 253.2 美元。南非的农业、工业和服务业在 GDP 中的比重分别为 2.0%、24.6% 和 67.6%。消费、投资和净出口占 GDP 的比重分别为 84.4%、15.2% 和 0.3%。这些数据反映了南非经济的结构和增长情况。经济增长预期方面，南非财政部将 2024 年经济增长预期下调至 1.1%，预计未来三年平均增速为 1.8%。高债务水平和预算赤字是影响经济增长的主要因素。为了降低债务水平，南非政府已采取措施限制支出并保持税收稳定。政策变化方面，南非政府计划实施结构性改革、支持基础设施建设、降低预算赤字，并有望在未来财年实现基本预算盈余。这些政策变化将对南非的经济增长和财政状况产生积极影响，进而影响我国与南非的经贸合作。

南非部分主要参考资料：

1. 世界银行国家概览：南非 https：//www. worldbank. org/en/country/southafrica/overview#1

2. 世界银行报告《释放南非潜力：利用贸易促进包容性增长和韧性》（Unlocking South Africa’s Potential：Leveraging Trade for Inclusive Growth and Resilience），2024 年 7 月 23 日。

3. 南非 2024 年预算（Budget Review 2024），南非财政部编制，2024 年 2 月 21 日。

4. 南非储备银行《金融稳定报告》（FINANCIAL STABILITY REVIEW），南非储备银行，June 2024。

5. 南非储备银行工作论文《货币和财政政策能解释南非的经济停滞吗?》（Can monetary and fiscal policy account for South Africa’s economic stagnation?），2024 年 1 月 19 日。

6. 南非储备银行工作论文《南非融入全球价值链：现状、风险与挑战》（South Africa’s integration into global value chains：status，risks and challenges），2023 年 1 月 18 日。

7. 南非储备银行工作论文《南非正转向财政主导型体制吗?》（Is South Africa falling into a fiscal – dominant regime?），2023 年 3 月 7 日。

8. 南非储备银行工作论文《调查南非的失业滞后现象》（Investigating unemployment hysteresis in South Africa），2023 年 6 月 7 日。

9. OECD（2024），“South Africa”，in OECD Economic Outlook，Volume 2024 Issue 1：An unfolding recovery，OECD Publishing，Paris.

10. 德国安联全球投资公司——南非国家风险报告，2024 年 9 月。

附录　全球性财经风险指数和国别财经风险指数的数值

时间	全球	美国	印度	英国	德国	法国	俄罗斯	乌克兰	巴西	日本	南非	阿根廷
1997－03	0.30	0.44										
1997－06	0.37	0.43										
1997－09	0.48	0.33										
1997－12	0.54	0.37										
1998－03	0.52	0.37										
1998－06	0.33	0.35										
1998－09	0.44	0.42										
1998－12	0.46	0.45										
1999－03	0.44	0.38										
1999－06	0.41	0.35										
1999－09	0.38	0.36										
1999－12	0.44	0.36										
2000－03	0.42	0.37										
2000－06	0.33	0.39										
2000－09	0.36	0.38										
2000－12	0.38	0.44										
2001－03	0.42	0.49										
2001－06	0.33	0.47										
2001－09	0.40	0.49										
2001－12	0.42	0.53										
2002－03	0.35	0.42										0.33
2002－06	0.37	0.39										0.33
2002－09	0.42	0.46										0.32
2002－12	0.54	0.48										0.49
2003－03	0.47	0.51										0.37

续表

时间	全球	美国	印度	英国	德国	法国	俄罗斯	乌克兰	巴西	日本	南非	阿根廷
2003-06	0.45	0.45										0.37
2003-09	0.38	0.40										0.34
2003-12	0.33	0.36										0.32
2004-03	0.35	0.34										0.32
2004-06	0.30	0.34										0.29
2004-09	0.37	0.36										0.27
2004-12	0.38	0.37										0.32
2005-03	0.33	0.33			0.19							0.30
2005-06	0.31	0.37			0.21							0.25
2005-09	0.34	0.37			0.20							0.28
2005-12	0.35	0.38			0.18							0.30
2006-03	0.37	0.37			0.15							0.31
2006-06	0.28	0.38		0.10	0.13							0.27
2006-09	0.31	0.39		0.14	0.13							0.28
2006-12	0.36	0.37		0.14	0.12							0.29
2007-03	0.32	0.37		0.13	0.11							0.37
2007-06	0.36	0.38		0.12	0.11				0.21			0.35
2007-09	0.44	0.44		0.20	0.16				0.24			0.38
2007-12	0.47	0.51		0.27	0.17				0.29			0.41
2008-03	0.48	0.57		0.39	0.19	0.26			0.29			0.39
2008-06	0.42	0.30		0.36	0.17	0.17			0.25			0.42
2008-09	0.35	0.35		0.37	0.22	0.28			0.30			0.38
2008-12	0.39	0.55		0.43	0.38	0.48			0.34			0.41
2009-03	0.46	0.53		0.45	0.40	0.46			0.29			0.40
2009-06	0.34	0.38		0.40	0.34	0.27			0.25			0.33
2009-09	0.39	0.31		0.33	0.28	0.21			0.23			0.32
2009-12	0.50	0.27		0.32	0.26	0.25			0.25			0.34
2010-03	0.49	0.25		0.32	0.35	0.24			0.40			0.37
2010-06	0.38	0.24		0.34	0.32	0.23			0.20			0.34
2010-09	0.52	0.30		0.32	0.29	0.26			0.41			0.39
2010-12	0.52	0.28		0.30	0.26	0.28			0.40			0.41
2011-03	0.46	0.24		0.29	0.25	0.23			0.41			0.43
2011-06	0.39	0.24		0.25	0.23	0.16			0.37			0.42
2011-09	0.46	0.38		0.34	0.33	0.40			0.43			0.44
2011-12	0.49	0.34	0.51	0.34	0.35	0.38			0.41			0.45

续表

时间	全球	美国	印度	英国	德国	法国	俄罗斯	乌克兰	巴西	日本	南非	阿根廷
2012-03	0.44	0.27	0.46	0.28	0.28	0.27			0.40			0.41
2012-06	0.50	0.29	0.50	0.34	0.30	0.42			0.43			0.44
2012-09	0.44	0.30	0.40	0.29	0.33	0.34			0.38			0.40
2012-12	0.49	0.30	0.39	0.30	0.33	0.35			0.38			0.44
2013-03	0.46	0.23	0.38	0.29	0.32	0.31			0.40			0.42
2013-06	0.35	0.19	0.36	0.22	0.27	0.30			0.38			0.39
2013-09	0.35	0.18	0.45	0.18	0.26	0.21			0.37			0.40
2013-12	0.36	0.19	0.43	0.18	0.26	0.22			0.36			0.41
2014-03	0.37	0.16	0.38	0.17	0.23	0.22	0.36		0.39	0.54		0.40
2014-06	0.34	0.14	0.35	0.12	0.22	0.19	0.30		0.31	0.52		0.42
2014-09	0.30	0.11	0.37	0.14	0.24	0.21	0.35		0.33	0.45		0.37
2014-12	0.38	0.13	0.37	0.15	0.27	0.25	0.52		0.37	0.51		0.40
2015-03	0.45	0.17	0.35	0.17	0.29	0.22	0.65	0.40	0.39	0.51		0.46
2015-06	0.48	0.17	0.33	0.19	0.28	0.30	0.55	0.48	0.31	0.47		0.45
2015-09	0.57	0.21	0.39	0.19	0.31	0.34	0.64	0.51	0.47	0.50		0.53
2015-12	0.62	0.20	0.41	0.19	0.31	0.32	0.65	0.49	0.41	0.54		0.58
2016-03	0.60	0.22	0.43	0.29	0.33	0.32	0.67	0.63	0.44	0.60		0.50
2016-06	0.37	0.19	0.38	0.31	0.28	0.30	0.58	0.53	0.35	0.53		0.39
2016-09	0.45	0.19	0.30	0.35	0.29	0.26	0.52	0.56	0.37	0.64		0.44
2016-12	0.49	0.21	0.27	0.31	0.29	0.34	0.54	0.53	0.40	0.49		0.46
2017-03	0.42	0.18	0.29	0.24	0.28	0.33	0.48	0.60	0.46	0.55		0.39
2017-06	0.35	0.15	0.25	0.23	0.24	0.18	0.40	0.54	0.33	0.45		0.40
2017-09	0.33	0.13	0.25	0.21	0.21	0.11	0.36	0.56	0.35	0.40		0.41
2017-12	0.48	0.13	0.30	0.26	0.23	0.16	0.46	0.52	0.38	0.45		0.42
2018-03	0.40	0.14	0.28	0.21	0.22	0.14	0.34	0.56	0.33	0.39		0.41
2018-06	0.40	0.14	0.29	0.20	0.24	0.21	0.35	0.55	0.36	0.42		0.42
2018-09	0.42	0.14	0.34	0.22	0.25	0.20	0.47	0.59	0.35	0.41		0.51
2018-12	0.48	0.18	0.37	0.31	0.28	0.33	0.50	0.57	0.41	0.45		0.44
2019-03	0.53	0.22	0.35	0.33	0.31	0.28	0.50	0.69	0.41	0.52	0.47	0.43
2019-06	0.53	0.19	0.38	0.25	0.30	0.27	0.51	0.67	0.37	0.48	0.46	0.43
2019-09	0.46	0.25	0.37	0.31	0.35	0.25	0.47	0.68	0.36	0.52	0.42	0.43
2019-12	0.59	0.23	0.40	0.35	0.35	0.30	0.50	0.71	0.43	0.48	0.48	0.51
2020-03	0.64	0.31	0.49	0.35	0.43	0.53	0.51	0.62	0.64	0.55	0.62	0.56
2020-06	0.48	0.48	0.65	0.38	0.52	0.42	0.61	0.72	0.32	0.64	0.55	0.47
2020-09	0.52	0.37	0.61	0.34	0.40	0.39	0.46	0.64	0.40	0.56	0.49	0.48

续表

时间	全球	美国	印度	英国	德国	法国	俄罗斯	乌克兰	巴西	日本	南非	阿根廷
2020－12	0.56	0.34	0.53	0.36	0.41	0.33	0.51	0.62	0.43	0.51	0.53	0.48
2021－03	0.42	0.22	0.45	0.29	0.34	0.22	0.40	0.53	0.33	0.49	0.48	0.44
2021－06	0.40	0.17	0.46	0.20	0.28	0.13	0.36	0.50	0.36	0.43	0.46	0.38
2021－09	0.42	0.20	0.47	0.18	0.31	0.16	0.36	0.52	0.38	0.44	0.44	0.42
2021－12	0.46	0.22	0.45	0.24	0.38	0.25	0.43	0.40	0.37	0.50	0.52	0.46
2022－03	0.51	0.27	0.51	0.29	0.46	0.46	0.47		0.42	0.48	0.52	0.45
2022－06	0.53	0.31	0.49	0.35	0.51	0.44	0.61		0.43	0.47	0.52	0.48
2022－09	0.50	0.34	0.47	0.42	0.60	0.46	0.53		0.41	0.47	0.50	0.45
2022－12	0.50	0.34	0.47	0.49	0.56	0.39	0.52		0.42	0.47	0.54	0.43
2023－03	0.44	0.30	0.44	0.35	0.47	0.41	0.40		0.37	0.43	0.49	0.45
2023－06	0.48	0.32	0.40	0.30	0.45	0.26	0.46		0.37	0.49	0.52	0.49
2023－09	0.48	0.25	0.38	0.29	0.52	0.27	0.41		0.37	0.40	0.47	0.51
2023－12	0.55	0.29	0.46	0.29	0.53	0.34	0.45		0.38	0.43	0.53	0.56
2024－03	0.48	0.22	0.43	0.25	0.51	0.20	0.24		0.34	0.35	0.53	0.58
2024－06	0.36	0.23	0.40	0.22	0.47	0.28	0.23		0.35	0.28	0.44	0.51
2024－09	0.34	0.24			0.44	0.27	0.23		0.32	0.32	0.37	0.48

注：（1）时间中的03、06、09、12分别代表1－4季度。（2）数值范围在0－1之间，数值越大代表风险越大。（3）文中全球性财经风险指数和国别财经风险指数的图表根据本表的数值绘制。

后　记

习近平总书记指出，“推进中国式现代化是一项全新的事业，前进道路上必然会遇到各种矛盾和风险挑战。特别是当前世界百年未有之大变局加速演进，局部冲突和动荡频发，全球性问题加剧，来自外部的打压遏制不断升级，我国发展进入战略机遇和风险挑战并存、不确定难预料因素增多的时期，各种‘黑天鹅’、‘灰犀牛’事件随时可能发生”。在全球不确定性日益放大的背景下，主要经济体面临债务风险持续积累、财政收支缺口扩大、财政可持续性受到挑战等一系列风险。这使得主要经济体的财政政策在提升经济社会发展的可持续性和降低经济社会风险中艰难权衡，稍有不慎可能会导致风险失衡、失控，并通过风险外溢效应加剧风险全球化，给世界各国带来不容忽视的影响。同时，随着全球地缘政治局势愈演愈烈，主要资产价格波动加剧，一些国家的资产估值稳定面临严重挑战。在大国博弈持续演化背景下，经济和金融市场不确定性加剧。世界各国的政府、企业、银行和居民通过资产负债表的关联，风险互相传导，对全球和主要国家财政经济稳定和发展带来重大风险挑战。

全球经济增速放缓，经济增长不均衡特征十分明显，发达经济体增速继续逊于新兴市场和发展中经济体，但是发展中经济体追赶发达经济体的速度在减慢。全球地缘政治环境呈现竞争和冲突日益加剧的特点，可能冲击现有的国际经济秩序。不断加剧的地缘政治紧张局势以及由此导致的全球经济碎片化可能会增加金融稳定风险，并对全球经济稳定构成严重威胁。贸易通道受阻、资源供应中断、投资环境恶化等问题接踵而至，使全球经济体系陷入动荡不安的境地。紧张局势的升级或冲突的发展都有可能扰乱全球市场，并导致市场不确定性增加，加剧市场波动。经济全球化的发展已进入“全球价值链”阶段，各国金融的相互关联程度在不断加深。在全球化的过程中，任何风险冲击都会产生比以往更大的风险溢出效应，风险随着全球供应链、价值链和资产负债表传导，蔓延到众多经济体，对全球经济增长产生影响。大国给全球带来的风险冲击往往更为显著。全球面临的风险不仅种类繁多而且变化多端。本书从世界不确定性、政策不确定性、全球不平等状况和气候变化等四个方面入手刻画全球性财经风险。历史重大风险事件与当时的全球性财经风险指数的数据说明，拟合的全球性财经风险指数和全球面临的实际风险较为相符。在全球性财经风险指数基础上，本书还构建了国别财经风险指数。国别财经风险指数从全球性财经风险、国内改革与政策调整能力、财政货币政策风险对冲能力、金融稳定和经济社会发展这五个方面刻画主要国家的财经风险。拟合的国别财经风险指数的历史数据与各国当时面临的风险较为相符。国别财经风险指数和该国实际 GDP 季度同比增速通过对比可以发现，两者之间呈现明显的反向关系，再次印证了本书构建的国别财经风险指数能较好贴近该国实际经济运行情况。

当今世界面临百年未有之大变局。中国是一个成长起来的大国，利益遍布全球，风险也来自全球。财政与公共风险治理要求相匹配，必须基于全球风险治理的视角审视财政问题。基于上述背景，中国财政科学研究院外国财政研究中心更名为中国财政科学研究院全球风险治理研究中心，研究视野拓展为外国财税动态、全球风险的财政维度、财政与全球风险治理、双边与多边机制中的财政关系。全球风险研究中心倾力打造“全球风险治理专题报告”，本书是其中的第四本著作。

本书是集体研究的成果，研究团队几经讨论，数易其稿，反复打磨，方得成书。本书撰写组是一个致力于从事财政与全球风险治理研究的团队，由中国财政科学研究院原院长刘尚希研究员、副院长邢丽研究员担任组长，全球风险治理研究中心主任李成威研究员担任执行组长，傅志华研究员参与了课题讨论。团队成员和执笔分工如下：全书总撰，刘尚希、邢丽、李成威；第一章，刘尚希、邢丽、李成威、于雯杰、金殿臣、林琳；第二章，金殿臣；第三章，李欣；第四章，于雯杰；第五章，朱小玉；第六章，田雅琼；第七章，刘翠微；第八章，李欣；第九章，王美桃；第十章，王美桃；第十一章，林琳；第十二章，刘翠微。

感谢读者对中国财政科学研究院全球风险治理研究长期以来的关心与支持，感谢中国财政经济出版社为本书出版付出的辛勤劳动。由于时间仓促且水平有限，不当之处在所难免，敬请各位读者和老师批评指正！

中国财政科学研究院课题组

2025 年 5 月

图书在版编目（CIP）数据

全球财经风险指数研究 / 刘尚希等著. -- 北京：中国财政经济出版社，2025. 7. --（中国财政科学研究院年度智库报告）. -- ISBN 978-7-5223-3965-8

Ⅰ. F811. 2

中国国家版本馆 CIP 数据核字第 2025L1Q189 号

责任编辑：庄　莉　　　　责任校对：胡永立
封面设计：陈宇琰　　　　责任印制：史大鹏

全球财经风险指数研究
QUANQIU CAIJING FENGXIAN ZHISHU YANJIU

中国财政经济出版社 出版

URL：http：//www. cfeph. cn
E-mail：cfeph@ cfeph. cn

社址：北京市海淀区阜成路甲 28 号　邮政编码：100142
营销中心电话：010-88191522
天猫网店：中国财政经济出版社旗舰店
网址：https：//zgczjjcbs. tmall. com
涿州汇美亿浓印刷有限公司印刷　各地新华书店经销
成品尺寸：185mm×260mm　16 开　19. 5 印张　382 000 字
2025 年 7 月第 1 版　2025 年 7 月河北第 1 次印刷
定价：88. 00 元
ISBN 978-7-5223-3965-8
（图书出现印装问题，本社负责调换，电话：010-88190548）
本社图书质量投诉电话：010-88190744
打击盗版举报热线：010-88191661　QQ：2242791300